大学素质教育精品通选课教材

中国传统文化概论

（第二版）

ZHONGGUO CHUANTONG WENHUA GAILUN

主编 潘斌

中国教育出版传媒集团

高等教育出版社·北京

内容简介

本书为大学素质教育精品通选课教材。

本书系统地梳理了在历史演变中不断丰富和发展的中国传统文化,勾勒出中国传统文化的发展脉络图。本书的主要内容包括:导论,中国传统礼仪文化,孔子、孟子、荀子、墨子、老子、庄子、韩非子等人的思想,以及两汉经学,魏晋玄学,道教,中国的佛教,程朱理学,陆王心学,清代学术思想和中国传统文化的近现代转型等。

本书适合作为大学通识教育教材,也可供对中国传统文化有兴趣的社会读者阅读参考。

图书在版编目(CIP)数据

中国传统文化概论 / 潘斌主编. -- 2 版. -- 北京:高等教育出版社,2025. 1. -- ISBN 978-7-04-063268-2

Ⅰ. K203

中国国家版本馆 CIP 数据核字第 2024MJ8816 号

策划编辑　朱争争　　责任编辑　朱争争　　封面设计　张文豪　　责任印制　高忠富

出版发行	高等教育出版社	网　　址	http://www.hep.edu.cn
社　　址	北京市西城区德外大街 4 号		http://www.hep.com.cn
邮政编码	100120	网上订购	http://www.hepmall.com.cn
印　　刷	上海新艺印刷有限公司		http://www.hepmall.com
开　　本	787mm×1092mm　1/16		http://www.hepmall.cn
印　　张	19.5	版　　次	2018 年 2 月第 1 版
字　　数	470 千字		2025 年 1 月第 2 版
购书热线	010-58581118	印　　次	2025 年 1 月第 1 次印刷
咨询电话	400-810-0598	定　　价	46.00 元

本 书 编 委 会

主编　潘　斌
编委（以姓氏笔画为序）
　　　　白　奚　任祖凤　李亚彬　李栋辉
　　　　张　卉　陈　明　罗富明　周桂钿
　　　　段宜廷　夏　微　谢幼田　詹海云

第二版前言

我们党和政府长期以来十分重视继承和弘扬中华优秀传统文化，并不断从中汲取养分。特别是党的十八大以来，习近平总书记在许多场合发表了关于继承和弘扬中华优秀传统文化的重要论述。这些新思想、新观点、新论断内涵十分丰富、论述极为深刻，是新时代党领导文化建设实践经验的理论总结，极大丰富和发展了马克思主义文化理论，构成了习近平新时代中国特色社会主义思想的文化篇。2021年7月1日，习近平总书记在庆祝中国共产党成立100周年大会上提出"坚持把马克思主义基本原理同中国具体实际相结合、同中华优秀传统文化相结合"。这是我们党对马克思主义中国化时代化历史经验的深刻总结，是对中华文明发展规律的深刻把握，表明我们党对中国道路、理论、制度的认识达到了新高度，我们党的历史自信、文化自信达到了新高度，我们党在传承中华优秀传统文化中推进文化创新的自觉性达到了新高度。

马克思主义之所以可以与中华优秀传统文化相结合，是因为二者有结合的基础。一方面，中华优秀传统文化在宇宙观、天下观、社会观、道德观等方面，同马克思主义具有高度契合性。中华优秀传统文化中的价值理念体现了对人类美好社会的观照，彰显着追求发展、追求进步的理想愿景。中华传统文化思想中的"大同"思想与马克思主义关于共产主义社会的描述是一样的，都是对未来社会的美好设想。此外，中华优秀传统文化倡导的天人合一、天下为公、民为邦本、仁者爱人、厚德载物等思想，都与马克思主义关于人与自然关系思想、共产主义思想、人民主体思想、伦理思想等存在深层次的契合。这种契合性，为马克思主义基本原理与中华优秀传统文化结合创造了基础条件。另一方面，马克思主义与中华优秀传统文化在思想品格上也具有高度契合性，都具有开放包容的特性。真正的马克思主义者，必须解放思想，不断根据认识的深化和实践发展，用不断发展的马克思主义来回答和解决现实问题。这种特质是马克思主义能够始终保持旺盛生命力、强大战斗力的根本原因。中华优秀传统文化从来不是排外的、抱残守缺的封闭文化，它具有广博的开放性和深邃的包容性，这也是中华民族的独特标志。在中华文化海纳百川的历史长河中，形成了儒释道三家为主的、和而不同的多元文化体系，一直秉持"万物并育而不相害，道并行而不相悖"的发展理念。开放性和包容性为马克思主义基本原理与中华优秀传统文化实现结合提供了前提和可能性。

习近平文化思想蕴含奋力谱写新时代思想文化研究和普及工作的理论指引、价值导向和实践路径，是我们从事文化建设的指导思想。作为教材的编写者，我们重视在编写过程中对习近平文化思想的核心义理的充分领会和深刻把握，坚定文化自信，坚持继承性与创新性相统一，力争为推动中华优秀传统文化创造性转化、创新性发展贡献自己的一份力量。

《中国传统文化概论》自2018年出版以来，受到国内一些高校师生的肯定和欢迎。本书编写发起单位西南财经大学"中国传统文化概论"通识核心课程组在使用本书的过程中，发现本书还存在一些需要改进的地方。需要说明的是，本书所说的中国传统文化一般是指中华优秀传统文化。本次修订，编写组以习近平文化思想为指导，在修订中特别重视传统文化的创造性转化、创新性发展的相关论述，这体现在"中国传统礼仪文化""道教"等部分的修订方面。此外，编写组对第一版中一些章节的内容作了调整，其中第二章"中国传统礼仪文化"、第十章"两汉经学"和第十二章"道教"部分的调整幅度最大。最后，编写组还将每一章后面的"主要参考文献"改为"阅读书目"。"阅读书目"部分既列古籍，又列现代学者的著作，读者可以根据"阅读书目"选择自己感兴趣的书籍加以阅读，从而加深对相关章节内容的理解。

本书的修订工作得到了高等教育出版社上海出版事业部的大力支持。2024年3月下旬，高等教育出版社上海出版事业部在南京召开"中国传统思想与文化教材建设研讨会"，与会的专家学者对于习近平文化思想如何融入传统文化教材作了深入的探讨。本书的编写者受邀参会，获益良多。高等教育出版社上海出版事业部编辑对本次修订工作提出了很多宝贵的意见和建议，编辑在修订过程中的一丝不苟、精益求精的敬业精神令人钦佩。张红志博士审读了道教部分的修订稿，刘延超博士审读了汉代经学部分的修订稿。在此向各位支持和关心本书写作、修订和出版的同仁表示衷心的感谢。

鉴于编者水平有限，本书难免还有各种疏失，恳请读者不吝指正。

编　者
2024年9月

第 一 版 前 言

现代意义上中国文化教材的开山之作是柳诒徵的《中国文化史》,该书成稿于20世纪20年代,初为教学讲义,又在《学衡》杂志上陆续刊载,后以著作形式出版,最早的版本是1932年钟山书局全二册本。该书"以六艺诸史为经,而纬以百家;举凡典章、政治、教育、文艺、社会、风俗,以至经济生活、物产建筑、图画雕刻之类,皆就民族全体之精神所表现者,广搜列举,以求人类演进之通则,以明吾民独造之真际"(缪凤林语)。该书参考了很多书籍,六经、诸子、二十五史、历代各家著述、国外汉学家论著,以至近代的报纸杂志、统计报道,无不详为选辑。1929年至1930年间,吕思勉曾在江苏省立常州中学兼课,编写了《中国文化史》讲义,后由开明书店于1940年出版。该书内容科学严谨,广博独到,行文风格通俗易懂,深受学界好评。该书对中国古代的婚姻、族制、政体、阶级、财产、官制、选举、赋税、兵制、刑法、实业、货币、衣食、住行、教育、语文、学术、宗教等皆有涉及。

改革开放以来,我国的一些科研机构和高校编写了不少中国文化史教材,其中不乏使用广泛、影响较大者。这些教材上溯原始社会,下至明清,将我国悠久的历史文化总揽博收,举凡历代科学、技术,政治制度与社会生活、学术思想、文学艺术、民风民俗、民族间与域外的文化汇通等均有叙述。这些教材的编(著)者学养深厚,他们对于中国传统文化教材编撰所做的有益探索功不可没。在过去很长一段时间,这些教材在高校开展中国传统文化的教学、引导学生热爱中国文化方面起到了重要的作用。

不过,上述教材的共同特点是"全",大凡中国古代的政治、经济、军事、建筑、文学、艺术、教育等皆统统纳入,相当于"文明"的范畴,几乎可以与"历史"同义。这些教材很全面,对于中国文化的概括也准确。然而正是由于"全",从而导致教材内容平面化,重点不突出。大学生在阅读之后,对于中国古代的政治、经济、文化、军事好像什么都知道一些,又似乎什么都不清楚。对力求提升思想深度和人文素养的当代大学生来说,这样的学习效果可能是不够理想的。

本教材编写之设想,是由西南财经大学通识教育学院"中国传统文化概论"课程组在十年教学实践探索之基础上提出来的。我们的编纂设想主要有以下几点。

(1) 既考虑到本教材编纂的学术性,即比较客观地呈现中国传统文化之本来面貌,又考虑到教师和学生在使用本教材时的实用性。

就我们所知,目前不少大学每门通识课程为每一届本科生开设一个学期,即要求学生在四个月左右的课程时间内掌握中国文化之要义。因此,中国传统文化教材之编写,必须避免内容"大而全"。本书主要是从精神文化的角度来把握中国传统文化,力图抓中国文化之根脉,故与部分无所不包的中国文化史教材不同。本书将中国古代的礼乐文化、宗教文化、艺术精神等也纳入述评的范围,故与部分中国哲学史教材也不同。本书重在精神文化之述评还有现实的原因。中学阶段的历史、文化史教材涉及物质文化和制度文化已较多,大学生对于这些内容十分熟悉,相关知识的储备很丰富。然而对于中国哲学和思想文化,大学生的认识则明显不够。鉴于此,本书将重点放在对中国精神文化的介绍和阐释上。

(2) 本书以文化人物述评和专题介绍相结合的方式,力求立体地呈现中国传统文化的面貌。

对于中国传统文化的代表人物,如孔子、老子、墨子、孟子、荀子、庄子、韩非子等,他们对中国文化的影响极为深远,因此本书对上述人物各以一章的篇幅加以评述。对于汉代以来的文化现象,如两汉经学思想、魏晋玄学、中国佛教思想、道教思想、程朱理学、陆王心学、清代学术思想、中国文化的近现代转型等,本书不拘泥于这些文化现象中个人的成就,而是通过专题的形式予以全面的介绍。

(3) 本教材题为"中国传统文化概论",而非"中国文化史"。

治史除了搞清楚历史事件的真相以外,还强调历史背景的介绍、历史事件关系的清理。本教材之编纂,意在让读者明白中国传统文化的要义、诸文化现象之间的关系,这实际上已涉及"史"的范畴。不过,为了让该教材的使用者抓住中国传统文化的核心内容,本书不会将太多的笔墨放在文化背景的介绍方面。

(4) 本教材重视中国传统文化的影响之揭示和现代价值之发掘。

本书从酝酿到完成,共花了三年时间,是集体智慧的结晶。本书的总体框架、结构是集体设计的,各章的编写是由多人分别承担的,具体分工是:第一章　潘斌(西南财经大学);第二章　夏微(西南财经大学);第三章　潘斌(西南财经大学);第四章　谢幼田(美国斯坦福大学)、潘斌(西南财经大学);第五章　段宜廷(台湾政治大学);第六章　李亚彬(光明日报社);第七章　白奚(首都师范大学);第八章　陈明(湖南第一师范学院);第九章　任祖凤(西南财经大学);第十章　周桂钿(北京师范大学);第十一章　李栋辉(西南财经大学);第十二章　陈明(湖南第一师范学院);第十三章　罗富明(西南财经大学);第十四章　张卉(西南财经大学);第十五章　詹海云(台湾交通大学);第十六章　詹海云(台湾交通大学);第十七章　潘斌(西南财经大学)。

我们十分感谢西南财经大学马骁副校长、通识教育学院院长杨海洋先生对本书编写工作的关心、指导和支持;十分感谢吴光先生(浙江省社会科学院)、牟钟鉴先生(中央民族大学)、蔡方鹿先生(四川师范大学)、黄德昌先生(四川大学)、李文泽先生(四川大学)、张践先生(中国人民大学)、罗安宪先生(中国人民大学)等专家学者在审阅书稿时所提出的宝贵意见和建议;也十分感谢高等教育出版社上海出版事业部为本书所付出的辛勤劳动。

编　者

2018 年 1 月

目 录

第一章 导 论

本书概论中国传统文化,在各章内容展开之前,有必要对全书的核心概念加以说明,对中国传统文化的总体特征加以阐述,对学习中国传统文化的目的、意义略作交代,是为导论。

第一节 文化与中国传统文化的概念

"文化"是中国语言系统里早已有之的词汇。

何谓"文"?《周易·系辞下》云:"古者庖牺氏之王天下也,仰则观象于天,俯则观法于地,观鸟兽之文与地之宜,近取诸身,远取诸物,于是始作八卦,以通神明之德,以类万物之情。"《礼记·乐记》云:"五色成文而不乱。"《说文解字》云:"文,错画也,象交文。"由此可见,所谓"文",最早是指各色交织的纹理。后来,"文"又有了若干引申意义。比如《论语·子罕》载孔子言:"文王既没,文不在兹乎。"朱熹解释说:"道之显者谓之文,盖礼乐制度之谓。"此所谓的"文"指的是文物典籍和礼乐制度,已游离于"纹理"意义之外。又如《论语·雍也》云:"质胜文则野,文胜质则史,文质彬彬,然后君子。"《尚书·舜典》云:"经天纬地曰文。"此"文"是指文采、文饰和人的修养、才华。

何谓"化"? 在甲骨文里,"化"从二人,像二人相倒背之形,一正一反,以示变化。如《庄子·逍遥游》云:"北冥有鱼,其名为鲲……化而为鸟,其名为鹏。"这里的"化"就是"变化"的意思。《玉篇》说:"化,易也。""易"就是"变化"的意思。后来,"化"又有引申之义,如《周易·系辞》云:"男女构精,万物化生。"《礼记·中庸》云:"可以赞天地之化育。"《论衡·订鬼》云:"天地之性,本有此化。"这里的"化"是"造化"之义,即自然界生成万物的功能。《周礼·大宗伯》云:"以礼乐合天地之化。"《荀子·七法篇》道:"渐也,顺也,靡也,久也,服也,羽也,谓之化。"《荀子·不苟篇》道:"神则能化矣。"《礼记·中庸》云:"变则化。"这里的"化"是"教化"之义,就是通过教育使人心、风俗得到改变。

"文"与"化"同时应用,在中国古代典籍中最先见于《周易·

伏 羲

贲卦·象传》，其云："观乎天文，以察时变；观乎人文，以化成天下。"在这里，"文""化"二字是分开使用的。这段话中的"文"字之义皆是从"纹理"演变而来的：天体运行，文饰于天，即所谓"天文"；社会生活中各种现象纵横交织形成复杂的网络，即所谓"人文"。这段文字是说，观察天道运行规律，以认知时节的变化。注重人事伦理道德，将教化推广于天下。"人文"与"化成天下"紧密关联，"以文教化"的意味已很明显。

"文化"作为一个单独的词来使用，最早见于刘向的《说苑·指武》，其曰："圣人之治天下也，先文德而后武力。凡武之兴，为不服也，文化不改，然后加诛。夫下愚不移，纯德之所不能化，而后武力加焉。"此处所谓的"文"是教育、感化的内容，所谓的"化"即教育、感化，"文化"与"武力"相对应，有文明、文雅、教化之义。

西方语言中的"文化"一词与汉语中的"文化"有相近的一面，然而亦有所不同。在拉丁文中，"文化"一词 cultura，原意是农业及对动植物的培育，这种用法至今仍在"农业"（agriculture）和"园艺"（horticulture）中保存着。英语中的 culture 和德语中的 kultur 皆是由 cultura 转化而来。德语中的 kultur 本义是精神文化，英语中的 culture 则与政治、经济、法律和教育等密切相关。汉语中的"文化"一词从一开始就有人文的指向，而拉丁语系的 cultura 一词则是从界定物质文化开始的。西方 18 世纪以后，拉丁语系的 cultura 一词在使用时多被引申发挥，语言、文字、宗教、风俗等皆可被称为文化，工业社会的科学技术、交通工具等亦属于文化。文化概念的内涵和外延变得越来越复杂，对文化一词的争议也越来越多。直到今天，文化一词的含义已十分宽泛，若要给其下一个精准的定义，实在是一件十分困难的事。美国文化人类学家克罗伯和克拉克洪于 1952 年出版的《文化——有关概念和定义的回顾》一书列举西方学术界从 1871 年到 1951 年八十年间出现的各种文化的定义达一百六十余种。1952 年以后，关于文化的定义更是层出不穷，哲学家、社会学家、人类学家、语言学家和历史学家试图从各自学科的角度来界定文化，然而迄今为止，还没有形成一个得到普遍认可的定义。

综观各家各派于"文化"概念之争议，我们可以从本质上对"文化"下这样一个定义：文化是人类在自身的发展过程中创造出来的产品，既包括物质，又游离于物质之外；但凡建筑、工具、科技以及国家或民族的历史、地理、风土人情、传统习俗、生活方式、文学艺术、行为规范、思维方式、价值观念等皆属于文化的范畴。文化与人息息相关，因有人的参与才有了文化，没有人的参与就无所谓文化。例如地里有一块彩色石头，在人没有发现它之前，这块石头就不属于文化的范畴，当人们发现了它，并经过一番雕琢，这块石头就是文化产品了。

文化有广义和狭义之分。广义的文化，包括物质文化、制度文化和精神文化三大部分。

所谓物质文化，是为了满足人类生存和发展需要所创造的物质产品及其所表现的文化，人们吃、穿、住、用、行多关涉物质文化，如建筑、交通、生产工具、城市、饮食、服饰等皆属于物质文化的范畴。物质文化是人类生活的基础，是人类发展最基本的需要，没有物质文化作为载体，制度文化和思想文化就失去了存在的前提。

所谓制度文化，是人类为了自身生存、社会发展而主动创造出来的有组织的规范体系，包括国家的行政管理体制、法律制度、礼仪规范和人才选拔制度等。制度文化在协调个人与群体、群体与社会之间的关系方面，以及在规范社会秩序、凝聚社会各方力量方面有着重要作用。

　　所谓精神文化,是人类在物质文化的基础上衍生出的观念的集合,包括思想理论、文学艺术、道德风尚等。精神文化是文化的最深层次内容,是在一定的物质文化的基础上才产生的,然而当其产生以后,对于人类的物质生产、社会活动、社会规范、伦理价值、民族凝聚力等都有着极为重要的指导意义,从而具有相对的独立性。

　　狭义的文化就是精神文化。本书所讲的中国传统文化,所取的就是狭义的文化观,即重点介绍中国传统的精神文化。精神文化是广义文化的核心内容,人们若对文化最核心的内容有了基本的认识,那么对于制度文化和物质文化的认识也就迎刃而解了。此外,对精神文化之认识,对于深刻理解物质文化和制度文化也是极有帮助的。反之,若仅将注意力放在物质文化和制度文化的层面,而忽视对精神文化的探讨,那么人对文化的认识则很可能流于表面而不得其要。举例来说,北京是人们再熟悉不过的一座城市了,从物质层面来说,通过实地考察和借助建筑史,古代北京的城门、城墙、桥梁、人造湖泊的具体情况皆可以反映出来。从制度层面来说,古代北京城的布局可以反映古代的政治制度的一些特点。然而仅从物质文化的角度对古代北京城进行考察是远远不够的,当人们追问古代北京城为何如此布局,城中的建筑为何如此设计,可能就会难倒很多人。实际上,古代北京城的设计者对《周礼》《周易》是很精通的。明清北京城的前身为1267年营建的元大都城。大都城设计时曾参照《周礼·考工记》中"九经九纬""前朝后市""左祖右社"的记载,规模宏伟,规划严整,设施完善。又如北京的故宫有太和殿、中和殿、保和殿,此三殿象征的是天阙三桓。前殿为阳,后寝为阴,后寝的乾清宫、坤宁宫和交泰殿三宫的名称皆有深义。《周易》中的乾为天、为君、为父,坤为地、为臣、为母,乾天清轻上扬,坤地浊重下凝,地天交合而成泰,人伦之大吉。古代北京城中的天坛、地坛、日坛、月坛皆是《周易》阴阳观念之体现,而阴阳是中国古人对宇宙万物的基本认识,是中国古人最基本的哲学观念。由此可见,人们若缺乏对儒家经典《周易》《周礼》的认识,那么就难以真正懂得古代北京城的布局和建筑名称之深刻义涵。

北京故宫

第二节　中国传统文化的特征

从远古时代开始，中国文化就走上了与西方文化以及其他地域文化不同的发展轨道，中国传统文化以自身的显著特点，区别于西方以及其他地域文化。中国传统文化的特征主要有以下四点。

第一，中国传统文化是大陆农耕型文化，具有重视血缘亲情与宗法伦理、尚中贵和的取向。

在考察文化之形成时，地理环境与文化的关系是我们需要观照的。[①]　我们于此论述中国传统文化的特征时，选择将西方文化发生地之一的古希腊作为参照系。

古希腊文化博大精深，其哲学、艺术、民主、法制是西方近现代文化的源头之一。古希腊文化有着海洋文化的显著特征。希腊多山环海，地势崎岖不平，尽管有小块的平原，也被绵延的山脉所阻隔。此外，希腊的土地贫瘠，不适合耕种，淡水资源和矿产资源也颇为匮乏。希腊的海岸线长，拥有众多的良港，岛屿多得像一颗颗珍珠散落在大海上。希腊平原少，山地多，只适合种植葡萄和橄榄等经济作物。

从公元前8世纪开始，希腊人就大规模向海外殖民，两百年以后，北抵南俄草原，南至尼罗河三角洲，西到西班牙，东到小亚细亚，都有希腊人建立的城邦。此外，资源的匮乏，使得希腊人特别重视对外贸易，据美国历史学家威尔杜兰描述，当时的希腊商人从比利亚斯港运出的物品有酒、油、皮毛、大理石、陶器、武器、奢侈品、书籍，以及由雅典各界与工厂制成的艺术品。他们带回比利亚斯港的物品有来自拜占庭、叙利亚、埃及、意大利以及西西里岛的谷物，来自西西里岛和腓尼基的水果、乳酪，腓尼基和意大利的肉类，黑海的鱼，小亚细亚北部帕弗拉格尼亚的坚果，塞浦路斯的铜，英格兰的锡，黑海岸的铁，爱琴海北部退索斯和色雷斯的黄金等。

古希腊人是一个崇尚海洋的民族，他们借海洋维持生存和发展，也在这个过程中锻造出一种特殊的民族性格。梁启超说："海也者，能发人进取之雄心者也。陆居者有怀土之故，而种种之系累生焉。试一观海，忽觉超然万累之表，而行为思想，皆得无限自由。彼航海者，其所求固在利也，然求之之始，却不可不先置利害于度外，以性命财产为孤注，冒万险而一掷之。故久于海上者，能使其精神日以勇猛，日以高尚。此古来濒海之民，所以比于陆居者活气较胜，进取较锐。"[②]梁启超认为，海洋民族开放、喜好冒险探索的民族性格，与他们所处的地理环境密切相关。频繁的殖民活动和海上贸易，练就了古希腊人外向的

---

① 古希腊时代的苏格拉底、柏拉图、亚里士多德等人认为人的性格和智慧由气候决定。近代法国启蒙思想家孟德斯鸠接受了古希腊思想家关于人与气候关系的学说，认为气候的威力是世界上最高的威力。德国地理学家E.C.森普尔认为，人和动植物一样是地理环境的产物，人的活动、发展和抱负受到地理环境的严格限制。这就是所谓的"地理环境决定论"。由于这种学说并不严密，受到了很多人的批判。不过，在人类文化的形成之初，地理环境对于人的活动的影响是很大的，人的生产生活、思维方式、艺术审美的形成，无不受到地理环境直接或者间接的影响。因此，从地理环境的角度去解读早期人类文化发生和发展的过程，是很重要的文化研究视角。

② 梁启超：《地理与文明之关系》，《新民业报》1902年第1号，第53页。

民族性格,培育了他们勇于开拓、善于求索的民族精神。

古希腊人重视航海贸易,而贸易必须以平等交换为原则,还需自由交换的环境,以及顾及商业贸易者整体利益的政策,这一切都有利于古希腊人民主观念的形成和民主制度的建立。在希腊古典时代,全体公民都是统治者,他们参与政治,集体掌握国家的权力。公民内部平等,法律至上。希腊民主的理论和实践成为近代西方政治制度的重要来源。

《虎丘图卷》
(局部)彩图

明·谢时臣《虎丘图卷》(局部)

与古希腊的海洋商业文明不同,华夏民族所创造的是大陆农耕文明。中国文化的发源是很早的,据考古发掘,数十万年以前,在中国的长江流域、黄河流域就有人类居住。夏朝建立以前,中国文化已经经历了漫长的发展阶段。在中原地带,经历了仰韶文化、龙山文化之后,夏、商、周才接续演进。仰韶文化的核心地区是黄河中下游地区,大致相当于今天的甘肃省到河南省之间的地区。龙山文化则分布于今天黄河中下游的山东、河南和山西等省。仰韶文化和龙山文化的核心地带都是中国的内陆地区,这些地区远离大海,有广袤的土地,远古的先民们生存在这片土地上。与古希腊土地贫瘠和资源匮乏截然不同,黄河、长江流域土地广袤肥美,适合农作物的生长,丰沛的水资源和宜人的气候为农业的发展提供了良好的条件。在今天中原地区的考古发掘中,农具是最为常见的器物,可见当时农作物的培育和种植也十分盛行。仰韶文化时期,农业生产水平较为发达,粮食的种植既有稻,也有粟。当时的人甚至还懂得通过土地轮休来提高作物的产量,可见当时人在耕作方面已积累了不少经验。龙山文化时期,农业占据经济生活的主导地位,黄河下游地区的水稻的栽培已经比较普遍,石质的铲、斧、双孔刀、镰、凿、锛等耕作和加工的工具大量出现。到了夏朝,农业有了更大的发展,农作物的种类有稻、粟、黍、稷等,农具还出现了耒耜。此外,夏朝已经有了排沟灌溉,从大禹治水的传说中,可依稀看到夏朝人已经懂得疏导河道的重要性。夏朝人在农业活动中对物候的应用较以前已有很大进步,西周到春秋时期使用的《夏小正》于每个月都有物候指时,可见夏朝人积累的物候知识之丰富。农业的发达,使得粮食在满足人的基本所需之外,还有剩余用来酿酒。夏朝人杜康造酒的传说,从一个侧面反映了夏朝农业生产已有较高的水平。

农耕文化对中国文化产生了至为深远的影响,在一定程度上来说,中国传统文化就是农耕文化衍生出来的文化形态。

农耕文化下的先民有着循环往复的世界观和方法论。太阳每天从东边升起,在西边落下,春耕夏长,秋敛冬藏,随着季节的变化,人们或耕作于田间,或休养于檐下,日复一日,年复一年,重复着同样的生活,循环往复逐渐成为人们对这个世界存在状态的基本判断,也成为他们分析问题的基本方法。人们相信,当事物发展到极致时,就会向相反的方向转化,在流传至今的典籍《周易》和《道德经》中,这种循环往复的世界观和方法论已经十分成熟。"物极必反""否极泰来""祸福相倚""分久必合,合久必分"等已是后世对华夏先民的观念的继承和更精到的表达。"变"是循环往复观念的核心,因此中国传统文化特别强调"变通"。《易》曰:"穷则变,变则通,通则久。"这种观念影响甚为深远。

农耕文化下的先民们重视血缘亲情和伦理,这种意识渗透到了政治秩序的建构中。同一屋檐下,聚居数代人,血缘亲情成为联系家庭、家族最重要的纽带。随着人口的增多,家庭或家族成员之间的问题也就凸显出来,权利与资源的分配导致了诸多的纷争。为了明确家庭、家族成员的权利和义务,规范社会秩序,人们在血缘的基础上分辨亲疏,制定等级,西周的宗法制就是在这样的背景下逐渐形成的。成书于西周到春秋时期的《仪礼》中,已经有了根据亲疏而制定的五服制度。到了孔子那里,血缘关系延展到更多的社会关系中,由亲亲而尊尊,遂有君君、臣臣、父父、子子的社会秩序之设定。

农耕文化下的人自给自足,尚中贵和。先秦时期广为流传的《击壤歌》有云:"日出而作,日入而息,凿井而饮,耕田而食。"这首歌反映了农耕文明下的人自足的心态。华夏先民不必像古希腊人为了生存而离开故土、扬帆出海去从事商业贸易,他们安土重迁,精耕细作,自给自足,长此以往,"尚中""贵和"便成为中国文化的显要特征。在中国古代,"尚中"与"贵和"往往是联系在一起的。《礼记·中庸》曰:"喜怒哀乐之未发,谓之中;发而皆中节,谓之和。中也者,天下之大本也;和也者,天下之达道也。致中和,天地位焉,万物育焉。"所说的"中",指事物的"度",意即不偏不倚,无过无不及,恰到好处。儒家认为"德莫大于和",不仅要求个体身心和谐、人际和谐、群体与社会和谐,更要求人与自然和谐。

第二,中国传统文化的超越是人本主义的,与西方文化的宗教超越有很大的不同。

西方文明有两大源头,即古希腊文明和古希伯来文明。西方近现代制度文化源自古希腊文化,西方的信仰则滥觞于中东的希伯来文化。希伯来文化诞生于今天被称为巴勒斯坦的土地上,希伯来人是犹太人的祖先。约在公元前1200年至公元前400年,希伯来人创立了犹太教。犹太教与当时很多宗教的最大不同,就是其是一神教。希伯来文化在大卫和所罗门时期空前兴盛,此后王国分裂,希伯来民族相继被埃及、亚述、巴比伦王国、波斯帝国和罗马帝国征服。在异族统治下的希伯来人虽历经磨难,但是他们的民族精神始终没有失落,一神教的信仰成为维系他们民族精神的重要纽带。后来,从犹太教的一个分支中诞生了基督教,基督教继承了犹太教的一神教信仰,并作了新的阐释,建构起一套严密的神学思想体系。两千多年来,基督教对西方社会产生了重大影响。犹太教和基督教认为人的价值当从人之外的神秘存在而获得,人的超越首先是对人之外的神秘存在的敬畏,通过发现这种神秘存在的奥秘,以及对这种神秘存在的回应,从而获得自身的价值。因此,西方文化中的超越不是以人为中心的,而是从人之外的神秘存在上折射出人的价值。

华夏民族重视农耕,家庭、家族以及其他现实世界的问题是人们关注的焦点,至于现实之外的世界如何,这不是他们所关心的。但这并不是说华夏民族没有鬼神信仰。事实上,与所有的早期人类社会一样,华夏民族也有对自然神以及亡灵的崇拜。然而华夏民族所崇拜的神灵是多元的。拿祖先崇拜来说,先祖有多少个,就有多少位先祖神灵;自然现象多样,所以就有多位幻化的自然神灵。华夏民族还拥有民族的图腾——龙。多神信仰下的人,对于人与神灵的关系以及形而上的终极解释没有太大兴趣。这就在无形中降低了崇拜对象的神圣性,并最终走向了现实主义和实用主义的道路。

华夏民族也讲超越,但绝不是西方那种宗教的超越,而是现实世界中道德和境界的超越。孔子说"敬鬼神而远之"(《论语·雍也》),这代表华夏民族对待超越鬼神的基本态度。战国末年的庄子说"六合之外,圣人存而不论"(《庄子·齐物论》),这代表华夏民族对待超越世界的基本态度。《左传》说:"国将兴,听于民;国将亡,听于神。"这是早期人本主义的质朴论述,在这里,"上帝"的位置已让给人了。在孔子的思想世界里,鬼神是否存在并不清楚,不过人与鬼神没有密切的关系却是肯定的。春秋末年的墨子甚至还特意构造一个"天鬼","又率天下之万民,以尚尊天事鬼,爱利万民,是故天鬼赏之,立为天子"(《墨子·尚贤中》)。墨子尊天鬼,意在兴天下之利,除天下之害,这种追求现实的功利性正是华夏民族对待鬼神的一贯态度。

在以农耕为主的文化形态下,华夏民族关注的焦点是人与人之间关系的处理,以及关注这种关系放大之后更大的群体关系,即个人与国家的关系。在这样的关系下,人的价值需要在"修身""齐家""治国""平天下"等现实社会中去实现。在长期的历史发展过程中,华夏民族逐渐形成了敦厚崇礼、尚德贵和的价值取向。到了西周,出现了完善的文化教育,而这种文化的主体就是周礼。在今天所能见到的《周礼》《仪礼》等记载西周时期礼仪制度和礼乐精神的文献中,可以看到周礼繁缛而完备。在大小仪节的背后,都隐含着深刻的价值诉求和人文关怀。春秋战国时期,尽管各国征战不已,然而民族的融合却得以空前地加强,正是周礼这种被华夏民族普遍认同的文化模式推动了社会的整合。周礼经过孔子理论性的阐释后成为中华文化最重要的内容之一,也铸就了中国古代道德理想主义的文化价值体系。自此以后,尽管其他先秦诸子各抒己见,以及佛教和道教在一定限度内影响士人的价值诉求,但是以孔子为代表的儒家道德理想主义一直是绝大多数中国古代士人安身立命之本。对于西方人来说,对外在神灵的信仰才能带来"不朽",而对于中华民族来说,立德、立言、立功就可以成就"不朽"。

第三,中国传统文化是乐感文化,与西方的罪感意识和悲剧色彩有很大差异。①

西方文化源头之一的希伯来文化以及后来的基督教文化都有着很强的罪感意识。此所谓的"罪感"源自对人性的基本判定。希伯来文化和基督教文化认为所有的人都背负了"原罪",人的"原罪"是与生俱来的,不具有选择性。"原罪"是西方文化中占主流地位的人性论,影响极为深远。伴随"原罪"而来的就是人的悔罪,由此导致忏悔文化在西方颇为流行。在中世纪早期,奥古斯丁就用祈祷的形式撰写了一部《忏悔录》,他忏悔自己过去的所

① 李泽厚最先提出"乐感文化"一词,他说:"因为西方文化被称为'罪感文化',于是有人以'耻感文化'('行己有耻')或'忧患意识'('作易者其有忧患乎')来相对照以概括中国文化。我以为这仍不免模拟'罪感'之意,不如用'乐感文化'更为恰当。"(李泽厚:《中国古代思想史论》,生活·读书·新知三联书店 2008 年版,第 328 页。)

作所为;到了启蒙时代,法国的卢梭也撰写了一部《忏悔录》,将自己违背良心的事公之于众。

西方文化还有强烈的悲剧色彩。古代希腊人创作了很多悲剧,这些悲剧是世界文化的瑰宝。希腊悲剧是由酒神节祭祷仪式中的酒神歌演变而来的,在这些悲剧中,主人公都不可避免地要遭受挫折、受尽磨难,甚至丧失性命。如终究不能摆脱杀父娶母命运的俄狄浦斯,历经艰难为人类盗火的普罗米修斯,皆是如此。古希腊的悲剧之悲是很彻底的,往往一开场就充满悲剧的气氛,若开场是小悲,那么结局就是大悲。希腊的悲剧意识中总是贯穿着一条主线——命运。不管英雄人物如何抗争,都必须受到既定命运的支配,而这种命运是永恒不变的,用今天的哲学术语来讲,这种命运就是规律、本质。希腊悲剧的命运观影响深远,早期希腊自然哲学以及西方古典哲学所热衷于探讨的本质、规律等就是源于此。

与西方文化的罪感意识和悲剧色彩不同,中国传统文化是强调乐感的。《易》曰:"天行健,君子以自强不息。"天道运行刚健,君子要仿效天道,自强不息。在《易》里,虽然阴与阳是彼此依赖、互为前提的,但是对阳有较多的强调,对阴则有意贬抑。阳居主导地位,而阴则处于顺从地位。中国人乐天知命、崇尚刚健、乐观豁达、积极向上。这种乐观主义,不仅表现在世俗的生活层面,还表现在思想家们对人性的把握上。性善论和性恶论在战国时期都已出现,双方皆有一批信奉者。不过,由于荀子的性恶论悲观地看待人性,不符合中国先前已经积淀的乐观主义文化精神,所以荀子的性恶论在中国古代一直湮没不彰,孟子的性善论却大行其道。对于人性的乐观看待,经由思想家们的论述和官方有意识的推崇,最终渗透进了中华民族的血液中。中国古人在童蒙阶段,就将"人之初,性本善"这样的信条植入大脑。

中国传统文化的乐观主义精神流淌在中华民族的血液里,这种精神最有代表性的存在就是中国古代的悲剧。实际上,中国古代缺乏真正意义上的悲剧,人们所熟悉的古代悲剧都是讲究"团圆之趣"或"皆大欢喜"。即使有悲,最后还是要加上喜的尾巴,《窦娥冤》的申冤昭雪、《赵氏孤儿》的孤儿复仇都是如此。王国维曾说:"吾国人之精神,世间的也,乐天的也,故代表其精神之戏曲小说,无往而不著此乐天之色彩,始于悲者终于欢,始于离者终于合,始于困者终于亨。"[1]王国维认为,国民精神是乐天的、现实的,所以戏曲小说无不有乐天的色彩。

伴随中国传统文化的乐观主义精神所生发的,还有中国古代所特有的内省文化。西方的忏悔是外向的,即将自己的所作所为向人之外的神秘存在忏悔,因此西方人的忏悔是试图借助于外在的力量,从而使自己得到解脱和超越。而乐感文化下的中国古人主张人要反躬自省,即面对自己良心的叩问。孔子说"吾日三省吾身",孟子说"反求诸己",反省是儒家修身的重要途径。儒家反省的前提是乐观的人性论,孟子认为"人皆可以为尧舜",通过反省,人可以回归与生俱来的"良知"和"良能"。与西方人的忏悔不同,儒家没有在真正意义上设定外在于人的力量,所以人的本心就是标准,用哲学的术语来说,就是人有心

---

[1] 王国维:《红楼梦评论》,《王国维全集》第一卷,浙江教育出版社、广东教育出版社2010年版,第64页。

本体。因此，以儒家为代表的中国传统文化讲求内省，通过自我的反省，从而实现道德境界上的超越。

第四，中国传统文化强调人与客观世界的和谐统一。

"天人合一"是中国传统文化的重要特征之一。① 在中国古代，天的意义不一，有的指自然之天，有的指主宰之天，有的指道德之天。中国文化中所谓的天人合一有两层意义：一是天人相通，一是天人相类。② 天人合一的思想有一个逐渐形成的过程。先秦时期就有天人合一的观念，不过到北宋的张载才将其作为一个明确的命题提出来。

《尚书·洪范》说："惟天阴骘下民……天乃锡禹洪范九畴，彝伦攸叙。"意即天是保佑百姓的，其将九类大法赐给大禹，才有人伦关系之安顿。此所谓天，有主宰意味。春秋时期，郑国大夫子产说："夫礼，天之经也，地之义也，民之行也。"（《左传·昭公二十五年》）子产认为，礼是天地之间历久不变的常道，人们必须依照礼行事，才会有好的结果。此是将天地与人事结合起来，说明天人之间是相通的关系。

战国时期，孟子倡导天人相通，他说："尽其心者，知其性也；知其性，则知天矣。"（《孟子·尽心上》）孟子认为，尽其心则能知性，人之性乃受之于天，为天之本质，天性一贯，性不外心。庄子认为，万物皆由气所构成，人和天地皆不例外。人是自然的一部分，天与人是一体的。在庄子看来，人类社会构建的种种礼法制度破坏了自然本性，造成了人与天的对立。因此，要恢复自然本性，就必须破除人们所构建起来的礼法制度，从而实现"天地与我并生，而万物与我为一"（《庄子·齐物论》）的天人合一境界。《易传》中也有丰富的天人合一思想。《易传·文言》说："夫大人者，与天地合其德，与日月合其明，与四时合其序，与鬼神合其吉凶。先天而天弗违，后天而奉天时。""与天地合其德"，就是要与有德之天相互适应，相互协调。《易传·系辞》还强调，人要顺乎天，"与天地相似，故不违；知周乎万物而道济天下，故不过；旁行而不流，乐天知命，故不忧；安土敦乎仁，故能爱；范围天地之化而不过，曲成万物而不遗，通乎昼夜之道而知"，圣人通晓人道与天道相似，故能周知万物的情态，匡济天下而又有原则，乐天知命而又发挥德行的作用，把握天地的变化而无过失，成全万物无遗漏。此所谓的"天"兼具道德和自然的双重属性。

汉代出现了董仲舒的"天副人数"之说。董氏认为，无论在肉体还是精神方面，人都是天的副本。比如人的头圆如天，耳目似日月，鼻口如风气，骨节合天数，大骨节合月数，五脏应对五行，四肢犹如四季，眨眼犹如昼夜，甚至连人的好恶、喜怒哀乐等也与天有关。董仲舒说："为人者天也……人之形体，化天数而成；人之血气，化天志而仁；人之德行，化天理而义；人之好恶，化天之暖清；人之喜怒，化天之寒暑；人之受命，化天之四时。人生有喜怒哀乐之答，春秋冬夏之类也。"（《春秋繁露·为人者天》）因此，天是人之为人的本源和依据。在此基础上，董仲舒提出了天人感应论。既然"为人者天"，而又"天辨在人"，所以人的行为必然会在"天"上有所反应。若天子违背了天意，不仁不义，天就会出现灾异进行警

① 中国古代也有"明于天人之分"和"人能胜乎天"的思想，如荀子说："天行有常，不为尧存，不为桀亡。应之以治则吉，应之以乱则凶……故明于天人之分，则可谓至人矣。"（《荀子·天论》）刘禹锡说："天之能，人固不能也；人之能，天亦有所不能也。故余曰天与人交相胜耳。"（《天论上》）不过这种思想在中国古代一直不占主导地位。中国古代大多数思想家反对将天与人割裂和对立。
② 张岱年：《中国哲学大纲》，中国社会科学出版社1994年版，第173页。

告和谴责;如果政通人和,天就会降下祥瑞以资鼓励。

天人合一是宋明理学的一个根本观念。如张载说:"天人异用,不足以言诚;天人异知,不足以尽明。所谓诚明者,性与天道不见乎小大之别也。"(《正蒙·诚明》)在张载看来,天之用就是人之用,知人就是知天,天人不异,性道实一。在中国思想史上,张载还第一次明确地提出了"天人合一"的命题。张载认为,儒者"因明致诚,因诚致明,故天人合一,致学而可以成圣,得天而未始遗人"(《正蒙·乾称》)。张载还认为,充塞宇宙间的是气,人与万物皆由气所构成,所以人与万物的本性是一样的。在此基础上,张载提出"民胞物与"之说,即民为同胞,物为同类,一切皆为上天所赐,所以要广泛爱人和一切物类。张载以后,程颐、朱熹、陆九渊等人皆有与张载相似的论说,尽管他们的天人合一思想不尽一致,但是在人与天具有统一性方面,皆有着共识。

天人合一思想与中国古代的哲学、科学技术、艺术审美等有着千丝万缕的联系,这些皆值得深入探讨。中国古代的天人合一思想,主张人与自然的统一,人不可以违背自然规律、超越自然的承受力去改造自然、破坏自然。人只有顺应自然,在自然所能承受的前提下去改造自然、利用自然,才能做到人与自然的和谐共处。此外,自然并非外在于人而为异己的存在,因此人所要做的就是使自己的道德和行为与自然达成平衡统一,从而拥有圆融完满的精神追求。中国古代的天人合一思想,对解决今天工业化时代自然资源被过度开采、生态受到严重破坏的问题有着重要的启示价值。

第三节　学习和弘扬中国传统文化的目的和意义

我们学习和弘扬中国传统文化的目的和意义,可从以下几个方面来看。

第一,学习和弘扬中国传统文化是实现"两个结合"的重要内容。

百年的斗争和建设历程告诉我们,马克思主义的中国化、时代化是我们积累的宝贵经验。只有把马克思主义基本原理同中国具体实际相结合、同中华优秀传统文化相结合,坚持运用辩证唯物主义和历史唯物主义,才能正确回答时代和实践提出的重大问题,才能始终保持马克思主义的蓬勃生机和旺盛活力。马克思主义基本原理与中华优秀传统文化是可以结合,在今天的中国也应该结合。一是马克思主义与中华优秀传统文化在价值追求上具有一致性,都体现了人类价值理想追求和对未来美好社会的向往。二是马克思主义基本原理与中华优秀传统文化在哲学上具有相通性,坚持用唯物的、联系的、发展的观点看待现代化建设中各种现象和问题。三是马克思主义基本原理与中华优秀传统文化在政治、经济思想上相契合,都体现了民本、民富等理念。因此,马克思主义是中国革命和建设不断走向胜利和成功的"法宝",中华优秀传统文化则是每一个中国人的精神家园和命脉滋养,二者互为联系、不可分割。

把马克思主义基本原理同中国具体实际相结合、同中华优秀传统文化相结合,这也是我党不断推进马克思主义理论创新发展的不竭源泉。一方面,要深入挖掘中华优秀传统文化的丰富内容,深入理解和吸纳中华优秀传统文化精髓,为马克思主义的理论创新提供思想智慧。要将中华优秀传统文化的核心思想内容和根本精神与建设中国特色社会主义

新时代新的文化使命的实践进路

中一系列重大问题研究紧密结合起来,深入研究阐释中国道路的深厚文化底蕴,从而建立起具有中国特色、中国风格、中国气派的哲学社会科学学科体系、学术体系、话语体系。另一方面,在坚持把马克思主义基本原理同中华优秀传统文化相结合的同时,要坚持与时俱进、守正创新的原则,不仅要了解中国的过去,理解中华优秀传统文化的核心和精髓,还要在此基础上结合实际,面向未来,不断有所创新。不仅要充分运用中华优秀传统文化中系列重要研究成果,还要完整准确地讲述中国历史,深入解读中华优秀传统文化的思想内涵。在中国特色社会主义各项建设中,我们要坚持把马克思主义作为根本指导思想,以马克思主义的真理性、科学性、革命性激发中华优秀传统文化发展的活力。正如党的二十大报告指出的:"我们必须坚定历史自信、文化自信,坚持古为今用、推陈出新,把马克思主义思想精髓同中华优秀传统文化精华贯通起来、同人民群众日用而不觉的共同价值观念融通起来,不断赋予科学理论鲜明的中国特色,不断夯实马克思主义中国化时代化的历史基础和群众基础,让马克思主义在中国牢牢扎根。"这也是我们今天学习中华优秀传统文化,搞好"两个结合"的价值和使命所在。

第二,弘扬中国传统文化,可以提升我国的软实力,保持文化上的独立性。

文化既是一个民族生存和发展的灵魂和血脉,也是一个民族的特征和精神记忆,这一民族文化的记忆沉淀,便是一个民族精神家园的基础所在,其间凝聚着该民族千百年来的精神风尚、道德规范、审美趣味、创造活力、思维方式以及理想追求。它体现了全民族的共有共享的认同感、归属感,同时也反映了民族生生不息、隽永持久的强大生命力和凝聚力。

历史悠久、生机盎然的中国传统文化是以华夏民族为主体,以长江、黄河流域为核心,兼容并包各民族文化(如蒙、藏、满、回、壮等)、各地域文化(如巴蜀文化、齐鲁文化、荆楚文化、吴越文化等)、各流派文化(如儒、释、道、诸子及其他宗教)所形成的多元文化共同体。中华民族以其强大的凝聚力和绵远磅礴的文化整合力,使古往今来遍布全球的华人自强不息。在随着经济全球化而来的文化多元化的浪潮面前,弘扬中华优秀传统文化,不仅有其历史的必然性,亦更有其现实的必要性,其意义当随着中国经济硬实力在全世界影响的不断扩大而日益得到彰显。

一个人如果没有文化价值导向,那么就是迷失了方向的人,因为他不知道生活的意义,没有理想和追求,没有信仰和目标,也不知道价值上的评判。同样,一个民族或国家如果没有了文化价值导向,社会生活中的冲突就会增多,国家或民族的生存就会出现危机。中华民族几千年以来的文化源远流长,但是出于历史、政治和经济的原因,中国传统文化曾受到过不公平的对待,影响力大大降低。然而近些年来,随着中国国力的增强以及在世界上的影响力的增大,弘扬中国传统文化、提升中华民族的软实力的呼声越来越高。

弘扬中国传统文化,有利于团结天下华人,进一步增强民族向心力和凝聚力。中国传统文化是承载中华民族精神与情感的重要载体,也是维系国家统一、民族团结的基础和联系世界的桥梁,是中华民族共同的精神家园。对于传承和弘扬中华民族文化传统,发展先进文化,增强中华民族的凝聚力,维护国家的团结统一,维护国家文化主权、文化安全与传承,具有深远的战略意义。

弘扬中国传统文化,有利于提高中国国家软实力,让世人更加理解华夏文明,有助于消除西方世界对中华文化的误解,张扬中华民族热爱和平、渴望自由、弘毅刚健的民族风尚，提高中华文化的吸引力和感染力，扩大我国对外政策、意识形态和政治价值观的吸引力。当今世界，文明冲突日益激烈，建设中华民族共有的精神家园，在探寻与西方文化价值观的融合与对话时，可以搭建一座融理性与情感于一体的不朽桥梁。弘扬中华文化可以让世界人民清楚地认识到，中华民族在历史上，在今天，在未来，她的强大和崛起无论对于友邻还是远邦都是福祉。

近一个世纪以来，世界文化日益走向多元化。各国文化相互借鉴和影响，相互融合碰撞，形成空前的文化繁荣景观。同时，各种异质文化之间的相互渗透与反渗透、吞并与反吞并，也空前激烈。部分地区的"文化沙文主义"和"文化霸权主义"已经严重干扰了人类文明多元互补、共赢共存的格局，也威胁着丰富多彩的人类文明继续繁荣的发展势头。在这样的时代背景下，弘扬中华优秀传统文化、增强中华民族的文化认同感和民族归属感，是十分必要的，其意义已远远超越了文化研究本身。

第三，学习中国传统文化，有助于更好地认识中华民族的过去，从而可以更好地面对现在和走向未来。

任何民族的文化都是多姿多彩的，不过每个民族文化都有一个主旋律。虽然一个民族不同的阶层可能在文化的表现上有差异，但是在一个大的文化背景下却有着共同承认和遵循的价值观念。民族共同承认和遵循的价值观念不是一朝一夕形成的，也非七八年年就能形成的，而是要经历几百年甚至上千年漫长的时间才能逐渐形成。这种主流的观念和意识形态一经形成，就具有很强的稳定性，不会随着朝代的更替和岁月的流逝而走向衰败和灭亡。相反，其一直是民族发展的经脉和血液，使民族的各种资源在历史的演进中得以整合。因此，认识和研究传统文化，对于认识民族的现在，更好地面对现在和走向未来是非常重要的。

学习中国传统文化，认识中国传统文化在过去几千年以来形成和演变的历史，有助于我们从理论的高度认识中华民族自身的特质，以便更好地面对我们民族的未来。比如作为中国传统文化主干的儒学，其对中国古代社会的政治、经济、教育以及人的价值观念等都产生了极其深远的影响，可以这样说，传统中国主要是儒学影响下的中国。因此，要想对中国古代社会有深入的认识，儒学就是一把钥匙。若对儒学没有基本认识，仅将西方的一些学科理论拿过来剖析中国古代社会，就很难对中国古代社会的本质有深入的认识。缺乏历史感的人是不可能对现实有深刻认识的，对未来也不可能有很好的把握。中国人向来重视历史的镜鉴意义，借古知今、鉴往知来是中国人自古以来的优良传统。学习中国传统文化，认识中国的过去，必将帮助我们更加深刻地认识现在和更好地走向未来。

第四，学习或研究中国传统文化，有助于提升人文素养，构建精神家园。

当今是知识爆炸的时代，各种媒体所携带的信息扑面而来，从丰富人们见闻的角度来看固然是好事，然而，知识和信息的碎片化也对今天人们的人文素养的提升带来了负面影响。如何在知识爆炸的时代提升自己的人文素养，是每一个人不得不认真面对的问题。中国传统文化博大精深，作为一个中国人，加深对中国传统文化的认知，是提升自己人文素养最重要的途径。举例来说，当一个人外出旅游，面对祖国的名山如峨眉山、九华山、五台山、普陀山、泰山、华山、青城山、武当山，若缺乏中国的佛教和道教知识，对这些名山的认识就会肤浅，因为中国的名山大都是文化之山，峨眉山、九华山、五台山、普陀山以佛教闻名天下，泰山、华山、武当山、青城山则以道教而声名远扬。若一个人对中国的佛教、道教有一定程度的认知，那么他对中国名山的解读就会深入得多。

此外，学习中国传统文化，可以为建造自己的精神家园提供思想资源。现代文明下的人们更多的是面对股票、房价、经济增长率，以及现代交通工具等。古人要走好几个月的路程，今人只需要一两个小时就可以到达；古人需要好几个月才能得到的信息，今人在一瞬间就可以得到。现代物质文明高度发达，便捷和高效成为今天人们生活的常态，人内心的紧张感也是前所未有的。虽然时代不同了，但是对人生意义的叩问和现实生活的思考还是永恒不变的话题。人们在学习和研究中国传统文化时，会惊讶地发现，几千年来的文化积淀，非常深刻而普遍地影响着今人的话语主题、思维方式和价值观念。特别是那些终极意义的话题，例如，人从哪里来？要到哪里去？何谓幸福？如何实现幸福？人生的意义究竟在哪里？这些问题，中国古人已经有很多的叩问和各样的解答。拿先秦诸子的著作来说，《论语》里的仁义礼智信，《孟子》里的浩然正气，《墨子》里的古道热肠，《庄子》里的超脱逍遥，在今天仍有重大价值。有人可能会说孔子是"蔽于人而不知天"，庄子是"蔽于天而不知人"，墨子是"蔽于用而不知文"，然而这些古人的思想和主张正是他们对于人生意义的追寻和社会秩序建构的设想，自有其价值和意义。孔子、墨子、孟子、庄子的著作之所以能得以传世，并千百年来为人们乐此不疲地诵读、诠释，就是因为其为人们构建精神家园提供了资源，给人们指出了走向幸福的光明之路。

📚 阅读书目

1. 徐行言：《中西文化比较》，北京大学出版社 2004 年版。
2. 冯友兰：《中国哲学简史》，北京大学出版社 2015 年版。
3. 钱穆：《国史大纲》，商务印书馆 2017 年版。
4. 张岱年：《中国哲学大纲》，商务印书馆 2015 年版。

🐴 思考题

1. 什么是狭义的文化和广义的文化？
2. 中国传统文化的特征是什么？
3. 学习中国传统文化的目的和意义是什么？

第二章 中国传统礼仪文化

"礼"是中华文化特有的概念或范畴,在西方语言中找不到与之对应的同义词。英文的 etiquette(礼节)、ceremony(礼仪,礼节)、rites and regulations(典礼、传统习惯和规则)均只能揭示礼的部分内涵,而难以全面、准确地表述礼的确切含义。这从一个侧面说明以礼为核心的中国传统文化有别于西方文化。在数千年以来的中华文明发展史上,礼仪文化有着重大而深远的影响,是中国传统文化最本质、最重要的内容,是中国成为"礼仪之邦"的基础,至今仍有其强大的生命力。

第一节 "礼仪之邦"的形成过程

礼是中华民族特有的文化现象,其从起源到成形和制度化有一个漫长的过程。总体来说,礼起源于原始社会,经夏、商两代的长足发展,到西周时期得以成形。春秋末年,孔子对周礼做了创造性的改造和表达,丰富了礼的内涵。南宋朱熹撰作的《家礼》一书,成为宋代以来礼仪文化建设最重要的蓝本,对中国乃至东亚都产生了深远影响。

一、礼的起源

关于礼的起源问题,学术界争议不断。有人认为礼起源于原始社会的祭祀活动,有人认为礼起源于原始社会的交易行为,还有人认为礼起源于人欲、人情。在各种观点中,礼起源于祭祀活动这一观点的影响最大,也最具合理性。

礼起源于祭祀的观点,有文献记载为据。许慎《说文·示部》云:"礼,履也,所以事神致福也,从示从豊,豊亦声。"《说文·豊部》云:"豊,行礼之器也,从豆,象形。"礼与"履"同义,有践履、行动之义。也就是说,礼是人的行为和规范,这种行为规范意在向神灵祈福。近代学者王国维说:"盛玉以奉神人之器谓之曲若豊,推之而奉神人之酒醴亦谓之醴,又推之而奉神人之事通谓之禮。"(《释礼》)王国维认为,"礼"字最初的意义是以器皿盛玉串来献祭神灵,后来兼指以酒献祭神灵,再后来指一切祭祀神灵之事。刘师培说:"礼字从示,足证古代礼制悉该于祭祀之中,舍祭礼而外,固无所谓礼制也。"(《礼俗原始论》)在王、刘二人观点的基础上,郭沫若说:"大概礼之起于祀神,故其字后来从示,其后扩展而为对人,更其后扩展而为吉、凶、军、宾、嘉各种仪制。"(《十批判书·孔墨的批判》)王、刘、郭三人从字源的角度,认为礼源于祭祀。

《礼记·礼运》也说:"夫礼之初,始诸饮食,其燔黍捭豚,污尊而抔饮,蒉桴而土鼓,犹若可以致其敬于鬼神。"意思是说,最初行礼的时候,人们先准备好酒和各种食物,然后把黏小米和屠宰后剖开的小猪摆放在石头上,点燃柴草炙烤石头上的米和肉;同时在地上挖坑,把酒倾倒进去,人们用手从坑中捧酒而饮;还要用土捏成鼓和鼓槌,人们敲打撞击土鼓,发出声响。先民认为用这样的方式可以表达对鬼神的崇敬,进而得到鬼神的护佑。

从今天来看,文献中关于礼的起源之记载是合情合理的。原始社会的生产力发展水平低,当时的人既不知道风雨、雷电、霜雪、地震、洪水、日食、月食等自然现象产生的原因,又不知道自身为何会有生、老、病、死,于是他们认为世上存在着一种超自然的意志存在——鬼神。在先民的想象中,鬼神生活在与人不同的空间,拥有超越现实和自然的力量。先民们遂通过祭祀来消灾祛祸,祈求鬼神降福人间。经过长期的发展,原始的祭祀有了相对固定的仪式和程序,这些仪式和程序被后来的祭礼吸收,也成为催生其他礼仪的基础。

不过,仅根据文献记载和字源对礼的起源问题进行探讨未免失之简单。实际上,作为一种社会规范,礼有神圣空间和礼器等核心要素,而这些要素并非一朝一夕可以形成的,而是有一个漫长的演变过程。下面以礼的神圣空间的演变为例,对礼的起源做进一步的说明。

神圣空间作为人与崇拜对象的沟通之地,是人的宗教信仰的重要载体。空间的神圣性和隐喻性,可以使人与神灵之间实现深度的"沟通"与"交流"。由于"三代"以前人们的仪式举办、精神生活与祭祀活动息息相关,因此与祭祀相关的空间演变过程,就成为古礼起源研究的重要内容。根据考古发掘,可知在中国新石器时代,人们已将墓地、神庙、祭坛等空间与一般的生活空间相对应,从而有了神圣与世俗之别。在神圣空间中,人们通过祭祀活动与神秘世界相感通,并希望获得神灵的庇佑。

1983年,考古工作者在辽宁凌源、建平两县交界处的牛河梁发现了积石冢和一处祭祀建筑遗址,考古学界将这处祭祀遗址称为"女神庙"。之所以称为"女神庙",是因为在此祭祀遗址出土的泥塑造像残块中,人物像的头、肩、臂、乳房、手等均属女性。在女神庙主室西侧发现的群像中,出土了一尊接近真人大小的彩塑女神像,其肢体虽已残缺,但是头部基本完好。不过这尊女神并非此庙的主神,原因是在神庙主室的中心位置出土了相当于真人器官三倍的大鼻、大耳。主神的塑像的缺失,很可能是因为被破坏了。由此可知,整座神庙里本来应该有女神群像,其中既有与一般人大小的女神塑像,也有高大的女神塑像。女神庙以南九百米处有四座积石冢,呈东西一行排列,总长110余米。积石冢内结构复杂,冢内大、小墓有别,墓内随葬玉器,墓外排列彩陶筒形器。[①] 牛河梁红山文化"女神庙"的主体建筑既有单室,也向外分出多室,同时以中轴线左右对称。多室包含一个主室和几个相连的侧室、前后室。由此可见,"女神庙"是一个有中心、多单元堆成而又富于变化的殿堂雏形。而由中轴线分开的单室和多室,很可能供奉的是不同层级的祭祀对象。

---

① 方殿春、魏凡:《辽宁牛河梁红山文化"女神庙"与积石冢群发掘简报》,《文物》1986年第8期。

单室内供奉的很可能是在"神统"中地位较高的女神,而多室内供奉的则是众多地位较低的女神。女神庙中的"女神",既可能是红山人的远祖,又可能是对部族作出了重要贡献的英雄,甚至还可能是人们幻想出来的天神。

良渚文化祭坛遍及整个环太湖地区,如杭州瑶山、汇观山、反山,奉化名山后,海宁大坟墩,江苏赵陵山,上海青浦福泉山等遗址,皆有祭坛。其中以瑶山和汇观山的祭坛最具代表性。1987年,考古工作者通过对浙江余杭县(今杭州余杭区)瑶山遗址的考古发掘从而确认了良渚文化的祭坛。瑶山祭坛遗迹平面呈方形,由里外三种土色组成。最里面是一座红土台,略呈方形;在红土台的四周是一条"回"字形灰土沟,与中央的红土台形成强烈的色彩对比。灰土围沟的西、北、南三面是用黄褐色斑土筑成的土台。整个祭坛外围边长约20米,面积约400平方米。祭坛南部范围内分布着12座墓葬,呈东西向南北两列排列,其中北列5座,南列7座。两列墓排列有序,墓与墓之间排列紧凑,墓坑均呈南北向。①

1991年,考古工作者在余杭县(今杭州余杭区)瓶窑镇汇观山又发现一座良渚文化祭坛。此祭坛的形制与瑶山祭坛非常相似。祭坛位于土山的顶部,呈长方形,总面积约1 600平方米。在祭坛中部偏西南,以挖沟填充的灰色土将祭坛平面分割成内外套合的三重土色。在该台面东西两侧低于顶层平面1.5米处,开凿有四条南北向水沟,可以看作第二级台面。在低于山顶2米多的地方,出现向外平伸的地面,属于祭坛的第三层台阶地。在山顶祭坛的西南部,分布有四座良渚文化大墓。② 由于年代久远,良渚文化祭坛的被祭者今已不可确知。不过可以想见,在精心选择的高地上筑祭坛,被祭者一定不是一般人。这些被祭者很可能是良渚人的英雄、祖先,或者是由他们幻想出来的最高神灵。

牛河梁"女神庙"、积石冢和良渚文化祭坛、大墓在建筑的设计和排列方面都给人以一种严格的秩序感。例如牛河梁红山文化"女神庙"积石冢对于祭祀对象或墓葬的排列秩序,与受祭者或被埋葬者的地位密切相关。在瑶山良渚文化祭坛遗址,墓葬集中分布在祭坛的南半部,分为东西向、南北两列,北列五座,南列七座,共十二座。南边的七座墓,三座自东向西打破红土台和灰土围沟,随葬品较其他墓葬多。而在这三座墓中,居中者随葬品最多,仅玉琮就达七件,琢有兽面纹的琮式管多至三十八件。在北列五座墓中,最大的墓的东壁也打破了红土台,随葬品也最多。由此可见,离神圣区越近的墓,随葬品越多,埋葬者的地位也越高。

早期神庙、祭坛所呈现的自然崇拜、英雄崇拜和祖先崇拜是"三代"之前的原始宗教形态,也是发展到"三代"的祖先崇拜的关键一环。而早期神庙和祭坛中的尊卑有序、上下有等的观念成为后世宗庙制度重要的思想资源。随着新石器时代晚期早期国家的出现,宗庙逐渐成为国家祭祖和举行重大政治活动的场所。由于儒家特别重视宗庙制度,因此与士相关的家庙逐渐兴起。《仪礼》中的《士冠礼》《士昏礼》中所说"庙"即家庙。宗庙、家庙祭祀遂成为中国古代政治、礼制、伦理、宗教生活中不可或缺的重要组成部分。

礼是古代国家政治生活中最重要的内容,"国之大事,在祀与戎"(《左传·成公十三

---

① 芮国耀:《余杭瑶山良渚文化祭坛遗址发掘简报》,《文物》1988年第1期。
② 刘斌:《余杭汇观山遗址发现墓坛和大墓》,《中国文物报》1991年8月11日。

年》），"祀"就是祭祀，对天地、祖先的祭祀是国家政治生活的起点，也是核心内容。根据《周礼》《仪礼》《礼记》等经典及后世礼书的记载，可知国家有一套严格的礼制，君臣上下的称谓、居所、服饰、食器、酒器、车制皆有等级。如《礼记·曲礼下》说："天子死曰崩，诸侯曰薨，大夫曰卒，士曰不禄，庶人曰死。"《曲礼上》说："国君抚式，大夫下之；大夫抚式，士人下之；礼不下庶人，刑不上大夫。刑人不在君侧。"礼的规定之细密，涉及面之广泛，令人叹为观止。而汉唐以来的《大唐开元礼》《大明集礼》《大清通礼》等礼书也以制度的形式将各个阶层的衣食住行进行严格的规定。可以说，对于等级制度的维护是礼之要义。也就是说，礼与等级制度相辅相成，早期等级制度的出现，方有礼的出现。而关于等级制度出现的时代，与文明和国家起源等问题密切相关。

关于文明和国家起源的研究，国内外学界影响较大的理论有"军事民主制""酋邦""聚落三形态演进"等。摩尔根在《古代社会》将史前社会后期称为"军事民主制"时代。其认为在氏族制度下产生了一种军事民主政体，这种政体既不剥夺氏族的自由精神，也不削弱民主的原则，而是与之协调一致。此说影响甚大，以至于国内外学者在相当长的时间内将"军事民主制"作为从原始社会向国家转变的过渡政体来对待。美国学者埃尔曼·塞维斯认为，在原始的平等氏族社会与国家之间存在着一个不平等的氏族社会，这个氏族社会就是所谓的"酋邦社会"。当代中国学者王震中提出"聚落三形态演进"说，他认为通过聚落形态的演进，可以把古代文明和国家的起源过程划分为三大阶段，即由大体平等的农耕聚落形态发展为含有初步不平等和社会分化的中心聚落形态，再发展为都邑国家形态。虽然"军事民主制""酋邦""聚落三形态演进"等理论的内容不同，但是这些理论皆认为在原始社会向国家转变的过程中存在一个过渡的社会形态。这个过渡的社会形态存在社会分层和等级制度，是由平等的氏族社会到国家之间的发展链环。

在中国历史上，夏代以前有一个邦国林立的时代。这个时代在文献记载中有所反映，如《尚书·尧典》云"协和万邦"，《战国策·齐策》云"大禹之时，诸侯万国"，《左传》云"禹合诸侯于涂山，执玉帛者万国"，《荀子·富国》云"古有万国，今有十数焉"，这些记载皆是对早期万邦林立状况的遥远记忆。这个阶段的社会性质，与《礼记·礼运》篇中所云"小康"社会是吻合的。《礼运》说："大道之行也，天下为公，选贤与能，讲信修睦。故人不独亲其亲，不独子其子，使老有所终，壮有所用，幼有所长，矜、寡、孤、独、废疾者皆有所养。……是谓大同。"这就是所谓的"大同"社会。《礼运》又云："今大道既隐，天下为家，各亲其亲，各子其子，货力为己，大人世及以为礼，城郭沟池以为固，礼义以为纪，以正君臣，以笃父子，以睦兄弟，以和夫妇，以设制度，以立田里，以贤勇知，以功为己，故谋用是作，而兵由此起。"这就是所谓的"小康"社会。据《礼运》，所谓的"大同"社会，就是"五帝"时期，所谓"小康"社会，就是"禹、汤、文、武、成王、周公"时期。实际上，《礼运》所言"大同"和"小康"是春秋以来人们对于远古社会景象的遥远想象及依稀记忆。据现代考古发掘，可知所谓"大同"并非"五帝"时期，所谓"小康"也并非仅是"禹、汤、文、武、成王、周公"时期。"大同"社会的本质是"天下为公"，反映的是早期社会分层之前的社会景象，而"小康"社会的本质是"天下为家"，反映的是社会出现了分层和等级制度的景象。真正的"小康"，相当于司马迁所说的"五帝"（即黄帝、颛顼、帝喾、尧、舜）及稍前的时期。而这个历史阶段正是中国早期国家出现的孕育期或雏形期,也是中国礼仪文化的形成时期。当夏朝建立以后,中国已经具有较完备的礼制。

二、周公集三代礼仪文化之大成

古史传说中的三皇五帝时期就有了祭祀礼、丧葬礼和婚礼的萌芽,考古发掘所获材料也印证了这一点。据《尚书·尧典》《吕氏春秋·古乐》《礼记·郊特牲》《礼记·祭法》《国语·鲁语上》《管子·封禅》《史记·五帝本纪》之记载,可知虞舜时代基本具备吉、凶、军、宾、嘉诸礼,可见礼在虞舜时代已粗具统系。

春秋时已有"夏礼"之名,《论语·八佾》云:"子曰:夏礼吾能言之,杞不足征也。殷礼吾能言之,宋不足征也。"夏是中国历史上第一个王朝,夏礼是夏王朝之礼,包括吉、凶、军、宾、嘉五礼。五礼的内容在夏朝渐趋完备,具有等级性。《尚书·甘誓》和《国语·鲁语上》记载夏朝有祭祀祖先之礼,《礼记·礼器》记载夏朝祭祀祖先用尸,《管子·封禅》记载夏朝祭祀天地之礼,这些皆属于吉礼。《尚书·皋陶谟》和《史记·夏本纪》记载禹治水时因公忘私、在饮食上深自贬损的事迹,可视为凶礼中的荒礼。《左传·哀公七年》记载禹召集诸侯于涂山,《国语·鲁语下》记载禹召集诸侯于会稽山,这些皆属于朝觐礼;《史记·夏本纪》记载禹东巡守,这是巡守礼。朝觐礼和巡守礼属于宾礼。军礼在《尚书·甘誓》中有比较集中的反映。《仪礼·士冠礼》说夏朝有冠礼,《尚书·皋陶谟》和《吕氏春秋·音初》记载禹娶涂山氏,《左传·哀公元年》记载少康娶二姚,《国语·晋语》记载桀娶妹喜,这些是婚礼。冠礼和婚礼属于嘉礼。

《论语·八佾》讲到了"殷礼",即殷商王朝之礼。殷商时期占卜成风,祭祀特盛,《礼记·表记》云:"殷人尊神,率民以事神,先鬼而后礼。"由此可见,殷商的统治者是想依靠神灵的力量来维护统治。

礼发展至殷商已基本齐备。就吉礼而言,此礼已分为祭天、祭地和祭祖先三大类。殷人信仰天帝、天命,《尚书·汤誓》《尚书·盘庚》《尚书·高宗肜日》《尚书·西伯戡黎》《尚书·微子》中有殷人祭天的记载。除天帝外,殷人认为凡天象皆有神,日神、月神、云神、星神等不一而足,一律予以祭祀。他们通过频繁的占卜和祭祀来沟通天人关系。《论语·尧曰》和《墨子·兼爱下》中有相关的记载,而地下出土的龟甲卜辞和考古资料也可以佐证这些文献记载。通过甲骨卜辞,可知殷人祭天一般在郊外,会用"燎"祭。所谓"燎",就是堆积木柴,置牲体或玉在木柴上,燔烧木柴,使烟气上达于天,殷人认为这样诸神就可以歆享烟气的馨香。《墨子·天志下》有殷人祭地的记载,甲骨卜辞和考古资料也可证明殷人有祭地之礼。殷人祭地一般也在郊外,采用"燎""薶"的方式进行,所谓"薶"就是把祭品埋入土中,供地祇享用。《尚书·盘庚》《尚书·西伯戡黎》和《尚书·微子》记载了殷人对祖先深挚而持久地缅怀,殷商王族对先公先王的祭祀,就规模和频率来说已超过了对天神、地祇的祭祀。从甲骨卜辞可知,殷王祭祀祖先前要通过占卜确定祭祀日期,祭祀的方法有"翌""祭"等,名目繁多。此外还有周祭,所谓周祭,是殷商王室用"翌""祭"等五种祀典周而复始地祭祀先公、先王和先妣,祭祀一轮大约需要一年的时间。殷商王室对祖先的祭祀还有厚薄之分,对直系父祖的祭祀会特别隆重,且逆祀(即颠倒先公、先王次序的祭祀)是合乎礼仪的。从甲骨卜辞可知,殷商时人们在丧葬礼中会通过占卜确定埋葬的日期和墓地。此外,从不少考古资料可见殷商时的丧葬礼已有井椁制度,随葬器也有了明器和实用器的区别。

从甲骨卜辞还可见殷商时的军礼之概况。每逢战争,殷王都要先卜问吉凶。为了赢得战争,殷王会在战前祭祀宗庙,祈求天地神灵和祖先的护佑,战争结束后还要到宗庙行礼。若战争获胜,还要向祖先神灵献功。殷王行田狩之礼前,会先占卜,确定日期。《诗经·玄鸟》和《诗经·殷武》中记载了朝贡之礼,此可得到商代后期青铜器铭文的佐证。甲骨卜辞中有商王行巡守礼的记载,商代后期的青铜器铭文还有朝觐礼和锡命礼之记载。朝贡礼、朝觐礼、锡命礼和巡守礼属于宾礼的范畴。甲骨卜辞中有婚前问名归卜的记载,《诗经·大明》有娶妇亲迎的记载,周代婚礼的"六礼"中,"纳吉"和"亲迎"二礼在商代已经出现了。据甲骨卜辞所载,商王用亲自种的粮食祭祀神灵和祖先,以表恭敬虔诚之意,此是商王举行籍田礼。婚礼和籍田礼属于嘉礼。

周礼集夏、商、周三代礼仪文化之大成,与周公制礼作乐有着千丝万缕的联系。周公是西周立国之初伟大的政治家和思想家。制礼作乐既是周公巩固新政权、建立新统治秩序的举措,也是使中国文化实现从鬼神之道向人道的伟大转折。周公制礼是中国古代人文精神建立的重要开端,对中国传统文化的影响甚为深远。

周是生活在我国西部黄土高原上的一个古老部族,所尊奉的始祖是后稷。后稷本名弃,在农业种植方面具有非凡的才能。他向天下百姓推广种植技术,减少饥馑危害。为了表彰弃对种植五谷所做的贡献,百姓称弃为后稷,即谷物之神。夏时,周部族首领不窋率领周人迁移到戎狄地区,改事畜牧业,周部族的发展进入低落期。不窋的孙子公刘为了振兴周部族,率领族人迁徙到泾水中游的豳地(今陕西彬州市、旬邑县之间),重新从事农业。经过大力整治,豳地呈现出欣欣向荣的景象,周部族势力开始壮大。由于豳地处在戎狄部落的包围中,经常受到戎狄的侵犯和掠夺,公刘的后代古公亶父遂率领部属迁徙到岐山脚下。岐山位于渭水北岸,地处关中平原西部,四周土地肥沃,适合发展农业,岐山山脉又是阻挡北方游牧民族入侵掳掠的天然屏障,因此这里被人称为"周原"。古公亶父在周原发展农业生产,建立国家制度。他仿效商朝的政治体制设置了"五官有司"来管理国家事务,还吸收商王朝的先进文化以改造民风民俗,尤其是改变周人在戎狄地区习染上的野蛮风俗。经过古公亶父迁岐及其在周原的经营,周人的力量迅速壮大。

古公亶父传位于季历,季历大规模地征伐西北戎狄,彻底解除了长期来自西北方向戎狄对周人的威胁。商王文丁一方面表彰季历的伐戎之功,封季历为"牧师",即商王朝在西方的方伯,另一方面警惕季历在西部的开拓疆土,将季历囚禁并杀害。季历的长子姬昌继位,姬昌就是周文王。周文王修明政治,招揽吕尚等人才,在继续向商王朝称臣的同时,还巩固其父祖新开辟的疆土,推广种植农业,增强了与商王朝抗衡的实力。周人的强大使商王朝警惕,商纣王将周文王囚禁于羑里。文王的臣子多方营救,最后才使纣王放出周文王。纣王封文王为西伯,授予他在西方征伐不法诸侯的权力。周文王回到周原,利用西伯的身份先征讨犬戎、密须,解除后患,后又灭掉耆、邗和崇,扫清了伐纣的道路。周文王还将都城迁到丰邑,明确树立起与商王抗衡的大旗。许多方国加入以周为核心的灭商集团。

周文王去世后,武王姬发继位。周武王向各方国诸侯发布讨伐商纣王的命令,而后东进，在孟津与前来的诸侯会集。公元前1046年的牧野之战，周武王将商王朝的军队消灭。其后，周武王在朝歌的社坛举行了代商膺受天命的祭天大典，宣告新的政权——周王朝建立。为巩固新兴的王朝，周武王先派兵扫平了商王朝京畿以南的广大地区，解除南方的隐患，又封商纣王长子武庚为诸侯，继续统治商王朝中心地带的遗民，同时委派自己的三个弟弟，即管叔、蔡叔和霍叔分别镇守卫、鄘、邶，监督武庚和商遗民，是为三监。对殷商遗民进行安抚后，周武王回到周王朝的新都镐京，将缴获自商王朝的宝物、彝器封赏给伐纣有功的人员，同时分封参与伐纣的各方国势力，承认这些方国诸侯在新王朝的地位。返回镐京两年后，武王去世，其子成王继位。

汉砖画像《周公辅成王》(局部)

成王幼弱，无法处理朝政，而新建立的西周王朝基础还十分薄弱，殷商残余势力和各方国势力对新王朝仍存觊觎之心。为巩固新政权、建立新秩序，周公摄政，代替成王处理朝政。周公名旦，是周文王的儿子、周武王的弟弟。早在武王即位之初，周公就辅佐武王处理日常政务，非常有才干。然而周公摄政的举措招致了管叔的不满，他联合蔡叔与霍叔，四处散布流言，说周公要取代成王，以武庚为首的殷商残余势力借机串通三监，又联络殷商的盟友东方诸侯，淮夷、徐、奄、蒲姑等国，发动了叛乱，意在复辟商王朝。面对内忧外患，周公先讨灭参与叛乱的三监，杀死管叔，流放蔡叔，贬黜霍叔，随后率军讨伐武庚，消灭殷商残余的顽抗势力，杀死武庚。为消除隐患，周公乘胜挥师东进，经过三年苦战，击败了参与武庚叛乱的数十个东方小国，将西周王朝的势力扩展到了东部，彻底巩固了新政权。

为巩固东征的胜利成果，周公按照"非我族类，其心必异"的血亲政治原则，将周王室子弟、功臣和姻亲旧友分封到各地去镇守，主要的封国有鲁、燕、齐、卫和宋。这些封国分布在中原的东部、北部和中部，所处之地有战略意义，可帮助新建立的周王朝控制局面。对于新封的诸侯，周王除了授予土地和人民，还赏赐大量的宝器和典籍图册。周王对于诸侯有很大的予夺权力，诸侯要臣属于周王，要定期朝觐周王，向周王室缴纳一定的贡赋，周王出征，诸侯要率军协助，诸侯征讨夷狄获胜，要向周王举行献俘仪式，表示胜利果实属于周王。西周王朝分封的诸侯，分公、侯、伯、子、男五等爵位，诸侯爵位不同，享受的权力、承担的责任都有不同。

为了结束统治集团内部经常发生的为争夺王位而产生的混乱和动荡，周公决心推行嫡长子继承制。宗法制度是为了维护嫡长子的权威而制定的宗族组织制度。宗法制规定，宗族世代由嫡长子传宗继统，嫡长子是宗子，也称宗主，在宗族中享有最大的权力，能统率宗族，是族人共同尊敬的对象。宗族内部有大宗和小宗的分别，大宗是"百世不迁之宗"，小宗是"五世则迁之宗"。维护嫡长子的崇高地位，是西周宗法制度创建的基础和核心，是文明社会对于原始的氏族血缘组织关系的改造和进一步利用。通过在宗族内部区分出大宗与小宗、通过对大宗宗子地位的维护，西周王朝建立起强调君权的等级政治体制。

周代的土地占有、耕作和田赋征收采取的是井田制。井田制度早在夏、商时代就已产生，发展到西周，形成了完备的形态。井田制度下，土地分成公田和私田两种，公田是由居住在这一地区的民众共同耕种的土地，公田出产的粮食归占有这一地区的各级贵族所有；私田不是私人所有的土地，而是指私人耕种的土地，私田出产的粮食归劳动者自己所有。西周时，大约三年分配一次私田，据《周礼·地官·遂人》所载，每户被授予上地（年年都可耕种的土地）一百亩，中地（种一年、休耕一年的土地）二百亩，下地（种一年、休耕二年的土地）三百亩。整体而言，井田制度体现的是一种土地公有的原则。

周公在建立西周王朝新的政治秩序的同时，也吸收借鉴前代之礼，着手对礼乐进行加工和改造，将礼贯穿社会生活的方方面面。就国家政治而言，分封制度、宗法制度、井田制度都与礼息息相关，分封制度涉及周王封赐诸侯土地、人民的锡命礼，诸侯见周王的朝礼、觐礼、会同礼，诸侯随从周王作战，战前要举行告庙仪式，胜利后还要在宗庙举行献俘仪式等；宗法制度涉及祭祀宗庙的祭礼，丧葬时的复、敛、殡、葬、既夕、士虞诸礼，还有丧服制度；井田制度涉及籍田礼等。就大众生活而言，有乡人聚会的乡饮酒礼，与选拔人才有关的乡射礼等。就个人生活而言，一个人成年有冠礼，找到配偶有婚礼，死亡有丧礼等，可以说生命的每一个重要环节都与礼相伴。

周公制礼的重要特点就是以德说礼。周公亲历了"小邦周"灭掉"大邦殷"的变迁，这使他怀疑"天"的存在，对于绝对权威的"天"的信念动摇了，进而形成了天不可信而敬德的思想。周公要用敬德的方法修补对于"天"的动摇，以人间的德政削减上帝的权威，即以德操持政柄，减少上天的权威。德既包括人主观方面的修养，也有客观方面的规范，礼就是德在客观方面的种种规范。如《左传·文公十八年》记载："先君周公制周礼曰，'则以观德，德以处事，事以度功，功以事民'。"周公制礼就是要按照道德的要求，反映道德的精神。周公用以纲纪天下的宗旨，是要纳上下于道德，而合天子、诸侯、卿大夫、士、庶民以成一道德的团体，周公制礼作乐的本意就在于此。

周公制礼作乐的影响十分深远。到了春秋时期，政治家们仍将礼作为道德判断的依据，将礼与德、仁、义、忠、信相联系。如《左传·襄公二十一年》，叔向说："会朝，礼之经也；礼，政之舆也；政，身之守也。怠礼，失政；失政，不立，是以乱也。"《左传·成公十三年》，孟献子说："礼，身之干也；敬，身之基也。"《左传·昭公七年》，孟僖子说："礼，人之干也。无礼，无以立。"《左传·昭公二十五年》，子大叔说："夫礼，天之经也，地之义也，民之行也。"在周公制礼的基础上，孔子以仁说礼，又丰富了礼的内容，为中国传统的礼乐文化打下了良好的基础。可以说没有周公就不会有武王灭殷后的一统天下；没有周公就不会有传世的礼乐文化；没有周公就没有儒家的历史渊源，没有儒家，那么中国传统文化可能是另一种精神状态。因此，孔子要梦见周公，更称赞说"郁郁乎文哉！吾从周"。

三、孔子对周礼的创造性改造

西周时期，周公制礼作乐，确立起一套完整的礼仪制度。从流传至今的文献如《周礼》《仪礼》等可以看到周公制作的礼非常烦琐，不仅有冠、婚、丧、祭、乡、射、朝、聘之别，还有上下等级、尊卑长幼之分。此外，每一类礼在向位、礼器、仪节上都有很大的差异。比如乡饮酒礼,据《礼记》记载,"六十者坐,五十者立侍,以听政役,所以明尊长也。六十者三豆,七十者四豆,八十者五豆,九十者六豆,所以明养老也"(《礼记·乡饮酒义》)。又如丧礼,尸体放在室内南墙的窗下,头朝南,足朝北。丧主的哭位在床的东侧,丧主的妻在尸床的西侧,与丧主夹床相对。而丧主的庶兄弟都站在丧主的身后,面朝西;妾和众子孙站在尸床的西侧,面朝东。他们都是大功以上的亲戚。小功以下的亲戚的哭位,妇人站在室户之外的堂上,男子站在堂下。显而易见,哭位是按照内外亲疏的原则安排的。周礼影响十分深远,其与周代的分封制、井田制和宗法制一起,对于西周社会的稳定起到了至关重要的作用。

不过周公所制之礼在长期的发展演变的历程中逐渐形式化、教条化,礼之精义逐渐丧失,以至于春秋时期批判周礼的声音越来越多。这在《左传》中有很多记载,比如《左传·桓公二年》晋师服曰:"夫名以制义,义以出礼。"意思是义是礼的基础,没有义,礼就失去了存在的价值。又如《左传·僖公十一年》周内史过曰:"礼,国之干也;敬,礼之舆也。不敬则礼不行。"意思是,礼对于国家的存在至关重要,而敬是礼的灵魂,若没有敬,礼就不能得以推行。《左传·昭公五年》女叔齐批评鲁昭公所举行的烦琐礼仪,认为鲁侯所做的,"是仪也,不可谓礼。礼所以守其国,行其政令,无失其民者也。……礼之本末,将于此乎在,而屑屑焉司仪以呕,言善于礼,不亦远乎?"言下之意,鲁侯重视礼仪,而非礼的意义,与礼的精神相去甚远。诸家对礼的批评,皆集中于礼的形式。在他们看来,不少人皆重视礼的形式,而忽略了礼的精神。仪即形式,而"义""敬"等皆礼的精神内核,重视形式而忽略内涵,虽然强化了尊卑等级,维护了贵族的地位,但是已经远离了礼之精义。

对周礼进行整理并进行创造性转化的任务是由孔子完成的。孔子所在的鲁国是春秋时期保存周礼文化最多的诸侯国,在重礼尚礼的鲁文化的熏陶下,孔子自幼便对礼产生了浓厚的兴趣。据《史记·孔子世家》记载,"孔子为儿嬉戏,常陈俎豆,设礼容。"孔子成年以后,更是视周礼为完美无缺,并多加推崇。孔子说:"郁郁乎文哉! 吾从周。"(《论语·八佾》)孔子对于周礼的整理和创造性改造可从以下两个方面来看:

《仪礼注疏》书影

(1) 编订《仪礼》。《仪礼》一书保留了周公"制礼作乐"的一些礼仪规范,而将这些礼仪规范进行损益并编成书的人则是孔子。《史记·儒林传》曰:"礼固自孔子时,而其经不具。及至秦焚书,书散亡益多。于今独有《士礼》,高堂生能言之。""其经不具",说明孔子之时尚无《仪礼》一书。《史记·孔子世家》又说:"孔子之时,周室微,而礼乐废,《诗》《书》缺。追迹三代之礼,序《书传》,上纪唐虞之际,下至秦缪,编次其事。……故《书传》《礼记》自孔子。"此处所言"《礼记》"即《仪礼》,不过此所云《仪礼》并非今天我们所见的《仪礼》十七篇,而是《仪礼》的初本,篇目远不止十七。先秦古籍如《墨子》《孟子》《荀子》多引《仪礼》中的文字。墨子生活在春秋末、战国初,由此可以推断《仪礼》的成书不会晚于春秋末、战国初,这与孔子生活的时代也是相符的。

（2）**强调礼的内涵,将礼的内涵与形式统一起来**。从《周礼》和《仪礼》的记载来看,周礼有明确、严格、具体形式。到了春秋时期,周礼只注重形式的倾向越来越明显,礼之精义为僵化、琐碎的礼仪所代替。此外,各路诸侯竞相征战,多事机巧诈谋,而他们往往还以礼作为幌子以蒙蔽世人,显示仁义情怀。鉴于礼崩乐坏的社会现实,孔子对礼的内涵作了新的诠释,他说:"春秋,修其祖庙,陈其宗器,设其裳衣,荐其时食。宗庙之礼,所以序昭穆也;序爵,所以辨贵贱也;序事,所以辨贤也;旅酬下为上,所以逮贱也;燕毛,所以序齿也。践其位,行其礼,奏其乐,敬其所尊,爱其所亲,事死如事生,事亡如事存,孝之至也。郊社之礼,所以事上帝也。宗庙之礼,所以祀乎其先也。明乎郊社之礼,禘尝之义,治国其如示诸掌乎?"(《礼记·中庸》)孔子指出,宗庙祭祀之礼既有维护尊卑上下之义,亦有敬亲、爱亲、孝亲之义,若理解了宗庙祭祀之真义,治理国家就变得十分简单了。孔子于此所强调的是宗庙祭祀的内涵,这些内涵正是春秋时期行礼者在认知上所缺乏的。孔子对只注重礼的形式的做法表示反对,他说:"礼云礼云,玉帛云乎哉?乐云乐云,钟鼓云乎哉?"(《论语·阳货》)意思是礼不仅指玉帛,乐不仅指钟鼓,玉帛是礼物,钟鼓是乐器,赠礼物,鸣钟鼓,并非礼乐之本;礼乐之本在于敬与和,而当时的统治者只在乎礼物和乐器,而置礼的本义于脑后,这是舍本逐末的做法。孔子所言礼的核心内涵,就是其所说的仁。孔子说:"人而不仁,如礼何?"(《论语·八佾》)通过仁的道德修养的提升,从而使人真正懂礼守礼。孔子赋予礼以丰富的内涵,从而使僵化的、濒临死亡的周礼重新焕发新的活力,成为后人立身行事和价值判断的重要依据。

孔子借助于周礼的外衣,赋予了周礼以新的内涵。孔子所说的礼之内容可从以下几个层面来理解。

（1）**礼是个人道德修养和行为的准则**。孔子说:"不学礼,无以立。"(《论语·季氏》)在孔子看来,一个人不习礼仪,不懂礼貌,就难以有立身之处。孔子说:"质胜文则野,文胜质则史。文质彬彬,然后君子。"(《论语·雍也》)质即质朴,文即文饰。孔子所言"文"的内涵包括礼仪、礼貌。在孔子看来,一个人太过质朴就会显得粗野,故必须以礼来加强修养,从而脱离野蛮的状态。孔子十分重视个人在礼仪方面的修养,比如对于父母,"生,事之以礼,死,葬之以礼,祭之以礼"(《论语·为政》),父母在世的时候,要以礼侍奉他们,父母去世以后,要按礼安葬和祭祀,以表达对父母的思念和敬重。孔子说:"乡人饮酒,杖者出,斯出矣。"(《论语·乡党》)乡饮酒礼的仪式结束后,要等年长者先出去,自己才能出去,以示对年长者的尊敬。"见齐衰者,虽狎,必变。见冕者与瞽者,虽亵,必以貌"(《论语·乡党》),见到穿丧服的人,即便和他关系很亲密,也一定使自己的态度变得庄重,看见穿戴礼帽礼服的人或是盲人,即使经常相处,也一定要有礼。孔子说:"非礼勿视,非礼勿听,非礼勿言,非礼勿动。"(《论语·颜渊》)在孔子看来,行礼是对他人的尊重,是对他人表达敬意的方式,同时也能体现个人的修养。

孔子认为,知礼行礼与人的事业的成败密切相关。他说:"恭而无礼则劳,慎而无礼则葸,勇而无礼则乱,直而无礼则绞。君子笃于亲,则民兴于仁,故旧不遗,则民不偷。"(《论语·泰伯》)在孔子看来,无礼的人言行必无忌惮,无所忌惮则无所不言、无所不为,从而害人害己;有礼者必定谨慎,阳刚磊落,在勇毅之外还沉着稳健,在耿直之外还委婉温和,从而能团结人,影响周围的人。战国末年的荀子发扬了孔子的礼学思想,他说:"故人无礼则不生，事无礼则不成，国无礼则不宁。"（《荀子·修身》）荀子于此从反面说明礼对于个人事业、国家治理的积极意义，与孔子的礼学思想是一脉相承的。

（2）礼是辨别长幼尊卑、维护社会秩序的重要工具。孔子不仅从个人道德修养角度言礼，还从社会治理的层面言礼，从而勾勒出一幅理想的礼治社会图景。孔子认为，年齿尊卑不同，礼亦有别。据《论语》记载，孔子对下大夫、上大夫和君主的姿态是不一样的，"朝，与下大夫言，侃侃如也；与上大夫言，訚訚如也；君在，踧踖如也，与与如也"（《论语·乡党》），之所以有如此分别，是因为下大夫、上大夫、君主的地位不同，尊卑有别，故所采用礼仪的规格也有差异。《论语》还记载了孔子关于人间礼仪的设计，如"入公门，鞠躬如也，如不容。立不中门，行不履阈。过位，色勃如也，足躩如也，其言似不足者。摄齐升堂，鞠躬如也，屏气似不息者。出，降一等，逞颜色，怡怡如也。没阶，趋进，翼如也。"（《论语·乡党》）在孔子看来，社会上的各个阶层若按照既有的礼来规范言谈举止，社会才会有序，才不会有僭越之事发生。孔子提出"君君、臣臣、父父、子子"，意在形成社会井然有序的结构，而不仅仅是一些表面的姿态，更不是为了形成君臣父子之间对立的局面。

春秋后期，周礼衰微，诸侯争霸，弑君弑父之事屡见不鲜，社会混乱，百姓疾苦。孔子认为，这一切皆与礼的缺失有关。孔子非常厌恶那些不安本分的人，比如按照周礼的规定，只有天子的乐舞才能用八佾，诸侯用六佾，卿大夫用四佾，士用二佾。而鲁卿季孙氏僭用天子的八佾乐舞。对于季孙氏的行为，孔子极为不满，他说："八佾舞于庭，是可忍也，孰不可忍也？"（《论语·八佾》）孔子认为，如果季孙氏的行为可以忍受，还有什么不能忍受呢？在孔子的思想世界里，礼既是一种姿态和行为，也象征着一种秩序，而对于礼的重视和遵循，就意味着对于这种秩序的敬畏和尊重。而这种敬畏和尊重，又是以人的道德自觉为前提，若没有这些礼仪，个人的道德无从寄予，社会秩序也无法得以维护。

有人认为孔子对礼的推崇实际上是为了维护统治阶级的利益而设计出等级秩序，孔子的礼学缺乏平等精神，是陈腐的、反动的。其实，从社会秩序建构的角度来看，孔子礼学的合理性是很清楚的。对于地位不同的人，采用的礼仪的规格也不同，地位越高，礼仪、礼节的规格也越高，这是文明的标志，自古以来就是如此。

四、朱熹对古礼的简化和变通

唐宋以后，士族和庶族之间的门第界限逐渐被打破，门阀等级观念逐渐模糊，社会结构和等级制度发生了很大变化。特别是隋代实行的科举制度，让很多士庶人通过科举考试跻身统治阶层。士庶人地位的提升，导致以前意在区别门第高下的礼仪已不能满足现实的需要。北宋的司马光撰《书仪》，希望以此应对宋代礼仪的世俗化和适应士庶礼仪的需要，不过司马光此书"或详或略""无所折衷"，甚至"遗其本而务其末""缓于实而急于文"。因此，朱熹试图在《书仪》的基础上编撰一部更具实用性的《家礼》，以满足当时社会的需要。

《家礼》一书包括通礼、冠礼、婚礼、祭礼、丧礼五部分。在此书中，朱熹博采众家，融汇古今。而此书的最大特点，就是对古代礼仪的简化和变通。例如古人重视冠礼（即成人礼），《礼记·冠义》说："冠者，礼之始也，是故古者圣王重冠。"《仪礼·士冠礼》记载了冠礼的礼节，包括行冠礼前的各种准备，如筮日、戒宾、筮宾、宿宾、为期；行冠礼的具体过程，如始加、再加、三加、宾礼冠者、见母；还杂记冠礼的变例与宾主所致之辞，如庶子和孤子的冠礼、宾字冠者、三加之辞等。《士冠礼》所记载的古代成人礼之复杂程度令人望而生畏，因此后世真正能行冠礼者并不多。不过，当宋代社会出现了"年幼便戴帽""生子犹饮乳，已加巾帻"等违礼风俗时，朱熹在《家礼》中主张行冠礼，以期移风易俗。不过朱熹主张的冠礼，并非恪守《仪礼》的规定，而是有所简化和变通。比如根据《仪礼》的规定，行冠礼之前应通过占筮来确定行冠礼的日期，《家礼》则认为"今不能然，但正月内择一日可也"。又如《仪礼》规定行冠礼前应通过占筮从主人的僚友中找出一位德高望重者为加冠之宾，《家礼》则认为"今

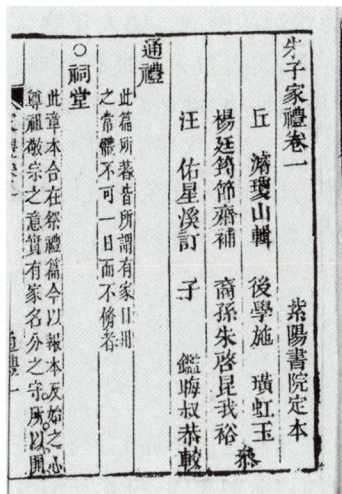

《朱子家礼》书影

不能然，但择朋友贤而有礼者一人可也"。由此可见，《家礼》简化了《仪礼》中的筮日和筮宾仪式。又如《仪礼·士昏礼》所记载的婚礼包括六大步骤，分别是纳采、问名、纳吉、纳征、请期、亲迎，《家礼》则说："古礼有问名、纳吉，今不能尽用，止用纳采、纳币，以从简便。"《家礼》将六大步骤合并为纳采、纳币、亲迎三个步骤，这样做既方便了行礼者，也节省了人力和物力。

《家礼》强化了宗法思想，对于宋代以后的社会治理起到了一定作用。据古礼，帝王、诸侯、大夫、士都有自家的祭祀场所。《礼记·王制》记载："天子七庙，与大祖之庙而七。诸侯五庙，二昭二穆，与大祖之庙而五。大夫三庙，一昭一穆，与大祖之庙而三。士一庙。庶人祭于寝。""尊祖敬宗"是宗法制的基本信条，而宗庙的作用就是维护宗法制。所谓"尊祖"，即尊奉共同的祖先；所谓"敬宗"，即宗子掌握祭祀权，庶子需要服从宗子。周代宗法制意在确立和维护贵族的等级制度，解决统治者内部的继承权问题。到了后来，宗法观念逐渐渗透到家族和家庭，族长和家长拥有支配家族或家庭其他成员的权力，成为宗法制的重要内容。由于唐末五代的战乱，家族或家庭祭祀场所的家庙遭到破坏，于是北宋时期替代家庙的祭祀场所便出现了。如司马光《书仪》以影堂代之。影堂是家族或家庭成员共有的祭祀场所，内置先祖遗文、祠版、影等物。影堂的设置，意在通过祭祀共同的先祖，从而增强家族的凝聚力。受《书仪》的启发，《家礼》主张设"祠堂"，并置于《家礼》卷首。"报本反始""尊祖敬宗"是《家礼》用意之所在。《家礼》规定："祠堂之内，以近北一架为四龛，每龛内置一桌。大宗及继高祖之小宗，则高祖居西，曾祖次之，祖次之，父次之。继曾祖之小宗，则不敢祭高祖而虚其西龛一。继祖之小宗，则不敢祭曾祖而虚其西龛二。继祢之小宗，则不敢祭祖而虚其西龛三。"祠堂之建置，可使大宗、小宗秩序井然。《家礼》规定，只有嫡长子才有祭父的权利，其目的在于敬宗收族。宗子不但主持祭祀，还拥有支配家族公共财产的特权。如《家礼》"置祭田"，即家族公共的田产，用处是祭祀共同的祖先。《家礼》规定宗子于祭田有处置的特权，此规定意在强化宗子对家族的控制。

《家礼》是一部十分重要的礼书，对宋、元、明、清时期的礼仪文化和社会治理产生了极

为深远的影响。明人丘濬认为"文公先生因温公《书仪》,参以程、张二家之说而为《家礼》一书,实万世人家通行之典也"(《家礼仪节序》)。明代洪武元年(1368),统治者颁布政令,"民间婚娶,并依《朱子家礼》",明代洪武年间,《家礼》被编入《性理大全》,受到后世学者的普遍推崇。朱子《家礼》还传入朝鲜半岛,受到学术界和朝鲜政府的推崇。朝鲜政府命平壤府印刷《朱文公家礼》150 部,颁赐各司。此后,《家礼》被不断翻印,在朝鲜民间广为流传,影响十分深远。

第二节　礼的分类与内容

《礼记·中庸》有"礼仪三百,威仪三千"之说,可见周礼相当繁复。《周礼·春官·大宗伯》提纲挈领,将繁复的礼仪归纳为吉、凶、军、宾、嘉五礼。这一分类法被后来历代王朝普遍接受,宋、明、清修订礼典,大体都依吉、凶、军、宾、嘉为纲。下面以吉、凶、军、宾、嘉五礼划分法来介绍周礼的内容。

一、吉礼

因为古人祭祀是为求得吉祥,故称祭祀之礼为吉礼。根据祭祀对象的不同,吉礼可分为祭祀天神、祭祀地祇和祭祀人鬼三类。

根据天神的尊卑之别,祭祀天神之礼可分为三等。第一等是祭祀昊天上帝,昊天上帝又称天皇大帝,是百神之君、天神之首。古代只有天子可以祭天,诸侯有国,但不得祭天。因为冬至是阴尽阳生之日,所以祭天须在冬至。因为天为阳,而南方为阳位,所以祭天的地点在南郊。祭祀的方式是禋祀,就是将玉、帛、全牲等祭品放在堆积的柴薪上,点燃柴薪,使燃烧祭品的烟气上达于天。周人尚臭,用烟气之臭闻者祭祀尊贵的天神。第二等是祭祀日月星辰。日是太阳,月是月亮,星辰包括五纬、十二辰和二十八宿。其中五纬是金、木、水、火、土五大行星;十二辰是古人将赤道附近的一周天自东向西十二等分,再配以子、丑、寅、卯、辰、巳、午、未、申、酉、戌、亥十二地支,与二十八宿形成对应关系;二十八宿是指东方苍龙七宿(角、亢、氐、房、心、尾、箕)、北方玄武七宿(斗、牛、女、虚、危、室、壁)、西方白虎七宿(奎、娄、胃、昴、毕、觜、参)、南方朱雀七宿(井、鬼、柳、星、张、翼、轸),这些都是与农业生产、民生关系最为密切的天体。祭祀日月星辰的方式是实柴,就是将帛和经过肢解的牲体作为祭品,放在堆积的柴薪上,点燃柴薪,使燃烧祭品的烟气上达于天。第三等是祭祀五纬、十二辰和二十八宿之外,职有所司、有功于民的列星,如司中、司命。祭祀的方式是槱燎,就是将肢解的牲体作为祭品,放在堆积的柴薪上,点燃柴薪,使燃烧祭品的烟气上达于天。除此之外,还有祭祀雨神的雩祭,一般采用盛乐、歌舞的方式进行祭祀。

根据地祇的尊卑不同,祭祀地祇之礼也分为三等。第一等是祭祀地神、社稷、五祀、五岳。地神是大地之神。社是土地神,稷是谷物神。五祀是五种土地神,分别是春神句芒、夏神祝融、中央神后土、秋神蓐收、冬神玄冥。五岳是天下五方的镇山,包括东岳泰山、南岳衡山、西岳华山、北岳恒山、中岳嵩山。在中国古代只有天子才有资格祭祀地神,祭祀时间定在每年夏至,祭祀地点一般是国都北郊,祭祀的方式是把玉帛埋入土中,把牲血灌注在地上,使气味达于地下,供地神歆享。天子和各地长官都可以祭祀社稷,时间一般在每年春、秋的仲月,祭祀的方式是把牲血灌注在地上。第二等是祭祀山林川泽,包括四渎(江、河、淮、济四条大河)、四镇(扬州的会稽山、青州的沂山、幽州的医巫闾山、冀州的霍山)等。天子可以祭祀天下所有的山林川泽,而诸侯要求“祭不越望”,即只能祭祀自己封地内的山林川泽。祭祀的时间不固定,祭祀的地点一般在都城四郊设坛,遥望而祭之,故称望祭。祭祀山林的方式是把玉帛埋入土中,祭祀川泽的方式是把玉帛沉入水中。第三等是祭祀掌管四方百物的各种小神,如户、灶、门、行神等,这些小神与人们生活最为密切,厚于民生,应该报其功,所以要祭祀。达官显贵和普通民众都可以参与四方百物的祭祀,地点一般在自家庭院或公共空地,用剖开肢解的牲体进行祭祀。

祭祀人鬼是祭祀祖先,上自天子,下至普通民众皆可参与。天子祭祖在宗庙,每逢四时之首月进行,春祭称“礿”,夏祭称“祠”,秋祭称“尝”,冬祭称“烝”,一般用当季的时令蔬果祭祀。天子庙数多,如周天子有七庙,难以在一日之内遍祭,所以又有祜和祫的区别。祜,即“特”字,是单独的意思。祜礿,是说春祭是对群庙一一祭祀。祫是合祭,就是将群庙的庙主集中在太祖庙致祭;夏、秋、冬三祭是祫祭。对父祖的祭祀还大量集中在丧礼中,有奠、虞、卒哭、祔、小祥、大祥、禫等名目,相当复杂。后世的人鬼之祭,并不限于先祖,还包括历代帝王、先圣先师、贤臣、先农、先蚕、先火、先炊、先医、先卜等。

祭祀鬼神是严肃、神圣的事情,全过程都必须体现崇敬与虔诚,所以举行祭祀前要进行斋戒。斋戒要沐浴更衣,还要独居,静心养性,一般分两步进行。先是“七日戒”,又称散斋,即斋戒最开始的七天要居住在寝宫的外室;而后是“三日斋”,又称致斋,是在寝宫的正宫居住三天。斋戒的十天内,必须停止一切娱乐活动,更不能参加哀吊丧礼,目的在于使人心静,以排除杂念。祭祀祖先还要进行“五思”,包括思其居处,思其笑语,思其志意,思其所乐,思其所嗜,从而达到“心诚”的效果。此外,斋戒期间还要忌食荤腥之物,避免祭祀时口中存有秽气,亵渎神灵祖先。祭祀用的牺牲有太牢、少牢之别,太牢包括牛、羊、猪,少牢只有羊和猪。祭祀用的玉有璧和琮等。

二、凶礼

凶礼是关于哀悯、吊唁、忧患的典礼,是在发生不幸的事情之后,希望减轻灾难带来的痛苦和损失,从而举行的仪式。凶礼包括丧礼、荒礼、吊礼、檜礼、恤礼五种。

丧礼是古代最重要的礼仪,其核心是通过对死者遗体的处理,来表达对死者的敬爱之情,大致可分为复、殓、殡、葬、服丧五个阶段。复是为死者招魂,千呼万唤,不见复活,才开始操办丧事。殓,又称入殓,分小殓和大殓,小殓是给死者沐浴后穿上寿衣,再用衣衾包裹尸体;大殓是指将尸体盛入棺木。入殓所用衣衾和棺木的质地、数量,会因死者生前地位等级的不同而有所差别。殡,是停棺待葬,此期间的一项重要礼仪活动是赠谥。殡期结束就可出殡入葬,葬就是将棺椁埋入地下,又称入葬、下葬。送葬后,要为死者服丧,与此相关的是丧服制度,根据与死者的亲疏关系,有斩衰、齐衰、大功、小功、缌麻五种丧服,服丧时间从三年到三个月不等。此外,国与国之间,一国若遭遇国君新丧,对方要派使者前往吊唁，赠送助丧用的钱物等。若为兄弟亲戚之国，还要依礼为之服丧，以志哀悼。

当邻国出现灾荒或传染病，民众面临生存危机时，一国应该用一定的方式表示同忧，这就是荒礼。《礼记·曲礼》道："岁凶，年谷不登，君膳不祭肺，马不食谷，驰道不除，祭事不县，大夫不食粱，士饮酒不乐。"赈灾的方法一般有两种，一是直接贷给饥民粮食；二是移民通财，把灾民迁移到未受灾地区，帮助他们度过困境。此外，儒家对荒礼提出了"散利""薄征""缓刑"等一系列原则。"散利"是赐予灾民钱；"薄征"是蠲免遭遇大灾的百姓的租税；"缓刑"是对迫于饥饿而触犯法律的灾民，宽赦缓刑，以示哀矜。吊礼是邻国遭遇水火之灾，派使者前往吊问之礼。襘礼是当邻国发生祸难，有重大物质损失时，兄弟之国凑集钱财、物品以相救助之礼。恤礼是邻国发生外患内乱，派遣使者前往慰问安否之礼。

三、军礼

军礼是与军队组建、管理和征战相关的礼。根据《周礼·春官·大宗伯》的记载，军礼可分为大师之礼、大均之礼、大田之礼、大役之礼、大封之礼五类。

大师之礼是用兵征伐之礼，借此礼调动民众为正义而战的热情。大均之礼是均土地、征赋税之礼，其意在于平摊军赋，使民众负担均衡。大役之礼是营建土木工程之礼，役使民众营建土木工程时，会派人员维持秩序，保障法令正常执行。大封之礼是定疆封土之礼。诸侯相互侵犯，争夺对方领土，使民众流离失所，当侵略一方受到征讨之后，要确认原有的疆界，聚集失散的居民，举行大封之礼。因古代疆界都要封土植树，故称大封之礼。

大田之礼是田猎之礼，周代的天子、诸侯在无事之时，都亲自参加四时田猎。田猎不是单纯的打猎，而是借打猎的形式检阅战车与士兵的数量、作战能力，训练未来战争中的协同。春天田猎称"蒐"，时间在每年仲春，一般用鼓、金指挥和训练兵士掌握"坐作、进退、疾徐、疏数"等阵法和战术。古人认为，鼓为木，属阳，可振阳刚，士兵操练时，打击鼓，奏出节奏，统一每个人的动作，有号令的作用；行进中，演奏军乐，规整军容，雄壮军威；作战中，击鼓则进。金是打击乐器，多指锣，古人认为，锣为金，属阴，可滋阴柔之气，以柔克刚，用于撤退收兵，士兵操练时，锣奏出节奏，统一每个人的动作，起号令的作用；行进中，演奏军乐，规整军容，雄壮军威；作战中，鸣金则退。锣和鼓一阴一阳，相互配合，可壮大军威。夏天田猎称"苗"，时间在每年仲夏，主要进行军队露宿草野，模拟夜间守备的演练。秋天的田猎称"狝"，时间在每年仲秋，主要进行布阵和实战的训练。冬天的田猎称"狩"，时间在每年仲冬，主要对军队进行大规模的校阅，实际也是对军队的一次综合性的大检阅。田猎作为军礼的重要内容为历代所沿袭。

此外，古代军队在出征前会举行祃祭，这是向神灵祈祷、保佑出师大捷的一种祭祀礼仪。祃祭一般在祭祀土地神的场所举行，因为古人认为，社神主管杀戮之事和阴间万物。祃祭最重要的仪式是祃牙，即出兵前举行的祭旗礼。牙，指的是牙旗。古时军队行进、作战时，队前或阵前引导的大旗被称为牙旗，祭旗礼就是用牙旗祭告神灵。如果军队是受命征伐，神灵就是黄帝和蚩尤。

四、宾礼

宾礼,是诸侯见天子,以及各诸侯国之间相互交往的礼,包括朝、聘、盟、会、遇、觐、问、视、誓、同、锡命等一系列礼仪。

朝礼,是诸侯按规定的时间拜见天子的礼。西周根据诸侯国到国都距离的远近,规定朝的时间,距离国都方圆一千五百里以内的诸侯每年一朝,距离国都方圆每远五百里,朝的间隔时间就增加一年,这样算来,距离国都方圆四千里的诸侯是六年一朝。诸侯如不按规定时间朝见天子,会被视为大不敬,将受到天子和其他诸侯国的讨伐。诸侯朝见天子时,要携带玉帛、兽皮、珍珠以及诸侯国的特产作为礼物,贡奉给天子。天子接受礼物后,也以玉帛、珠宝等礼物回赠。朝的过程有比较严格的礼仪规定,诸侯要穿着与爵位相匹配的服饰,如爵位不同,诸侯手中拿的圭的形制也不同,公手执九寸桓圭,侯手执七寸信圭,伯手执七寸躬圭,子手执五寸穀璧,男手执五寸蒲璧。爵位不同,诸侯朝的位置也有不同,公立于东面,侯立于西面,伯、子、男随侯爵站立。臣僚面见天子、商议处理军国政务也称朝,也有严格的朝仪。三公、孤、卿、大夫按照职位等级穿着不同的朝服,包括冠冕、带鞶、韍韠、佩玉等,他们的朝位,即在朝廷中站立的位置也有规定。此外,君臣出入、揖让、登降、听朝等环节皆有礼仪。

聘礼,也称朝聘,是国与国之间遣使访问的礼节。西周时,诸侯要定期朝见天子,如因一些原因诸侯不能亲自去朝拜天子,就要派诸侯国的卿大夫代替自己去朝觐天子,向天子汇报治理的成就。诸侯入聘天子,要以诸侯国的卿为使者,大夫为上介,士为众介。诸侯国的使臣一行进入王畿,要先通告守关门的人,由他们报告天子,得到允许后,再进王都。天子会为诸侯国的使臣安排馆舍,招待用餐。诸侯国使臣朝觐天子时,要进献玉帛、珍玩、诸侯国的土特产等礼物,朝觐完毕后,天子会盛情款待诸侯国使臣一行,还会派使臣送诸侯国使臣出王畿。诸侯国之间的朝聘,一般有四种情况:一是发生在某一诸侯国新君即位时,其他诸侯国的国君派使臣到该国,表示祝贺;二是某一诸侯国发生了战争、灾荒等重大事件时,要向其他诸侯国求援,或协商采取联合行动;三是某一诸侯国势力强大,其他诸侯国如果势力弱,有依靠强国的想法,会专门派使臣前往结好;四是两个诸侯国之间有矛盾、摩擦,会派使臣协商解决。诸侯国之间的聘问,一般也要携带玉帛作为赠礼。

盟礼,是会盟时的礼。会盟,又称盟会,是两国或两国以上为了某种共同的利益或目的,以求协调行动而相互立誓缔约。通常是由一国最先提出建议或请求,再派使臣去约请、游说,或经第三国斡旋、撮合,最终使双方或数方约定会面于某地,正式订立盟誓,以此结盟。会盟中的首领或主持会盟的人,就是"盟主"。盟礼的主要仪式是"莅牲",即在举行盟礼时杀牲,在玉片、竹片上蘸着牲血书写盟词,与会盟者一起饮牲血,或用手指蘸牲血涂在嘴上,在盟主的带领下,对神宣誓盟书。当时的人们相信神有巨大的力量,足以约束或监督会盟者的行动,所以会盟要对神宣誓。举行盟誓后,盟书成为会盟者共同遵守的原则和行动的准则。盟书要书写两份,一份在盟誓后,与牺牲一起埋到地下或沉于河中;另一份收藏在盟府,由司盟掌管保存。春秋战国时,周王室式微,诸侯坐大,强大的诸侯国常常在会盟中争做盟主,谋求号令其他诸侯国的霸权。

誓礼,是起誓、宣誓时的礼。誓,在西周时是指诸侯之间以语言为信约,以口述的方式,提出某种作为自己或大家共同遵守的原则。誓礼最初常作为会盟的一种形式,与盟礼合称"盟誓",有时也可单独举行。誓礼也要借助神的力量作为约束,使所有参加者不得违约,否则将受到神的惩罚。人们认为天神的威力最大,所以举行誓礼时常常假借天神,面天而誓。誓礼的仪式没有盟礼那么隆重、烦琐,不用杀牲、歃血。誓也指古代君王告诫将士或军将告诫士兵的言辞,多用于激励斗志,鼓舞士气。

会、同,泛指诸侯朝见天子,也指诸侯会合。《周礼·春官·大宗伯》说"时见曰会,殷见曰同",会是诸侯不在规定的时间去觐见天子,同是许多诸侯同时去觐见天子。会和同形式上略有不同,通常合在一起使用,称"会同"。

遇,是指诸侯或官吏在事先没有商定的时间、地点突然相遇,此时仍需按照礼仪的规定行事。遇的礼节要简单些。西周时,诸侯外出,相遇于途中,往往要按主宾礼互致问候,因此常以相遇的地点距离各自诸侯国国都的远近来划分主、宾,距离近的一方为主,距离远的一方为宾。官吏之间相遇,一般按官位高下,施以不同的礼,这方面制定有严格的礼仪制度。

锡命礼,又作赐命礼,赐是古代上对下的赠予,赐命专指帝王赐予臣僚爵位、官位、服饰、车仗等的赏命,赐命的礼仪就是赐命礼。臣子接受赐命,必须答谢回礼,在礼节上以拜礼为主,相对比较简单。能得到君王的赐命,在古人看来是特殊的荣誉,会倍加珍重。

五、嘉礼

嘉是善、好的意思。嘉礼是古代礼仪制度中内容最为庞杂的一种礼仪,涉及日常生活、王位继承、宴请宾朋等多方面内容。嘉礼大致可分为饮食、婚冠、宾射、飨燕、脤膰、贺庆等礼。其中以冠礼、婚礼、飨礼、宴礼、乡饮酒礼、养老礼、射礼最为重要。

冠礼是周代男子满二十岁时所行的一种典礼,即通过加冠的方式表示成年。女子也有类似的典礼,在十五岁许配人家后,将长发盘起,插入发笄加以固定,表示成年,可以出嫁,称为笄礼。男子的冠礼要在宗庙举行,主持者是行冠礼者的父亲。冠礼之前,要通过占卜确定行礼的日期和正宾,然后通知亲友参加。冠礼当天,行冠礼的席位安排在宗庙的祚阶北端,来宾到达后,将加冠的少年从东堂领出就席,赞者为他梳头、挽髻、加簪、著缅。而后正宾十分庄重地为他加冠,就是将冠戴在他的头上。一般是三次加冠,始加缁布冠,表示该男子从此可以治人、治家,也勉励他不忘祖先创业的艰辛;再加皮弁,表示该男子要为国家服兵役;三加爵弁,表示该男子从今以后有权参加祭祀活动。若是诸侯行冠礼,要四次加冠,四加玄冕;若是天子行冠礼,要五次加冠,五加衮冕。加冠后,来宾向加冠者敬酒祝贺他成年,加冠者要答拜。然后加冠者出宗庙,去拜见自己的母亲。拜见母亲完毕,加冠者再返回宗庙西阶东侧,由正宾为他取字。最后,加冠者身着礼服,携带礼品,拜见尊者、长者,接受他们的教诲。

婚礼是男女结合为夫妻时的礼仪。周代的婚礼由六种仪式组成,被称为"六礼"。一是纳采,就是商议婚配。一般由男家请媒人到女家提亲,纳采时以送雁为礼,取雁飞南北,合于阴阳之意,寓指男女成亲。二是问名,即询问女子名字。经过媒人的纳采,女家表示同意后,男方再派人执雁到女家,向主人问女子的名字、出生时辰等。问名的目的是通过占卜预测婚配的吉凶。三是纳吉,若占卜结果显示婚配吉顺,男方将吉兆告诉女家,同时以雁为礼物,正式确定婚姻,即订婚。四是纳征,征是成的意思。正式订婚后,男家向女家送去玄纁、束帛、俪皮等贵重礼物。五是请期,纳征之后,男家再一次占卜,确定吉日成婚,再派人执雁到女家通告日期,因为表面上故作谦逊,似乎是向女家请问日期,所以称请期。六是亲迎,到了成婚之日,新郎亲自前往女家迎接新娘,后世又称迎亲。新郎到女家后,新娘的父亲迎于门外,接新郎入室,新郎仍以雁为礼物交给女家,行礼后新郎退出,新娘随其后走出,新娘母亲在堂上与女儿分别,新娘的父亲也不送至屋外。新郎先亲自驾车,请新娘坐于车上。然后,新郎将车交给专门驾车的人,自己另外乘车先行赶回家中。新娘到后,新郎迎入家中,家里设宴席,新郎、新娘要在席间同牢而食、合卺而饮,预示日后的生活相亲相爱。宴后,脱去礼服,入新房,新郎亲自摘下新娘头上的缨,撤去蜡烛,婚礼的仪式基本结束。第二天早晨,新娘要准备礼物拜见新郎的父母,向他们进献枣、栗、腵修,礼成后,新娘被新郎家正式接纳为家庭成员。在中国古代的很长一段时间里,六礼齐备才算是正式确立婚姻关系。

飨礼是摆酒设食款待宾客的一种礼仪。周时,天子宴请诸侯,或诸侯间相互宴请,被称为大飨。具体仪式是:举行宴飨前,两君相见,拱手致礼,主人要谦逊地让宾客先行,进入大门;宾客入门,乐师要演奏钟磬,表达主人的欢迎之情;而后主人再拱手施礼,请宾客进屋;宾客进屋,钟磬便停止演奏;宾主在屋里入座后,主人向宾客敬酒,宾客也以酒回敬主人,此时再奏乐,双方推杯换盏,直至饮完酒,奏乐也终止。飨礼的各个环节都体现了主人对宾客的尊让之情,与之相关的迎来送往也有一套礼法,要求车行整齐,行进缓慢,铃声与乐声相应和。

宴礼是古代君臣宴饮之礼。宴,也作燕。天子设宴款待臣僚主要有四个原因:一是臣属有协助天子治国的功劳,特设宴款待,以示慰劳;二是诸侯国的使臣前来朝觐,设宴表示欢迎、慰问;三是派使臣出使,出发前设宴,为其饯行;四是纯粹消遣,没有什么事情而宴请臣僚。宴礼的礼节与大飨礼差异不大。

乡饮酒礼是在乡里举行的宴饮之礼。周代举行的乡饮酒礼主要有三种情形:一是乡大夫每三年考察官吏的德行、道艺,发现并举荐贤能的人才;二是州长在每年春秋举行乡射礼前进行宴饮;三是党正每年十二月大蜡祭时举行乡饮酒礼。第一种乡饮酒礼以尊贤为主,一般在庠(周代的乡学名称)内进行。仪式之前,主持者在庠门之外迎接宾客,向他们行揖礼,三揖之后请宾客走上台阶。进入室内前,主宾还要再三相互谦让,表示谦逊礼让。乡饮酒礼进行中,要饮"玄酒",这是十分原始的酒,饮玄酒的目的是教育人们不忘祖

乡饮酒礼图

先创业的艰辛。古人认为阳气产生于东方，乡饮酒礼时烹煮狗肉祭祀东方神，有喻示兴旺、繁盛的意思，对宾客中的老者也有祝愿他们健康长寿的意思。第二种、第三种乡饮酒礼以养老为主，要明确长幼尊卑关系，行礼时，六十岁以上的老人坐在席上，五十岁以下的人站立一旁。宴饮时，六十岁的老人面前的案上摆放三个豆，七十岁的老人面前摆放四个豆，八十岁的老人面前摆放五个豆，九十岁的老人面前摆放六个豆。乡饮酒礼在历史上延续了很长时间，逐渐演变成乡里民间的一种聚会形式。

养老礼是对年老而又德高望重的人定期赠予酒食时所行的礼。周代受礼遇的"老"主要是四种人：一是三老五更，他们有着丰富的阅历，精通故事，曾经担任官职，年龄在五十岁以上，现在乡里掌管乡民教化之事；二是子孙为国殉难捐躯的老人；三是曾在天子或诸侯手下做官，现在告老还乡的人；四是年龄在八十岁以上的普通老人。养老礼一般一年会举行七次，春、夏、秋、冬四季各举行一次，天子亲临学舍视学举行一次，春秋大合乐举行两次。

射礼是古代贵族男子进行射箭时的礼仪。周代的射礼有四种类型：一是大射礼，天子或诸侯用射礼的方式选择参与祭祀的人；二是宾射礼，诸侯来朝或诸侯相朝时举行的射礼；三是燕射礼，宴饮时的射礼；四是乡射礼，乡大夫举士后举行的射礼。大射礼一般在郊野的泽宫或射宫举行，天子或诸侯在祭祀前召臣下射箭，能射中箭靶者才有资格参与祭祀。宾射礼一般在朝中举行，宾主轮流射箭，相互交谈，回忆往事，畅叙友情，营造热烈欢快的气氛，借此敦睦宾主的友情。燕射礼一般在内庭举行，多在闲暇之时，以射箭取乐。乡射礼一般在学校内进行，乡大夫考核生徒的德行道艺，从中挑选出贤者、能者推荐给国君，临行前，乡大夫为他们设宴送行，乡饮酒礼后举行乡射礼。

以五礼为主要内容的礼仪制度，自西周正式形成后，历朝历代承袭沿用的同时，又不断进行着改革完善，从而使五礼涵盖的范围不断扩大，内容日渐丰富。

第三节　中国传统礼仪文化的现代价值

在中国古代历史上，凡是重视礼乐教化的时代，人们知礼守礼，社会有序；凡是不重视礼乐教化的时代，人们蔑弃礼法，肆情纵逸，社会失序。每个时代的制礼作乐，都必然是建立在对"旧礼"进行考察的基础上来实现的，以何种态度和方式面对"旧礼"，是人们重建礼仪时不得不重视的问题。如今，随着中国改革开放的不断深入，科技发展的日新月异，经济、政治影响力的不断扩大，作为中国传统文化核心的礼仪文化，如何发挥其现代价值，成为学界高度关注的话题。

一、古礼是现代礼仪文化建设最重要的资源

传统文化是过去的文化创造者的活动之积淀，是现代文化建设的基础和起点。每个人都是在本民族既有文化传统的哺育之下成长起来的，因此人们的生活方式、思维方式、价值观念无不受传统文化的影响，无不被打上传统文化的烙印。因此，现代文化建设要在

传统文化的基础上实现现代转换和更新,而不能与传统文化相割裂。从世界历史来看,凡是比较成功的文化更新运动,都是建立在对传统文化继承和重新诠释的基础之上的。近代西方的文艺复兴、宗教改革,虽然不乏对传统的批判,但是更多的是在新的历史条件下对传统的重新诠释和回归。这些运动唤醒了西方世界对于传统的记忆,并在新的历史条件下对其中最具合理性和普遍性的内容进行重新诠释和改造,最终取得了巨大成功。古礼是中华民族在历史实践中创造和积累的文明成果。今天要从事礼仪文化建设,一定要建立在对古礼进行深入研究的基础之上。

在中国历史上,凡是在制礼作乐方面取得重大成就者,皆是对过去的礼典、礼制或礼仪有全面的认识和精深的研究。周公制礼,是对西周以前数千年礼仪实践的归纳和总结;春秋末年孔子的礼学思想,是在对周公以来的礼仪文化进行考察的基础上提出来的;南宋朱熹编撰《家礼》,是在对《仪礼》《书仪》进行损益的基础上实现的。中国古代历朝政府在从事礼仪文化建设时,充分调动了那些在传统礼学方面有精深造诣的学者的积极性,让他们参与国家层面的议礼制礼活动。从汉初叔孙通定朝仪、唐玄宗时期修《大唐开元礼》,到清代乾隆时期修《大清通礼》,那些精通传统礼典、礼制者皆广泛参与其中。古人在制礼作乐方面取得的成功,无不是基于他们对传统礼学的精深研究、深切体验。对传统礼典、礼制和礼仪的深入研究,也是今天从事礼仪文化建设的基础和起点。传统的礼典、礼制和礼仪研究的重要性,可以“三礼”(《周礼》《仪礼》《礼记》)之学来加以说明。“三礼”学当是礼学的核心,是历代制礼作乐的制度和思想资源。只有对包括“三礼”学在内的传统礼典、礼制、礼仪和礼乐思想有全面深入的认识,今天才能实现传统礼仪文化的更新和再造,否则现代的礼仪文化建设难免陷入无源之水的境地。没有建立在传统礼仪文化研究基础之上的现代礼仪文化建设,只是空有其表,而无其实,这样的文化建设只是花架子,注定是徒劳的。

今人从事礼仪文化建设的前提是必须对中国古礼有深透的认知,然而出于历史的原因,以礼为核心的中国儒家在过去一百年中受到了不公正的待遇,“打倒吃人的礼教”的口号导致对传统文化的片面否定,以至于人们达到了“谈礼色变”的地步。因此,过去一百年以来,虽然沈文倬、钱玄等人在传统礼学的研究方面取得了令人瞩目的成就,不过总的来说,传统礼学研究、传统礼仪知识的普及仍然处于缺失的状态。因此,今天要从事礼仪文化建设的第一步,就是要加大对传统礼学研究的力度,只有对传统的礼典、礼仪和礼乐精神进行深入的研究、系统的梳理,才能让人们看到“礼仪之邦”曾有的优雅风貌,也才能形成重礼隆礼的氛围。然而礼学研究这门厚重深邃的学问谈何容易!司马迁说:“六艺经传以千万数,累世不能通其学,当年不能究其礼。”(《史记·太史公自序》)黄侃说:“礼学所以难治,其故可约说也。一曰古书残缺,一曰古制茫昧,一曰古文简奥,一曰异说纷纭。”(《礼学略说》)古书残缺、古制茫昧、异说纷纭,以至于学者们对礼学望而生畏。古礼的研究尚且如此不易,今天,人们从事古礼现代价值的发掘和转换,更不是一朝一夕能够完成的。

二、礼意是现代礼仪文化建设的内核和基础

自古以来,中国就被称为“礼仪之邦”,而“三礼”是“礼仪之邦”形成过程中最重要的思

想文化资源。《周礼》主要记载官制,其主体内容并不是礼。《仪礼》记载冠、婚、丧、祭、乡、射、朝、聘诸仪,不过对于这些礼仪的意义并没有说明。出自战国秦汉时期的《礼记》对《仪礼》所记载的礼仪的意义作了阐发,比如《仪礼》有《士冠礼》,《礼记》就有《冠义》,《仪礼》有《士昏礼》,《礼记》就有《昏义》。

古往今来,人们围绕《仪礼》《礼记》两部礼书何者为"经"、何者为"记"的问题展开了争论。不少人称《仪礼》为"礼经",因为其所记载的礼仪是《礼记》所言礼之意义的来源。朱熹就持此说。其所编撰的《仪礼经传通解》以《仪礼》为经,以《礼记》及诸史记载为传。朱熹说:"《仪礼》,礼之根本,而《礼记》乃其枝叶。"(《朱子语类》)有人据此认为朱熹重视《仪礼》而轻视《礼记》,这个看法是不对的。实际上,朱熹是从为学进路的角度来看待《仪礼》相对于《礼记》的优先性,并不是要否定《礼记》所言礼意的重要性。相反,朱熹重视礼意,还从"理"的角度对礼意多有阐发。有人则直言《礼记》所阐发的礼意是最根本的,如清人焦循说:"以余论之,《周官》《仪礼》,一代之书也;《礼记》,万世之书也。必先明乎《礼记》,而后可学《周官》《仪礼》。《记》之言曰'礼以时为大',此一言也以蔽千万世制礼之法可矣。《周官》《仪礼》固作于圣人,乃亦惟周之时用之。"(《礼记补疏叙》)焦循认为《礼记》最重要,因为《礼记》所记载的义理适用于各代,而《周礼》《仪礼》所记载的名物制度"惟周之时用之",因此,《周礼》《仪礼》是"一代之书",《礼记》则是"万世之书"。

关于《仪礼》与《礼记》孰为根本的问题,折射出的是人们对于礼仪与礼意关系的认知。今人于此应该从现代礼仪文化建设的角度,对礼仪和礼意的关系进行辨析,从而明确在礼仪文化建设中何者需要秉持,何者需要变通。

首先,《仪礼》的制作者依据的是礼意。《仪礼》的作者和成书年代尚有争议,不过其所记载的礼仪的系统性和完整性,反映了其成书之前的社会已经有非常成熟的礼仪制度和礼仪实践。若非如此,《仪礼》的作者肯定写不出如此系统、成熟的礼书。实际上,与任何事物的成长过程一样,中国古礼在形成初期并不全面,也不成体系。随着社会生活的丰富,人们在自然崇拜、祖先崇拜、英雄崇拜等祭祀时所强调的神圣性和秩序性之基础上,逐渐演绎出更多的人生礼仪和社会生活礼仪。在"三代"以来的政治生活中,统治者逐渐将礼制度化,并以之作为社会控制的方式。这个时候的礼以制度的形式出现,其通过统治者的提倡和推行,不断移风易俗、以俗合礼,从而重塑社会秩序和面貌。经过史前到"三代"的漫长岁月,礼不断得到丰富和完善,最终才形成了"五礼"或"八礼"。也就是说,《仪礼》中的礼仪是早期人们关于社会秩序、人情人伦的观念的符号化呈现,而《礼记》所揭示和阐述的,正是这些礼仪背后的观念。因此,焦循认为《礼记》为"万世之书",就是认为《礼记》所记载的与礼相关的观念具有超越时空的意义。

其次,礼意是历代礼书制作、礼仪活动最重要的依据。礼仪折射出的是人们的社会秩序观念和人情人伦的经验总结,而这些观念和经验总结,是古今之人皆认可的。以祭礼为例,《礼记》说:"祭不欲数,数则烦,烦则不敬。祭不欲疏,疏则怠,怠则忘。是故君子合诸天道,春禘秋尝。霜露既降,君子履之,必有凄怆之心,非其寒之谓也。春,雨露既濡,君子履之,必有怵惕之心,如将见之。乐以迎来,哀以送往,故禘有乐而尝无乐。"(《礼记·祭义》)《礼记》的作者认为,祭祀次数的多少反映的是人们对被祭者的态度。此外,祭祀的季节选择也有深意:秋天霜露降临大地之后,人走在上面,必然有一种凄凉悲怆的心情;春天雨露湿润大地之后,人走在上面,必然有一种震惊的心情,万物复苏,好像将要见到逝去的亲人。以欢乐的心情迎接亲人的到来,以悲哀的心情缅怀亲人的长逝,所以春天的禘祭有乐,而秋天的尝祭没有乐。这是《礼记》的作者从人的心理和情感的角度对祭礼所做的反思。从祭祀与人的情感和心理活动的关系来看,古今祭礼的意义和本质其实并没有什么差别。今天清明节祭祖仪式所蕴含的意义不也如此吗?《礼记》又说:"天下之礼,致反始也,致鬼神也,致和用也,致义也,致让也。致反始,以厚其本也;致鬼神,以尊上也;致物用,以立民纪也。致义,则上下不悖逆矣。致让,以去争也。合此五者,以治天下之礼也,虽有奇邪,而不治者则微矣。"(《礼记·祭义》)这是从功能的角度对礼所做的探讨,涉及个人的修养、人伦、社会治理等多个方面的内容。从今天来看,礼仪的功能也不外乎如此。

在中国历史上,大凡成功的制礼活动,制礼者在处理礼仪和礼意的关系时,一定是以礼意为本。比如上面所言朱子《家礼》所设计的"祠堂"可使大宗、小宗秩序井然,就是对古代宗庙祭祀"尊祖敬宗"观念的继承。

从今天的角度来审视《礼记》所言"礼意",仍可见其所具有的合理性和普遍性。在中国古代,朝代不断更迭,然而各个朝代在制礼作乐活动中都秉持了礼之精义,而在礼的形式上多有变通。这些存在于《礼记》等经典中的"礼意"所具有的合理性和普遍性,贯穿历代礼书、礼制、礼仪和制礼活动,具有超越时空的理论价值,直到今天仍有着旺盛的生命力,是今人从事礼仪文化建设不得不参考的重要思想资源。

三、"称情而立文"是现代礼仪文化建设之原则

礼由人制作,制作是为了人,因此对人情、人性的认知是制礼活动的起点。司马迁说:"缘人情而制礼,依人性而作仪,其所由来尚矣。"(《史记·礼书》)思想家对"人情"的讨论由来久矣,《礼记·礼运》曰:"何谓人情?喜、怒、哀、惧、爱、恶、欲,七者弗学而能。"此所言"情",指的是人的七种情绪、情感。在漫长的历史长河中,人类不断反省自身,并通过规则和制度对人情加以调整。因此,对人情的考量是古圣先贤制定一切制度和规则的前提。

礼的制作要与人情相合,这是历代制礼者在制礼时所秉承的基本原则。《礼记·三年问》言"守丧三年"的原因时说:"三年之丧何也?曰:称情而立文,因以饰群,别亲疏贵贱之节,而弗可损益也。故曰:无易之道也。创钜者其日久,痛甚者其愈迟,三年者,称情而立文,所以为至痛极也。斩衰,苴杖,居倚庐,食粥,寝苫,枕块,所以为至痛饰也。"守丧三年的依据,是内心的伤痛之甚,身穿斩衰,手执竹杖,住倚庐,食稀粥,睡草苫,枕土块,以及最长的守丧期限,表达的是守丧者无以复加的悲痛之情。"称情而立文",就是礼仪要与人的情感相称。通过仪式,人的情感得以宣泄和表达,孝道得以彰显。而对于这些仪式所彰显的孝道的放大,可以使教化得以实现,社会秩序得到整合。正如《礼记·礼运》所说:"礼义也者……所以达天道、顺人情之大宝也。"《礼记·坊记》言:"礼者,因人之情而为之节文。"汉初叔孙通也说:"五帝异乐,三王不同礼。礼者,因时世人情为之节文者也,故夏、殷、周礼所因损益可知者,谓不相复也。"(《汉书·叔孙通传》)因此,合乎"人情"是制礼的重要原则。

与人的喜、怒、哀、乐相关的趋利避害、趋简避繁等本能意识,也是人情的内容。礼的

制定也要考虑人的这些本能意识。在中国历史上,司马光的《书仪》和朱熹的《家礼》就是这方面的典范。对于《仪礼》所记载的乡、射、朝、聘等礼仪,宋代已不常用,《书仪》和《家礼》遂弃之不录。与人们生活密切相关的冠、婚、丧、祭诸礼,《书仪》和《家礼》也不照搬《仪礼》,而是多加变通和简化。如冠礼有宿赞冠者、请期、告期仪节,司马光说:"古文宿赞冠者一人,今从简,但令宾自择子弟亲戚习礼者一人为之。前夕又有请期、告期,今皆省之。"(《书仪》)《家礼》对《书仪》所记仪节做了删减。如《书仪》在婚礼部分保留了《仪礼》的"问名""纳吉"仪节,《家礼》则略而不录。朱熹说:"古礼有问名、纳吉,今不能尽用,止用纳采、纳币,以从简便。"(《家礼》)司马光、朱熹在制礼时皆主张"从简",是基于他们对人的趋简心理的充分认知。

从广义上来说,"人情"还指世情、民情、约定俗成的事理标准等,也即人们常说的风俗。历代制礼者对所处时代的风俗多有关注,也让所制之礼满足最广大地域的人们的需要。在这方面,明代王阳明和清代江永的相关论述颇具启发意义。

王阳明为官一方,都会对当地的风俗给予特别的重视。例如其巡抚南赣汀漳等地,以及平定福建、江西、广东、湖广等地的流民暴乱之余,都会通过讲学、办书院、办社学,以礼化俗。王阳明说:"古礼之存于世者,老师宿儒当年不能穷其说,世之人苦其烦且难,遂皆废置而不行。故今之为人上而欲导民于礼者,非详且备之为难,惟简切明白而使人易行之为贵耳。中间如四代位次及祔祭之类,固区区向时欲稍改以从俗者,今皆斟酌为之,于人情甚协。"(《寄邹谦之》)在王阳明看来,人喜简便,而厌繁难,因此古礼需要得到减省,并与当代的风俗相结合,才能起到敦风化俗的作用。

清人江永撰《昏礼从宜》,意在移风易俗。他说:"古今同此民也,民亦同此情也。然风以时而迁,俗以地而易,则情亦随风俗而移,虽圣人不能矫而革之,化而齐之。唯修其教,不易其俗;齐其政,不易其宜。而记礼者亦曰:'礼从宜,使从俗。'又曰:'君子行礼,不求变俗。'其不能拂乎人情以为礼也久矣。三王异世不相袭礼,况去三王之世逾远,服饰器用、起居动作、往来交际,事事非古之俗,岂可以古人之礼律今人之情乎?"(《昏礼从宜》)时代不同,风俗有异。当今俗与古礼不合甚至有冲突时,江永有时以今俗为是。比如据《仪礼》,可知妇见舅姑时以枣、栗、腶、修为贽,而在清代徽州一带,乡俗以履为贽。结婚以前,出嫁者要了解舅姑所穿的鞋之大小和式样,然后亲手制作,见舅姑时,出嫁者将所制的鞋呈上。虽然此仪节以履为贽与《仪礼》以枣、栗、腶、修为贽不同,但是江永认为这样做"不惟习女红,亦以教孝敬也,视枣栗腶修尤有意义"(《昏礼从宜》)。由此可见,当今俗与古礼有冲突时,江永采纳今俗,并对古礼进行变通。

历史上也有因制礼活动没能充分考虑时俗而导致效果不佳的案例。比如清代乾隆年间,来保、李玉鸣等人奉敕纂修《大清通礼》,此书意在"羽翼会典"(《大清通礼序》),大到国家礼仪,小到个人冠、昏、丧、祭,无所不包。不过此书的编纂者坚守礼治,而忽略了当时的社会风俗,以至于此书在推行时效果不佳。又如清康熙年间,徽州人吴翟辑撰了意在移风易俗的《茗洲吴氏家典》,然而此书重礼轻俗,因而不合时宜。比如吴氏对当时的婚俗持排斥和批判的态度,其曰:"婚姻乃人道之本。俗情恶态,相延不改,至亲迎、醮哜、奠雁、授绥之礼,人多违之。今一去时俗之习,其仪悉遵文公《家礼》。"(《茗洲吴氏家典》)《茗洲吴氏家典》武断地认为民间婚俗为"俗情恶态",因此要"去时俗之习"。作为一部意在移风易俗的家礼书,《茗洲吴氏家典》对于其所制定和提倡的礼俗是否能在现实中推行的考虑并不多。事实证明,虽然此书"行之于乡,历有年岁"(《茗洲吴氏家典》),但是其在现实社会中的推行颇受困扰,难以行之久远。这也提醒人们,在从事以礼化俗、以俗合礼时,一味地跟风徇俗固然不行,不过,若仅是遵循古礼而不考虑现实社会的风俗,成效也难免会打折扣,甚至半途而废。

阅读书目

1.《周礼》。
2.《仪礼》。
3.《礼记》。
4. 许兆昌:《夏商周简史》,福建人民出版社 2002 年版。
5. 彭林:《中国古代礼仪文明》,中华书局 2004 年版。
6. 彭林:《中华传统礼仪概要》,高等教育出版社 2006 年版。
7. 杨天宇:《周礼译注》,上海古籍出版社 2016 年版。
8. 杨天宇:《仪礼译注》,上海古籍出版社 2016 年版。
9. 杨天宇:《礼记译注》,上海古籍出版社 2016 年版。

思考题

1. 周公制礼有何意义?
2. 孔子是如何实现对周礼的创造性改造的?
3. 朱熹《家礼》的特点和影响有哪些?
4. 中华传统礼仪文化对于今天的移风易俗有何意义?

第三章　孔子：儒家学派的创立者

孔子名丘，字仲尼，春秋末年鲁国陬邑人（今山东曲阜），祖籍宋国栗邑（今河南夏邑）。孔子的祖上是宋国的贵族，其父叔梁纥为了避宋国战乱，遂逃到鲁国的陬邑定居，官职为陬邑大夫。叔梁纥娶颜征在，二人在尼丘山居住。颜征在于公元前551年阴历八月二十七日生孔子。[①] 孔子三岁时，其父叔梁纥病逝，其母颜氏将孔子抚养成人。鲁昭公九年（前533），孔子娶宋国人亓官氏为妻，亓官氏一年后生子孔鲤。孔子二十多岁步入仕途，曾做过管理仓库和畜牧的小史。鲁定公十一年（前499），孔子升为大司寇，摄相事，七日而诛少正卯，鲁国大治。孔子为了削弱三桓（季孙氏、叔孙氏、孟孙氏三家世卿，为鲁桓公三个儿子的后代，故称三桓）的势力，采取了拆毁三桓所建城堡的措施，由此而得罪三桓。加之鲁国季桓子迷恋歌舞，不理朝政，对孔子的建议也置若罔闻，孔子不得已，于鲁定公十三年（前497）离开鲁国，开始周游列国。孔子去过卫国、曹国、宋国、郑国、陈国、蔡国、楚国，最后于鲁哀公十一年（前484）回到鲁国。此后几年，孔子专心从事教育和整理文献。《史记》说孔子"弟子盖三千焉，身通六艺者七十有二人"（《史记·孔子世家》）。他整理的"六经"，成为中国文化最重要的经典。鲁哀公十六年（前479）春天，七十三岁的孔子与世长辞。

孔子是中国古代伟大的思想家、教育家和政治家，也是儒家思想的创始人。他集华夏上古文化之大成，在世时已被誉为"天纵之圣""天之木铎"，是当时社会上最博学的人，过世以后被尊为"孔圣人""至圣先师""万世师表"。孔子的思想产生以后，对中华民族产生了十分深远的影响。直到今天，孔子的思想依然像一盏明灯，照亮中华民族前行的道路。

---

① 关于孔子的诞辰，文献记载不一，《穀梁传》记载为鲁襄公二十一年（前552）十月庚子，《公羊传》记载为鲁襄公二十一年十一月庚子，《史记》记载为鲁襄公二十二年（前551）。后世一般将孔子的诞辰定为公元前551年阴历八月二十七日，阴历八月二十七日这天就成为孔子的诞辰。据《左传》《史记》之记载，可知孔子卒于鲁哀公十六年（前479）。

第一节　天人观和人生论

孔子早年于形上问题少有论述，他的学生子贡说："夫子之文章，可得而闻也。夫子之言性与天道，不可得而闻也。"(《论语·公冶长》)孔子对形上问题的讨论，是在其晚年研究《易》之后。其关于天人关系和人性的论述，主要见于《易传》和《论语》。①

一、天人关系

在《论语》《易传》中，孔子论及"天"的语句颇多。其所言之天有的是指自然。孔子说："天何言哉？四时行焉，百物生焉，天何言哉？"(《论语·阳货》)天说了什么呢？四季照常运行，百物照常生长，天说了什么呢？孔子称赞尧说："巍巍乎，唯天为大，唯尧则之。"(《论语·泰伯》)只有天最高大，也只有尧能仿效天。此所谓"天"，是指自然意义上的天。孔子又说："大哉乾元，万物资始，乃统天。"(《易·乾·彖》)蓬勃盛大的乾元之气是万物创始化生之源，这种强大有力、生生不息的动力之源是统贯于整个天道运行过程中的。

孔子还言意志之天。所谓意志之天，是指一种能力远高于人的存在，这种存在有能力主宰人之祸福。王孙贾对孔子说，与其献媚于屋子西南角主宰生死祸福的神，不如献媚于掌握衣食的灶神。孔子回应道："获罪于天，无所祷也。"(《论语·八佾》)意思是如果得罪了上天，祈祷什么神都是没有用的。此所谓"天"即意志之天。在《易传》中，孔子言意志之天者还有很多，比如他说："大有上吉，自天佑也。"(《易·大有·象》)"是以自天佑之，吉无不利。"(《易·系辞上》)

孔子认为天的意志就是"天命"，他对天命有着深深的敬畏。孔子有"三畏"，第一畏就是天命，他说："君子有三畏：畏天命，畏大人，畏圣人之言。"(《论语·季氏》)孔子在宋国时，与弟子习礼于大树下，宋司马桓魋想杀害孔子。弟子们劝孔子速离去，孔子说："天生德于予，桓魋其如予何？"(《论语·述而》)意思是上天把德赋予了我，桓魋能把我怎么样？孔子在匡地被误认为阳虎，遭到围困，弟子们对孔子的处境很是担忧。孔子却说："文王既没，文不在兹乎？天之将丧斯文也，后死者不得与于斯文也；天之未丧斯文也，匡人其如予何？"(《论语·子罕》)意思是，上天既然已经在文王之后将文王之德赋予我，又怎么可能让我死于此地呢？孔子相信并敬畏天命，所以在困厄境地，他依然不无自信。

在孔子的思想世界里，天既是超越的存在，又与人有密切的关系。在《易传》中，孔子往往是将天与人结合起来加以论述。如《系辞》说："易有太极，是生两仪，两仪生四象，四

---

① 《史记·孔子世家》说："孔子晚而喜《易》，序《彖》，系《象》《说卦》《文言》，读《易》韦编三绝。"《论语·子路》记载孔子曾引用过《周易·恒卦》九三爻的爻辞"不恒其德，或承之羞"，且曰"不占而已矣"。新出土的《帛书·要篇》亦记载了孔子与子贡论《易》的对话。由此可以肯定孔子研究过《周易》。孔子为《易经》作"十翼"，将《易经》由一本占筮之书变成哲学之书。如果没有孔子新的诠释，《周易》很可能与其前出现的《连山》《归藏》一样湮没不彰。

象生八卦,八卦定吉凶,吉凶成大业。"孔子认为,人事吉凶与易道之间有紧密的关联。此所谓易道,即自然法则。又如《易传》说:"天行健,君子以自强不息。"(《易·乾·象》)"地势坤,君子以厚德载物。"(《易·坤·象》)孔子皆是从天道而推出人事,以天道作为人事之依据和法则的来源。

孔子认为,人在宇宙中有特殊的地位。他说:"《易》之为书也,广大悉备,有天道焉,有人道焉,有地道焉,兼三才而两之,故六。六者非它也,三才之道也。"(《易·系辞下》)天地之道乃是超越于人的存在,然而人道与天地之道相并列,且人居于天地之中,人道是天地之道的落脚点。孔子还说:"昔者圣人之作《易》也,将以顺性命之理。是以立天之道曰阴与阳,立地之道曰柔与刚,立人之道曰仁与义。兼三才而两之,故《易》六画而成卦。"(《易·说卦传》)此所说人道的"仁义"与天道、地道的"阴阳""刚柔"相并列,天、地、人之道皆与圣人作《易》有关,而人在宇宙和社会秩序构建中是起决定性作用的。

二、人性论

人性是古今中外的思想家都难以回避的问题,相关的讨论十分丰富。在中国思想史上,关于人性的讨论是很早的。例如西周末年的祭公谋父对穆王说:"先王之于民也,懋正其德而厚其性。"(《国语·周语上》)此将"性"与"德"并列提出,"性"是接受德的先天的善性。又如《左传·襄公十四年》载晋师旷说:"天生民而立之君,使司牧之,勿使失性。"此所谓"性",即人所固有的善性。春秋时期单襄公说:"夫人性,陵上者也。"(《国语·周语中》)此所谓"性",则是倾向于恶的人之本性。《尚书·召诰》也说:"节性,唯日其迈。""节性",即节制和改变德的本性。由此可见,西周和春秋时期,人们对于人之本性的认识已经比较深入。春秋末年的孔子以及战国时期的孟子、荀子于人性问题之讨论,皆是在继承并发展西周和春秋时期的人性观念基础上展开的。

孔子论人的本性曰:"性相近也,习相远也。"(《论语·阳货》)意思是人的本性是接近的,但是后天的习染让人与人产生了很大差距。此所谓"性",是指人的本性、本质,即人之为人而区别于其他存在的要素。孔子对人的本性、本质有如下界定。

(1) 食、色是人的基本欲望。《礼记》记载孔子的话说:"饮食男女,人之大欲存焉。"(《礼记·礼运》)孔子认为,作为有生命的存在,人有饱暖和性的需要,这是人的基本需求。告子、荀子继承了孔子的观点,如告子说:"食、色,性也。"(《孟子·告子上》)荀子也说:"凡人有所一同,饥而欲食,寒而欲暖,劳而欲息,好利而恶害,是人之所生而有也,是无待而然者也,是禹桀之所同也。"(《荀子·荣辱》)孔子的看法是很现实、很真实的,他看到了人对食、色的基本需要。孔子对这些需要并不避讳,而是真实地指出来。

(2) 人有利益的诉求。虽然孔子"罕言利"(《论语·子罕》),但是他并不一概排斥人的正当利益之诉求。孔子曾说:"富而可求也,虽执鞭之士,吾亦为之。如不可求,从吾所好。"(《论语·述而》)在孔子看来,若能获得富贵,即使从事地位低下的执鞭之事,他也愿意。他还说:"苟有用我者,期月而已可也,三年有成。"(《论语·子路》)意思是说,若有人用我主持国家政事,一年便可有成效,三年便可大见成效。不过孔子指出,人对于利益的诉求是有条件的。他说:"君子喻于义,小人喻于利。"(《论语·里仁》)意思是人不是不能求利，而是不能见利忘义。他说："富与贵，是人之所欲也；不以其道得之，不处也。贫与贱，是人之所恶也；不以其道得之，不去也。君子去仁，恶乎成名？君子无终食之间违仁，造次必于是，颠沛必于是。"（《论语·里仁》）孔子认为，人都是趋利避害的，对于利要以道得之，不可舍义而逐利。他说："不义而富且贵，于我如浮云。"（《论语·述而》）意思是通过不义而获得的富贵，对我来说一点价值都没有。

（3）人在智力、能力等方面是有差异的。孔子认为性"相近"而非"相同"，是给人的先天禀赋的差异留下了余地。因为现实告诉人们，人的资质禀赋是有差异的。子贡问孔子："女与回也孰愈？"孔子回答说："赐也何敢望回，回也闻一以知十，赐也闻一以知二……弗如也，吾与女弗如也。"（《论语·公冶长》）孔子认为，颜渊"闻一知十"，而子贡只是"闻一知二"，可见二者在禀赋上是有差异的。孔子还指出："中人以上，可以语上也，中人以下，不可以语上也。"又说："唯上知与下愚不移。"（《论语·阳货》）孔子将人分为上智、中智和下智，即承认人的聪明程度是不同的。

（4）亲情是人的最基本的情感。孔子对于血缘亲情是非常重视的，后来孟子所说的"亲亲，仁也"（《孟子·尽心上》），"仁之实，事亲是也"（《孟子·离娄上》），就是对孔子血缘亲情观念的继承和发展。孔子认为，亲情是人世间最基本的情感，这种情感需要得到保护。《论语》记载的一段对话集中体现了孔子的这一思想。叶公对孔子说："吾党有直躬者，其父攘羊，而子证之。"此"攘"，就是不正当占有之义；"证"，乃告发之义。孔子回应叶公说："吾党之直者异于是，父为子隐，子为父隐，直在其中矣。"（《论语·子路》）孔子说，在自己的乡党中，若发生了攘羊之事，父亲为儿子隐瞒，儿子为父亲隐瞒，正直就在其中。这里涉及"情"与"法"、"公"与"私"的问题。立法的根据是人情之实，法的公平性、无例外性是因应人情所作的外化和规范化。叶公于此强调法的公平性和无例外性，而孔子是从当事人的立场出发论"直"，是从人情的本然恻隐之处论"直"。孔子于此所说的"隐"，并非无原则的包庇和窝藏，而是不宣扬其亲的过失。孔子强调"隐"，更多地出于对亲情的看重，因为这种情感是最真实的，也最容不得被破坏。当这种真实的、基本的人之情感受到破坏，法律所强调的公平性和无例外性都将是苍白无力的。"亲亲"是儒家思想的立足点，孟子说"亲亲而仁民，仁民而爱物"，宋代张载说的"民胞物与"，将血缘亲情扩展开去，扩展到非血缘的人，甚至万物之上。

三、君子论

《论语》一书，言"君子"者达一百零六处，可见"君子"论在孔子思想体系中所占有的重要地位。孔子于"君子"的论述，不限于"君子"一词，其他如"士""仁者""贤者""大人"等皆与"君子"有关。孔子也讲"圣人"，但是圣人是可遇而不可求的，"圣人，吾不得而见之矣；得见君子者，斯可矣"（《论语·述而》）。孔子主要是从道德品质的角度来界定君子，君子是孔子心目中的理想人格。孔子的君子论可从以下三个方面来看。

（1）君子与人相处的方式和在艰难境遇中的反应，与小人形成强烈的反差。比如在对待他人方面，孔子说："君子成人之美，不成人之恶，小人反是。"（《论语·颜渊》）君子善于帮助他人，对于他人的成功，君子总是感到高兴。孔子说："君子周而不比，小人比而不

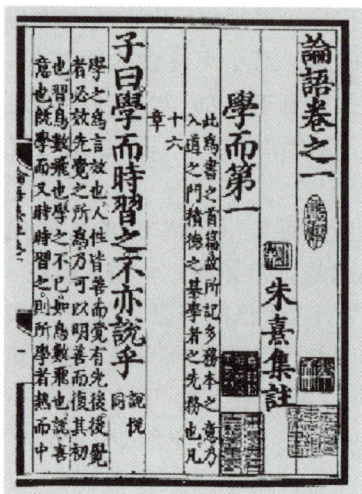

《论语》书影

周。"（《论语·为政》）君子能够坚持原则，小人则结党营私。在处理问题方面，孔子说："君子和而不同，小人同而不和。"（《论语·子路》）君子既有赞同，亦有反对，小人则是一味赞同，没有主见。在面对艰难境遇时，孔子说："君子固穷，小人穷斯滥矣。"（《论语·卫灵公》）君子在自己的志向不能得到实现时仍然能够坚守自己的志向，小人一旦身处困境则可能胡作非为。孔子认为，君子有自己的理想和追求，心志专一而不受世风影响，在逆境、困境中，君子与小人之境界判然有别。孔子说："饭疏食饮水，曲肱而枕之，乐亦在其中矣。"（《论语·述而》）又说："贤哉，回也！一箪食，一瓢饮，在陋巷，人不堪其忧，回也不改其乐，贤哉，回也！"（《论语·雍也》）孔、颜所乐的乃是其内心的志向和抱负，即使身处逆境、困境仍能放达快乐。

（2）君子在道德品质方面，与小人亦形成了强烈的反差。孔子曰："君子泰而不骄，小人骄而不泰。"（《论语·子路》）意思是君子安详舒泰而不骄傲，小人骄傲而不安详舒泰。孔子又曰："君子道者三，我无能焉：仁者不忧，知者不惑，勇者不惧。"子贡曰："夫子自道也。"（《论语·宪问》）孔子将仁、智、勇三者当作君子之德，而仁者与智者又有不同的表现。孔子曰："知者乐水，仁者乐山；知者动，仁者静；知者乐，仁者寿。"（《论语·雍也》）君子重仁义，还要尚勇。孔子说："君子义以为上，君子有勇而无义为乱，小人有勇而无义为盗。"（《论语·阳货》）君子尚勇之前提是仁义，小人尚勇而无义，遂成强盗。

（3）君子在处世的方法上，与小人判然有别。孔子认为君子应恪守中庸，他说："中庸之为德也，其至矣乎！民鲜久矣。"（《论语·雍也》）孔子认为中庸主要是一种处理问题的方法，而这种方法非一般人可以掌握。他说："道之不行也，我知之矣，知者过之，愚者不及也。道之不明也，我知之矣，贤者过之，不肖者不及也。"（《礼记·中庸》）孔子评论弟子曰："师也过，商也不及。""过犹不及。"（《论语·先进》）由此可见，中庸就是恰到好处，无过无不及。如果说"中庸"思想在孔子那里还停留在方法论的层面上，那么在《中庸》中则上升到普遍的世界观了。《中庸》强调人在观察处理一切问题时都要有"中庸"的态度，不仅仅是处世层面的中庸。子思还为"中庸"寻求形而上的根源，"中也者，天下之大本也，和也者，天下之达道也。致中和，天地位焉，万物育焉"（《礼记·中庸》）。由此可见，在子思那里，"中庸"已经上升到了宇宙论的高度，成为世间万物必须恪守的至上原则。

第二节　伦理思想

孔子极其重视人与人相处、人与社会相处的道理和原则，其所提出的仁、礼、诚信、孝等道理和原则对中华民族的影响甚为深远，直到今天仍然是人们安身立命的思想资源。

一、仁

根据文献记载，可知"仁"的出现要比"德"和"礼"要晚。甲骨文中不见"仁"字，金文中亦极少见"仁"字。《尚书·商书·仲虺之诰》《尚书·商书·太甲中》各有一"仁"字，《尚书·周书·金縢》中有一"仁"字，《诗·郑风·叔于田》中有两"仁"字。[①] 由此可见，仁的观念的出现较晚，直到西周时期仍只是个别思想家提到。

到了春秋时期，"仁"的出现率大增。据统计，"仁"字在《左传》中出现三十三次，在《国语》中出现六十七次。如《左传·成公九年》记载，晋侯询问楚囚钟仪是否懂音乐，钟仪说自己先人的职官就是音乐方面的，所以自己亦懂音乐，而不敢二事。范文子评论说："楚囚，君子也，言称先职，不背本也……不背本，仁也。"此所谓"仁"，即不忘父辈。又如《左传·僖公八年》载，目夷推辞为国君曰："能以国让，仁孰大焉？臣不及也，且又不顺。"此"仁"，即谦让之义。《左传·昭公元年》载，赵文子曰："子木有祸人之心，武有仁人之心。"《左传·昭公二十年》记载："度功而行，仁也。"此"仁"，即事功。《国语·晋语》记载张老向晋悼公推荐魏绛为卿，说："夫绛之智能治大官，其仁可以利宫室不忘。"此"仁"，有忠君之义。由此可见，春秋时期关于仁之内涵有很多说法，不过那时候的"仁"有时还被认为是德的一种，比如《国语·周语》将仁看成与敬、忠、信、义、智、勇、教、孝、惠、让并列的德。此外，在春秋时期，"仁"的含义由具体逐渐抽象化，如《国语·晋语》曰："杀无道而立有道，仁也。"此"仁"不再具体指称，而是一种抽象的概念。

孔子继承并发展了先前的"仁"的观念，建立了一套仁学思想体系，影响极为深远。人们历来认为"仁"是孔子在《论语》中申述道德观的核心。《论语》中谈到"仁"，大多是在不同的人事、境遇中孔子回答弟子的疑问，或是对弟子言行的点拨、解惑，含义广泛。孔子所说的"仁"，主要有以下三层意思。

（1）仁就是爱。樊迟问何谓仁，孔子说："爱人。"（《论语·颜渊》）爱是对他者发自内心的同情、理解和关心，孔子将人的这种情感用仁来表示。而血缘亲情是这种情感的最初来源。不过孔子所说的仁不仅指亲人之间的关爱，还指对所有人的关心和同所有人友好相处。孔子说："弟子入则孝，出则悌，谨而信，泛爱众，而亲仁。"（《论语·学而》）又说："道千乘之国，敬事而信，节用而爱人，使民以时。"（《论语·学而》）此所云"仁""爱"，皆指人与人相处时要互相关爱、友好，而仁爱之对象，已经突破血亲而扩展到所有人。后世儒家发展了孔子以"仁"为"爱人"的思想，比如孟子曰："仁者以其所爱，及其所不爱，不仁者以其所不爱，及其所爱。"（《孟子·尽心下》）汉代董仲舒曰："故仁者所以爱人类也。"（《春秋繁露·必仁且智》）宋人张载更是将"仁爱"扩展到爱天地万物，他在《西铭》中说："故天地之塞吾其体，天地之帅吾其性，民吾同胞，物吾与也。"由此可见，此所谓"仁"，与"博爱"之义等同，体现了儒家宽阔的胸襟和悲悯的情怀。

（2）仁就是恕道。仲弓问仁，孔子说："出门如见大宾，使民如承大祭，己所不欲，勿施

---

① 《仲虺之诰》《太甲中》两篇属于伪《古文尚书》，相关记载不一定可信。此外，《诗·郑风·叔于田》的时代也有争议，有人认为该篇并非出自西周，而是春秋。

于人。"(《论语·颜渊》)子贡问孔子:"有一言而可以终身行之者乎?"孔子说:"其恕乎! 己所不欲,勿施于人。"(《论语·卫灵公》)孔子认为"己所不欲,勿施于人"就是仁,就是"恕道"。从字面上看,"己所不欲,勿施于人"的意思是自己不想要的,也不要强加给别人。而深层的意思是,人与人之间的交往要讲求平等原则,要求别人做什么,首先自己本身也愿意这样做,若自己做不到,就不能要求别人去做到。待人应该心胸宽广,宽宏大量。一般情况下,人考虑问题总是从自己出发,自己的权利、利益和感受会放在首位,而孔子的"恕道"则是破除自我,以对方的权利、利益和感受作为考虑问题的出发点,这种以己之心度人之心考虑问题的角度,是极为重要的人际交往原则,也是孔子所云"爱人"之体现。

(3) 仁包含诸德。子张问仁于孔子,孔子说:"能行五者于天下,为仁矣。"子张又问此五者为何,孔子的回答是"恭、宽、信、敏、惠"(《论语·阳货》)。意思是说,恭、宽、信、敏、惠诸德皆包含于仁之中。不仅如此,孔子还认为仁包含勇,他说:"仁者必有勇。"(《论语·宪问》)仁还包含敬、忠,樊迟问仁,孔子说:"居处恭,执事敬,与人忠。虽之夷狄,不可弃也。"(《论语·子路》)仁还包含知,孔子说:"择不处仁,焉得知?"(《论语·里仁》)仁还包含刚、毅、木、讷,孔子说:"刚、毅、木、讷近仁。"(《论语·子路》)由此可见,仁包含诸德,是一切优秀品行的总汇。正如宋人陈淳所说:"孔门教人,求仁为大。只专言仁,以仁含万善,能仁则万善在其中矣。"(《北溪字义》卷上)

孔子所言的仁,更多的是涉及人内在的道德修养,即人对于"内圣"的追求。孔子认为人要有对"圣"的追求。"圣",即至高之义。圣的境界比仁高。《论语·雍也》记载:"子贡曰:'如有博施于民而能济众,何如?'可谓仁乎? 子曰:'何事于仁! 必也圣乎! 尧舜其犹病诸。'"孔子认为,人不仅要有内在的仁,还要有外在的广泛给予和救济民众,只有将内在的道德修养与事功相结合,才能达到圣的境界。孔子认为,圣的境界很难达到,他说:"若圣与仁,则吾岂敢?"(《论语·述而》)不过每个人都应追求圣的境界,接近理想的人格。孔子说:"朝闻道,夕死可矣。"(《论语·里仁》)这是孔子的自勉之辞,也是孔子思想的高度所在。

二、礼

西周时期,周公制礼作乐,确立起一套完整的礼仪制度。从流传至今的文献如《周礼》《仪礼》等可以看到周公制作的礼非常烦琐,不仅有冠、婚、丧、祭、乡、射、朝、聘之别,还有上下等级、尊卑长幼之分。此外,每一类的礼在向位、礼器、仪节上都有很大的差异。例如乡饮酒礼,据《礼记》记载:"六十者坐,五十者立侍,以听政役,所以明尊长也。六十者三豆,七十者四豆,八十者五豆,九十者六豆,所以明养老也。"(《礼记·乡饮酒义》)又如丧礼,尸体放在室内南墙的窗下,头朝南,足朝北。丧主的哭位在床的东侧,丧主的妻在尸床的西侧,与丧主夹床相对。而丧主的庶兄弟都站在丧主的身后,面朝西;妾和众子孙站在尸床的西侧,面朝东。他们都是大功以上的亲戚。小功以下亲戚的哭位,妇人站在室户之外的堂上,男子站在堂下。显而易见,哭位是按照内外亲疏的原则安排的。周礼影响十分深远,其与周代的分封制、井田制和宗法制一起,对西周社会的稳定起到了至关重要的作用。周礼隐含着殷周以来人们对于社会伦理的深刻认知,只不过今天流传下来的文献如

《周礼》《仪礼》等并没能更多地阐述这种思想和观念。

西周以后，批判周礼的声音越来越多，这在《左传》中有很多记载。比如《左传·桓公二年》晋师服曰："夫名以制义，义以出礼。"意思是义是礼的基础，没有义，礼就失去了存在的价值。又如《左传·僖公十一年》周内史过曰："礼，国之干也；敬，礼之舆也。不敬则礼不行。"意思是礼对于国家的存在至关重要，而敬是礼的灵魂，若没有敬，礼就不能得以推行。《左传·昭公五年》女叔齐批评鲁昭公所举行的烦琐礼仪，认为鲁侯所做的，"是仪也，不可谓礼。礼，所以守其国，行其政令，无失其民者也……礼之本末将于此乎在，而屑屑焉习仪以亟，言善于礼，不亦远乎？"言下之意，鲁侯重视的是礼仪，而非礼义，与礼的精神相去甚远。诸家对礼的批评，皆集中于礼的形式。在他们看来，不少人皆重视礼的形式，而忽略了礼的精神。仪即形式，而"义""敬"等皆礼的精神内核，重视形式而忽略内涵，虽然强化了尊卑等级，维护了贵族的地位，但是已经远离了礼之精义。

对周礼进行整理并进行创造性转化的任务是由孔子完成的。孔子所在的鲁国是春秋时期保存周礼文化最多的诸侯国，在重礼尚礼的鲁文化的熏陶下，孔子自幼便对礼产生了浓厚的兴趣。据《史记·孔子世家》记载，"孔子为儿嬉戏，常陈俎豆，设礼容"。孔子成年以后，更是视周礼为完美无缺，并多加推崇。孔子说："郁郁乎文哉！吾从周。"（《论语·八佾》）孔子对周礼的整理和创造性改造可从以下两个方面来看。

(1) 编订《仪礼》。[①]《仪礼》一书保留了周公"制礼作乐"的一些礼仪规范，而将这些礼仪规范进行损益并编成书的人则是孔子。《史记·儒林传》曰："礼固自孔子时，而其经不具。及至秦焚书，书散亡益多。于今独有《士礼》，高堂生能言之。""其经不具"，说明孔子之时尚无《仪礼》一书。《史记·孔子世家》又说："孔子之时，周室微而礼乐废，《诗》《书》缺。追迹三代之礼，序《书传》，上纪唐虞之际，下至秦缪，编次其事。……故《书传》《礼记》自孔氏。"此处所言"《礼记》"即《仪礼》，不过此所云《仪礼》并非今天我们所见的《仪礼》十七篇，而是《仪礼》的初本，篇目远不止十七。先秦古籍如《墨子》《孟子》《荀子》多引《仪礼》中的文字。墨子生活在春秋末战国初，由此可以推断《仪礼》的成书不会晚于春秋末战国初，这与孔子生活的时代也是相符的。

(2) 强调礼的内涵，将礼的内涵与形式统一起来。从《周礼》和《仪礼》的记载来看，周礼有明确、严格、具体的形式。到了春秋时期，周礼只注重形式的倾向越来越明显，礼之精义被僵化、琐碎的礼仪所代替。此外，各路诸侯竞相征战，多事机巧诈谋，而他们往往还以礼作为幌子蒙蔽世人，显示仁义情怀。鉴于礼崩乐坏的社会现实，孔子对礼的内涵作了新的诠释，他说：

> 春秋，修其祖庙，陈其宗器，设其裳衣，荐其时食。宗庙之礼，所以序昭穆也；序爵，所以辨贵贱也；序事，所以辨贤也；旅酬下为上，所以逮贱也；燕毛，所以序齿也。

[①]　关于《仪礼》的作者，一说是周公。贾公彦《仪礼疏序》云："至于《周礼》《仪礼》，发源是一。理有终始，分为二部，并是周公摄政太平之书。"此说在中国古代经学史上的影响很大。然而，由于文献根据不够充分，此说受到很多人的质疑，其影响也越来越小，当今学术界已少有人持此说了。一说是孔子。《礼记·杂记下》载："恤由之丧，哀公使孺悲之孔子学士丧礼，士丧礼于是乎书。"孺悲所书的"士丧礼"，其内容不限于今本《仪礼》的《士丧礼》，还包括所有的士丧之礼。

践其位,行其礼,奏其乐,敬其所尊,爱其所亲,事死如事生,事亡如事存,孝之至也。郊社之礼,所以事上帝也。宗庙之礼,所以祀乎其先也。明乎郊社之礼,禘尝之义,治国其如示诸掌乎?(《礼记·中庸》)

孔子指出,宗庙祭祀之礼既有维护尊卑上下之义,亦有敬亲、爱亲、孝亲之义,若理解了宗庙祭祀之真义,治理国家就变得十分简单了。孔子于此所强调的是宗庙祭祀的内涵,其强调的内涵正是春秋时期行礼者在认知上所缺乏的。孔子对只注重礼的形式的做法表示反对,他说:"礼云礼云,玉帛云乎哉? 乐云乐云,钟鼓云乎哉?"(《论语·阳货》)意思是礼不仅指玉帛,乐不仅指钟鼓,玉帛是礼物,钟鼓是乐器,赠礼物,鸣钟鼓,并非礼乐之本;礼乐之本在于敬与和,而当时的统治者只在乎礼物和乐器,而置礼的本义于脑后,这是舍本逐末的做法。孔子所言礼的核心内涵,就是其所说的仁。孔子说:"人而不仁,如礼何?"(《论语·八佾》)孔子希望通过仁的道德修养的提升,使人真正懂礼守礼。孔子赋予外在形式的礼以丰富的内涵,从而使僵化的、濒临死亡的周礼重新焕发新的活力,成为后人立身行事和价值判断的重要依据。

孔子借助周礼的外衣,赋予了周礼以新的内涵。孔子所说的礼之内容可从以下两个层面来理解。

(1) **礼是个人道德修养和行为规范的准则。**孔子说:"不学礼,无以立。"(《论语·季氏》)在孔子看来,一个人不习礼仪,不懂礼貌,就难以有立身之处。孔子说:"质胜文则野,文胜质则史。文质彬彬,然后君子。"(《论语·雍也》)质即质朴,文即文饰。孔子所言"文"的内涵包括礼仪、礼貌。在孔子看来,一个人太过质朴就会显得粗野,故必须以礼来修养,从而脱离野蛮的状态。孔子十分重视个人在礼仪方面的修养,比如对于父母,"生,事之以礼;死,葬之以礼,祭之以礼"(《论语·为政》)。父母在世的时候,要以礼去侍奉他们;父母去世以后,要按照礼仪安葬和祭祀,以表达对父母的思念和敬重。孔子说:"乡人饮酒,杖者出,斯出矣。"(《论语·乡党》)乡饮酒礼的仪式结束后,要等年长者先出去,然后自己才出去,以示对年长者的尊敬。"见齐衰者,虽狎,必变。见冕者与瞽者,虽亵,必以貌。"(《论语·乡党》)意即见到穿丧服的人,即便和他关系很亲密,也一定使自己的态度变得庄重;看见穿戴礼帽礼服的人或是盲人,即使经常相处,也一定要有礼。要摒弃非礼的事,孔子说:"非礼勿视,非礼勿听,非礼勿言,非礼勿动。"(《论语·颜渊》)在孔子看来,行礼是对他人的尊重,是对他人表达敬意的方式,同时也能体现个人的修养。

孔子认为,知礼行礼与人的事业的成败密切相关,他说:"恭而无礼则劳,慎而无礼则葸,勇而无礼则乱,直而无礼则绞。君子笃于亲,则民兴于仁,故旧不遗,则民不偷。"(《论语·泰伯》)在孔子看来,无礼的人言行必无忌惮,无所忌惮则无所不言、无所不为,从而害人害己;而有礼者必定谨慎,阳刚磊落,在勇毅之外还沉着稳健,在耿直之外还委婉温和,从而能团结人,影响周围的人。战国末年的荀子发扬了孔子的礼学思想,荀子曰:"故人无礼则不生,事无礼则不成,国无礼则不宁。"(《荀子·修身》)。荀子于此从反面说明礼对于个人事业的成功、国家治理的积极意义,与孔子的礼学思想是一脉相承的。

(2) **礼是辨别长幼尊卑、维护社会秩序的重要工具。**孔子不仅从个人道德修养角度言礼,还将这种个人的道德修养提升到社会治理的层面,从而勾勒出一幅理想的礼治社会图景。孔子认为,年齿尊卑不同,礼亦有别。据《论语》记载,孔子对下大夫、上大夫和君主的姿态是不一样的,"朝,与下大夫言,侃侃如也;与上大夫言,訚訚如也;君在,踧踖如也,与与如也"(《论语·乡党》)。之所以有如此分别,是因为下大夫、上大夫、君主的地位不同,尊卑有别,故所采用礼仪的规格也是有差异的。《论语》中还记载了孔子关于人间礼仪的设计,如"入公门,鞠躬如也,如不容。立不中门,行不履阈。过位,色勃如也,足躩如也,其言似不足者。摄齐升堂,鞠躬如也,屏气似不息者。出,降一等,逞颜色,怡怡如也。没阶,趋进,翼如也"(《论语·乡党》)。在孔子看来,社会上的各个阶层若按照既有的礼来规范自己的言谈举止,社会才会有秩序,才不会有僭越之事发生。孔子提出"君君、臣臣、父父、子子",意在形成整个社会井然有序的结构,而不仅仅是一些动作规矩,更不是为了形成君臣父子之间对立的局面。

春秋后期,周礼衰微,诸侯争霸,弑君弑父之事屡见不鲜,社会混乱,百姓疾苦。孔子认为,这一切皆与礼的缺失有关。孔子非常厌恶那些不安本分的人,比如按照周礼的规定,只有天子的乐舞才能用八佾,诸侯用六佾,卿大夫用四佾,士用二佾。而鲁卿季孙氏僭用天子的八佾乐舞。对于季孙氏的行为,孔子极为不满,他说:"八佾舞于庭,是可忍也,孰不可忍也?"(《论语·八佾》)孔子认为,如果季孙氏的行为可以忍受,还有什么不能忍受呢? 在孔子的思想世界里,礼既是一种姿态和行为,也象征着一种秩序,而对礼的重视和遵循,就意味着对这种秩序的敬畏和尊重。而这种敬畏和尊重,又是以人的道德自觉为前提,若没有这些礼仪,个人的道德无从寄寓,社会秩序也无法得到遵守。

以前有人认为孔子的礼学是为了维护统治阶级的利益而设计出来的等级秩序,认为孔子礼学缺乏平等精神,是陈腐的、反动的。其实,如果从社会秩序建构的角度来看,孔子礼学具有合理性。对于地位不同的人,采用的礼仪的规格不同,地位越高,礼仪、礼节的规格也越高,这是文明的标志,自古以来就是如此。比如国家接待外国的元首与接待外国的部长,所采用的礼仪规格就不一样,接待元首的礼仪规格要高于接待部长的规格,这与孔子以礼辨别上下尊卑的礼学思想是如出一辙的。

三、诚信

诚、信二字本是一义,《尔雅·释诂》曰:"诚,信也。"《说文解字》曰:"信,诚也。"由此可见,诚、信,义皆是真实、诚实无欺、言行相符、表里如一。《论语》里多用"信",而孔子后学的著作如《中庸》《孟子》多用"诚"。

孔子是把"信"作为"仁"的支撑点、内在力,离开"信","仁"仅是抽象的概念。"子张问仁于孔子。孔子曰:'能行五者于天下为仁矣。'请问之。曰:'恭、宽、信、敏、惠。'"(《论语·阳货》)信是仁的内容之一。检读《论语》全书,提到次数最多的是"信"(全书提到恭13次,宽14次,信38次,敏9次,惠8次)。司马迁在《史记·孔子世家》中历述孔子生平之后,说孔子弟子三千,身通六艺者七十二人,还特别转引《论语·述而》"子以四教:文、行、忠、信"一语予以概括。在司马迁看来,孔子是把"信"作为教育的重点。《论语》有关"信"的论述,体察其含义,约略可从三个方面来看。

(1) **以信立身**。孔子告诫弟子，诚信是人安身立命的基础，他说："人而无信，不知其可也。大车无輗，小车无軏，其何以行之哉?"(《论语·为政》)孔子指出，人若没有诚信，就像车缺少輗軏一样无法前行。当子张问孔子如何处世时，孔子说："言忠信，行笃敬，虽蛮貊之邦行矣。言不忠信，行不笃敬，虽州里行乎哉?"(《论语·卫灵公》)意思是说，做人要言而有信，才能得到别人的信任，即使在荒蛮蒙昧之地，也能畅行无阻。在孔子看来，诚信是人立身行事的起码要求，也是放之四海而皆准的准则。从道德的层面来说，诚信是人的基本道德品质之一，一个人只有做到诚实守信，才能培养出其他各种可贵的品德和情操。

(2) **以信交友**。从《论语》中可以看到，不管是孔子还是其弟子，在人际交往中都特别重视诚信。孔子说："主忠信，毋友不如己者。"(《论语·子罕》)又说："老者安之，朋友信之，少者怀之。"(《论语·公冶长》)孔子的弟子也特别强调诚实守信，如子夏说："与朋友交，言而有信。"(《论语·学而》)曾子曰："吾日三省吾身，为人谋而不忠乎? 与朋友交而不信乎? 传不习乎?"(《论语·学而》)

(3) **以信为政**。孔子提出以信治国的理念，他说："道千乘之国，敬事而信，节用而爱人，使民以时。"(《论语·学而》)这是对从政的帝王和臣僚们而言。"敬事而信"，意即统治者要尽心尽力地做事，而不失信于民。《论语》中记载子贡问政，子曰："足食，足兵，民信之矣。"子贡曰："必不得已而去，于斯三者何先?"曰："去兵"。子贡曰："必不得已而去，于斯二者何先?"曰："去食。自古皆有死，民无信不立。"(《论语·颜渊》)对于食、兵、信三者，孔子最看重的是信，在他看来，一个国家不能得到百姓的信任，这个国家也就不存在了。由此可见，孔子将从政者取信于民放在何等重要的位置。孔子评论春秋五霸中的晋文公和齐桓公曰："晋文公谲而不正，齐桓公正而不谲。"(《论语·宪问》)谲即玩弄权术、阴谋欺诈，正即敬事而信。孔子对齐桓公的好评，绝非出于一时一事，而是出于对齐桓公作为的观察。据《左传》记载，齐襄公淫乱，危机四伏，其弟公子纠和公子小白唯恐祸及自身。公子纠在管仲的扶助下投奔鲁国，公子小白在鲍叔牙的扶助下投奔莒国。襄公被害后，纠和小白为继王位，各自带兵向齐进发，两军相遇，交相争斗。管仲射中小白带钩，小白假死而驰行。小白入齐，立为齐桓公，囚管仲，欲杀之。在鲍叔牙的劝说下，齐桓公竟不记一箭之仇，而厚礼相待，任以为相。管仲以言行政，协助齐桓公成霸业。齐桓公不记一箭之仇，豁达而诚信。孔子说："桓公九合诸侯，不以兵车，管仲之力也。如其仁，如其仁。""民到于今受其赐，微管仲，吾其被发左衽矣。"(《论语·宪问》)由此可见，从政者"敬事而信""正而不谲"，则国家兴盛，人民安乐。

孔子是基于对时代的观察，从而强调诚信的重要性。春秋时期，各诸侯国之间互相攻伐，"兵者，诡道也"(《孙子兵法·计篇》)，战争中讲求尔虞我诈方能制胜。而在普通人的生活中，由于周礼的失坠，以及社会阶层的急剧变动，人在利益的驱使下，缺乏以诚相待的精神，社会风气日趋恶化。鉴于不良风气盛行之现状，孔子希望通过强调诚信，唤起人们在日常生活和政治生活中的诚实守信意识，从而扭转社会风气。孔子的诚信思想影响极为深远，其孙子思所撰《中庸》一书，将"诚"提到"天"的高度，《中庸》曰："诚者，天之道也；诚之者，人之道也。"孟子也说："是故诚者，天之道也；思诚者，人之道也。至诚而不动者，未之有也。"(《孟子·离娄上》)"万物皆备于我矣，反身而诚，乐莫大焉。"(《孟子·尽心上》)在子思、孟子那里，诚已由具体的道德要求上升到本体。

四、孝

许慎《说文解字》解释"孝"字时说："善事父母者，从老省，从子，子承老也。"许慎认为，"孝"字是"老"字省去右下角的形体，与"子"字组合而成的一个会意字。孝是子女的善行和美德，是家庭中晚辈在处理与长辈关系时应该具有的道德品质和行为规范。孝的思想出现得很早，目前可知较早提出孝道思想是在西周。《礼记·祭义》说："周人贵亲而尚齿。"西周还以行政措施推行孝，据《周礼》记载，不孝是要受到刑罚处理的。周代有还比较完善的养老制度，据《孟子·尽心上》记载，"所谓西伯善养老者，制其田里，教之树畜，导其妻子使养其老。五十非帛不暖，七十非肉不饱。不暖不饱，谓之冻馁。文王之民无冻馁之老者，此之谓也"。"养国老""养庶老"是国家上层的养老措施，"制田里""树桑麻"则是民间的养老措施。

孔子继承并发展了古老的孝的观念和孝养传统，从而形成了系统的孝道思想。孔子对孝有颇多论述，除了见之于《论语》以外，还见诸《礼记》《孝经》《荀子》《孔子家语》等文献。[1] 孔子的孝道思想主要包括以下五个方面的内容。

(1) 珍惜父母赐予的身体，不让父母蒙羞。《孝经·开宗明义章》说："身体发肤，受之父母，不敢毁伤，孝之始也。"在孔子看来，身体不仅是自己的，也是父母馈赠的；生命不仅属于自己，也是父母和先祖生命的延续。自己的身体不仅是生命存在的条件，也是父母无限期盼的寄托之所。曾子说："行父母之遗体，敢不敬乎？"（《礼记·祭义》）不使身体受到刑戮，不使父母蒙羞。所以《礼记》说："父母全而生之，子全而归之，可谓孝矣。不亏其体，不辱其身，可谓全矣。"（《礼记·祭义》）

(2) 行孝应与敬养相结合。子游问孝，孔子说："今之孝者，是谓能养。至于犬马，皆能有养；不敬，何以别乎？"（《论语·为政》）子女仅仅让父母不忍饥挨饿，这不能称为孝，因为犬马皆能不忍饥挨饿；若不以敬的态度和行为去赡养父母，则与养犬马无异。子夏问孝，孔子说："色难。有事，弟子服其劳。有酒食，先生馔，曾是以为孝乎？"（《论语·为政》）子路问于孔子曰："有人于此，夙兴夜寐，耕耘树艺，手足胼胝，以养其亲，然而无孝之名，何也？"孔子曰："意者身不敬与？辞不逊与？色不顺与？"（《荀子·子道》）对待父母，不仅要在物质上有充足的供给，还要做到和颜悦色、态度恭敬。

(3) 孝与礼有密切的关系。孔子说："父在观其志，父没观其行，三年无改于父之道，可谓孝矣。"（《论语·学而》）"父之道"，就是父母留下的遗德、遗风和遗训，孝子要牢记父母的恩情，并以之鞭策自己。孟懿子问孔子何谓孝，孔子说："无违。……生，事之以礼；死，葬之以礼，祭之以礼。"（《论语·为政》）意思是当父母活着的时候，要用礼侍奉他们，当父母逝世以后，要用礼去埋葬和祭奠他们。孔子又说："不孝者生于不仁，不仁者生于丧祭

---

[1]　关于《孝经》的作者，古今学界皆有争议，有人认为《孝经》的作者是孔子，有人则否认《孝经》的作者是孔子。汉唐时期班固、郑玄、唐玄宗等皆认为《孝经》是孔子所作。宋代疑古之风兴起以后，怀疑《孝经》非孔子所作者不在少数，比如司马光、胡寅等人皆认为《孝经》并非孔子所作。若将《孝经》与《论语》之记载相比较，可知《孝经》与孔子的思想是一致的。因此，尽管《孝经》不一定是孔子所作，但是其一定是孔子孝道思想的集中体现。

之无礼,明丧祭之礼,所以教仁爱也;能致仁爱,则服丧思慕,祭祀不懈,人子馈养之道。丧祭之礼明,则民孝矣。"(《孔子家语·五刑解》)在孔子看来,孝与礼有极为密切的关系,若不懂丧祭之礼,则不知仁爱,孝更是无从说起。

(4)以孝治天下。在孔子看来,孝为德教之本。孔子的学生有子说:"其为人也孝弟,而好犯上者,鲜矣;不好犯上,而好作乱者,未之有也。君子务本,本立而道生,孝弟也者,其为仁之本与。"(《论语·学而》)《大戴礼记》记载孔子之言曰:"孝,德之始也;悌,德之序也;信,德之厚也;忠,德之正也。"(《大戴礼记·武王践阼》)《孔子家语》记载孔子之言曰:"立身有义矣,而孝为本。"(《孔子家语·六本》)孝是仁的根本,知道孝,人们就有德有序,就不会犯上作乱。在孔子看来,孝对于醇化社会风俗有积极意义,他说:"立爱自亲始,教民睦也;立敬自长始,教民顺也;教以慈睦,而民贵有亲;教以敬长,而民贵用命。孝以事亲,顺以听命,错诸天下,无所不行。"(《礼记·祭义》)

(5)孝子有谏诤职责。孔子认为盲从并非是孝,父母若有不合法不合德之事,子女就要提醒和劝说。孔子说:"事父母几谏,见志不从,又敬不违,劳而不怨。"(《论语·里仁》)对于父母的过失,要婉言劝告;话说清楚了,还没有被接纳,仍然要尊敬他们,不要违逆对抗,继续操劳而不怨恨。尊敬有过错的父母,并不意味着放任他们的过错,而是要在尊敬的前提下让父母逐渐意识到问题之所在。曾子问孔子:"若夫慈爱恭敬、安亲扬名,则闻命矣。敢问子从父之令,可谓孝乎?"孔子回答道:"是何言与!是何言与!昔者天子有争臣七人,虽无道,不失其天下;诸侯有争臣五人,虽无道,不失其国;大夫有争臣三人,虽无道,不失其家;士有争友,则身不离于令名;父有争子,则身不陷于不义。故当不义,则子不可以不争于父,臣不可以不争于君。故当不义则争之。从父之令,又焉得为孝乎?"(《孝经·谏诤章》)孔子认为,对于父母的过错,要认真提醒,这样才能避免陷父母于不义。

第三节　政　治　思　想

春秋时期,王室衰微,诸侯割据,国家政令不一,为政者行为失范,百姓饱受战乱、劳役、刑罚和聚敛之苦。孔子通过对社会现实的观察和思考,提出了社会理想和一套让天下从无道走向有道的仁政理论。

一、大同理想

"大同"是孔子提出的理想社会形态,见诸《礼记·礼运》。《礼运》记载,作为陪祭者的孔子参与了蜡祭,结束后来到宗庙门外的楼台上游览,不觉感慨长叹。其弟子言偃问:"君子何叹?",孔子回答:"大道之行也,与三代之英,丘未之逮也,而有志焉。大道之行也,天下为公,选贤与能,讲信修睦。故人不独亲其亲,不独子其子;使老有所终,壮有所用,幼有所长,矜寡孤独废疾者皆有所养。男有分,女有归。货恶其弃于地也,不必藏于己,力恶其不出于身也,不必为己。是故谋闭而不兴,盗窃乱贼而不作,故外户而不闭。是谓大同。"

《礼记·礼运》）以上是孔子所描绘的"大同"社会的图景。紧接着，孔子对"小康"社会图景作了描绘，他说："今大道既隐，天下为家，各亲其亲，各子其子，货力为己。大人世及以为礼，城郭沟池以为固，礼义以为纪，以正君臣，以笃父子，以睦兄弟，以和夫妇，以设制度，以立田里，以贤勇智，以功为己。故谋用是作，而兵由此起；禹、汤、文、武、成王、周公，由此其选也。此六君子者，未有不谨于礼者也，以著其义，以考其信，著有过，刑仁讲让，示民有常；如有不由此者，在执者去，众以为殃。是谓小康。"（《礼记·礼运》）

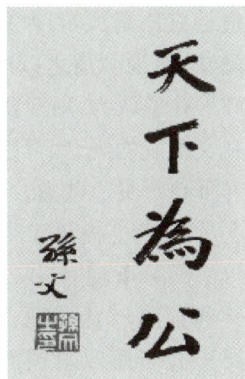

孙中山手书"天下为公"

"大同"社会最基本的特征是财产公有，社会事务由大家共同处理，人们没有私心，都尽力从事生产劳动，没有等级差别。与小康社会的管理方式不同，大同社会不以礼法为纲纪，更没有权谋和尔虞我诈。在大同社会中，人们有自然和合理的分工，每个人都有公平发展的机会。人人敬老，人人爱幼，无处不均匀，无人不饱暖。

孔子所描绘的大同社会是一幅没有私产、阶级、国界和战争的理想社会图景，也是中国古代社会思想史上的一座丰碑，对后世产生了深远影响。晋代陶渊明《桃花源记》中的"世外桃源"，就是根据"大同"社会的艺术再现。近代康有为著《大同书》，将《礼运》"大同"与西方进化论、资产阶级的民主、平等、博爱等思想糅合在一起，创立了新的大同说。中国民主革命的伟大先驱孙中山的"天下为公""以建民国，以建大同"理想，也是在新的历史条件下对《礼运》"大同"社会理想的继承与发展。

天下为公、天下大同的社会理想

二、为政以德

在实际操作层面，孔子希望回到"夏商周"三代圣王"礼义为纪"的"小康"时代，其途径可以用两个字概括——仁政。孔子重视道德的价值，主张根据道德来处理政事，进而形成了系统的德治思想。此可从以下两个方面来看。

(1) 为政者要以身作则，树立良好榜样。孔子认为，为政者的影响力很大，他说："上好礼，则民莫敢不敬；上好义，则民莫敢不服；上好信，则民莫敢不用情。"（《论语·子路》）为政者遵从礼，百姓就不敢不敬；为政者讲道义，百姓就不敢不服从；为政者讲信用，百姓就不敢不真情相待。百姓的反应，既有对权力的敬畏，也有对为政者人格力量的信服。孔子强调为政者要率先垂范，他说："政者，正也。子帅以正，孰敢不正？"（《论语·颜渊》）为政者起到了模范带头作用，社会就会有良好的风气。孔子又说："苟正其身矣，于从政乎何有？不能正其身，如正人何？"（《论语·子路》）"其身正，不令而行；其身不正，虽令不从。"（《论语·子路》）若为政者身体力行、躬身垂范，要求别人做的自己先做好，那么即使不强制百姓去做，百姓也会自觉去做。

(2) 从政者要为政以德。孔子主张"为政以德"，他说："为政以德，譬如北辰，居其所而众星共之。"（《论语·为政》）用德化来治理社会，人心才会归服，就像群星环绕着北极星一样。孔子主张为政者用自己的道德力量去感化百姓，他对季康子说："子为政，焉用杀？子欲善，而民善矣。君子之德风，小人之德草。草上之风必偃。"（《论语·颜渊》）意思是为政者的道德好比是风,百姓的作风好比是草,风吹到草上,草必然随风倒。孔子反对用刑罚来约束民众,他说:"道之以政,齐之以刑,民免而无耻;道之以德,齐之以礼,有耻且格。"(《论语·为政》)孔子认为,用刑罚来约束民众,民众就会投机取巧,且无羞耻之心;用德教化百姓,树立百姓礼义廉耻的观念,百姓就会自觉恪守各项制度。在孔子看来,用德和礼教化百姓比用行政命令和刑罚更具有效力。

孔子也提出了一系列德政主张。

(1)重视教化。孔子在卫国,冉有侍侧,孔子感叹说:"庶矣哉!"冉有问曰:"既庶矣,又何加焉?"孔子说:"富之。"冉有又问:"既富矣,又何加焉?"孔子说:"教之。"(《论语·子路》)孔子感叹卫国的富庶,同时也强调百姓的教化对卫国的重要意义。

(2)要节用和节民力。孔子说:"因民之所利而利之。"(《论语·尧曰》)又说:"道千乘之国……节用而爱人,使民以时。"(《论语·学而》)孔子强调治国理政要以百姓的利益为出发点,不浪费财力,爱护百姓,要按照农时使用民力。

(3)"举贤才"。《论语·子路》记载:"仲弓为季氏宰,问政,子曰:'先有司,赦小过,举贤才。'"又说:"举直错诸枉,则民服;举枉错诸直,则民不服。"(《论语·为政》)意思是选拔正直无私的人,贬黜邪恶无能之辈,百姓就会服从为政者的政令;选拔邪恶不正之辈,贬黜正直无私的人,百姓就不会服从为政者的政令。孔子认为,人才选拔与民意密切相关,举荐贤才也是仁政的重要内容。

道德是区别于律令的一种特殊的社会现象,是人类所特有的精神生活需要,是人作为有理性的社会存在的精神规定和行为规定。孔子仁政思想的核心是希望将社会秩序的整合及行为规范的恪守变成一种自觉而非强制的行为,从而实现社会有序、国泰民安。孔子看到了道德教化对于民心的重要性,以及道德对于社会秩序调节的重要功能,他希望百姓通过教化拥有良善美德,从而自觉地而非靠刑罚的强制去恪守社会秩序。在春秋时期这个靠强力政治的时代,孔子不用刑罚而强调仁政,正是对时代问题所作的正面回应。无疑,孔子的仁政思想是超前的,在崇尚强力的春秋时期,统治者并不想要仁政,后来各国出现的变法就是明证。在齐国的管仲,以及战国时期魏国李悝、秦国商鞅的变法中,制定法典成为风尚,刑罚的作用被提高到无以复加的地步。然而强调严刑峻法的法家思想被秦国用于治国理政、统一诸侯,最终却导致帝国的覆灭。人们在反省和回溯先贤的学说时,无一例外地想到了孔子的仁政学说。在跨越了数百年之后,连同仁政学说在内的孔子思想被汉王朝封为官方哲学,儒家为主干的文化格局一直延续下来,这正是孔子思想超越时空之体现。

第四节　教育思想

孔子被尊为"万世师表""至圣先师",是因为他首开教育职业,一生从教,培养了大批人才。此外,孔子还归纳出卓有成效的教育教学方法,总结出一整套正确的学习原则,形成了比较完整的教学内容体系,提出了一系列有深远影响的教育思想,树立了良好的师德典范。孔子的教育思想可从以下几个方面来看。

一、教育历程

据《孔子世家》等文献的记载,可知孔子一生的教育活动可以分为三个阶段。

第一阶段是自开始办学到去齐国求仕之前。这一阶段大致有七八年时间,孔子的弟子还不多,不过办学已初有成效,在社会上已经有较大的名声。孔子在此时期的学生有比他只小六岁的颜路(颜回之父)和子路。

第二阶段是公元前 515 年至公元前 497 年,即孔子从齐国返回鲁国到他周游列国之前。这一阶段大致有十八年。这一阶段,孔子虽然有数年在朝做官,但并没有停止教书育人。此阶段孔子培养了很多杰出的弟子,如颜回、子贡、冉求、仲弓等人皆是此时期向孔子问学。这些弟子中,部分人跟随孔子周游列国,部分人从政做官。

第三阶段是周游列国后返回鲁国直至去世,大致有五年时间。此阶段的孔子将精力集中到教书和整理古代文献典籍上。此时期他的弟子也很多,杰出的弟子有子夏、子游、子张、曾参等。

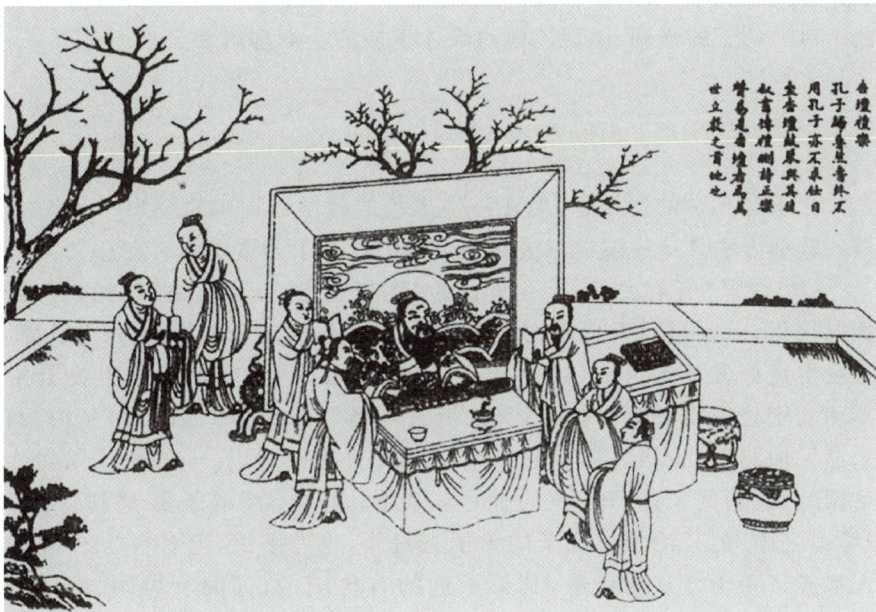

孔子杏坛讲学图

孔子一生,相传有弟子三千,贤弟子七十二人,在德行方面表现突出的有颜渊、闵子骞、冉伯牛、仲弓,在语言方面表现突出的有宰我、子贡,办理政事能力较强的有冉有、子路,熟悉古代文献的有子游、子夏。在孔子的弟子中,不少人卓有成就,对于当时的政治,以及对于孔子思想的传播,对于儒家学派的形成和发展,都起到了重要作用。

二、教学内容

据《史记》记载,孔子曾删《诗》《书》,定《礼》《乐》,作《春秋》,晚而喜《易》。《史记·孔子世家》还记载:"孔子以《诗》《书》《礼》《乐》教,弟子盖三千焉。"在教学中,孔子主要以"六经"作为教材。"六经"即《诗》《书》《礼》《乐》《易》《春秋》。孔子论"六经"的教化意义曰:"入其国,其教可知也。其为人也,温柔敦厚,《诗》教也。疏通知远,《书》教也。广博易良,《乐》教也。洁静精微,《易》教也。恭俭庄敬,《礼》教也。属辞比事,《春秋》教也。故《诗》之失愚,《书》之失诬,《乐》之失奢,《易》之失贼,《礼》之失烦,《春秋》之失乱。其为人也,温柔敦厚而不愚,则深于《诗》者也。疏通知远而不诬,则深于《书》者也。广博易良而不奢,则深于《乐》者也。洁静精微而不贼,则深于《易》者也。恭俭庄敬而不烦,则深于《礼》者也。属辞比事而不乱,则深于《春秋》者也。"(《礼记·经解》)在孔子看来,"六经"对人的教化功能是各有侧重的,《诗》培养人温柔而厚道,《书》培养人通达而博古,《乐》培养人爽快而平和,《易》培养人清静而细心,《礼》培养人谦逊而庄重,《春秋》培养人善于设辞举例、判断是非。

"六经"是教材,"六艺"则是教学的内容。孔子说:"志于道,据于德,依于仁,游于艺。"(《论语·述而》)意思是志向在于道,根据在于德,凭借在于仁,活动在于艺。"艺"即"六艺","六艺"就是礼、乐、射、御、书、数,是西周以来士人需要学习的六种技艺,分别是礼法、乐舞、射箭、驾车、书法和算数。从《论语》中可以看出,孔子对"六艺"的运用已十分娴熟。孔子对"六艺"的强调,体现了他对人才素质的全面理解和要求。

三、教学方法

孔子是私学的创立者,他在一生出色的教学过程中总结出一套灵活多样而又行之有效的教学方法。这些教学方法直到今天仍具有十分重要的启发意义。

(1) 主张"有教无类"。孔子认为"性相近也,习相远也"(《论语·阳货》),人最初的状况接近,差距是后天形成的。人在出发点上没有太大分别,每个人都有通过教育和实践获得良好发展的可能,因此孔子提出"有教无类"(《论语·卫灵公》)的主张,即对人不加区别地加以教育。孔子曾说"诲人不倦"(《论语·述而》),又说"自行束脩以上,吾未尝无诲焉"(《论语·述而》)。根据《史记》的记载,孔子的弟子来源十分复杂,有出身贫困的颜回,父亲是"贱人"的仲弓,"性鄙,好勇力"的子路,"利口辩辞"的宰我,曾在"缧绁之中"的公冶长。孔子的弟子有贵族,也有平民,更有行为不端者,经过教育,这些人都成了善士。从国籍看,其弟子近的有鲁国的,远的有吴国、秦国的。孔子"有教无类"的主张,体现了其思想的平等性,打破了学在官府的贵族教育格局,使教育从官府走向民间。

(2) 主张"因材施教"。孔子在肯定人本质接近的前提下,还看到人在禀赋上的差异。他对学生的资质和性格特点有细致的观察,比如他说:"回也闻一以知十,赐也闻一以知二。"(《论语·公冶长》)"柴也愚,参也鲁,师也辟,由也喭。"(《论语·先进》)"德行:颜渊,闵子骞,冉伯牛,仲弓。言语:宰我,子贡。政事:冉有,季路。文学:子游,子夏。"(《论语·先进》)基于这些认识,孔子在教育过程中将普遍要求与个别指导相结合,针对学生的不同资质、性格和爱好进行有针对性的指导。子路问:"闻斯行诸?"子曰:"有父兄在,如之何其闻斯行之?"冉有问:"闻斯行诸?"子曰:"闻斯行之。"公西华曰:"由也问闻斯行诸,子曰有父兄在;求也问闻斯行诸,子曰闻斯行之。赤也惑,敢问。"子曰:"求也退,故进之;由也兼人,故退之。"(《论语·先进》)当仲由问听到了就行动起来吗,孔子回答说有父兄健在,不要立即行动;当冉求问听到了就行动起来吗,孔子回答说听到了就行动起来。公西华对孔子如此回答感到迷惑。孔子解释说,冉求胆小,做事退缩,所以就教他凡事要果断,想到了就应马上去做;仲由胆大,考虑欠周密,担心他冒失惹祸,所以教他遇事要退一步想。孔子就是用这种扬长避短的方法来完善弟子们的德业修养。

(3) **倡导启发式教学。** 孔子说:"不愤不启,不悱不发,举一隅不以三隅反,则不复也。"(《论语·述而》)意即不能简单地采取填鸭式的方法教育学生,而应该以学生为主,当学生思考后仍不得要领时再开导他,在学生想表达自己思想而苦于说不出来的时候再启发他说出来。如果学生仅停留在对知识的了解而不能内化为自身的能力时,就不要勉强教下去了。颜渊对孔子的这一教导方式深有体会,他说:"夫子循循然善诱人,博我以文,约我以礼,欲罢不能。"(《论语·子罕》)

(4) **主张学与思相结合。** 孔子说:"学而不思则罔,思而不学则殆。"(《论语·为政》)意思是一味读书而不思考,就会因为不能深刻理解书本的意义而不能有效利用书本的知识,甚至会陷入迷茫;而如果一味空想而不去实实在在地学习和钻研,终究一无所得。孔子告诫学生,只有把学习和思考结合起来,才能学到切实有用的知识,否则就收效甚微。孔子曾说:"吾尝终日不食,终夜不寝,以思,无益,不如学也。"(《论语·卫灵公》)子夏曰:"博学而笃志,切问而近思,仁在其中矣。"(《论语·子张》)这都是强调学习与思考相结合的重要性。

(5) **主张教学相长。** 孔子说:"后生可畏,焉知来者之不如今也?"(《论语·子罕》)"当仁,不让于师。"(《论语·卫灵公》)《论语》中记载了很多孔子与学生互相讨论问题的场景和内容。在教学过程中,孔子能与学生作平等的交流,敢于向比自己强的人学习,并把学来的知识应用到以后的教学中去。其教学相长的观念,对于今天的教育仍有指导意义。

(6) **学以致用。** 孔子重视经世致用,他将这种思想贯穿到他的教学实践中。孔子说:"诵《诗》三百,授之以政,不达;使于四方,不能专对,虽多,亦奚以为?"(《论语·子路》)意思是读《诗》三百篇,让他处理政务,却不会办事;让他当外交使节,却不能独立地交涉;书读得多,又有什么用呢? 孔子告诫学生,要做到学以致用,不能死读书。

纵观孔子的一生,他对弟子们的影响,或是通过言传,或是通过学习古代文献,或是传授各种技艺,而更多的、更为深刻的则是身教。孔子勤奋好学,他对真理、对理想、对完美人格的追求,他的正直、善良、谦虚、有礼,他对国家的忠诚与对百姓的关心,都深深地感染着他的弟子和后人。严格要求自己,以身作则,既是孔子的高尚师德,也是孔子提出的一条教育原则。孔子热爱教育,热爱学生,诲人不倦,平等对待学生,教学相长,是具有高尚师德的一代宗师。

孔子的教学生涯不仅促成了儒家学派的产生,而且创立了私学,开启了民智,诱发了春秋末年至战国时期诸子百家的出现。所以说,孔子不仅是儒家的创始人,也是诸子学派的诱发者,是中华文明的缔造者。孔子被历代尊奉为"至圣先师",可谓实至名归。

第五节　孔子思想的影响

　　孔子是儒家学派的创始人,是我国古代伟大的思想家、教育家和政治家,他对中国古代哲学思想、政治文化、道德伦理、价值观念、思维方式、风俗习惯以及教育思想等都产生过重大影响。孔子的思想在之后两千多年里不断得到发展和更新,直到今天仍然是中华民族最宝贵的精神财富。

一、先秦时期的孔学

　　班固曰:"儒家者流,盖出于司徒之官。助人君,顺阴阳,明教化者也。游文于六经之中,留意于仁义之际。祖述尧、舜,宪章文、武,宗师仲尼,以重其言,于道最为高。"(《汉书·艺文志》)班固认为孔子所创立的儒家"于道为最高",显然是将孔子放在了诸子之上,且将孔子与先秦诸子区分开来,由此可见孔子所创立的儒家学派在汉代已被认为是文化的正统。然而在春秋战国时期,虽然孔子是当时著名的思想家,儒学是当时的"显学",但是孔子实际上为诸子之一,儒学也只是众多学派中的一派。孔子思想影响力的扩大,是在与诸子思想交锋中逐渐凸显出来的。

　　春秋以来社会裂变,官学衰微,学术下移,私学兴起,由此导致诸子百家争鸣。战国时期出现了很多思想家,他们纷纷著书立说,广授弟子。他们围绕礼法、王霸、天人、名实、人性善恶等问题展开了激烈的讨论,既相互批判,又相互影响。在诸子百家中,影响最大的有儒、墨、道、法等学术流派,出现了孔子、墨子、老子、韩非子等思想家。

　　孔子的思想首先受到同时代墨子的挑战。墨子说:"孔某盛容修饰以蛊世,弦歌鼓舞以聚徒,繁登降之礼以示仪,务趋翔之节以观众;博学不可使议世,劳思不可以补民;累寿不能尽其学,当年不能行其礼,积财不能赡其乐。繁饰邪术,以营世君;盛为声乐,以淫遇民。其道不可以期世,其学不可以导众。"(《墨子·非儒下》)墨子提出"节用""节葬""非乐"等主张,反对儒家的烦琐礼仪。此外,墨子主张"兼爱",批评孔子爱有差等的观念。墨子的学说在春秋末年也是显学,不过其所提出的"兼爱"等思想太过理想化,在对人的本质的观察方面也没有儒家深刻,所以在历史的演进中,墨家逐渐消失,而以孔子为代表的儒家逐渐占据了主导地位。

　　对孔子思想提出挑战的还有道家。道家的代表人物老子认为道为世界的本源和万物的法则,老子提出"道法自然"的命题,认为道是自然而然的,人效法道,即要顺应自然,无为处世,抱朴归真,少私寡欲。老子抛弃礼法的束缚,旨在追求精神的绝对自由。老子认为"大道废,有仁义",他说:"失道而后德,失德而后仁,失仁而后义,失义而后礼。夫礼者,忠信之薄而乱之首。"(《老子》第三十八章)道家的另一代表人物庄子常以老子抑压孔子,在《庄子》一书中,孔子经常成为被戏谑的对象。庄子希望从人的思想的最深处开发人的意识,让人得到不被世间事物与情感所纠缠的幸福,这与孔子对现实社会的强烈观照的价值立场是大不相同的。

　　成熟于战国时期的法家提倡以法治为核心,以富国强兵为己任,代表人物有商鞅和韩非子等人。法家对于孔子的仁政思想持批判态度,如韩非子批判孔子的仁学思想曰:

　　人之情性莫先于父母，父母皆见爱而未必治也，君虽厚爱，奚遽不乱？今先王之爱民，不过父母之爱子，子未必不乱也，则民奚遽治哉？且夫以法行刑，而君为之流涕，此以效仁，非以为治也。夫垂泣不欲刑者，仁也；然而不可不刑者，法也。先王胜其法，不听其泣，则仁之不可以为治亦明矣。（《韩非子·五蠹》）

　　韩非子反对孔子的仁政思想，认为仁政会导致混乱，不如刑罚强制功效明显。以韩非子为代表的法家思想被秦朝所采用，导致秦的暴政和帝国的瓦解，法家思想遂逐渐黯淡下去，而以孔子为代表的儒家得到了汉代统治者的表彰。

二、汉唐时期的孔学

　　汉代初年，统治者吸取秦暴政而亡的教训，采用黄老之学治国，意在通过清静无为从而实现国泰民安。不过随着汉朝国力的逐步增长，黄老清静无为的统治之术已经不能适应现实的需要。不少政论家根据历史的经验教训，提出以儒治国的策略。汉武帝即位以后，采纳董仲舒"罢黜百家，独尊儒术"的建议，在教育制度和官吏选拔上都以儒家思想为指导。儒家的《易》《书》《诗》《礼》《春秋》被经典化和教条化，其中所蕴含的"微言大义"成为统治者治国理政和普通人立身行事的基本准则；孔子成为"为万世立法"之人，其所开创的儒学也被视为官方哲学。东汉延续西汉尊孔的立场，进一步将孔子神化和宗教化。公元元年，孔子有了正式的封号。汉平帝刘衍追封孔子为公，称"褒成宣尼公"，此后，孔子多次被尊封。

　　魏晋时期，玄学兴起，经学衰落，有人提出了"非汤武而薄周孔，越名教而任自然"的口号，玄学家以《周易》《老子》《庄子》为文本资源，以老庄解孔子，从而实现了儒家和道家思想的融合，孔子也成为道家化的圣人。而在官方的教育和人才选拔方面，仍然是以儒学为指导。南北朝时期，南北方的各个政权各自为政，佛教大行其道。然而不管是南方还是北方，很多人还是重视儒学和经学，出现了徐自明、熊安生、皇侃等重要的经学家。

　　隋唐时期，佛教的势力越来越大，儒家经学也逐渐走向纯熟。隋代开创的科举制度，考试内容以儒家经典为主。唐人孔颖达奉太宗之命编撰的《五经正义》，以及贾公彦编撰的《周礼疏》和《仪礼疏》等，使南北朝以来的经学进入了统一时代。在唐代，孔子的地位得到进一步的提升，先后被尊封为"文圣尼公""至圣文宣公""大圣先师""大成至圣文宣公""至圣先师"等。孔子作为万世师表和至圣先师的地位在唐代得以确立。

三、宋元明清时期的孔学

　　宋代以来，由于官方的推崇，孔子作为万世师表和至圣先师的地位一直没有改变。统治者对孔子颇为重视，宋太祖赵匡胤曾多次去国子监主持祭孔大典，宋真宗赵恒也曾去山东曲阜祭奠孔子，并封孔子为"至圣文宣王"。元大德十一年（1307），刚即位不久的元武宗加封孔子为"大成至圣文宣王"。明太祖朱元璋及以后诸帝无不重视孔子思想的教化作用，嘉靖皇帝封孔子为"至圣先师"。清代统治者对孔子亦十分重视，顺治皇帝封孔子为"大成至圣文宣先师"。由于官方的推崇，孔子所创立的儒家是宋元明清时期官方和民间占据支配地位的思想流派。

宋代以来，儒学和经学实现了理学化，这与汉唐时期的儒学和经学有很大不同。唐代经学实现一统之后，儒学和经学的活力被压制了。加之佛、道的挑战，儒学和经学的主导地位岌岌可危，重振儒学的呼声越来越大。中唐时期的韩愈提出"道统"说，其弟子李翱提出"复性"说，二人已发改造汉唐经学儒学之端绪。此后经宋人周敦颐、张载、二程、朱熹、陆九渊以及明人王阳明的不断阐释，形成了一门以儒学为主，而又融汇释道的学说——宋明理学。

宋明理学大致可分为以二程、朱熹为代表的理学和以陆九渊、王阳明为代表的心学两大派。程朱理学以天理统摄孔子的"仁"、子思和孟子的"性善""天命"，建立起一套以理为本体，以"穷理尽性"为方法的思想体系。陆王心学主张"心即理"，他们以孟子的心性学说为思想资源，构建一套以"心""良知"为本体，以"发明本心""致良知"为方法的思想体系。尽管理学和心学的思想主张有很大差异，但是二者对孔子的态度却是一致的。二者都推崇孔子的思想和主张，对记录孔子思想言行的《论语》一书更是当作经典。朱熹将《论语》与《大学》《中庸》《孟子》合为"四书"，取代了汉唐时期"五经"的支配地位。

四、中国近现代时期的孔学

鸦片战争以后，在内忧外患、社会民族危机日益加剧的同时，西方文化也以空前的规模和力度冲击着中国传统文化，尤其是冲击了在传统文化中占主导地位的儒学。于是不少在传统文化氛围中成长起来的知识分子对在新的历史时期如何重新理解和应用儒学等问题作出了回应。洋务派提出"中体西用"的主张，希望通过西方技艺层面的内容来弥补儒家自身的不足，延续两千多年的儒学传统由此迈出了向现代转型的步伐。洋务运动主要是在技艺层面向西方学习，而在思想方法上仍秉承儒学的框架。19世纪末兴起的维新思潮，则希望通过"复原孔教"，从而实现政治变革。维新运动的领袖康有为认为古文经学是刘歆伪造的，而真正的经是今文经，是孔子假托古代圣王的言行用来改革政治的主张。康有为等人还希望通过神化孔子，将儒学变为宗教，将孔子变为教主，建立"孔教会"，从而为维新运动提供理论支撑。维新运动的另一代表人物谭嗣同撰《仁学》一书，以"仁"为世界的本源，涵盖一切物质和精神，会通古今中西各种知识和理论。尽管维新运动以失败而告终，但是发起这场运动的知识分子对儒学在新的时代境遇中的转型问题作了很多探索，提出了新的思路。

"五四"新文化运动的兴起，使中西文化再一次成为思想界争论的主题。以胡适为代表的知识分子认为儒家文化与科学、民主相背离，阻碍了中国的进步，中国社会要想进步，就必须打倒以孔子为代表的传统儒学。他们提出"打倒孔家店"的口号，对以孔子为代表的儒家学说作了全面的批判。此后中国又进入艰难岁月，北伐战争、抗日战争、解放战争、抗美援朝战争，在这几十年里，中国人民为了国家统一和民族富强作了艰苦卓绝的斗争。在动乱的年代里，一些知识分子对以孔子为代表的儒学仍有反思。比如1948年张申府撰《论纪念孔诞》一文，提出"打倒孔家店，救出孔夫子"，认为只有打倒独尊的孔子，才可找到孔子的真精神。

在20世纪前半期，除了批孔思潮以外，还有一些知识分子如贺麟、梁漱溟、熊十力、冯友兰等人主张以同情的态度研究孔子,他们被称为现代新儒家。现代新儒家认为,以孔子为代表的儒家学说是中国文化的根脉,即使是在现代化的过程中仍有其不可替代的价值。现代新儒家博贯中西,他们的学说是接着宋明理学往下讲,试图通过将宋明理学与西方哲学相会通,从而实现儒学的哲学化和宗教化,进而复兴孔子和儒学。

改革开放以来,人们对孔子和儒学的认知逐渐趋于客观和正面,孔子的地位进一步得以提升。在今天,很多研究机构和高等院校都树立起孔子的塑像,围绕孔子和儒学的学术研讨会也不断地召开,相关的学术专著和论文涌现。此外,孔子学院也在很多国家开办,围绕孔子诞辰而举办的祭孔大典不仅在国内举办,也在国外举办,孔子和儒学在海外的影响力也越来越大。

在 21 世纪的今天,孔子的哲学思想、政治思想和教育思想的价值获得越来越多人的肯定,因此,弘扬孔子和儒学不存在该与不该的问题,而是如何弘扬的问题。当然,如何实现孔子及儒学的现代转换,仍然是当今学界需要研究的重点课题。

阅读书目

1.《论语》。
2.朱熹:《四书章句集注·论语集注》。
3.刘宝楠:《论语正义》。
4.李泽厚:《论语今读》,中华书局 2015 年版。
5.杨伯峻:《论语译注》,中华书局 2023 年版。
6.金景芳、吕绍纲、吕文郁:《孔子新传》,长春出版社 2006 年版。
7.罗安宪:《中国孔学史》,人民出版社 2008 年版。
8.匡亚明:《孔子评传》,南京大学出版社 2011 年版。
9.钱穆:《孔子传》,生活·读书·新知三联书店 2014 年版。

思考题

1.孔子的"仁爱"与墨子的"兼爱"的差异是什么?
2.孔子是如何对人的本质加以界定的?
3.孔子礼学的渊源、内容及意义是什么?
4.孔子的政治思想包含哪些内容?
5.孔子的教育思想的内容及现代价值是什么?
6.如何看待今天各地举办的祭孔大典?

第四章　孟子：儒家的理想主义者

孟子(前372—前289)[①]，名轲，字子舆，战国中期邹城(今山东邹城)人。他是中国古代伟大的思想家、政论家、教育家、儒家学派的代表人物，被誉为"亚圣"。

汉代赵岐认为孟子是"鲁公族孟孙之后"(《孟子题辞》)，意即孟子是鲁国贵族孟孙氏的后裔。孟子的父亲名激，字公宜，其在孟子三岁时就去世了。孟子母亲的姓氏说法不一，有人说姓仉，有人说姓李，至今仍无定论。孟子的母亲循循善诱，教子有方。孟子日后能够成才，与其母亲的教育有着不可分割的联系。孟母教子的故事很多，其中"孟母三迁""买肉啖子""孟母断机""孟子休妻"流传最为广泛。

孟子

据西汉刘向《列女传》记载，小时候的孟子随母亲居住在离墓地很近的地方，学会了祭拜之类的事，经常玩办理丧事的游戏。孟母看到了，说此地不适合孩子居住，遂将家搬到集市旁。居住在集市附近的孟子学会了在经商中讨价还价。孟母看到了，又觉得集市附近不适合孩子居住，遂将家搬到学宫旁边。居住在学宫附近的孟子很快学会了儒生们鞠躬行礼的礼节。孟母认为学宫附近才适合孩子居住，遂定居下来。

据西汉韩婴《韩诗外传》记载，孟子年少时，见到邻居杀猪，便问他的母亲说邻居为什么杀猪，孟母随口便说："给你吃。"此话刚出口，孟母就后悔了，她心想，我怀着这个孩子时，席子摆得不正我不坐，肉割得不正我不吃，为的就是胎教，现在孩子刚懂事，我却欺骗他，这是在教他不讲信用啊。为了不欺骗孩子，孟母便出钱买了邻居的猪肉给孟子吃。

据西汉刘向《列女传》记载，孟子小时候，有一次读书有点不耐烦，便早早地跑回家。正在织布的孟母很生气，拿起剪刀将正在织的布全部剪断，并告诫孟子，荒废学业就像剪断这织布机上的布。孟子深受启发，每天勤学苦读，学业大有长进。

据西汉韩婴《韩诗外传》记载，有一次，孟子的妻子独自一人在家，随意蹲坐在地上。孟子进屋，见妻子如此随便，便对孟母说："我的妻子不讲礼仪，请允许我休了她。"孟母问清了缘由，对孟子说："这是你没礼貌，不是你的妻子没礼貌。《礼记》说：'将要进屋的时

---

① 关于孟子的生卒年，学界尚无定论。此以孟子出生于公元前372年，卒于公元前289年，取的是流传较广的说法。

候，先问有谁在里面；将要进入厅堂的时候，必须先高声传扬，让里面的人知道；将进屋的时候，必须眼往下看。'意在让人有所准备。你到妻子闲居休息的地方，进屋没有声响，这是你无礼，非妻无礼！"孟子认识到自己的错误，遂不敢休妻。

宋·佚名《孟母教子图》（局部）

《孟母教子图》（局部）彩图

这几个故事中，"孟母三迁"讲的是环境对于孩子教育的重要性，"买肉啖子"讲的是诚信对于孩子教育的重要性，"孟母断机"是告诉孩子学习要持之以恒，"孟子休妻"是告诫孩子遇事要反躬自省。这四个故事包含了古代儿童教育最重要的内容，孟母也因此而成为中国古代母教的典范。

司马迁说："孟轲，邹人也，受业子思之门人。"（《史记·孟子荀卿列传》）子思姓孔，名伋，是孔子的孙子，有人认为他是曾子的弟子，也有人说他出自子游氏之儒。子思在儒学发展史上占有重要的地位，他上承孔子中庸之学，下启孟子心性之论。据《史记》记载，孟子并不是直接受业于子思，而是受业于子思的弟子。但子思对孟子的影响是很大的，有人统计，《孟子》一书中"子夏"出现了三次，"子贡"出现了七次，"子路"出现了六次，"颜回"出现了七次，"子思"出现多达十八次。[1]　由此可见子思对孟子影响之深。由于孟子与子思在思想上具有一致性，所以后人往往将二者连在一起，称为"思孟学派"。

与孔子一样，孟子在教育上的贡献也是巨大的。孟子周游列国，亦广收门徒，他说："得天下英才而教育之，三乐也。"（《孟子·尽心上》）孟子的弟子众多，甚至有"从者数百人"（《孟子·滕文公下》）的盛况。孟子弟子的姓名大多不可考，今可知者有十三人，他们是乐正子、公孙丑、万章、公都子、陈臻、充虞、咸丘蒙、陈代、彭更、屋庐子、桃应、徐辟、孟仲子。乐正子在众弟子中的地位最高，北宋政和五年（1115）被追封为侯。

孟子生活的时代，诸侯国林立，几个大国互相攻伐，尔虞我诈，杀人盈野。孟子学成之后，曾在邹国为仕。他批评邹穆公的施政方针，被邹穆公冷落。在邹国出仕两三年之后，孟子于公元前330年来到了齐国。由于没有受到齐王的重用，孟子于公元前324年离开齐国，来到了宋国。在宋国期间，孟子大力劝说统治者实行什一税，然而他的主张并没有得到重视。孟子眼见自己在宋国难有作为，遂回到了故邦邹国。在邹国期间，孟子去了一趟鲁国，他的弟子乐正子向鲁平公力荐孟子，然而由于臧仓的阻拦，孟子没有见到鲁平公。公元前322年，孟子来到滕国，滕文公礼遇孟子，然而并没有采纳孟子的为政主张。公元前320年，孟子来到了魏国的国都大梁。梁惠王（又称魏惠王）希望孟子能带来治国的良策，使魏国走向强盛。孟子劝说梁惠王推行仁政王道，不要拖延，梁惠王部分地采纳了孟子的主张。不过刚有一些转机，梁惠王便死了，继位的梁襄王并非开明君主，他对孟子的学说不感兴趣。公元前319年，孟子离开大梁，再次来到齐国。当时的齐宣王在稷下学宫

---

[1]　杨泽波：《孟子与中国文化》（修订版），上海人民出版社2017年版，第6页。

会聚了上千名士。齐宣王对孟子敬若上宾,礼遇有加。齐宣王见到孟子,便向他请教如何成就霸业之事。孟子遂向齐宣王阐述了仁政的治国理念。齐宣王表面上对孟子十分尊敬,但从没真正采纳孟子的主张。公元前 314 年,燕国发生内乱,齐国出兵攻占燕国,秦、赵、楚等国准备出兵攻齐。齐宣王十分紧张,向孟子征求对策。孟子劝齐宣王释放俘虏,归还重器,然后撤军,并与燕人相商,为燕国重立新君。齐宣王未采纳孟子的建议。结果燕人群起反抗,将齐军赶出了燕国。经过此次事变,孟子看出齐王无意实行仁政,遂决意离齐。齐宣王意识到自己是没有听从孟子的劝告,以致伐燕大败,遂专门前往看望孟子,又通过臣子挽留,答应"授孟子室,养弟子以万钟"(《孟子·公孙丑下》),孟子坚辞不受。公元前 312 年,孟子离开齐国,回到母邦邹国。此时的孟子已七十多岁了,再也无力周游列国。晚年的孟子与弟子公孙丑、万章等人著书立说,书成,名曰《孟子》。公元前 289 年,孟子与世长辞,享年八十四岁。

据《史记》可知《孟子》共七篇。东汉有人说《孟子》为十一篇,其中四篇为《孟子外书》。东汉赵岐为《孟子》作注时曾见过《孟子外书》,不过他发现"其文不能弘深,不与内篇相似,似非孟子本真"(《孟子题辞》)。赵岐没有为《孟子外书》作注,遂致该部分慢慢失传。今所见赵岐所注的《孟子》共七篇,每篇又分上下,共十四篇,二百六十一章,三万五千余字。

孟子生前,其学说不被显扬,身后两千多年,特别是宋代以来,其学说才日渐受到重视。孟子是中国思想文化史上的启明星,其思想的光辉照耀后世,影响了一代又一代的中国人。

第一节　人　性　论

战国时期,人性问题成为百家争鸣的一个焦点,当时思想家的观点不一,有人主张"性可以为善,可以为不善"(《孟子·告子上》),有人主张"有性善,有性不善"(《孟子·告子上》),与孟子同时代的告子则认为"性无善无不善"(《孟子·告子上》)。在与告子等人辩论的基础上,孟子提出了性善论。

一、与告子关于人性的辩论

《孟子》一书有《告子》篇,记载了孟子与告子关于人性的四次论辩,集中地展现了孟子和告子关于人性的不同理解。

在第一回合的辩论中,告子说:"性,犹杞柳也,义,犹桮棬也。以人性为仁义,犹以杞柳为桮棬。"杞柳枝条柔韧,可以编制箱筐等器物,桮棬是用杞柳枝条编成的杯盘。告子认为,人性是人与生俱来的,就如杞柳一样;凭借人的本性成就仁义,犹如改变杞柳的性状而制作成的杯盘。孟子曰:"子能顺杞柳之性而以为桮棬乎?将戕贼杞柳而后以为桮棬也?如将戕杞柳而以为桮棬,则亦将戕贼人以为仁义与?率天下之人而祸仁义者,必子之言夫!"(《孟子·告子上》)孟子反问告子,你是顺着杞柳的本性来制作杯盘呢,还是要毁伤杞柳的本性来制作杯盘?如果要毁伤杞柳的本性来制作杯盘,那也要毁伤人的本性以就仁义了。孟子认为人的本性与仁义并不矛盾，所以不同意告子通过毁伤人的本性来成就仁义的比喻。

在第二回合的辩论中，告子用水比喻人性，他说："性犹湍水也，决诸东方则东流，决诸西方则西流。人性之无分于善不善也，犹水之无分于东西也。"告子认为，人性好比急流，在东边开个口就往东流，在西边开个口就往西流；人性不分善与不善，就像水流不分向东向西一样。孟子驳曰："水信无分于东西，无分于上下乎？人性之善也，犹水之就下也。人无有不善，水无有不下。今夫水，搏而跃之，可使过颡；激而行之，可使在山：是岂水之性哉？其势则然也。人之可使为不善，其性亦犹是也。"（《孟子·告子上》）孟子认为，水流本来是不分向东向西的，不过水流是向下的，人性的善就好比水流朝下一样，人性没有不善的，水没有不向下流的；水，拍打一下叫它飞溅起来，也能使它高过人的额头，阻挡住它叫它倒流，可以使它流到山上，这难道是水的本性吗？是形势导致这样的；人之所以可以变得不善，是由于他本性的改变也像这样受到了逼迫。

在第三回合的辩论中，告子说："生之谓性。"孟子驳曰："生之谓性也，犹白之谓白与？""白羽之白也，犹白雪之白；白雪之白，犹白玉之白与？"告子皆答曰"然"。孟子又反问："然则犬之性，犹牛之性；牛之性，犹人之性与？"（《孟子·告子上》）孟子就告子"生之谓性"的命题，让告子不得不承认犬、牛与人的本性是一样的。然而孟子主张人与动物的本性是不同的，在此基础上，孟子认为告子的主张是错误的。

在第四回合的辩论中，告子说："食色，性也。仁，内也，非外也；义，外也，非内也。"（《孟子·告子上》）告子认为，食色是人之本性；仁是生自内心，不是外因引起的，义是外因引起，不是生自内心的。告子还解释说："彼长而我长之，非有长于我；犹彼白而我白之，从其白于外也，故谓之外也。"（《孟子·告子上》）意思是说，某人的年纪大，我对他恭敬，可见恭敬之心不是我固有的，就好比东西是白色的，我才认为它是白色的，这是我根据外物的颜色而加以认识的过程。孟子驳曰："异于白马之白也，无以异于白人之白也；不识长马之长也，无以异于长人之长欤？且谓长者义乎？长之者义乎？"（《孟子·告子上》）孟子认为，白马的白与白人的白没有区别，不过人对老马与对老人的怜悯之心是不同的，可见义不是在老人身上，而是在对老人恭敬的人的身上。

孟子与告子的四个回合的辩论，涉及人的道德属性与自然属性。告子言"生之谓性"，"食色，性也"，是从自然属性的角度讨论人性，其将性视为肉体意义上的形式存在，是对杨朱学说的延续。《孟子·尽心上》说："杨子取为我，拔一毛而利天下，不为也。"《吕氏春秋·不二》说杨朱子"阳生贵己"。《淮南子·氾论训》说："兼爱上贤，右鬼非命，墨子之所立也，而杨子非之。全性保真，不以物累形，杨子之所立也，而孟子非之。"杨朱学说的核心是贵己和全性保真。这种贵己、全性保真的意识，是以生命个体作为全部的价值取向，其肯定人的自然属性，反对或者否定人的自然属性之外的纲常伦理。因此，杨朱、告子在论性命时对于人的后天培养与道德伦理没有兴趣。他们将性与人的自然生命关联，认为既然人的个体生命没有差异，那么人的本性与水、柳一样，全为自然，无所谓善恶。与杨朱和告子从人的自然属性角度界定人的本性不同，孟子认为道德属性才是人的本质。孟子指出，人有食色等自然的欲望，不过若仅将自然属性当作人的本性，那么人与其他动物就没有区别了。"人之所以异于禽兽者几希"（《孟子·离娄下》），现实生活中的人希望有自然欲望之满足，甚至有作恶的可能，然而人之所以为人，是因为人有其他动物没有的道德。正是由于人有这"几希"的部分，人与动物才得以区别开来。

二、四端之心

孟子特别重视"心"，《孟子》一书中，"心"字出现了一百一十多次。孟子主要是从道德意义的角度来界定心，比如他说："恻隐之心，人皆有之；羞恶之心，人皆有之；恭敬之心，人皆有之；是非之心，人皆有之。恻隐之心，仁也；羞恶之心，义也；恭敬之心，礼也；是非之心，智也。仁义礼智，非由外铄我也，我固有之也，弗思耳矣。"（《孟子·告子上》）恻隐之心即怜悯之心，羞恶之心即羞耻之心，恭敬之心即对人的敬畏和尊敬之心，是非之心即对于事实的鉴别和判断力。恻隐、羞恶、恭敬、是非四心与仁、义、礼、智四德相配。在孟子看来，仁、义、礼、智不是由外在的东西强加在我心上的，不是人家授予我的，而是"我固有之也"，是我与生俱来的，固有的。"弗思耳矣"，意即人常常没有想到它，没有反思它。

孟子将仁、义、礼、智四端看成人区别于禽兽之标志。为此，他举例说："今人乍见孺子将入于井，皆有怵惕恻隐之心。非所以内交于孺子之父母也，非所以要誉于乡党朋友也，非恶其声而然也。"（《孟子·公孙丑下》）意思是说，人都有怜悯体恤他人的心情，就如有人突然看见小孩要掉进井里去，必然会产生同情的心理去拉住小孩，这并非因为想去和这孩子的父母搞好关系，不是因为想在乡邻朋友中博取声誉，也不是因为厌恶孩子即将掉进井里的号哭声。"内交于孺子之父母""要誉于乡党朋友""恶其声而然"皆是经过深思熟虑的世俗的想法，这些都不是去救小孩的理由。孟子认为，当人看见一个即将掉进井里的小孩的时候，他的反应是别无选择地去救小孩。在紧急时候作出的反应，最能体现人的本性；人在面对即将坠井的小孩时的反应，说明恻隐之心是每个人都有的。这个"有"，不是后天植入的，是固有的，其在一定的场合和时机中就会呈现出来。

孟子还通过"嫂溺，援之以手"的对话来阐述人有恻隐之心。淳于髡问孟子："男女授受不亲，礼与？"孟子曰："礼也。"淳于髡又问："嫂溺，则援之以手乎？"孟子曰："嫂溺不援，是豺狼也。男女授受不亲，礼也；嫂溺，援之以手者，权也。"（《孟子·离娄上》）在孟子生活的时代，男女之间的分别甚严。"男女授受不亲"，即男女之间的交接不亲自进行，意在避免男女无别而造成人伦悲剧。淳于髡询问孟子"男女授受不亲"是否合礼，孟子的回答是肯定的。淳于髡进一步问，当嫂子掉进井里了，小叔子是否可以去救她呢？孟子认为，嫂子掉进井里，小叔子看见后，应该立刻去救她；小叔子看见了而不救，无异于豺狼。从外在的礼而言，救意味着违礼；于内在的恻隐之心而言，救意味着遵从人之本性。在两难之下，孟子认为当听从人内在的恻隐之心的呼唤，因为礼的规定不是死的，其在特殊的情况下需要变通。

孟子还以"齐王舍牛"的故事以说明人有恻隐之心。齐宣王坐于堂上，有牵牛而过堂下者，王见之便问，你打算把这头牛牵到哪里去呢？那人回答说要牵去宰了祭钟。齐宣王说："舍之。吾不忍其觳觫，若无罪而就死地。"意思是，这头牛本来没有罪过呀，却要白白地去死，看着它那吓得颤抖哆嗦的样子，我真不忍心看了，把它放了吧！那人回答说，难道要将祭钟的仪式废掉吗？齐宣王说："何可废也？以羊易之。"（《孟子·梁惠王上》）孟子认为，齐宣王以羊易牛，就是出于其内在的恻隐之心。

孟子认为，"人之有是四端也，犹其有四体也。"（《孟子·公孙丑上》）仁、义、礼、智是人固有的四端，就像人本身有四肢一样。此外，孟子认为仁、义、礼、智四端是人之为人的标志，他说："无恻隐之心，非人也。无羞恶之心，非人也。无辞让之心，非人也。无是非之心，非人也。恻隐之心，仁之端也。羞恶之心，义之端也。辞让之心，礼之端也。是非之心，智之端也。"（《孟子·公孙丑上》）人皆有仁、义、礼、智四端之心，然而现实生活中违背礼法者并不少见。关于此，孟子以比喻来作说明："牛山之木尝美矣，以其郊于大国也，斧斤伐之，可以为美乎？是其日夜之所息，雨露之所润，非无萌蘖之生焉，牛羊又从而牧之，是以若彼濯濯也。"（《孟子·告子上》）牛山上的花草树木非常茂盛，可惜由于这座山位于大都市的旁边，这些花草树木被很多人砍伐；牛山的草木在阳光雨露的滋养下生长了一点，放牧的人又来到这里，牛羊啃食，这座山又变得光秃秃的了。孟子以此比喻人本有善心，可惜由于后天的不断破坏，本有的善心就一点点地销蚀掉了。孟子说："仁，人心也；义，人路也。舍其路而弗由，放其心而不知求，哀哉！人有鸡犬，放则知求之；有放心而不知求。学问之道无他，求其放心而已矣。"（《孟子·告子上》）人有鸡狗跑丢了还知道去找回来，人丧失了善心却不知道去寻找，学问之道没有别的，就是将那丧失了的善心找回来罢了。孟子强调"求放心"，这个"心"就是先天的四端之心，也是先天的道德之心，然而不少人在后天的行为中将其丢失了。"求放心"，就是通过道德修养，将先天的道德之心找回来。

三、性善论

孔子很少谈论性、命、天道。子贡说："夫子之文章，可得而闻也，夫子之言性与天道，不可得而闻也。"（《论语·公冶长》）对于人性，孔子只是以"性相近"概言之。与孔子不同，孟子对人性给予了很多关注，并提出性善论，以此构成其全部学说的基础。

其实孟子性善论的背后是有深厚的思想文化积淀的。远古时期的中国人从天地养育万物中悟出天地有德。《诗·周颂·维天之命》说："维天之命，于穆不已。"子思说："天地之道博也，厚也，高也，明也，悠也，久也。今夫天，斯昭昭之多，及其无穷也，日月星辰系焉，万物覆焉。今夫地，一撮土之多，及其广厚，载华岳而不重，振河海而不泄，万物载焉。今夫山，一卷石之多，及其广大，草木生之，禽兽居之，宝藏兴焉。今夫水，一勺之多，及其不测，鼋鼍蛟龙鱼鳖生焉，货财殖焉。"（《礼记·中庸》）古人看到阳光雨露滋润万物，从而认为天"高明所以覆物也"；大地之上生长万物，是地"博厚所以载物也"。人能生存，是因为天地有生生不息、养育生命之德。《诗·大雅·烝民》说："天生烝民，有物有则，民之秉彝，好是懿德。"上天生养民众，有万物，有法则，而百姓秉持这些法则，喜好美德。这样的爱好生发于内心，与性善相通。天给予人之善性，故人能"率性""修道"。

子思言"天命之谓性"（《礼记·中庸》），天降命为人之性，人因此而有光明本体。子思言诚，认为诚具有本体意义，他说："诚者，物之终始，不诚无物。是故君子诚之为贵。"（《礼记·中庸》）诚为万事万物之本根，其既是本体，又是现实中的人必须恪守的道德品质，因此君子必须具备诚的品质,天道与人道由此而达成统一。孟子继承了子思的天道、人道思想,他不以天为中心,而是以人的心性为中心,以心性统摄天道。孟子的着眼点不是外部的知识,而是人的内在体悟。孟子希望通过体悟唤醒人的善性,来感知天所具有的道德与人的本性的一致性。孟子以"我"为最高,故曰"万物皆备于我"(《孟子·尽心上》),又曰"反身而诚,乐莫大焉"(《孟子·尽心上》)。此所谓"我",并非主观的自我,而是我固有的道德属性。人通过反观自身,从而将自我的道德属性展现出来。

孟子是通过心善言性善。他所言的心并非肉体的心,亦非意识的心,而是道德本心;人不需要学习就具有善的品质,因为心本身就有善质。孟子认为人有四端之心,性善是由心善表现出来的;人有与生俱来的善心,将善心扩充出来就是善行。

孟子还从人的生理感受,推导出人有共同的道德属性,他说:"口之于味也,有同嗜焉;耳之于声也,有同听焉;目之于色也,有同美焉;至于心,独无所同然乎?心之同然者何也?谓理也,义也。圣人先得我心之所同然耳!故礼义之悦我心,犹刍豢之悦我口。"(《孟子·告子上》)孟子认为,个人有道德属性,社会群体亦有共同的道德属性,这就是所谓的无意识的社会心理。

如果说孟子所言道德本心是人的超越的客观依据,那么孟子所言"良知""良能"则是人性向善的可能趋向。孟子说:"人之所不学而能者,其良能也。所不虑而知者,其良知也。孩提之童,无不知爱其亲者;及其长也,无不知敬其兄也。亲亲,仁也;敬长,义也。"(《孟子·尽心上》)小孩子不需要通过学习就知道爱自己的亲人,等长大以后不需要学习就知道尊敬自己的兄长。爱自己的亲人就是仁,尊敬自己的兄长就是义,仁、义皆是自我拥有。孟子将人"不学而能者"称为"良能",将"不学而知者"称为"良知"。道德本心是本体问题,而良知、良能是工夫问题,孟子成功地将本体与工夫问题统一起来。

孟子的性善论不是灵感突发之作,而是经过良久思索才提出的,意在针砭时弊。孟子的性善论既是时代的产物,又是充满强烈个性和生命力的学说。在战国纷乱的时局下,孟子是一个不屈的灵魂,他展现在世人面前的是极为强韧的生命力,他滔滔雄辩,不随俗俯仰,高扬人性的光辉和道德仁义,并以雄浑有力的方式批判时代的堕落和功利主义这一顽疾。

第二节 义 利 之 辩

义、利是构成中国古代伦理思想最基本的一对范畴,是中国伦理思想史上讨论较多的问题之一,也是争论较激烈的问题之一。在中国古代伦理思想体系中,"义"一般指仁义道德,"利"指功利、物质利益。孟子对义、利这对范畴有深入的探讨,影响十分深远。

一、孟子以前的义利之辩

义利的观念出现很早,不过到了孔子那里才有系统的阐述。孔子的义利之辩与他的君子观密切相关。孔子常将"君子"与"小人"对举,比如他说:"君子怀德,小人怀土。君子怀刑,小人怀惠。"(《论语·里仁》)"君子学道则爱人,小人学道则易使也。"(《论语·阳货》)"君子而不仁者有矣夫,未有小人而仁者也。"(《论语·宪问》)孔子所言的"君子",既指道德高尚的人,又指"劳心者";所言的"小人",既指道德低下的人,又指"劳力者"。孔子将"义"属之君子,而将"利"归诸小人。他说:"君子喻于义,小人喻于利。"(《论语·里仁》)在孔子的意识里,君子就是完美的人,而完美的人应该"见利思义"(《论语·宪问》)。子路问:"君子尚勇乎?"孔子答曰:"君子义以为上。君子有勇而无义为乱,小人有勇而无义为盗。"(《论语·阳货》)义是分别君子与小人的重要标准。

　　孔子强调君子当以义为先,甚至舍利取义。他说:"君子义以为质,礼以行之,孙以出之,信以成之,君子哉!"(《论语·卫灵公》)君子应将义内化为指导自己行动的准则,当义利不能兼得时,应舍利取义。孔子说:"不义而富且贵,于我如浮云。"(《论语·述而》)孔子一生"罕言利"(《论语·子罕》),因为"放于利而行,多怨"(《论语·里仁》)。他做事只问合义与否,"君子之仕也,行其义也。道之不行,已知之矣"(《论语·微子》)。合于义的行为也许是有利的,不过是否一定有利并非孔子所关注的,他所关注的是合义与否。

　　与孔子的义利观不同,墨子主张"贵利"而"尚义",坚持义与利的统一性。墨子说:"义,利;不义,害。志功为辩。"(《墨子·大取》)墨子认为义就是利己利人,不义就是害己害人,义与不义应根据实际所做的事情来判别。墨子又说:"则此言三圣人者,谨其言,慎其行,精其思虑,索天下隐事遗利以上事天,则天乡其德;下施之万民,万民被其利,终身无已。"(《墨子·尚贤中》)"所谓贵良宝者,为其可以利也。而和氏之璧、隋侯之珠、三棘六异不可以利人,是非天下之良宝。今用义为政于国家,人民必众,刑政必治,社稷必安,所为贵良宝者,可以利民也。而义可以利人,故曰:义,天下之良宝也。"(《墨子·耕柱》)墨子认为义利是统一的,他所说的利是"人民之大利""民之利""天下之利""国家百姓之利"。换言之,墨子所说的利是公利而非私利,不是个人的利,而是大多数人的利。

二、孟子的义利之辨

　　孟子尚义,认为义既是通向光明之路,又是人生应追求的目标。他说:"鱼,我所欲也,熊掌,亦我所欲也,二者不可得兼,舍鱼而取熊掌者也。生,亦我所欲也,义,亦我所欲也,二者不可得兼,舍生而取义者也。"(《孟子·告子上》)在生与义的抉择中,孟子主张舍生取义。孟子以四端之心中的羞恶之心为义。此外,他还将义与仁联系起来,说:"言非礼义,谓之自暴也;吾身不能居仁由义,谓之自弃也。仁,人之安宅也;义,人之正路也。旷安宅而弗居,舍正路而不由,哀哉!"(《孟子·离娄上》)仁为人心,义为人路,仁体现在人之心,即人先天的资质上,而义体现在人之行动上;如果不居住在仁里面,不追求仁德的境界,不由义的路而行,那就是自暴自弃。孟子认为,只有后天做到了义的人,才能真正成为仁人;义既是人生之正路,也是人生应追求的目标。

　　据《孟子》记载,孟子见梁惠王,王见面就问:"叟不远千里而来,亦将有以利吾国乎?"孟子答曰:"王何必曰利?亦有仁义而已矣。"(《孟子·梁惠王上》)魏国本来是强国,在梁惠王见孟子之前十年左右,魏国已开始没落,东边被齐打败,西边割地给秦,南边受辱于楚。鉴于此,梁惠王打算找孟子寻求富国强兵之术,而孟子不言功利,只言仁义。孟子劝梁惠王说:"王如施仁政于民,省刑法,薄税收,深耕细耨。壮者以暇日修其孝悌忠信,入以事其父兄,出以事其长上……夫谁与王敌?故曰:'仁者无敌。'王请勿疑。"(《孟子·梁惠王上》)孟子认为,统治者应该爱民,以仁义为治国之本,而非一味讲求功利。孟子以义作为标准,来评判人们对利的索取。在孟子所设想的理想社会中,人们应该以利主导自己的价值观,要见利思义,不义之事则不为,"非其有而取之,非义也"(《孟子·尽心上》),得到本不应属于自己的利益,就是不义的。此利益,既可能是个人私利、小集团利益,也可能是国家利益。在孟子看来,梁惠王开口即言利,与春秋战国时期各国诸侯的逐利行为一样,都是不义的。如果说孔子所云"不义而富且贵,于我如浮云"是着眼于个人的义,那么孟子于此对梁惠王的要求更多的是国家大义。

孟子还将义当成人的一切行为规范,他说:"非礼之礼,非义之义,大人弗为。"(《孟子·离娄下》)言必信行必果,而与义不合,便是非义之义。孟子说:"朝不信道,工不信度,君子犯义,小人犯刑,国之所存者幸也。"(《孟子·离娄上》)义是君子所守的,与道、度、刑一样,皆有准则、规范的意思。当人崇义时,他就能自觉抵制外界的种种诱惑,从而做到"无为其所不为,无欲其所不欲"(《孟子·尽心上》),随心所欲而不违背道德。孟子说:"居天下之广居,立天下之正位,行天下之大道;得志,与民由之;不得志,独行其道。富贵不能淫,贫贱不能移,威武不能屈,此之谓大丈夫。"(《孟子·滕文公下》)孟子于此所言"行天下之大道"就是大义之道,所言"大丈夫",就是"言不必信,行不必果,惟义所在"(《孟子·离娄下》)的人。

综上所述,孟子所说的义不仅是人的行动准则,还是人生应追求的目标,是一种价值观。西汉董仲舒接着孟子的义利之辩往下讲,董子曰:"天之生人也,使之生义与利。利以养其体,义以养其心。心不得义不能乐,体不得利不能安。义者心之养也,利者体之养也。体莫贵于心,故养莫重于义。义之养生人,大于利……夫人有义者,虽贫能自乐也;而大无义者,虽富莫能自存。"(《春秋繁露·身之养重于义》)义是用来养心的,利是用来养身的,心重于身,故义大于利;舍利而取义,虽然贫困而自得其乐,忘义而逐利,虽富贵而必遭祸患,故人应尚义而轻利。董仲舒甚至还主张,仁人当"正其道不谋其利,修其理不急其功"(《春秋繁露·对胶西王越大夫不得为仁》),意即人应兴天下之公利,而不应谋个人之私利。[①] 到了宋代,理学家们也十分重视义利之辩,如朱熹说:"义利之说,乃儒者第一义。"(《与延平李先生书》)朱熹甚至将义提升到天理的高度,他说:"仁义根于人心之固有,天理之公也。利心生于物我之相形,人欲之私也。循天理,则不求利而自无不利。徇人欲,则求利未得而害已随之。"(《孟子集注》卷一)朱熹还强调"必以仁义为先,而不以功利为急"(《送张仲隆序》),在义与利的关系中,义具有优先性。董仲舒、朱熹等人的义利之辩,渊源便是孟子的"舍生取义"观念。

需要指出的是,以孔孟为代表的儒家主张"轻利",并不是要完全摒弃人之欲望而一味求义。事实上,孔子并不反对合理的利,他甚至还说"贫与贱,是人之所恶也"(《论语·里

---

① 《汉书·董仲舒传》所记董子之言为"正其谊不谋其利,明其道不计其功"。"不急其功"与"不计其功"的意义差别很大。董仲舒讲"圣人积聚众善以为功"(《春秋繁露·考功名》),可知董仲舒未尝不重事功。因此《春秋繁露》之记载与董仲舒思想相合。

仁》）。孔子所反对的是"不义而富且贵"，主张的是以义制利。孟子主张"寡欲"，而非"禁欲"，他说："养心莫善于寡欲。其为人也寡欲，虽有不存焉者，寡矣；其为人也多欲，虽有存焉者，寡矣。"（《孟子·尽心下》）孔孟重义轻利，提倡"以义为先"，强调人在社会生活中先遵循了义，才能得到没有副作用的大利。董仲舒所云"不谋其利"和朱熹所云"必以仁义为先"皆是这个道理。儒家言义利，是希望从义利中找到一个平衡点，从而获得正当的、更长远、更大的利，是超越个人私利的公利。

第三节　王　霸　之　辩

春秋二百九十余年间，各诸侯国之间常以诉诸武力的方式解决纷争，各国之间互相攻伐，战火连天，民不聊生。司马迁说："春秋之中，弑君三十六，亡国五十二，诸侯奔走不得保其社稷者，不可胜数。"（《史记·太史公自序》）经过春秋时期激烈的争霸战争，到了战国，诸侯国的数量大大减少，主要的诸侯国有齐、楚、燕、韩、赵、魏、秦，历史上称为"战国七雄"。战国时期的兼并战争更趋酷烈，各国为了消灭对方的有生力量，建立了数以十万甚至百万计的军队，战争中死伤者的数目令人触目惊心。如公元前293年，秦破韩魏联军于伊阙，斩首二十四万人。面对残酷的社会现实，孟子在王霸之辩的基础上，提出了他的王道政治主张。

一、王霸之辩的政治理念辨析

王道又称"先王之道"，最初是指尧、舜、禹等古代圣王的治国理政之道。王道代表完善的伦理道德境界，以及完美的社会政治秩序。王道的基本精神是仁爱，基本主张是仁政；而以春秋五霸为代表的诸侯为了称霸而采取的治国之道是霸道，霸道推行力政，力推以强大的经济、政治、军事实力为基础的强权政治。

孟子对王道和霸道两种政治理念作了辨析，他说："以力假仁者霸，霸必有大国。以德行仁者王，王不待大。汤以七十里，文王以百里。以力服人者，非心服也，力不赡也；以德服人者，中心悦而诚服也，如七十子之服孔子也。"（《孟子·公孙丑上》）孟子认为，王道是"以德行仁""以德服人"，而霸道是"以力假仁""以力服人"。王道是真正地推行仁政，而霸道往往以仁义相标榜，实际上是倚靠强力。孟子还指出，先王所行的王道在后世逐渐地被抛弃了。他说："尧舜，性之也；汤武，身之也；五霸，假之也。久假而不归，恶知其非有也？"（《孟子·尽心上》）孟子认为，尽管春秋五霸所行的是霸道，但是他们还能借仁义之名；战国时期，诸侯连仁义之名都不借了。孟子说："五霸，桓公为盛。葵丘之会，诸侯束牲载书而不歃血。初命曰：'诛不孝，无易树子，无以妾为妻。'再命曰：'尊贤育才，以彰有德。'三命曰：'敬老慈幼，无忘宾旅。'四命曰：'士无世官，官事无摄，取士必得，无专杀大夫。'五命曰：'无曲防，无遏籴，无有封而不告。'曰：'凡我同盟之人，既盟之后，言归于好。'今之诸侯，皆犯此五禁，故曰今之诸侯五霸之罪人也。"（《孟子·告子下》）孟子认为，较之春秋五霸，战国时期的诸侯国君们是赤裸裸地推行霸道。

二、王道的政治主张

孟子王道政治主张的内容可从以下三个方面来看。

(一)统治者要以民为本

以民为本是孟子王道政治主张的重要内容。在孟子以前的典籍中,有很多关于民本的论述。如《左传》记载史嚚之言曰:"国将兴,听于民;将亡,听于神。"意思是说,国家将要兴起时事事听从人民的意愿,国家将要灭亡时事事听从神的指使。听从人意还是听从神意,是国家兴亡的分水岭。不仅儒家,《老子》《墨子》《国语》《管子》等著作中都不同程度地蕴含着民本思想。如《老子》曰"爱民治国"(《老子》第十章),又曰"圣人无常心,以百姓心为心"(《老子》第四十九章)。由此可见,民本思想是春秋战国时期颇为流行的思潮。

在众多的思想家中,孟子对民本思想的阐述最丰富,也最深刻。孟子说:"民为贵,社稷次之,君为轻。是故得乎丘民而为天子,得乎天子为诸侯,得乎诸侯为大夫。诸侯危社稷,则变置。牺牲既成,粢盛既洁,祭祀以时,然而旱干水溢,则变置社稷。"(《孟子·尽心下》)在孟子看来,诸侯如果做得不好,危害了社稷,就要重新立;社稷可以变,民不能变;政治的基础是民,得民的关键是得民心。怎么得民心呢?孟子说:"得天下有道:得其民,斯得天下矣。得其民有道:得其心,斯得民矣。得其心有道:所欲与之聚之,所恶勿施尔也。"(《孟子·离娄上》)得民心的途径,就是百姓想要的就给他们,百姓不想要的就不能强加给他们。对于夏、商末年失去民心的暴君桀、纣,孟子大加鞭挞。齐宣王问孟子曰:"汤放桀,武王伐纣,有诸?"孟子曰:"于传有之。"齐宣王问:"臣弑其君,可乎?"孟子曰:"贼仁者谓之'贼',贼义者谓之'残',残贼之人,谓之'一夫'。闻诛一夫纣矣,未闻弑君也。"(《孟子·梁惠王下》)孟子认为,破坏仁的人称"贼",破坏义的人称"残",毁仁害义的残贼称"独夫";只听说把独夫纣处死了,却没有听说是君主被臣下杀害了。孟子说:"桀纣之失天下也,失其民也;失其民者,失其心也。"(《孟子·离娄上》)"为渊驱鱼者,獭也;为丛驱爵者,鹯也;为汤武驱民者,桀与纣也。"(《孟子·离娄上》)夏桀和商纣失去了民心,这无异于将百姓赶到商汤和周文王那里。孟子的这些表述,集中体现了先秦儒家"民为邦本"的思想倾向。

(二)统治者要实行仁政

在孟子以前,孔子就主张仁政而反对刑罚,他说:"道之以政,齐之以刑,民免而无耻;道之以德,齐之以礼,有耻且格。"(《论语·为政》)孔子的意思是,以强制手段来管理一个国家,使其百姓随顺,以压制的方式、采用强硬的刑罚使百姓安分守己,社会在短时期内可能不会出现违法乱纪之事;不过由于百姓不辨是非,不知何为羞耻,所以社会早晚会出问题。假如以德感化百姓,以礼义引导百姓,那么就会让百姓拥有礼仁之心,人人勇于知耻,国家就会长治久安。孔子还说:"道千乘之国,敬事而信,节用而爱人,使民以时。"(《论语·学而》)"邦有道不废,邦无道免于刑戮。"(《论语·公冶长》)孔子主张仁政,反对刑杀,对后世的影响颇为深远。

孟子继承了孔子的仁政思想,并将其发扬光大。孟子首先对仁政的思想根源作了探寻。他说:"人皆有不忍人之心。先王有不忍人之心,斯有不忍人之政矣。以不忍人之心,行不忍人之政,治天下可运之掌上。"(《孟子·公孙丑上》)意思是每个人都有怜悯体恤别人的情感,古代圣王基于此,采用怜悯体恤百姓的治国之策;以怜悯体恤别人的情感,施行怜悯体恤百姓的治国之策,治理天下就像运转于手掌之上一样容易。孟子从人皆有"不忍人之心"的仁心,推导出君王应行仁政;由于"不忍人之心"是人所固有的,所以仁政也是天经地义的。

孟子认为,统治者实行仁政,首先要重视百姓的生存权。梁惠王问政于孟子,孟子答曰:

> 不违农时,谷不可胜食也;数罟不入洿池,鱼鳖不可胜食也;斧斤以时入山林,材木不可胜用也。谷与鱼鳖不可胜食,材木不可胜用,是使民养生丧死无憾也。养生丧死无憾,王道之始也。五亩之宅,树之以桑,五十者可以衣帛矣。鸡豚狗彘之畜,无失其时,七十者可以食肉矣。百亩之田,勿夺其时,数口之家可以无饥矣。谨庠序之教,申之以孝悌之义,颁白者不负戴于道路矣。七十者衣帛食肉,黎民不饥不寒,然而不王者,未之有也。狗彘食人食而不知检,涂有饿莩而不知发。人死,则曰:'非我也,岁也。'是何异于刺人而杀之,曰:'非我也,兵也。'王无罪岁,斯天下之民至焉。(《孟子·梁惠王上》)

这段话的大意是,统治者横征暴敛,荒淫无度,无视百姓利益,以至富贵人家的猪狗吃掉了百姓的粮食却不约束制止,道路上有饿死的人却不打开粮仓赈救;老百姓死了,竟然说这不是我的罪过,而是由于年成不好,这种说法和拿着刀子杀死了人,却说这不是我杀的而是兵器杀的又有什么不同呢?孟子强调百姓的生存权,认为统治者要赢得民心,必须保证百姓"不饥不寒""养生丧死无憾",否则与"率兽而食人"的独夫民贼无异。孟子说:"庖有肥肉,厩有肥马,民有饥色,野有饿莩。此率兽而食人也!兽相食,且人恶之;为民父母,行政,不免于率兽而食人,恶在其为民父母也?"(《孟子·梁惠王上》)在孟子看来,厨房里有肥嫩的肉,马房里有健壮的马,可是百姓面带饥色,野外躺着饿死的人,这等于是在上位的人率领着野兽吃人啊!野兽自相残杀,人尚且厌恶它,作为百姓的管理者却不免于率领野兽来吃人,那又怎么能做百姓的管理者呢?

孟子认为,统治者实行仁政,还要让百姓在经济上有保障。他说:"民之为道也,有恒产者有恒心,无恒产者无恒心。"(《孟子·滕文公上》)让百姓拥有恒产,有生活的来源;如果百姓没有生活来源,他们就会去触犯刑律、为非作歹。这个时候才用刑法来惩罚,就是"罔民"。孟子说:"苟无恒心,放辟邪侈,无不为已。及陷于罪,然后从而刑之,是罔民也。焉有仁人在位,罔民而可为也?"(《孟子·滕文公上》)英明的统治者,就是"制民之产,必使仰足以事父母,俯足以畜妻子;乐岁终身饱,凶年免于死亡;然后驱而之善,故民之从之也轻"(《孟子·梁惠王上》)。孟子指出,"制民之产"的途径就是恢复井田制。他说:

> 夫仁政,必自经界始。经界不正,井地不均,谷禄不平。是故暴君污吏必慢其经界。经界既正,分田制禄可坐而定也。夫滕,壤地偏小,将为君子焉,将为野人焉。无君子,莫治野人;无野人,莫养君子。请野九一而助,国中什一使自赋。卿以下必有圭

田,圭田五十亩。余夫二十五亩。死徙无出乡,乡田同井。出入相友,守望相助,疾病相扶持,则百姓亲睦。方里而井,井九百亩,其中为公田。八家皆私百亩,同养公田。公事毕,然后敢治私事,所以别野人也。此其大略也。若夫润泽之,则在君与子矣。(《孟子·滕文公上》)

孟子认为,统治者实行仁政,就要划定地界,明确产权,由此百姓才能安土重迁,互相帮助,睦邻友好。孟子恢复井田制的设想,是对春秋战国以来社会解体、人口快速流动造成的一些问题反思的结果。虽然这是不可能实现的空想,但是从中可以看到孟子为解决当时严峻的社会问题所作的努力。

(三)统治者要重视德教

孟子重视道德教化,他说:"仁言不如仁声之入人深也,善政不如善教之得民也。善政,民畏之;善教,民爱之。善政得民财,善教得民心。"(《孟子·尽心上》)孟子认为得民心的重要途径就是善于教化。他说:

设为庠序学校以教之:庠者,养也;校者,教也;序者,射也。夏曰校,殷曰序,周曰庠,学则三代共之,皆所以明人伦也。人伦明于上,小民亲于下。有王者起,必来取法,是为王者师也。《诗》云:"周虽旧邦,其命维新。"文王之谓也。子力行之,亦以新子之国。(《孟子·滕文公上》)

孟子于此对夏商周三代的教育场所作了陈述,对三代的教学内容作了说明。孟子认为人伦道德是教化的重要内容,他说:"人之有道也。饱食、暖衣、逸居而无教,则近于禽兽。圣人有忧之,使契为司徒,教以人伦;父子有亲,君臣有义,夫妇有别,长幼有序,朋友有信。放勋曰:'劳之来之,匡之直之,辅之翼之,使自得之,又从而振德之。'圣人之忧民如此,而暇耕乎?"(《孟子·滕文公上》)孟子于此所言"司徒"的重要职能就是负责管理和教化民众,而教化的重要内容就是人伦道德;只有受到好的教化,人才能做到父子有亲、君臣有义、夫妇有别、长幼有序、朋友有信。

孟子认为施行教化应以性善论为根据,引导民众成德向善。他说:"学问之道无他,求其放心而已矣。"(《孟子·告子上》)由于各种原因,人先天的本心良知在后天放失掉了,因此教化就是要求人反躬自省,将放失掉的本心良知找回来;学问之道没有其他的,就是"求放心"。孟子主张教化之关键是"自得之",自得其本心良知。

第四节　孟子思想的命运与影响

一、孟子思想的命运

战国时期,各国诸侯角力,孟子的学说被讥为"迂远而阔于事情"(《史记·孟子荀卿列传》),难容于世。秦始皇统一六国以后,发生了焚书坑儒事件,孟子地位的下降自然是在所难免的了。秦朝至两宋以前，孟子的地位一直不高，只被视为一般的儒家学者，《孟子》一书只是被归入"子部"。在官私文献中，当时多是"周孔"或"孔颜"并提，鲜见有"孔孟"合称。值得注意的是，东汉赵岐注释《孟子》时，尊称孟子为"亚圣"，还称西汉文帝时曾设立《孟子》博士。不过在宋代以前，"亚圣"之名从未被官方承认。唐太宗曾增加从左丘明到范宁二十二位儒者从祀孔庙，唐玄宗封颜渊为"亚圣"和"兖国公"，封"孔门十哲"和"七十子"为侯、伯，却不提孟子。唐代科举考试的"明经"科目只有《周易》《尚书》《毛诗》《周礼》《仪礼》《礼记》《左传》《公羊传》《穀梁传》，即所谓的"九经"。唐文宗的时候，又在"九经"的基础上加入《论语》《孝经》《尔雅》，并无《孟子》。

中唐开始出现了孟子升格运动，这个运动的标志性成果，就是《孟子》一书由子部升为经部。孟子升格运动从公元8世纪开始，到13世纪结束，前后共经历了四五百年。孟子升格运动的倡导者是唐代的韩愈，他拉开了孟子升格运动的序幕。韩愈说："斯吾所谓道也，非向所谓老与佛之道也。尧以是传之舜，舜以是传之禹，禹以是传之汤，汤以是传之文、武、周公，文、武、周公传之孔子，孔子传之孟轲；轲之死，不得其传焉。"（《原道》）韩愈通过借鉴佛门传法体系，提出了儒家的道统说。韩愈将孟子视为孔子的真传，并说"求观圣人之道，必自孟子始"（《送王秀才序》），由此使孟子由诸子之一逐渐升为"亚圣"。

至北宋时期，孟子其人其书遭受冷落的情况大为改变，士人们对于孟子其人其书倾注了极大的热情。欧阳修、苏洵、苏辙、黄庭坚、徐积等人对孟子其人其书皆赞赏有加。当时一些重要的儒者或政治家亦纷纷表彰孟子，其中关键的有三个学派，即陕西关中张载的关学，河南二程的洛学，以及王安石的新学。三派皆属于尊孟派。如张载说："古之学者便立天理，孔孟而后，其心不传，如荀扬皆不能知。"（《经学理窟·义理》）"要见圣人，无如《论》《孟》为要。"（《经学理窟·义理》）张载认为孟子与孔子一样，是千古圣人，遂合称"孔孟"。二程极为推崇孟子其人其书，他们说："孔子没，传孔子之道者，曾子而已。曾子传之子思，子思传之孟子。孟子死，不得其传。至孟子而圣人之道益尊。"（《二程遗书》卷二十五）二程继承韩愈的观点，认为孟子是孔子之后传道的功臣、儒家学说的正宗嫡传。二程说："孟子有功于圣门不可言。如仲尼只说一个'仁'，孟子开口便说'仁义'；仲尼只说一个'志'，孟子便说出许多'养气'来。只此二字，其功甚多。"（《二程遗书》卷十八）在二程看来，孔子的思想是由孟子而得以发扬光大。北宋王安石亦对孟子赞赏有加，他除了写了不少赞扬孟子的诗歌外，还利用掌握的国家权力，使孟子的升格得到朝廷的支持。在王安石变法期间以及变法以后发生了以下事件，使孟子其人其书的地位得以大幅度提升：熙宁四年（1071），《孟子》首次被列入科举考试的科目；熙宁七年（1074），立孟子像于朝廷；元丰六年（1083），孟子首次受到官方封爵，诏封"邹国公"；元丰七年（1084），朝廷批准孟子配享孔庙；政和五年（1115），朝廷承认兖州邹县所建的孟庙，诏以乐正子配享，公孙丑以下十七人从祀；宣和年间（1119—1125），《孟子》首次被刻成石经，成为"十三经"之一。孟子升格运动在北宋时期已经基本完成，到南宋时期，孟子其人其书的地位已经很高了。南宋朱熹所撰《四书章句集注》，其中的一部分便是《孟子集注》。朱熹认为汉唐以来的儒家经学只注意记诵辞章，以至释道异端虚无寂灭之教流行，而儒学道统到孟子之后不得其传。朱熹撰作包括《孟子集注》在内的《四书章句集注》，正是要接续孟子之传。南宋后期，朱熹的《四书章句集注》被定为官学，成为科举考试的教材。元至顺元年（1330），朝廷正式封孟子为

"亚圣公"，孟子的"亚圣"地位，由此而得以稳固下来。

在中国历史上，除了尊孟派之外，还有非孟派。荀子是第一个从学理上系统批评孟子的人。荀子撰《荀子·非十二子》，对先秦一些重要的学派和思想家进行了严厉的批判，其中就包括孟子。荀子主张性恶论，他不赞成孟子的性善论，还批评孟子只是效法先王的仁政，而未关注先王与礼的关系。汉代批评孟子最严厉者当属王充。王充撰《论衡·刺孟》，从八个方面对孟子作了批评，如非难孟子为空谈无征之人、不懂谦让之人、自相矛盾之人。宋代疑经惑古之风盛行，批评孟子之声很多。比如李觏撰《常语》和《诃孟子》，认为孟子"何必曰利"等说法过于偏颇。晁说之撰《儒言》，其中有专门批评孟子的内容。晁氏还上疏反对朝廷设立《孟子》于学科，反对太子诵读《孟子》。司马光撰《疑孟》，认为《孟子》出于东汉，是伪书，不足信。另外，何涉的《删孟》、苏轼的《与孟子辩》、陈次公的《述常语》、刘敞的《明舜》等皆有贬斥孟子的内容，《艺圃折衷》《邵氏闻见后录》《习学记言序目》等宋人笔记中也不乏批评孟子的言辞。

除了学理上的非孟，还有政治上的非孟。这方面最典型的事例，就是明太祖朱元璋罢孟子祀和命人删《孟子》。朱元璋读到《孟子》"君之视臣如土芥，则臣之视君如寇仇"时十分恼怒，下令撤除孟子在祭孔大典中配享的地位，将孟子赶出孔庙。刑部尚书钱唐冒死入谏，孟子配享才没有被废除。后来，大学士刘三吾奉朱元璋之命将《孟子》一书中带有民主色彩的内容一一抹去，编成《孟子节文》一书，《孟子》原书课试不以命题，科举不以取士。不过朱元璋废孟并没有取得实际效果，不仅孟子配祀孔庙没有被废除，《孟子节文》一书也没有真正流传开来。由此可见，两宋孟子升格运动以后，孟子的地位已经相当稳固。

二、孟子思想的影响

一个伟大的民族，一定有其基本的精神信仰。在不少民族那里，这种精神信仰的载体往往是宗教。然而中华民族的精神信仰以儒、释、道三家为主，兼及诸子百家之说。儒、释、道三家之中，儒家又可谓重中之重。儒家铸就了传统中国之魂，是传统中国最重要的精神凝聚力量。孔子是儒家的创始人，孟子是继孔子之后儒家最重要的传承人。孟子与孔子合称"孔孟"，他们的学说被称为"孔孟之道"。孟子的思想对中国传统社会产生了极为深远的影响，直到今天仍有其积极意义和重要价值。

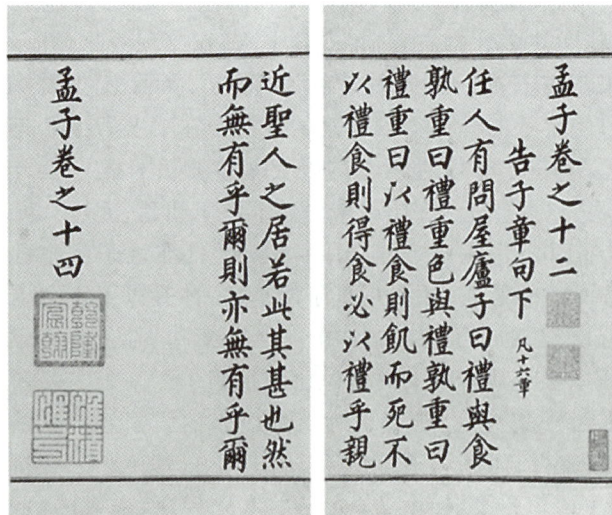

《孟子》书影

（一）孟子的人本主义对中华民族产生了深远的影响

在孟子的思想世界里，从个人的道德修养到政治运作，皆需要诉诸人对于自己本性的自信和追求。君子将仁义礼智置于心中，"庶民去之，君子存之"，"君子所以异于人者，以其存心也。君子以仁存心，以礼存心。仁者爱人，有礼者敬人。爱人者，人恒爱之，敬人者，人恒敬之。"（《孟子·离娄下》）保持和恢复道德本心，是现实社会中的人实现生命价值的基本途径。以孔孟为代表的儒家文化价值的根基在人，承载者也是人，是人由内而外的生命价值之展开。这与西方将人的价值投射在外在于人的偶像是截然不同的。

（二）孟子影响了中国士人的性格，提升了士人的精神境界

在战国乱世之中，孟子通过游说君王，宣扬自己的仁义主张。在《孟子》一书中，可以看到他与君王交往时所拥有的气节。当时的诸侯国君想要的是如何在兼并战争中打败对手，而孟子所宣扬的仁义与当时的功利主义是针锋相对的。孟子没有退缩，更没有阿谀，他滔滔雄辩，阐述自己的主张。孟子强调知识分子应有恢宏的气度，他说："得志，与民由之，不得志，独行其道。富贵不能淫，贫贱不能移，威武不能屈，此之谓大丈夫。"（《孟子·滕文公下》）在富贵、贫贱与威武之前，大丈夫当经得起考验，在生死面前，要"舍生而取义"，从而成就完美的人格。在中国历史上，以身报国、舍身求法、舍生取义、杀身成仁者不在少数，豫让、岳飞、文天祥、谭嗣同等人为了保持气节，宁愿忍受万般折磨，直至献出生命。南宋末年的文天祥在抗元失败以后被俘，他誓不投降。在《过零丁洋》诗篇中，他写下了"人生自古谁无死，留取丹心照汗青"的诗句以表达自己的决心和意志。在元大都的监狱中，他还写下了流传千古的《正气歌》。文天祥死后，其衣服中有赞文说："孔曰成仁，孟曰取义，唯其义尽，所以仁至。读圣贤书，所学何事，而今而后，庶几无愧！"（《宋史·文天祥传》）意思是说，孔子说成仁，孟子说取义，只有忠义至尽，仁也就做到了；读圣贤的书，所学习的是什么呢？从今以后，可算是问心无愧了。文天祥等人的气节，正是对孟子所言的"舍生而取义"的最精彩诠释。

（三）孟子的心性学说对后世的人性论以及宋明以来内圣之学产生了深远影响

战国末年，荀子提出性恶论与孟子的性善论相对抗。荀子认为，人之本性有恶的倾向，要使人去恶从善，既需教化和礼治，又需严刑和峻法。荀子的性恶论始终没有为后世儒家所重视，究其原因，是在后世儒家看来，奉天承运之圣君贤相绝不可能生来就是恶人。西汉董仲舒、扬雄等人试图调和孟、荀人性学说的矛盾，如董仲舒提出了"性三品说"，将人性分为三等，近于全善的"圣人之性"，近于全恶的"斗筲之性"，以及可善可恶的"中民之性"。扬雄则提出"性善恶混说"，认为性中兼含善恶，两者相杂，而非独善或独恶。

魏晋以来，佛教在与儒家的融合斗争中，对儒家思想多有借鉴和发挥。佛教借鉴和发挥儒家思想的一个重要内容便是性善论。如《大般泥洹经》认为"一阐提"属于断尽善根的恶人，这些人永无成佛的可能。东晋著名僧人竺道生则力排众议，认为"一阐提"亦有佛性、亦可成佛。竺道生提出众生皆有佛性的观点，显然是受到了孟子性善论的影响。

唐代韩愈在人性论上虽然仍保留"性三品说"，但是他已将性与情相区分。其弟子李翱杂糅儒佛，从而提出"性善情恶论"。北宋张载以"天地之性"和"气质之性"来完善"性善情恶论"，天地之性即人性之善源，气质之性则是善恶皆有。理学家程颐、朱熹以及心学家陆九渊、王阳明等人在构建他们的思想体系时，皆以孟子的性善论为资源。如程颐说："孟子有大功于世，以其言性善也。"（《孟子集注》）陆九渊主张以"不忍人之心"达"不忍人之

政",就是对孟子人性论之发挥。清代王夫之、戴震、谭嗣同等人的人性论,无不受孟子性善论之启发。

孟子的人性论启发了宋明理学家对内圣之学的建构。孟子认为人有恻隐、羞恶、辞让、是非这四大善端,这四大善端为人所固有,不需外求;人的修养乃是"反求诸己",通过扩充人所具有的善端,从而成圣成贤。也就是说,人可以自我完善,而不必借助外在的力量。宋明理学家所反复阐扬的天理人心,本质上就是孟子所说的良知良能。陆王心学更是直接得力于孟子。比如陆九渊受孟子所言的"万物皆备于我""良知""良能"的启发,认为心即孟子所说的"我",我生万物生,我死万物死。陆九渊认为天理、人理、物理皆在心中,心是唯一实在,"心即理"是永恒不变的法则。他说:"千万世之前,有圣人出焉,同此心,同此理也;千万世之后,有圣人出焉,同此心,同此理也。"(《象山集·杂说》)陆氏认为人同此心,心同此理,往古来今,概莫能外。陆九渊认为治学的方法是发明本心,不必通过读书外求,"学苟知本,六经皆我注脚"(《象山语录》)。明人王阳明主张理在人心,应从心中去寻求理。王阳明还主张"致良知",良知就是心,是人人所具有的本心,这一本心与天道是同一的。所谓"致良知",就是在实际行动中实现良知,知行合一,这与孟子的"求放心"说义理相通。

阅读书目

1.《孟子》。
2. 朱熹:《四书章句集注·孟子集注》。
3. 焦循:《孟子正义》,中华书局 2017 年版。
4. 牟钟鉴、王志民:《孟子公开课》,商务印书馆 2015 年版。
5. 杨伯峻:《孟子译注》,中华书局 2019 年版。
6. 杨泽波:《孟子与中国文化》,上海人民出版社 2017 年版。
7. 杨海文:《我善养吾浩然之气:孟子的世界》,齐鲁书社 2017 年版。
8. 李景林:《孟子通释》,上海古籍出版社 2021 年版。

思考题

1. 孟子人性论的内容是什么?与荀子的人性论有何不同?
2. 论述孟子仁政思想的内涵及价值。
3. 孟子对孔子思想的继承和发展体现在哪些方面?
4. 荀子和孟子都是儒家的代表人物,但在中国古代,孟子的地位却远高于荀子,这是为什么?

第五章 荀子：儒家的现实主义者

荀子，名况，字卿，又称孙卿，出生于赵国，是战国时期杰出的思想家。其生卒年无明确记载，但可推知他出生于公元前 316 年前后，卒于公元前 235 年。其主要的学术活动则在赵惠文王元年（前 298）到赵悼襄王七年（前 238）之间。据《史记》记载，荀子至五十岁才游学于齐，在稷下论学、讲学；另有一说认为此记载为司马迁的笔误，荀子应是十五岁游齐。然而无论是五十岁还是十五岁，入齐之后的学术生涯使荀子的视野更加宽广，也为当时的他带来学术最高的盛名，即"荀卿最为老师"。不过，荀子一生也并非一帆风顺，与孔子一样，荀子也辗转周游于列国，以求受用于当世。

荀 子

荀子一生游历丰富，游学于齐、楚，再到秦国，又返回齐国，最后葬于兰陵。终其一生都无法在政治上有所作为，秦王、赵王都没有重用他。荀子回到楚国后，"列数万言而卒，因葬兰陵"。但也因为荀子丰硕的阅历，使他有机会与当时著名学者如宋钘、淳于髡、慎到、田骈有实际上的接触。在当时，稷下学宫是天下学术的重镇，许多著名的学者都在那里讲学，著书立说，荀子也就因此能掌握各家学说及时代的脉动，将各家学说吸收调和，自成一宏大体系。显而易见，荀子的学说有很浓厚的法家、道家、名家色彩，这也是后代有些学者误以为荀子为法家或杂家的原因。

诸侯异政，百家异说，相较于孟子，荀子遭遇的学派间的挑战更为激烈。为了回应这些学说，抑或是解决当时急迫的时代问题，荀子十分重视解决实务问题，他提出了许多经世致用的主张，富有实用主义的色彩。譬如荀子明于天人之分，重视礼义之统，讲儒效、王制与富国，与孟子的思想迥然不同。孔子之后，儒学分为孟、荀两大思想流派，孟子提出人有善端，力倡性善论与推恩感通；荀子则以诚朴理智为原则，重视"礼"的统类建构。两者之间可大略区分为孟子主张"内圣开出外王"，而荀子主张"外王成就内圣"。值得注意的是，这不表示荀子无内圣思想，恰恰相反，他非常重视修身与仁政——这在《荀子》一书中有明确的表述。荀子的终极关怀依然在儒学的情怀之中，正如同他在《劝学篇》里说的："其义则始乎为士，终乎为圣人。"明君子、小人之辨，认为人的价值在于道德品格。荀子最关心的是人文意义上的道德品质，他主张以礼义为政治的最高指导原则。

荀子学说在当时具有创见及前瞻性，其理念主张都在《荀子》一书里。现在传世的《荀子》共三十二篇，有唐代杨倞的注解，而以清代王先谦的集解最为权威。其思想大致以性恶、天之自然、礼义之统为核心。在中国学术思想史上，荀子的思想在汉魏时期多被推崇。然而从唐代开始，韩愈评其大醇小疵，宋儒则多诋毁，荀子思想遂一落千丈。虽然清代有荀学复兴运动，但是大多只侧重于考察荀子的礼学，而于荀子思想中的其他内容关注不多。其实就现代眼光来看，荀子的理智精神、实用主义以及自由意志都是值得今人深思和珍惜的。荀子融会贯通百家之学，作为先秦儒家的殿军，其所展现出来的，正是相异于孟子的另一种典范。

第一节　天人之分与合

一、明于天人之分

先秦时期，天道观的问题一再被讨论，思想家们无不希望从天人的辨明、生命宇宙的终始里探求人类的智慧与文明。一般而言，道家将天视为一自然之存在，儒家则将天视为与人事相关的义理。荀子的天人论述最富理性精神——他将天的主宰义与神秘莫测的意涵彻底削弱，并将人从附属于天的关系中独立出来，主张"天人之分"。

在《天论篇》中，荀子开宗明义地指出："天行有常，不为尧存，不为桀亡。应之以治则吉，应之以乱则凶。"意思是天既无意志降下祸患，也不会无端赐福于人，一切的祸福由人所决定。既然天无法主宰人，那么人就应当积极投入生活中。荀子认为，只要人努力，就算是天命不好，也不能遗祸人间，"强本而节用，则天不能贫；养备而动时，则天不能病；循道而不贰，则天不能祸"（《荀子·天论》）。对于荀子来说，吉凶祸福取决于人的作为，而不取决于上天，因此，合理反应，积极应对，结果就会是好的，反之则会发生灾难。荀子有意将天道与人道分立，凸显人的地位，这与早期儒家的思想取向是一致的。而与早期儒家有异的，则是荀子从自然的角度来定义天。这里的"自然"，指的是天地万物。荀子以"气"解释天的本质，他说："天地合而万物生，阴阳接而变化起。"（《荀子·礼论》）又说："水火有气而无生，草木有生而无知，禽兽有知而无义；人有气、有生、有知亦且有义。"（《荀子·王制》）荀子以气作为宇宙万物之根源，使天不再具有主宰意义，降低了天的神圣性和权威性。值得一提的是，以气作为宇宙万物之始基，在当时的思想界是一种共识，比如管子、庄子都持这种观点。[①] 荀子的特别之处在于，他有意将人与天分开讨论，并自觉地意识到人必须独立于天地之间，人"最为天下贵也"（《荀子·王制》），是天地间最为独特的存在。

荀子开宗明义地挑明天意是自然的，天行有常，天人相分。此"分"可以解释成各有其分别、职分。而能明天和人各有其分别、职分的人应不同凡俗，是为"至人"，因此荀子说"唯圣人为不求知天"（《荀子·天论》）。荀子认为，天地神妙，不见其事而见其功，如果一

---

① 《管子·侈靡》："请问形有时而变乎？对曰：阴阳之分定，则甘苦之草生也。""夫天地精气有五，不必为沮。"《庄子·知北游》："人之生，气之聚也。聚则为生，散则为死……故万物一也……故曰'通天下一气耳'。"《庄子·则阳》："阴阳者，气之大者也。"其他如《左传》《国语》也可见阴阳二气的思想。

味探求反而会陷入迷惘之中，因此无须探讨天神之所以然，只管做好人之事即可，这与孔子"未知生，焉知死""罕言性与天道"的思想是相通的。荀子的眼光始终在人间，他以理性精神去认识未知世界，并且十足无畏地给予这个世界不落玄虚的、合理的解释。荀子用"自然"去界定天，削弱了天的神秘色彩，在当时是一种祛魅和解除神秘主义的进步思想。

司马迁说："荀卿嫉浊世之政，亡国乱君相属，不遂大道而营于巫祝，信机祥。"(《史记·孟子荀卿列传》)先秦时期，史官与巫术密不可分，以邹衍为代表的阴阳家思想十分流行。荀子率先对当时流行的神秘主义进行批判，他希望人们不要将祸福归因于上天或异常现象，而应当专注于自身的努力。荀子说："星队、木鸣，国人皆恐。曰：是何也？曰：无何也，是天地之变，阴阳之化，物之罕至者也，怪之可也，而畏之非也。"(《荀子·天论》)荀子认为，天地异象仅是自然现象，而非上天施威示警，可以觉得奇异，但无须害怕，更不必穿凿附会地把这些天象与人事相关联，因为这很有可能是因为人对现象世界的认识的局限，而非因为现象世界背后还有一个不可捉摸的人格神。荀子说："君子以为文，而百姓以为神。"(《荀子·天论》)一般人认为是神灵，而明晓事理的君子却将其当作文饰。荀子还批判了当时求雨的舞雩和卜筮等宗教仪式，认为人们寄望于祭祀以求得风调雨顺是无稽之事。荀子认为，人们可以把宗教仪式当作文饰，却不能完全仰赖这种仪式，因为"以为文则吉，以为神则凶也"(《荀子·天论》)，将天下之事视为神的旨意，而不从人的自主性出发是非常危险的。

既然天地并非神灵所掌管，那么天地变化的根源是什么呢？荀子回答曰："列星随旋，日月递照，四时代御，阴阳大化，风雨博施，万物各得其和以生，各得其养以成。不见其事而见其功，夫是之谓神。"(《荀子·天论》)自然现象和万物并非神秘不可测，而是按照一定的规律运行的，此即自然的天功，可以称之为"神"。荀子强调重视人的主宰意义，他说："可以为尧、禹，可以为桀、跖，可以为工匠，可以为农贾，在势注错习俗之所积耳。"(《荀子·荣辱》)这句话实则告诉世人，人尽管无法选择自身的生存环境及境遇，但是至少可以选择想要成为什么样的人，将命运掌握在自己手里。

荀子的"天人之分"，并不是叙说一个战天胜天的思想脉络，也并非要求人们去征服自然，而是在于强调人的主观能动性。对于荀子来说，人世间的治乱祸福的根源在人，而与天没有关系。因此，人的作为最为重要，"错人而思天"(《荀子·天论》)、"蔽于天而不知人"(《荀子·解蔽》)，都是他反对的。"明于天人之分，则可谓至人矣"(《荀子·天论》)，天与人各有职分，互不干扰。

二、参于天地

在天人相分的脉络下，荀子认为人事应归还给人，建构人治社会，而人之所以为人的前提还在于礼义；礼义是人与自然达到和谐一致的要素。"通于神明，参于天地矣。"(《荀子·儒效》)"天有其时，地有其财，人有其治，夫是之谓能参。"(《荀子·天论》)此之"参"字，有的学者解释为《周易》里"天""地""人"的"三才"，有的学者解释为"参与""配合"。无论哪一种解释，荀子的思想都强调人处在天地之间，是天地间的一分子，人必须承担起完善世界的责任。荀子将人世间最高准则的"礼"诉诸"天"，他说："礼有三本：天地者，生之本也；先祖者，类之本也；君师者，治之本也。"(《荀子·礼论》)荀子没有切断人与天之间的关系,相反地,他认为人与天是一整体相关的有机体。荀子说:"圣人清其天君,正其天官,备其天养,顺其天政,养其天情,以全其天功。"(《荀子·天论》)人的五官与心是上天的赋予,称天官、天君;自然界提供的物质生活,谓之天养;不能违背的自然规律,谓之天政;喜怒哀乐是自然素质,称天情。这里的"天"的意义就是天赋自然,这里的"清""正""备""顺""养""全"的意义是人乃天的杰作。由此可见,荀子并未忽略天人之间的联系。

由于荀子强调"明于天人之分",容易让人误会荀子思想里的天人只有"分"的一面。而事实上,荀子要人积极发挥主动性,"明于天人之分"不是割裂天与人的关系,而是经由人为努力完成天赋的价值,"清天君,正天官,备天养,顺天政,养天情"。人努力奋斗,自强不息,正是知天知命。因此,荀子思想世界里的天人并不是对立的,也并非只有天人二分的意义。究其实,荀子的天人论述还是存在于儒家的脉络底下,其重视生命的自我圆满,并将生命的圆满提升到宇宙存在的高度。《荀子》一书中不时有些生命灵光的表述,如"积善成德,而神明自得,圣心备焉"(《荀子·劝学》),"并一而不二,则通于神明,参于天地矣"(《荀子·儒效》),这些表述并非宗教性的,而是儒家人文意义的。

那么荀子的天人之间的分与合,究竟要如何解释?目前学界已不是单论相分或相合,而是将相分与相合统合起来看待。较为合理的解释应该是以"分"为基础,从而使天人之"合"有作用,舍"分"而言"合",则"合"没有意义。荀子说"天生人成""天地生之,圣人成之"(《荀子·富国》)。天人为一个有机体,人必须在其中积极地、努力地作为,此外无他。荀子认为,人是在自然的基础上去成就社会意义的,舍弃天性人就无法生存;不过,如果人仅仰赖天性,人的价值也难以发挥。凭借这份天人之间的联系,所谓的合,就从天性存有的部分延伸至价值意义上了。也就是说,人在人事之中体会的道理能够回应天道。其一方面肯定了人的主观能动性,另一方面又肯定了天道。若仅讲人的主观能动性,人必然会自我膨胀,因此,天人之分最终要与天人之合相联系,才能拥有最大的价值。这也是荀子天人关系论的卓越之处。

综上所述,可知荀子的"天人之合"与"天人之分"观念并不矛盾,二者是递进和深化的过程。当然,在此过程中,二者会有某些断裂,但是在本质意义上都是相通的。总而言之,天人之分,肯定人的作为,诉诸人的努力,人类积极参与到宇宙的韵律之中,从而证明自我的存在。荀子虽言自然之天,将人事独立出来,但从更广的角度来看,此"自然"与人有联系,人需要参于天地以完善自我。荀子这种参赞天地化育的情怀,有着儒家生命哲学的意蕴和安顿身心的方式。荀子天人关系中的分与合,虽然有其与众不同之处,但其基本出发点仍然是儒家的。

第二节　性恶、善伪与心知

一、性恶善伪,重视后天礼义教化

对人性的高度重视与体察,是儒家对现世关怀的体现之一。孔子说"性相近也,习相远也"(《论语·阳货》),孟子说"仁义礼智,非由外铄我也,我固有之也"(《孟子·告子》),

荀子说"人之性恶，其善者伪也"（《荀子·性恶》），孔、孟、荀各有其探讨人性的进路，自成体系。不过，孟子的性善论被后世广为接纳，荀子的性恶论却被视为歧出。事实上，自古以来，学界对荀子的性恶论存在诸多争议，目前学界已跳出宋明理学对荀子性恶论的负面评价，有了新的认识，不过还是众说纷纭，莫衷一是。总体来说，荀子论性具有针对性，他刻意标举"性恶"，与孟子"性善"相对。荀子说：

> 人之性恶，其善者伪也。今人之性，生而有好利焉，顺是，故争夺生而辞让亡焉；生而有疾恶焉，顺是，故残贼生而忠信亡焉；生而有耳目之欲，有好声色焉，顺是，故淫乱生而礼义文理亡焉。然则从人之性，顺人之情，必出于争夺，合于犯分乱理而归于暴。故必将有师法之化、礼义之道，然后出于辞让，合于文理而归于治。用此观之，然则人之性恶明矣，其善者伪也。（《荀子·性恶》）

荀子从人与生俱来的自然欲望言人的本性，然后从"顺是"的角度推导出人之性恶。荀子认为，人的自然情欲，在无所节制的时候便会流于恶，放纵过分则会出现不合理的情况，即导致"争夺""残贼""淫乱"现象。"生之所以然者"是"性"，因此"情""欲"都是人性不可抹杀的部分。《荀子·正名》曰："性者，天之就也；情者，性之质也；欲者，情之应也。"情欲等自然天性是荀子人性论的重要组成部分。荀子指出，顺此自然天性而有性恶，所以《荀子》开宗明义就说"人之性恶，其善者伪也"。

在荀子的主张里，"性""伪"是有分别的。荀子说："不可学、不可事而在人者谓之性，可学而能、可事而成之在人者谓之伪。是性、伪之分也。今人之性，目可以见，耳可以听。夫可以见之明不离目，可以听之聪不离耳，目明而耳聪，不可学明矣。"[①] 荀子用眼睛之于视觉、耳朵之于听觉来印证"性"不必学，因为其是与生俱来的，属于生之自然；而"伪"是可学而能，可事而成，须经过人的努力才能达到。荀子明确区分"性""伪"两种概念，意在强调"性"是与生俱来、生而本有，而"伪"是人在生理本能之外的后天努力、活动。在此基础上，荀子认为"伪"能产生道德行为，而"性"却不能。这是荀子与孟子人性论之间的重大区别。

荀子在《性恶》篇中批评孟子"不及知人之性，而不察乎人之性、伪之分者也"。其中固然有荀子误解孟子之处，但也可由此得知荀子刻意凸显与孟子的差异，即主张"性""伪"有别，"性恶善伪"；"性"不可学、不可事，唯有待"伪"，即人为努力，才能化导成善；人必须倚赖外在的礼义规范，才能循规蹈矩、合于良善。因此，荀子认为人的后天教育是不可或缺的，就如同枸木若不以檃栝来矫正就不能直立起来，又好像钝金若不磨炼就不会锋利一样。荀子的人性论多见于《性恶》篇，与其所撰《劝学》篇两相呼应，荀子撰这两篇的共同目的就是要让人能化性起伪。

荀子以人性为恶，故强调后天教育的必要性。然而需要澄清的是，荀子以生而本有的欲情论人性，虽然类似于自然人性论，但他却没有直接主张人性是自然素朴的，反而认为人是

---

① 《荀子·性恶》："凡性者，天之就也，不可学不可事；礼义者，圣人之所生也，人之所学而能，所事而成者也。不可学，不可事而在天者谓之性；可学而能，可事而成之在人者谓之伪；是性伪之分也。"就上下文来说，不可事而在人者应是"天"，与"可学而能、可事而成之在人者"相对应。参见收录于王先谦《荀子集解》中顾千里的观点。

性恶的。这是因为荀子举目所及的社会现况皆表现出恶来，所以荀子认为人的本性并不是善，而是有为恶的倾向。荀子认为人的自然性情在没有礼义师法的教化下易流于恶，因此，荀子直言"性恶"，并特别提倡教育、师法礼义，目的是要借由后天的实践功夫来对人性加以化导。

二、虚壹静的修养功夫

"人之性恶，其善者伪也"，这是荀子对人性论的概括。荀子特别重视"化性起伪"，他说："今人之性，固无礼义，故强学而求有之也；性不知礼义，故思虑而求知之也。"（《荀子·性恶》）"情然而心为之择谓之虑，心虑而能为之动谓之伪。"（《荀子·正名》）荀子认为，无礼义的"性"，可以靠"心"的思虑而知礼义；在喜怒哀乐的本能反应下，"心"能决定迎拒，思虑后做出合理的行为。荀子重视"心"的存在和功能，因为心是人可以实践礼义的主体依据。荀子论"心"的篇幅很大。荀子认为人有"心知"，比如他说"心有征知"（《荀子·正名》），"心生而有知，知而有异。异也者，同时兼知之"（《荀子·解蔽》），"人生而有知……心生而有知"（《荀子·解蔽》）。言下之意，"心"能认知、证验外物，可以兼知相异的知识，还有征知、思虑的能力。因为心有这个能力，所以可以知善恶；相较于人之性，人之心具有价值诉求的倾向。这就是为什么荀子特别看重生而本有的"心"，并认为"心"是与其他物种差异之所在。荀子说："人有气、有生、有知亦且有义，故最为天下贵也。"（《荀子·王制》）"心"知礼义，故能"化性起伪"。

荀子认为，每个人都可以认知礼义并实践之，所以人人"皆有可以知仁义法正之质，皆有可以能仁义法正之具"（《荀子·性恶》），"知之质""能之具"是人可以认知礼义、实践礼义的保证。因此，荀子认为"涂之人可以为禹"（《荀子·性恶》），即所有的人都可以成为像禹这样的圣人。不过，荀子指出圣人与一般人还是有所不同的，他说："圣人积思虑，习伪故，以生礼义而起法度，然则礼义法度者，是生于圣人之伪，非故生于人之性也。"（《荀子·性恶》）意即圣人思虑、用心于礼义，以至行为尽善；圣人所能做到的，一般人却不一定能做到。荀子又说："故涂之人可以为禹，则然；涂之人能为禹，未必然也。虽不能为禹，无害可以为禹。"（《荀子·性恶》）人人皆有成为禹的可能，然而并非人人都会成为禹。一般人未必能做到跟圣人一样，但并不妨害可以成为圣人的事实。荀子此说透显出的观念是，所有人先天成善的质能是相同的，不过后天努力导致的结果却有差异，而后天的因素乃是可否成为圣人的关键。因此荀子不断强调师法礼义的重要性，他希望人们通过不断学习和思考，从而使自己的行为符合礼义。

荀子主张在心上下功夫，他说："凡治气养心之术，莫径由礼，莫要得师，莫神一好。"（《荀子·修身》）心需要修养，要认知、合于礼义才能有正确的价值判断。换言之，荀子认为人所下的判断不只是凭主观意志，还需要凭知识和规范，因为"心"认知礼义的深度会影响人后天作为的程度。荀子认为心知道、可道，然后行道，[1] 即心借由认知礼义，然后才能

---

[1] 《荀子·解蔽》："心知道然后可道，可道然后能守道以禁非道。"《荀子·儒效》："先王之道，仁之隆也，比中而行之。曷谓中？曰：礼义是也。道者，非天之道，非地之道，人之所以道也，君子之所道也。"盖荀子所言之"道"，当为"礼义之统"。

实践礼义。荀子的说法与孟子的四端之心不同。孟子认为仁、义、礼、智是从人的本性、本能而来，"非由外铄我也，我固有之也"（《孟子·告子上》），因此人本修养的重点在于"求放心"；荀子则认为，人从生而本有的情性中很难找到确切的道德实践动力，所以需要靠后天努力才能让心认知礼义（知道），作出善恶（道或非道）的价值判断。换言之，心若不知"道"，人就可能走偏，被蒙蔽而走上邪道，"心不知道，则不可道而可非道"（《荀子·解蔽》）；所以心必须"解蔽"，方能走向正途。

荀子说："人何以知道？曰：心。心何以知？曰：虚壹而静。"（《荀子·解蔽》）"虚"就是不以已经获得的知识妨碍再接受其他知识；"壹"就是专心致志，不以此一害彼一；"静"是平静、宁静。荀子还指出，要做到正确认知，就要"不以梦剧乱知"（《荀子·解蔽》）。意思是说不能以猜想或烦乱的心情来影响认知。荀子指出，心要有空间接纳新知，不要以先入为主的偏见妨碍接受其他观念；因为人心无时不动，经常受信息干扰，以至心神混乱，所以人必须静下心来，吸收整理信息，归纳知识，专心致志。心虽然有认知的功能，但如果没有虚壹静的修养功夫，就很容易出现错误的判断，丧失正面的功能，而迷失在众声喧哗的乱象中。因此荀子主张通过锻炼心知，使心能清明，具有判断是非的能力，如此方能回过头来指导人的思维，端正人的品性。荀子说"清其天君，正其天官"（《荀子·天论》），"未得道而求道者，谓之虚壹而静"（《荀子·解蔽》），对于那些未求得"道"而有志于求"道"的人，就必须告诉他们"虚壹而静"的功夫，使他们的心能够合于"道"。

荀子所言"虚""壹""静"，是"心"的修养功夫，"心"臻于清明，合于道，便能实践道德。荀子认为，"心"知"道"，可以促使人的行为符合礼义，意即以礼义（"道"）来规正"心"的认知、判断方向以及存藏内容，让心能认知礼义，进而作出正确的判断。由此推知，对荀子而言，心不仅仅是认知功能，它还是一个道德认知心，具有道德直觉与价值判断。因此尽管荀子主张性恶，但就广义来说，心也是性，有道德义，可以"心居中虚，以治五官"（《荀子·天论》）。

综合人的心与性来说，荀子承认了善与恶的同时存在。而这似乎是在宣示人是自由的，因为人的善恶并存，所以人具有自由意志，可以自己选择想要成为怎样的人。综上所述，荀子立足于真实的人性，并站在现实的状况上去考量，走出了一条与儒家心学迥异的道路。荀子正视内在之恶，又不规避外在现实的残酷，这样的人性论调的确很容易让人误解。然而人们也必须承认，若人的信念要真实地被启动，并向美好的生活靠近，就不能忽略"恶"的存在。过度强调"善"，会让人失去反省的能力和机会。因此，虽然荀子的人性论所受的争议很多，但却是十分值得人们深思的。

第三节　推礼义之统、求正名之序

一、礼义规范

春秋时期，礼崩乐坏，孔子强调礼的重要性，并赋予礼以新的时代精神。孔子之后，儒分为八，弟子们继承了孔子的学说，然各有所偏重。如孟子主张礼是善性的表现，是"非由外铄，我固有之"的，只要人们能听从自己的道德直觉，便能实践礼义。对于孟子来说，礼义与天性本是一体两面，没有内外之分。然而荀子则认为人之性恶，须由礼义来教化，因此特别强调后天的学习，通过逐步积累，从而内化为善。孟、荀对礼认识的侧重点的差异，来自他们对人性看法的不同，大致说来，孟子对人性的信任度较高，而荀子则相反。

孟子和荀子所处的时代背景是不同的。荀子生活于战国末年，大一统的前夕。当时的列国皆希望通过最有效的方针来治理国家，有的已经取得了很好的效果，比如商鞅变法让秦国变成最强大的国家。因此什么样的思想体系才能够与当时盛行的法家抗衡，什么样的治国方法才能够真正实现富国强兵，这些问题都变成了当时思想家们思考的重心。而荀子提出了较孔孟更为现实的主张，他试图在不违背儒家精神的基础上，强调礼和法的重要性。荀子强调规范，隆礼又重法，他说："明礼义以化之，起法正以治之，重刑罚以禁之，使天下皆出于治，合于善也。"（《性恶》）荀子认为，礼必须与刑法并用，才能在治理天下与规范社会上发挥良好的作用。荀子并不避讳谈及刑罚，他说"法之经，礼与刑"（《成相》），"渐庆赏，严刑罚"（《富国》），治国不仅需要礼义教化，还需要赏罚分明，让人的行为在合乎礼义的同时，心中也有所戒惧。荀子强调厚赏与严刑并举，皆是对人趋利避害的特性的观察，与他的人之性恶的主张是一致的。

法家利用赏罚严格管控臣民，让君主获得至高无上的权力，以及绝对的权力，尊君抑民，可谓至极。荀子却并非如此。荀子认为法的执行在人，他说："有乱君，无乱国；有治人，无治法。"（《荀子·君道》）"君子者，法之原也。故有君子，则法虽省，足以遍矣；无君子，则法虽具，失先后之施，不能应事之变，足以乱矣。"（《荀子·君道》）荀子认为，对于犯上作乱的人，法有强制意义，但是仅有法，只会让人消极遵守，而起不到积极的引导作用。鉴于此，荀子认为君子的价值要大于法。

如果人不能秉持仁心公心、适度应变，即使法律条文很完备，久而久之也都会变成僵化的法条。君子修身，秉持公心，审思明辨，那么其所制定出来的规范就是灵活的。荀子强调"法之义"，认为理想的法应该是"义法"。他说："之所以为布陈于国家刑法者，则举义法也；主之所极然帅群臣而首乡之者，则举义志也。如是，则下仰上以义矣，是綦定也。綦定而国定，国定而天下定。"（《荀子·王霸》）荀子认为，以情理入法是最理想的，基于义的法才是完美的法；刑法并非君主一人之工具，应是合情合理、合乎大众之期许。也就是说，荀子期许的刑法，会是正义的底线，而正义则是刑法所追求的最终目的。这就与法家的法不同了，因为法家的法是重君不重人，而荀子的法则是重法更重人。

荀子的理想是重建一个上下有序、协调和睦的社会，所以他特别讲究"规范"。对于荀子来说，礼是第一位的，法是第二位的。荀子所谓礼法，是以礼为核心和主体，以法为延伸和补充。礼是荀子学说的核心，依此准则而论及天、人性、政治和教育等思想。在继承孔子礼的思想之基础上，荀子更强调礼的规范性。荀子说"礼者，人之所履也"（《荀子·大略》），礼是全社会道德行为的准则和规范，与社会、国家以及个人的行为息息相关。为了使整个社会井然有序，荀子便主张以"礼"分层架构，分辨人伦之间的序位，并作为人主治理国家的依据。荀子说"礼者，节之准也"（《荀子·致士》），"礼者，人主之所以为群臣寸、尺、寻、丈检式也，人伦尽矣"（《荀子·儒效》），"礼者，贵贱有等，长幼有差，贫富轻重皆有称者也"（《荀子·富国》），国家若能基于礼而行，便能深具规模，且能行之久远。

当然，礼不会仅止于外在的规范而已，正如前所提及的，荀子有意凸显自己的思想与法家之间的差异。他对礼的内在意蕴作了新的诠释，认为"礼之理诚深矣"（《荀子·礼论》），凡是礼，皆是"始乎棁，成乎文，终乎悦校"（《荀子·礼论》），意思是说，所有的礼都是从简略开始的，逐渐形成仪式，最后使人愉悦。荀子认为，人们践行礼的时候称心快意，是因为礼合情合理，与人相通；也正因为如此，人们愿意践行礼义。荀子的礼论触及了人的自然本性与社会关怀，其所言礼的制定和功能恰好与人之性情相呼应。亚伯拉罕·马斯洛认为，人在满足基本需求之后，才会产生更高层次的需求，以及拥有自我实现的内在动力。[①]因此，欲求的满足是很重要的。荀子也清楚地看到了这一点，他主张"养人之欲，给人之求"（《荀子·礼论》）。只不过现实往往是"欲多而物寡，寡则必争矣"（《富国》），在资源有限的情况下，若一味放纵人的欲望，便会导致倚强凌弱、以众暴寡，社会秩序大乱。鉴于此，荀子认为，既要合理地观照人的欲望诉求，又必须对个人的欲望加以节制，让资源惠及众人。

因此"恰如其分""合情合理"，正是荀子赋予礼的新内涵，也因此他时常以"礼义"合称。荀子说："人之生不能无群。"（《荀子·富国》）又说："人何以能群？曰：分。分何以能行？曰：义。故义以分则和，和则一，一则多力，多力则强，强则胜物；故宫室可得而居也。故序四时，裁万物，兼利天下，无它故焉，得之分义也。"（《荀子·王制》）荀子指出，社会是个体到群体按照不同的层次所组成的，天下有"分"，才有秩序可言，否则天下将陷于无序，百姓受苦；而人类何以能够存活下来并不断发展，也正是"群""分"的缘故。基于此，便能理解"礼义"的功用还在于"明分使群"。荀子说："礼义之谓治，非礼义之谓乱也。"（《荀子·不苟》）人们会因为合理的要求与规范，做到相应的权利与行为，然后才在这个社会中秩序井然，最终拥有和谐的群体生活。反之，失去以合理为诉求的规范，要人们分工便会大乱，因此荀子的"制礼义以分之"的"分"的概念，便是要确保礼的正当性，只有这样，个人也才能在其中保持独立性，与群体融合为一整体，如此才是真正的礼。

礼义指向圣人教化，荀子说："学恶乎始？恶乎终？曰：其数则始乎诵经，终乎读礼；其义则始乎为士，终乎为圣人。"（《荀子·劝学》）意思是，学习从哪里开始，在哪里结束？答曰：学习的方法应当以诵读经文为起始，以研究礼为终点；学习的意义以做有志之士为起始，以成圣人为终点。经典记载的是圣人所云做人的道理，读礼是人成为圣人的途径，是为学的最高的步骤。荀子对礼义的重视程度超过很多思想家，他认为圣人"积思虑""习伪故"，意思是说，在制作礼仪法度的古圣人之前，人们已经按照一定的行为规则在一起生活，圣人将他们认识到的行为规则明确固定下来，从而产生了礼义法度，让一代又一代的人借由礼义教化，试图把握住圣人所知的礼义之统，找出本末相顺、终始相应的道理，以义变应，再生出礼义。礼义不是僵化的，它可以适用于任何时代的任何人，正所谓"礼岂不至矣哉"（《荀子·礼论》）！

荀子所向往的社会不是徒具形式的，还须有人文风俗之美。他高举礼教，希望为人文化成的世界打下坚实的基础。尽管较之先秦儒家，荀子更可谓为一个现实主义者，但是他的理想蓝图中并不一味诉诸法治，而是给予礼义道德教化以很高的地位。荀子勾勒出的

---

① 美国心理学家亚伯拉罕·马斯洛在 1943 年在论文《人类激励理论》中提出，人类的需求像阶梯一样从低到高分为五个层次，分别是生理需求、安全需求、社交需求、尊重需求和自我实现需求。

85

世界图像是充满人文意蕴的礼治世界，他以礼义为核心导出他的哲学观，既强调以礼作为外在规范，又主张礼合于义。不同时代的人，可以根据时代的需要，与时俱进地对礼的内涵加以丰富。荀子的礼论既有规范性，又不乏变通性。在先秦礼学思想史上，荀子的礼学既有传承意义，又具创新精神。

二、正名

儒家的重要观念与"口"多有关系，譬如忠恕、诚信、中和、君子等，皆有"口"字在内，由此可见儒家相当重视文化的传播意义。孔子论政以"正名"为要，定"名"的标准，拨乱反正，设定规范；荀子则撰《正名》篇，试图构建一套正名之学。战国末年，学派林立，百家争鸣，荀子的学说遇到了其他学派强劲的挑战。在此背景下，荀子主张正名。他说："凡邪说辟言之离正道而擅作者，无不类于三惑者矣。"（《荀子·正名》）此所谓三"惑"，即"见侮不辱""圣人不爱己""杀盗非杀人也"，此惑于用名以乱名者也；验之所为有名，而观其孰行，则能禁之矣。"山渊平""情欲寡""刍豢不加甘，大钟不加乐"，此惑于用实以乱名者也；验之所缘以同异，而观其孰调，则能禁之矣。"非而谒楹""有牛马非马也"，此惑于用名以乱实者也。荀子倡导去三惑，倡正名，务解蔽，就是要端正视听，不让邪说诡辞猖獗横行。

对语言乱象，荀子有着很深刻的体会。春秋战国时期，不同的思想家对语言的态度不一致。老子主张正言若反，庄子则以天下为沉浊，不可与庄语；惠施、公孙龙以名辨著称，其言"白马非马"，使语言成了纯粹思辨的符号。名辨可以透显出思想家对世界的看法，也牵涉到一些根本性问题。不过各家的抽象的辩论虽言之成理，从语言学的角度来看也有其意义，然而在现实生活中，这些辩论很容易造成人们在指称上的困难，以致难以进行交流，更无法应用于实际生活，最终造成语言与现实世界的分离，思维与实务的脱节。

荀子认为，"析辞擅作名以乱正名，使民疑惑，人多辨讼，则谓之大奸"（《荀子·正名》），意即那些玩弄文辞，使人民疑惑而导致争辩不休者，都是罪大恶极之人。荀子还认为，语言混乱是社会的乱源之一。似是而非的观念，文字游戏，颠倒黑白，皆可造成乱象，因此"乱名"者皆是大奸之人。孔子说："名不正，则言不顺；言不顺，则事不成；事不成，则礼乐不兴；礼乐不兴，则刑罚不中；刑罚不中，则民无所措手足。"（《论语·子路》）一个国家要安定，前提是必须正名。荀子继承了孔子的正名思想，更强调名实相符，他说："制名以指实，上以明贵贱，下以辨同异。"（《荀子·正名》）要根据实际情况来制定名分，做到名实相符，这样才可以明贵贱，才可以辨同异，从而实现政治的清明和社会的有序。由此可见，以孔子、荀子为代表的儒家学派总是站在社会秩序的立场上去看待语言的价值，名实相符则有价值，反之则无价值。

荀子以"正名"为题，进行了一连串的叩问与释疑。他说："王者之制名，名定而实辨，道行而志通，则慎率民而一焉。"（《荀子·正名》）意思是王者制定事物的名称，名称一旦确定，那么实际事物就能分辨了；制定名称的原则一旦实行，那么思想就能沟通了；于是就慎重地率领民众统一到这些名称上来。由此可见，荀子的名实思想，不仅在名言能指物辨物，更关注的是名实指称与社会秩序的关系。荀子说："言不合先王，不顺礼义，谓之奸言。"（《荀子·非相》）就是说凡是说的话不符合古代圣王的道德原则、不遵循礼义的，就叫作邪说，即使说得动听有理，君子也不听。反之，合于圣王的道德原则、遵循礼义的，就是君子之言。

为了抵御百家的"邪说"，荀子主张"君子必辩"，这是思想界第一次把论辩提高到探讨真理和捍卫真理的高度。他说："今圣王没，天下乱，奸言起，君子无势以临之，无刑以禁之，故辩说也。"（《荀子·正名》）。荀子认为，没有了圣王而出现大批奇辞奸言之人的时代，使真正明道的君子就只好以辩说的方式来明辨是非、拨乱反正，乃至于救亡图存。由此可见，荀子的"言辩"是从拯救天下的使命发出的。荀子不主张将事实与雄辩切分开来，而是主张辩说本身就代表了事实，名与实相符。他说："故君子之于言也，志好之，行安之，乐言之。故君子必辩。凡人莫不好言其所善，而君子为甚。故赠人以言，重于金石珠玉；劝人以言，美于黼黻文章；听人以言，乐于钟鼓琴瑟。故君子之于言无厌。"（《荀子·非相》）荀子认为，君子对于辩说，一定是志之所好在此，行之所安在此，并以积极宣扬为乐；人都喜欢谈说自己崇尚的东西，君子尤其如此；所以赠人以善言，比金石珠玉更有价值；用善言劝勉人，比华丽的衣服色彩更美好；听从善言，比听钟鼓琴瑟之音还快乐。所以君子对于善言，津津乐道而从不厌倦。

荀子主张正名，是要名与实相符，且要止于礼义。对于荀子来说，语言的使用，需要避免造成是非不分、黑白颠倒的局面，所以"用名以乱名""用实以乱名""用名以乱实"等"三惑"皆属于邪说辟言。先秦名家重视逻辑思辨，甚至有现代语言学的意味，然而先秦名家重语言论辩，其所论辩的内容与社会现实相隔离。荀子扬弃了先秦名家仅重纯粹逻辑之旨趣，而务以稽实定数，并与礼治世界相呼应。荀子所期待建立的是名副其实的"群居而无乱"的社会。

第四节　荀子思想的影响与现代价值

儒家是中国传统文化的主流思想，而当人们谈及儒家的时候，往往就想会想到孔子和孟子。孔子是儒家的创始人，而孟子是战国时期继承和发扬孔子思想最重要的人物，以至后世合称"孔孟"。先秦儒家并非仅有孔孟，若按梁启超以"内圣外王"来界定儒家思想，那么讲外王之学的荀子将不得不被提及，其影响力堪与孟子比肩。[①] 下面我们将重点考察荀子思想对中国文化产生的影响，并论述其现代价值。

一、荀子地位的升降

与孟子不同，荀子的地位是"高开低走"的，甚至被明代嘉靖皇帝移出了孔庙。秦汉时期，荀子的地位很高。荀子的弟子韩非子、李斯都是促进秦朝实现大一统的重要人物，因此司马迁写《孟子荀卿列传》时，让荀子与孟子齐名。此外，荀子在传经方面颇有贡献，汉

---

① 梁启超说："儒家哲学，范围广博。概括说起来，其功用所在，可以《论语》'修己安人'一语括之。其学问最高目的，可以《庄子》'内圣外王'一语括之。"（《儒家哲学》）

《荀子》书影

代的经史著作如《礼记》《史记》《汉书》等皆征引《荀子》，由此可见，《荀子》是汉代人必读的重要著作，也是汉代人的权威理论的依据。

魏晋时期，儒道之间此消彼长。在大谈幽深玄远之学的玄学家之外，还有一批坚守儒家立场，倡导经世实学的思想家。这些主张"外王"的思想家们多借荀子思想来批判玄学，如徐干、杜恕、傅玄、王坦之等人。他们或以荀子为权威去批判当时的虚无之学，或以荀子的思想观点为谈助。

魏晋以及魏晋以前，荀子的地位是很高的。然而到了唐代，荀子的地位开始下降。唐人韩愈说："孟氏醇乎醇者也，荀与扬大醇而小疵。"（《读荀》）到了宋代和明代，荀子的地位更是一落千丈。程子说："荀子极偏驳，只一句性恶，大本已失。"（《二程遗书·伊川先生语五》）"圣人之道，至卿不传。"（《二程外书·大全集拾遗》）朱熹说："不须理会荀卿，且理会孟子性善。"（《朱子语类·战国汉唐诸子》）"荀卿则全是申韩。"（《朱子语类·战国汉唐诸子》）明人罗钦顺说："荀卿得罪于圣门多矣。"（《困知记》）宋明理学家对于荀子的批评，多半是出于自身的学术立场，因为荀子的性恶论不符合理学家们的理论诉求。理学家们选择了以孟子为正统，从而来强调个人的内在超越。

清代可谓荀学的复兴期。清代乾嘉考据之学兴起之后，《荀子》一书受到很多学者的重视，获得较之以往更完整的校释。在此基础之上，对荀子思想的研究和重新评价也蓬蓬勃勃地开展起来。清人汪中、谢墉、郝懿行等人对荀子皆有较高的评价。如汪中说："盖自七十子之徒既殁，汉诸儒未兴，中更战国、暴秦之乱，六艺之传，赖以不绝者，荀卿也。"（《荀卿子通论》）谢墉说："荀子之学之醇正，文之博达，自四子而下，洵足冠冕群儒，非一切名、法诸家所可同类共观也。"（《荀子笺释》）清代后期，反荀的声音渐起，特别是鸦片战争之后，一些人在批判儒家文化和两千年来的帝王专制政治的同时，将矛头指向了荀子。比如谭嗣同说："以为二千年来之政，秦政也，皆大盗也；二千年来之学，荀学也，皆乡愿也。"（《仁学》）

这种学术思想取向一直延续至今，如现代新儒家牟宗三、唐君毅等人认为荀子看重经验世界，荀子思想的本源不透、价值失根。劳思光对荀子的批判最为严厉，他认为荀子"堕入权威主义""大悖儒学之义"。荀子俨然成为儒学之歧出。

二、荀子思想的特色及影响

荀子在当时享有极高的威望，他三次出任稷下学宫的祭酒，俨然是当时学界的精神领袖。荀子是继孔、孟之后的大儒，他在中国学术思想史上有着广泛而深远的影响。

（一）不求知天的现实关怀

荀子论天人关系，有着鲜明的客观实证色彩。他明确主张"唯圣人为不求知天"（《荀子·天论》)，此所谓"不求知天"，并非圣人不知天，而是不奢求尽知天的一切。荀子将他的注意力放在了人伦事务上，对于神秘、玄远的世界并不感兴趣。荀子说：《传》曰：'万物之怪，书不说。'无用之辩，不急之察，弃而不治。若夫君臣之义，父子之亲，夫妇之别，则日切瑳而不舍也。"(《荀子·天论》)国家的治乱与自然界没有关系，天地自有其规律，那些怪异天象和玄远的哲思都应弃置而不需深究，只有人事才最值得关注。荀子说："道者，非天之道，非地之道，人之所以道也，君子之所道也。"(《荀子·儒效》)荀子注视着人间，对宗教、自然现象等议题不甚关注。也就是说，荀子意在知"人"而非知"天"。荀子的这种学术思想取向可谓儒家本色。从孔子论仁，孟子讲义，到荀子崇礼，都表现出儒家人物对人文化成的正面期待。只是荀子更为现实，他"不求知天"，传授五经，以圣人之教为准则。荀子说："其数则始乎诵经，终乎读礼；其义则始乎为士，终乎为圣人。"(《荀子·劝学》)荀子的价值取向在人伦道德，而认知进路则在五经、圣人之教，这种"不求知天"的思维模式，与西周以来中国文化的总体价值取向是一脉相承的。荀子强化了这种文化价值取向，让中华文化沿着道德本位主义的方向继续向前发展。比如《礼记·大学》言"格物致知"，而落脚点却是"修身""齐家""治国""平天下"，所有习得的知识和技能，最终目的皆是内圣外王、修己安人。而所谓的天理也并不遥远，就在人伦日用之中，由仁、义、礼、智而得以体现，自然的便是人伦的，天道亦即人道。

荀子"不求知天"，用礼义来回应天道。他相信真理可由名言立定，记载着圣人的经书，蕴含着真理，后人通过学习，也能成为圣贤之辈。因此荀子特重师法教化、礼义教导，以及五经的传承。荀子重视经典教化、通经致用的影响也颇为深远，在中国历史上，从汉代的董仲舒、荀悦，一直到清代的戴震、章学诚等，皆是主张通经致用的典型人物。戴震说："经之至者道也，所以明道者其词也，所以成词者字也。由字以通其词，由词以通其道，必有渐。"(《与是仲明论学书》)通经致用者相信文字承载着真理，依靠圣人所传下的典籍，在经学上下功夫，依循圣人之教，便可究天人之际、通古今之变。

(二) 正视情性的人性观

荀子主张性恶，并将人的耳目口腹之欲归诸人之本性。荀子说："目好色，耳好声，口好味，心好利，骨体肤理好愉佚，是皆生于人之情性者也；感而自然，不待事而后生之者也。"(《荀子·性恶》)耳目口腹之欲出自本能，是人的自然天性，原本无害，但放纵而无所节制则是无益的。因此必须通过礼来加以节制，荀子说："故人一之于礼义，则两得之矣；一之于情性，则两丧之矣。"(《荀子·礼论》)意思是用礼义来调和自身情欲，礼义、情性皆完善，若完全顺从情性，则情性、礼义皆丧失。

荀子是较早直视人性和情欲的思想家，他对于人与生俱来的种种黑暗面作了深刻的反思。而荀子的性恶论影响也十分深远，比如汉儒论人性时就常涉及"情性"，如刘向说："性不独善，情不独恶。"(《申鉴·杂言下》)董仲舒说："天地之所生，谓之性情，性情相与为一瞑，情亦性也。"(《春秋繁露·深察名号》)这些论述，主张性情是人与生俱来的本性，在自然情况下并无善恶之别，显然是承袭了荀子的思想。直到清代，仍有相关的论述，比如戴震说："人生而后有欲，有情，有知；三者，血气心知之自然也。"(《孟子字义疏证·才》)戴震认为情外无性，欲、情与性皆是同质同位的，这种看法，亦可上溯至荀子。

（三）礼法合治的政治主张

荀子生活在战国末年，当时的中国处于走向大一统的前夕。荀子察觉到，若要让当权者采纳他的思想，就必须使自己的思想变得实用，而不是流于迂阔。在荀子看来，孟子强调性善而不切实际，法家强调刑罚而流于极端功利，因此他要吸收各家之长，避免诸家之短，以建构起一套行之有效的治国理论。

荀子崇尚礼治，不过他也认识到，仅有礼治无法使社会安定，必须将礼治与法治相结合，才能使社会走向长治久安。荀子说："至道大形：隆礼至法则国有常。"（《荀子·君道》）治国之要就是隆礼重法。荀子礼法合治的思想影响十分深远。比如汉初儒生贾谊、晁错"明申商"（《史记·太史公自序》），此所谓"申商"，即法家的代表人物申不害和商鞅；董仲舒独尊儒术，精通公羊学，却仍重刑律。除了士人之外，统治者亦在重视礼治的同时，强调刑名之学。如汉武帝的"内多欲而外施仁义"（《史记·汲郑列传》），汉宣帝云："汉家自有制度，本以霸王道杂之，奈何纯任德教，用周政乎！"（《汉书·元帝纪》）自汉武帝采纳董仲舒提出的"罢黜百家，独尊儒术"建议以后，儒学一跃而为官方哲学，成为社会思想的主流。然而在实际的政治操作层面，却是以刑法治民，霸王道杂之，这也是汉代以后的历代王朝普遍的政治思想取向。

其实，儒法之间本就没有不能跨越的鸿沟，"外儒内法"并非儒者所乐见，然出于社会有效治理的需要，在没有更好的治理理念出台之前，这也是不错的选择，至少从汉代以来，社会的有序和稳定，与这一政治思想取向无不相关。荀子隆礼重法思想，为汉代以来的历代王朝的政治运作提供了思想资源。梁启超认为"二千年政治既皆出于荀子"，此论虽然有偏颇，但也有其见解独到之处。儒者往往陈义过高，导致主张迂阔而不切实际。荀子看到了儒者迂阔之弊，遂开创出重实用实效的政治儒学。荀子所倡导的儒学，既可加强统治的效能，又不至于走向极端，在效能和功利之外，给仁义和道德留下了空间。

另外，荀子的教育思想也对后世产生了深远的影响。荀子重视后天的教化，强调尊儒重教，尊师重道，为儒家传统教育奠定了良好的基础。后来的《吕氏春秋·劝学篇》、扬雄的《学行》、徐干的《中论·治学篇》、颜之推的《颜氏家训·勉学篇》、韩愈的《进学解》等劝学类篇目，皆是受荀子的影响。

三、荀子思想的现代价值

新文化运动时期，有着西学修养的胡适对荀子的思想作了考察，如从教育学的角度审视荀子的人性论，从心理学的角度考察荀子的名论，从科学的角度考察荀子的自然主义等。胡适对荀子赞誉有加，认为荀子是积极的自然主义者。当然，胡适的诠释自有其时代历史的局限性，但也不难看出，荀子的思想与现代社会问题具有关联性。

荀子的思想博大精深，具有超越时空的启迪价值。有人甚至称荀子是中国的亚里士多德。西方汉学界格外重视对荀子的研究，如美国汉学家德效骞（Homer Hasenp flug Dubs）就曾说荀子是中国早期儒学的塑造者，"波士顿儒学"的代表人物南乐山（Robert Neville）、白诗朗（John Berthrong）皆重视荀子的研究。此外，倪德卫（Nivison）以及他的学生万白安(Bryan Van Norden)也是多年致力于荀子的研究,且对荀子思想有很高的评价。

当今中国学界,不少人对荀子的思想也多加重视,较之荀学复兴的清代,今天可谓荀学的创新期。有的学者试图从哲学典范的进路建构当代新荀学,或取径西学(如亚里士多德、霍布斯)重构荀子的政治儒学,或翻转宋明理学和现当代新儒家的荀子观。有的学者还试图通过重新诠释荀子的思想,从而发挥荀子思想在现代社会中的价值。足见今天的荀子研究已经成为一门专门的学问——荀学,其远远超出了荀子本人和《荀子》一书的范畴,成为中国传统思想文化的一个有机组成部分。

阅读书目

1.《荀子》。
2. 王先谦:《荀子集解》,中华书局2018年版。
3. 楼宇烈:《荀子新注》,中华书局2018年版。
4. 惠吉星:《荀子与中国文化》,贵州人民出版社1996年版。
5. 马积高:《荀学源流》,上海古籍出版社2000年版。

思考题

1. 孟子主张性善,荀子主张性恶,为什么孟子的性善论后来被发扬光大,而荀子的性恶论多不为人所接受?

2. 试述荀子的礼法思想及其现代意义。

3. 中国古代有丰富的用养结合、因地制宜的生态思想。如孔子云:"钓而不纲,弋不射宿。"孟子说:"不违农时,谷不可胜食也;数罟不入洿池,鱼鳖不可胜食也;斧斤以时入山林,材木不可胜用也。谷与鱼鳖不可胜食,材木不可胜用,是使民养生丧死无憾也。养生丧死无憾,王道之始也。"荀子也说:"树成荫而众鸟息焉,醯酸而蚋聚焉。""川渊深而鱼鳖归之,山林茂而禽兽归之……川渊枯则龙鱼去之,山林险则鸟兽去之。"请结合儒家的生态思想,谈谈你对荀子"制天命而用之"的理解。

第六章 墨子：儒家思想的反对者

墨翟是我国春秋时期伟大的思想家、教育家、政治家、军事家、科学家、社会活动家，世人尊称其为墨子。他创立的墨家学派，与孔子创立的儒家学派"列道而议，分徒而讼"(《淮南子·俶真训》)，揭开了百家争鸣的序幕，在中华文明史上写下了熠熠生辉、光彩夺目的篇章。

第一节 墨子与墨家的兴起

一、墨子的生平

关于墨子的生平，史籍记载甚少，未知其详。司马迁在作《史记》时并未为他单独立传，只是在《孟子荀卿列传》的末尾用二十四个字描述："盖墨翟，宋之大夫，善守御，为节用。或曰并孔子时，或曰在其后。"

关于墨子的出生地，大体上有鲁人、宋人、楚人几种说法。从文献看，墨子为鲁人的证据较为充分。《墨子·贵义》有"墨子自鲁之齐"，《墨子·鲁问》有"越王为公尚过束车五十乘以迎子墨子于鲁"的记载。《吕氏春秋·爱类》说："公输般为高云梯欲以攻宋，墨子闻之，自鲁往。"《淮南子·修务训》也说："昔者楚欲攻宋。墨子闻而悼之，自鲁驱而十日十夜……至于郢。"由此看来，墨子从鲁国出发从事某项活动的情况比较多，鲁国应为其主要生活地。另一个有力的证据是《吕氏春秋·当染》的记载："鲁惠公使宰让请郊庙之礼于天子，桓王使史角往，惠公止之，其后在于鲁，墨子学焉。"这是说，鲁惠公派宰让向周天子请教郊庙祭祀礼仪，周桓王派史角前往教授，鲁惠公把史角留在鲁国。史角的后代就在鲁国居住下来，墨子跟随他们学习。由此看来，鲁国是墨子最初学习、受教育的地方。《吕氏春秋·爱类》说，墨子止楚攻宋时，在楚王面前称，"臣北方之鄙人也"，楚国在南方。这段记载可以否定楚人说。也有人根据《史记》中"宋之大夫"的说法，认为他是宋国人。墨子出仕宋国，并不能说明他是宋人。墨子作为士人，他的活动范围很广，足迹遍及各诸侯国,不能说他在哪国做官就是哪国人。

关于墨子的生卒年及活动的时间,根据《墨子》和其他各家的记载看,他大约与公输般同时。公输般生于公元前 489 年,即孔子去世后 10 年。根据《墨子·耕柱》"子夏之徒问于墨子曰:'君子有斗乎?'子墨子曰:'君子无斗。'"的记载,墨子应该与孔子的弟子子夏同时。墨子"止楚攻宋"不仅《墨子·公输》有记录,《淮南子·道应训》中也有类似记载:"墨子为守攻,公输般服,而不肯以兵知",当为信史。这一事件发生在公元前 445 至公元前 440 年之间,当时墨子应在 35 岁到 40 岁之间。从"子墨子南游于楚,献书惠王"(《墨子·贵义》),"止齐伐鲁"(《墨子·鲁问》),"南则荆、吴之王,北则齐、晋之君""古者吴阖闾教七年,奉甲执兵,奔三百里而舍焉""至夫差之身,北面攻齐"(《墨子·非攻中》),"今天下好战之国,齐、晋、楚、越"(《墨子·非攻下》),"昔者圣王既没,天下失义,诸侯力征。南有楚、越之王,而北有齐、晋之君"(《墨子·节葬下》)等记载看,当时田氏篡齐、三家分晋尚未发生,越国还在,没有进入战国时期。综合起来看,墨子大约生于公元前 480 年,当时孔子70 岁,墨子卒于公元前 420 年,活了 60 多岁,主要生活在春秋晚期。

墨子本人是一名能工巧匠。《韩非子·外诸说左上》中有"墨子为木鸢"的记载,这是说墨子用木头制作过鹰。《墨子·鲁问》载,公输般(也就是木匠的祖师鲁班)能削竹片、木片做成会飞的鸟鹊,三天不落,自认为很精巧。墨子对他说,你做的鸟鹊不如匠人做的车辖(垂直穿过车轴顶端的销子),我一会儿就削成一块三寸木头销子,装在车轴上,能承受五十石的重量。作为匠人,墨子从不掩盖自己低贱的出身,他在楚王面前自称"鄙人"。他甚至把自己所从事的活动比作"贱人之所为"。《墨子·贵义》记载,墨子南游楚国时去见楚惠王,惠王借口年老不见,派穆贺去见他。穆贺对墨子说楚王不会接受他的主张,墨子说,只要某个主张能行之有效就应该采纳,比如药,它只是一把草,天子吃了可以治病,难道天子会因为它只是一把草而不吃吗? 现在农夫给贵族缴税,贵族用来造酒祭祀上帝鬼神,难道他们会因为这是"贱人之所为"而不用吗? 墨子在宋昭公时一度出仕宋国,自称"上无君上之事,下无耕农之难"(《墨子·贵义》)。可见他对普通劳动者十分同情。

鲁国崇尚周礼。墨子师从史角后人,勤奋好学,遍读百国《春秋》,成为同辈中的饱学之士。中国历史上聚徒讲学之风兴起于孔子。《史记·孔子世家》称,孔子"弟子盖三千焉,身通六艺者七十有二人",墨子紧随其后。随着知识的增加和技艺的提高,墨子逐渐跨入"士"的行列,他本人也不再直接从事生产劳动,而是以讲学为业,成了一名"职业教师"。

《淮南子·要略训》说:"墨子学儒者之业,受孔子之术,以为其礼烦扰而不说,厚葬靡财而贫民,服伤生而害事,故背周道而用夏政。"墨子原为儒家弟子,他在学习、讲学的过程中,逐渐发现儒家的许多缺点,由学儒、尊儒转为非儒、反儒,进而另立门户,创立新的学派。

孔子推崇周公,墨子效法夏禹,他这样称颂夏禹:"昔者禹之湮洪水,决江河而通四夷九州也,名山三百,支川三千,小者无数。禹亲自操橐耜而九杂天下之川;腓无胈,胫无毛,沐甚雨,栉疾风,置万国。禹大圣也,而形劳天下也如此。"(《庄子·天下》)这是说,从前禹堵塞洪水,疏通江河而沟通四夷九州,大川三百,支流三千,小溪无数。他亲自持筐操铲劳作,汇合天下的河川,累得腿肚子上没有肉,小腿上没有毛,骤雨淋身,强风梳发,终于安定了万国。禹是大圣人,为了天下如此劳苦。墨子与儒家信徒公孟子就古代的言论、服装进行辩论时说:"子法周而未法夏也,子之古非古也。"(《墨子·公孟》)他认为,儒家效法周礼而不效法夏礼,他们所推崇的古法不是真正的古法。为了批驳儒家学说,墨子抬出比周公更加古老的先人——夏禹,以此来确立自己主张的正统性。

墨子以"兴天下之利,除天下之害"(《墨子·明鬼下》)为己任,聚徒讲学,"从属弥众,弟子弥丰,充满天下"(《吕氏春秋·当染》)。《庄子·天下》称他"真天下之好也,将求之不得也,虽枯槁不舍也,才士也夫",即天下最美善的人,纵使弄得形容枯槁也不放弃自己的主张。孟子称他"摩顶放踵利天下,为之"(《孟子·尽心下》),即只要对天下有利,即使磨秃头顶,走破脚跟也心甘情愿。随着墨子学生的增多及其思想影响的扩大,墨学成为与儒学分庭抗礼的学说,墨家学派由此形成。

墨家成员称为"墨者",他们必须服从领导,听从指挥,要做到"赴火蹈刃,死不还踵"(《淮南子·泰族训》),意思是要不避艰险,至死也不旋转脚跟后退。正如汉代陆贾所说"墨子之门多勇士"(《新语·思务》)。墨家弟子"其生也勤,其死也薄","以裘褐为衣,以跂蹻为服,日夜不休,以自苦为极","不能如此,非禹之道也,不足谓墨"(《庄子·天下》)。这是说,墨家成员活着的时候十分勤劳,死后草草安葬了事。他们多用羊皮粗布做衣裳,脚穿木屐草鞋,日夜劳作,以自苦为原则。否则,就不是践行大禹的主张,就不足以称为墨者。墨者不仅要学习一般知识和专业技能,多数成员还要接受军事训练,随时准备打仗,为实践墨家的主张而献身。可以说,墨家既是一个学术团体,也是一个武装团体。墨子之后,墨家的最高领袖称为"巨子"。墨子的大弟子禽滑黎为首任"巨子",其后继者有孟胜、田襄子、腹䵍。墨家弟子学成后,一般会被举荐到各国做官,如"游耕柱子于楚""游高石子于卫"(《墨子·耕柱》),"游公尚过于越""仕曹公子于宋"(《墨子·鲁问》)等,即举荐公尚过到越国、曹公子到宋国做官。出仕的弟子要交回一部分薪俸用于墨家组织的运转。《墨子·耕柱》载:墨子推荐耕柱子到楚国做官,几个弟子去探访他,耕柱子请他们吃饭,每餐仅供食三升。他们回来说:耕柱子在楚国没有什么收益,每餐只供给我们三升米,招待不厚。墨子说:这不一定。不久,耕柱子送给墨子十镒黄金,说:弟子不敢贪图财利违章犯法以送死,这十镒黄金,请老师使用。如果背离了墨家的主张,则要被召回。《墨子·鲁问》载,墨子推荐胜绰去齐国大将项子牛那里做官。项子牛三次入侵鲁国,胜绰每一次都跟从。墨子听说后就派高孙子请项子牛辞退胜绰。

《韩非子·显学》说:"世之显学,儒墨也。"墨学晚出于儒学,但在战国初期异军突起,声势浩大,大有席卷天下之势,以至连儒家"亚圣"孟子都惊呼:"杨朱、墨翟之言盈天下,天下之言不归杨则归墨。"(《孟子·滕文公下》)孟子大辟杨、墨之后,其势才稍稍见衰,到战国末期,仍与儒学并称"显学"。只是到汉初"罢黜百家,独尊儒术"以后才衰落下去,其学中绝,仅存其书。

二、墨子的著作

墨家的思想主要记录在《墨子》书中。秦以后,墨子及其弟子的言论散见于各种典籍之中,如《新序》《尸子》《晏子春秋》《韩非子》《吕氏春秋》《淮南子》《列子》《战国策》《诸宫旧事》《神仙传》等。《汉书·艺文志》称《墨子》有七十一篇。今存五十三篇,共亡佚十八篇,其中，除《节用》下、《节葬》上、中、《明鬼》上、中、《非乐》中、下、《非儒》上等八篇有目无文外，另十篇既无目，亦无文。

《墨子》书分为两部分：一部分记录墨子的言行，主要反映墨子和前期墨家的思想、活动。《修身》《亲士》《所染》《法仪》《七患》《辞过》《三辩》七篇据考为后人伪作，与墨家思想不合，有的有儒家思想混入。《尚贤》《尚同》《兼爱》《非攻》《节用》《节葬》《天志》《明鬼》《非乐》《非命》分为上、中、下三篇。按照《庄子·天下》的说法，墨子死后，墨家分成相里氏之墨、相夫氏之墨、邓陵氏之墨三派，因三派的记录不同，后人在编辑《墨子》书时，便把他们所传文本分为上、中、下三篇并列，文字、内容大同小异。现存《尚贤》三篇、《尚同》三篇、《兼爱》三篇、《非攻》三篇、《节用》三篇、《节葬》一篇、《天志》三篇、《明鬼》一篇、《非乐》一篇、《非命》三篇，共二十四篇，为墨子弟子对墨子言行的记录，后人也加入许多材料。《耕柱》《贵义》《公孟》《鲁问》《公输》五篇为墨家后学所辑录，是研究墨子活动的直接材料。《备城门》以下到《杂守》十一篇，主要讲机械制造和战争防御，与墨家的思想关系不大。

另一部分包括《经》上、下，《经说》上、下，《大取》《小取》等六篇，一般称为《墨经》或《墨辩》（其中《经》采用战国末期流行的"经"的文体写成），着重阐述墨家的认识论和逻辑学思想，也包含许多科学技术内容，反映了后期墨家的思想和成就。

墨学中绝，所传之书本已稀少，加上以古文（先秦古籀文字）写成，晦涩难懂，传承困难。西晋鲁胜作《墨辩注》，因战乱失传。到唐代，乐台作《墨子注》，亦不传。明清之际，傅山为《大取》作注，开清代注《墨子》先河。清中叶，汪中为明代陆隐刻本《墨子》五十三篇作校注，并编辑《墨子表微》，均遗失，传下来的仅有《墨子序》。乾嘉时期，考据学兴起，墨学再度引起重视。整理、校注《墨子》的学者主要有卢文弨、毕沅、孙星衍、张惠言、王念孙和王引之父子、俞樾、孙诒让等。他们用考据、训诂方法对《墨子》进行了整理注释。其中，以毕沅、孙诒让的成就最大。毕沅是第一个为《墨子》全书作注的学者，他以《道藏》所收《墨子》为底本，参考前人研究成果，编成《墨子注》。孙诒让为清末古文经学家，他依据《道藏》本《墨子》、毕沅校本、明代吴宽写本、顾千里校本、日本刻本等，参考毕沅、苏时学、王念孙和王引之父子、洪颐煊、俞樾、戴望等人的注释，著成《墨子间诂》。《墨子间诂》集诸家注本之大成，为《墨子》书的通行本。

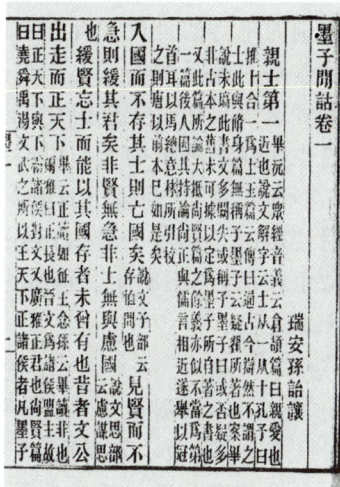

孙诒让《墨子间诂》书影

第二节 墨子和前期墨家的主要思想

《墨子·鲁问》记载，一次，墨子带领学生外出游说，一个叫魏越的学生问墨子见到各国君王时，对他们说些什么呢？墨子回答说："凡入国，必择务而从事焉。国家昏乱，则语之尚贤、尚同；国家贫，则语之节用、节葬；国家熹音湛湎，则语之非乐、非命；国家淫僻无礼,则语之尊天、事鬼;国家务夺侵凌,则语之兼爱、非攻。"尚贤是任用有才能、有道德的人,尚同是向上服从君王和天,节用是节约开支,节葬是从简办丧事,非乐是反对从事音乐等艺术活动,非命是主张力行其事,不相信命定论,兼爱是无差别地爱人,非攻是反对大国侵略、攻伐小国。墨子和前期墨家的思想围绕这十大主张展开。

一、"兼相爱""交相利"的伦理思想

"兼相爱"和"交相利"集中反映了墨子的伦理思想,是墨家思想的核心。

"兼",是总、全、兼顾之意。"兼爱"是不分远近亲疏,无差别地爱一切人。儒家的"仁爱"是以血缘为基础,以"亲亲""尊尊"为原则的有差等的爱,这个爱建立在一定的等级秩序基础上。《墨子·非儒下》说:"儒者曰:'亲亲有术,尊贤有等。'言亲疏尊卑之异也。"在墨子看来,儒家的爱由于受到"亲亲"原则的制约,便有亲疏尊卑之别,因而不是平等的。

"兼"与"别"是对立的,"别"是不同、有差别之意。在墨子看来,"兼"为善,"别"为恶。他在提倡"兼相爱"的同时,也反对"别相恶",这是一个问题的两个方面。他认为,人与人之间的不相爱,是天下大乱、民不聊生及社会祸乱的总根源,即"凡天下祸篡怨恨,其所以起者,以不相爱生也"(《墨子·兼爱中》),因此提出"兼以易别"(《墨子·兼爱下》),即用无差别的平等的爱代替有差别的爱。荀子称墨子"僈差等"(《荀子·非十二子》),即反对等级差别。兼爱的实质在于打破建立在血缘基础上的远近亲疏差别,为人民谋取实际利益。尽管这一主张过于理想化,甚至是一种空想,但反映了小生产者的良好愿望和要求,能够给生活在苦难中的人们以心灵的慰藉和希望,这也使墨子获得了大量信徒。

墨子主张"兼爱"的同时也反对战争,即"非攻"。成语"墨突不黔"说的是墨子为了反对侵略战争到处奔走,每到一处,炉灶上的烟囱还没有熏黑就又匆忙到别处去了。当时,战争频仍,民不聊生。可王公大人、诸侯,为了自身的利益,根本不顾人民死活,屡屡攻伐无罪之国:

> 入其国家边境,芟刈其禾稼,斩其树木,堕其城郭,以湮其沟池,攘杀其牲牷,燔溃其祖庙,劲杀其万民,覆其老弱,迁其重器,卒进而柱乎斗,曰:"死命为上,多杀次之,身伤者为下。又况失列北桡乎哉,罪死无赦!"以惮其众。夫无兼国覆军,贼虐万民,以乱圣人之绪。意将以为利天乎? 夫取天之人,以攻天之邑,此刺杀天民,剥振神之位,倾覆社稷,攘杀其牺牲,则此上不中天之利矣。意将以为利鬼乎? 夫杀之人,灭鬼神之主,废灭先王,贼虐万民,百姓离散,则此中不中鬼之利矣。意将以为利人乎? 夫杀之人为利人也博矣。又计其费,此为周生之本,竭天下百姓之财用,不可胜数也,则此下不中人之利矣。(《墨子·非攻下》)

在墨子看来,侵略战争破坏农业生产、荼毒生灵、毁人宗庙,上不利天,中不利鬼神,下不利百姓。需要说明的是,墨子并不是一般地反对战争,他所反对的是以强凌弱、以众暴寡的侵略战争即"攻",对于"诛"即正义的战争、抵御侵略的战争,则予以支持和帮助(见《墨子·非攻下》)。如《墨子·公输》记载的"止楚攻宋",《墨子·鲁问》记载的"止鲁攻

郑"等。

在墨子的伦理思想中，"兼相爱"与"交相利"是不可分的。墨家通常把"爱"与"利"相提并论，如"爱利万民"（《墨子·尚贤中》），"加于民利"（《墨子·节用中》）。

《墨子·兼爱中》说："然则兼相爱、交相利之法将奈何哉？子墨子言：'视人之国若视其国，视人之家若视其家，视人之身若视其身。'"在墨子看来，实践"兼相爱、交相利"的关键是要做到看待别人的国家像看待自己的国家一样，看待别人的家族像看待自己的家族一样，看待别人的身体像看待自己的身体一样。做到"兼相爱、交相利"，就能实现"诸侯相爱则不野战，家主相爱则不相篡，人与人相爱则不相贼，君臣相爱则惠忠，父子相爱则慈孝，兄弟相爱则和调。天下之人皆相爱，强不执弱，众不劫寡，富不侮贫，贵不敖贱，诈不欺愚"（《墨子·兼爱中》）。这是说，诸侯因

《墨攻》剧照

相爱不再野战，家主因相爱不再相篡夺，人与人因相爱不再相残害；君臣因相爱而仁惠忠诚，父子因相爱而慈爱孝顺，兄弟因相爱而和谐。天下人都相爱，强者就不会控制弱者，人多的就不会掠夺人少的，富裕的就不会欺侮贫穷的，尊贵的就不会傲视低贱的，狡诈的就不会欺骗愚昧的。在墨家看来，"兼相爱"具体落实到处理人与人之间的关系时，就应以对对方有利为原则。这样，"交相利"成为实践"兼相爱"的要求，"爱人"通过"利人"来实现。

二、"尚同"的政治主张

尚同是墨家为政治国之道的核心和第一要义。墨子说："尚同为政之本，而治要也。"（《墨子·尚同下》）意为政令、思想、言论、行为等向上同君王、天保持一致是为政的根本、治理的要道。

墨子认为，政治制度、国家制度是为了救世治乱而产生的。天下大乱的原因在于"异义"，尚同便是要取消"异义"而统一于"义"，而最高的"义"在于天。

《墨子·尚同中》说："凡闻见善者必以告其上，闻见不善者亦必以告其上。上之所是必亦是之，上之所非必亦非之。己有善傍荐之，上有过规谏之。尚同义其上，而毋有下比之心。上得则赏之，万民闻则誉之。"这是说，凡听到或看到善，必须向上级报告，凡听到或看到不善，也必须向上级报告。上级认为对的，下级也必须认为对；上级认为错的，下级也必须认为错。有了好的计谋，一定要报告上级；上级有了过失，就要加以劝谏。人人要与上级的意见保持一致，而不要有与下级勾结的私心。这样，上级就会赏赐他，万民也会赞誉他。

墨子认为，如果做到"里长顺天子政，而一同其里之义"，"乡长治其乡，而乡既已治矣，有率其乡万民以尚同乎国君"，"国君治其国，而国既已治矣。有率其国之万民以尚同乎天子"（《墨子·尚同中》），即从百姓、里长、乡长、国君、天子，逐级向上统一，乡里、诸侯国、天下就会得到治理。墨子说："既尚同乎天子，而未尚同乎天者，则天灾将犹未止也。"（《墨子·尚同中》）这是说，如果只是向上与天子保持一致，而没有与天保持一致，那么，天灾就不会停止。墨子进一步提出了比天子更高一级的天，主张天子必须集中天下之"义"并使之统一于天，即"天下既已治，天子又总天下之义，以尚同于天"（《墨子·尚同下》）。

墨子所设想的由天子、诸侯及乡长、里长组成的"上同于天"的统治者序列构成了君主专制体系。他说："上之所是必亦是之，上之所非必亦非之。己有善傍荐之，上有过规谏之。"（《墨子·尚同中》）在这个体系中，一方面，每一级都要同自己的顶头上级保持一致，层层如此。另一方面，它并不排斥下级对上级的"规谏"，反而以此为补充。但这种"规谏"是建立在下级对上级绝对服从前提上的。实际上，墨子所设计的这个体制是一个贤人政治体制，把统治秩序、人民的利益完全系于统治者的"贤"上，即道德良心上。应该说，这个体制没有超出中国传统"人治"的范畴。

三、"天志""明鬼"的宗教思想

宗教是一种复杂的社会现象。迄今为止，没有哪一个民族、哪一个地方、哪一个时代没有产生过宗教或没有受到过宗教的影响。墨家是先秦诸子中唯一公开研究宗教的学派。

天志是说天有意志。《墨子·天志下》说："故子墨子置立天之，以为仪法，若轮人之有规，匠人之有矩也。今轮人以规，匠人以矩，以此知方圜之别矣。""天之"即天志。这是说，墨子设立天志以为仪法，就像做车轮的工匠有圆规，木匠有方尺一样，他们以此明确方和圆的区别。在墨子看来，天是万物的最高主宰，人间的统治者必须服从天的意志，而天是正直爱民的。天笼罩着万物，无人能逃得出它的视野。义从天中出，天是义之源，天以义来匡正世人。天兼爱天下百姓，安排日月星辰，照耀天下，制定春夏秋冬四季，以之为纲纪，降下霜雪雨露，以使五谷丝麻生长成熟，供给百姓财物之用；天分列山川溪谷，广布各种事业，用心监察百姓的善恶；天设立王、公、侯、伯，使他们赏贤罚暴，征收金木鸟兽，管理五谷丝麻的种植，以为百姓提供衣食。爱人利人，顺从天意，就会得到它的赏赐。憎人害人，违反天意，则要受到天的惩罚。在墨子看来，"天"是有意志、有感情的人格神，它具有超自然和超人的力量，能够赏善惩恶、降福消灾。所以，人的意志要服从天的意志。（见《墨子·天志中》）

墨子在"天志"的基础上又提出"明鬼"。《墨子·明鬼下》把"鬼神"分为"天鬼神""山水鬼神""人死而为鬼者"三种。墨子列举古代的传闻、古代圣王对祭祀的重视以及古籍的有关记述，证明鬼神的存在和灵验。在墨子看来，鬼神不仅存在，而且会帮助"天"赏善罚恶。

墨子说："虽有深溪博林，幽涧毋人之所，施行不可以不董，见有鬼神视之。"（《墨子·明鬼下》）这是说，人们即使在深溪老林，幽涧中无人的地方，行为也不能不谨慎，因为有鬼神监视着。也就是说，鬼神无所不在。他又说："鬼神之罚，不可为富贵众强、勇力强武、坚甲利兵，鬼神之罚必胜之。"（《墨子·明鬼下》）即对鬼神之罚，人不能倚恃富贵、人多势大、勇猛顽强、坚甲利兵而抵制，鬼神之罚必能战胜人。墨子举例说，就是夏桀、殷纣王也因为冒犯了天帝、侮辱了鬼神，没能逃脱诛罚，分别为商汤、周武王所灭。所以，"鬼神之所赏，无小必赏之；鬼神之所罚，无大必罚之"（《墨子·明鬼下》）。即鬼神要赏赐的对象，不论地位多么微贱也必定会实现；鬼神所要惩罚的，不论地位多么尊崇也必定要惩罚他。

在墨子的思想体系中，"明鬼"是"天志"的补充，天的意志靠鬼神的赏罚实现。墨子警告统治者如不顺天爱民，施行"义政"，就会遭到鬼神的惩罚。

墨子主张"天志""明鬼"的同时，明确提出"非命"的主张，反对命定论。他说："今用执有命者之言，则上不听治，下不从事。上不听治，则刑政乱；下不从事，则财用不足；上无以供粢盛酒醴，祭祀上帝鬼神，外无以应待诸侯之宾客，降绥天下贤可之士，内无以食饥衣寒，将养老弱。故命上不利于天，中不利于鬼，下不利于人。"（《墨子·非命上》）这是说，如果按照持命定论的人的话去做，居上位的人不听狱治国，居下位的人不劳作，必然导致法律政事混乱，财物日用不足，对上没有粢、酒供奉上帝、鬼神，对下没有东西安抚天下贤士，对外没有东西招待诸侯的宾客，对内不能给饥者以食，给寒者以衣，抚养老弱。所以"命"上不利天，中不利鬼神，下不利人。在墨子看来，相信命运存在的说法是错误的，把一切归于命运是不负责任的表现。社会的治乱、财用的多寡都不是命运的安排，而是人为努力的结果，"亦岂以为其命哉？又以为力也"（《墨子·非命下》）。实际上，墨子主张"以力制命"。

四、"非乐"的艺术观

"乐"在我国古代主要是指音乐，也包括诵诗歌舞，可以理解为艺术的统称。"非乐"即反对从事音乐等艺术活动。

> 是故子墨子之所以非乐者，非以大钟鸣鼓琴瑟竽笙之声以为不乐也，非以刻镂华文章之色以为不美也，非以刍豢煎炙之味以为不甘也，非以高台厚榭邃野之居以为不安也。虽身知其安也，口知其甘也，目知其美也，耳知其乐也，然上考之不中圣王之事，下度之不中万民之利。（《墨子·非乐上》）

在墨子看来，艺术本身不是不美，感官的愉悦也不是不快乐，只是它们不利于解决人民的生计问题。

《墨子·非乐上》着眼于百姓的利益，具体阐述了反对从事音乐活动的原因。第一，要进行音乐活动，首先要制造乐器，而制造乐器就必然要大量搜刮民脂民膏。第二，为"王公大人"演奏，击钟鸣鼓需要年轻力壮、聪慧敏捷的人来担当，这就要耽误耕种和纺织，破坏生产。第三，演奏音乐，要有人欣赏，欣赏音乐则要占去君王治国的时间，占去农工生产的时间。总的来说，墨子认为，从事艺术活动既劳民又伤财，不仅导致"饥者不得食，寒者不得衣，劳者不得息"这"三患"的发生，还会导致"国家乱而社稷危"的结果。

墨子的"非乐"思想与他的"节用""节葬"主张是一致的。荀子评价墨子"上功用、大俭约"(《荀子·非十二子》)时的社会是生产力水平低下、社会财富匮乏的社会,对于"农与工肆之人"来说,连生活的基本需要都难以满足,因而墨子反对从事艺术活动有其合理性。墨子说:"去无用之费,圣王之道,天下之大利也。"(《墨子·节用上》)这是说,去除无用的费用是圣人治理天下的原则,对天下百姓有利。在墨子看来,古代圣人治理天下,宫室、衣服、饮食、舟车只要适用就可以了。可王公大人穷奢极欲,大量耗费民力财力,人民生活陷于困境,甚至很多男子还过着独身生活。因此,他主张取消一切不实用,不能带来实际利益的开销。墨子还说:"今天下之士君子,中谓将欲为仁义,求为上士,上欲中圣王之道,下欲中国家百姓之利,故当若节葬之为政。"(《墨子·节葬下》)这是说,对于天下的士人君子来说,如果想实行仁义,追求做上等的士人,上符合古代圣王之道,下符合国家百姓利益,就应当在治国理政中节俭办丧事。在墨子看来,厚葬久丧浪费了社会财富,使人们无法从事生产劳动,影响人口增长,不仅对社会有害,也不符合死者的利益和古代圣王治理天下的传统,必须废止。

五、学以致用的教育思想

墨子作为一个"职业教师",在一生的教育实践中,积累了丰富的教学经验,形成了独具特色的教育思想。

墨子把教育看成"为义"的手段。他说:"天下匹夫徒步之士,少知义而教天下以义者,功亦多。"(《墨子·鲁问》)这是说,天下平民百姓少有人知道义,用义教天下人的人功劳多。如果大家都能"鼓而进于义"(《墨子·鲁问》),便可做到"兴利除害"。

墨子说,"国有贤良之士众,则国家之治厚"(《墨子·尚贤上》)。在他看来,只有有了人才,国家才能得到治理。他还认识到,只有打破尊尊、亲亲的宗法等级束缚,人才才能脱颖而出。他提出,"官无常贵,而民无终贱"(《墨子·尚贤上》),"虽在农与工肆之人,有能则举之,高予之爵,重予之禄,任之以事,断予之令"(《墨子·尚贤上》)。墨家的教育对象主要是"农与工肆之人",目标是把他们培养成能够奉行兼爱学说的"兼士",他们"为其友之身,若为其身;为其友之亲,若为其亲","睹其友,饥则食之,寒则衣之,疾病侍养之,死丧葬埋之,兼士之言若此,行若此"(《墨子·兼爱下》)。即对待朋友之身如同自己之身,看待朋友的双亲如同自己的双亲。看到朋友饥饿、受冻时就给他吃、给他穿,朋友生病时就前去服侍他,朋友死亡后就去葬埋他。

学习是为了应用。墨子把教育分为谈辩、说书和从事三科。《墨子·耕柱》载:"治徒娱、县子硕问于子墨子曰:'为义孰为大务?'子墨子曰:'譬若筑墙然,能筑者筑,能实壤者实壤,能欣者欣,然后墙成也。为义犹是也,能谈辩者谈辩,能说书者说书,能从事者从事,然后义事成也。'"在墨子看来,行义就像筑墙一样,能筑的筑,能填土的填土,能挖土的挖土,这样墙就筑好了。同样,能演说的演说,能解释典籍的解释典籍,能做事的做事,就可以做成义事。墨子"为义"的事业,就是要培养出谈辩、说书和从事三种社会所需要的人才。谈辩是学习谈话和论辩的技巧,专门培养游说的人才;说书是解说讲习文化知识,专门培养教师、学者;从事是学习从事农、工、商、兵等实际工作,专门培养农、工、商、兵等人才。墨子的弟子学成后，墨子或推荐他们去各诸侯国做官，或把他们留在墨家团体中做事，还有的从事其他事情，无论做什么，墨子都要求他们有所作为。

六、检验真理的"三表法"

认识论是墨家哲学的主体。墨子在中国哲学史上第一次对认识的过程进行了详尽描述，同时明确提出判断人的认识是否正确的三个标准即"三表"。

《墨子·非命上》说："何谓三表？子墨子言曰：'有本之者，有原之者，有用之者。于何本之？上本之于古者圣王之事。于何原之？下原察百姓耳目之实。于何用之？废以为刑政，观其中国家百姓人民之利。'"

"上本之于古者圣王之事"为第一表，即以历史记载中前人的间接经验为依据。第二表为"下原察百姓耳目之实"，"实"指人们耳闻目睹的实际情况，意思是以人们的直接感觉经验为依据。这是"三表"之中最根本的一表。墨子认为，古代圣王之所以知道得多，"非神也，夫唯能使人之耳目助己视听""助之视听者众，则其所闻见者远矣"（《墨子·尚同中》），在于他们能及时总结别人的经验，丰富自己的知识。第三表为"废以为刑政，观其中国家百姓人民之利"，即看实施过程中，是否能给国家、人民带来实际利益。这实际上是从言论实施所产生的实际效果来检验它是否具有真理性。这三个检验真理的标准注重经验和效果，达到了朴素实践论的高度。

七、朴素的逻辑学

逻辑学，在中国古代叫作"辩学""名学"。墨子把辩论看作弟子应当具备的一项基本功。墨家的逻辑学就是为了辩论的需要而产生并发展起来的。

类、故、法是墨子提出的三个逻辑学基本范畴。

"类"即事物的类别。《墨子·非攻下》记载，"好攻伐之君"为了给自己的侵略行径辩护说："昔者禹征有苗，汤伐桀，武王伐纣，此皆立为圣王，是何故也？"墨子反驳说："子未察吾言之类，未明其故者也。""若以此三圣王者观之，则非所谓攻也，所谓诛也。"在墨子看来，否定以无义伐有义之"攻"，并不意味着否定以有义伐无义之"诛"。"攻"与"诛"并非同类，表面上看，二者都是战争，但性质却是不同的，前者为非正义之战，后者为正义之战。墨子提出"类"的概念，表明他已把客观事物的类及其在思维中的反映作为认识的对象。

"故"即原因。言谈与辩论中经常要问"为什么"，以探究论题的原因和根据。《墨子·尚贤上》《墨子·兼爱中》《墨子·天志下》中都有"是其故何也"之类的话。《墨子·天志下》说："今有人于此，入人之场园，取人之桃李瓜姜者，上得且罚之，众闻则非之，是何也？曰：'不与其劳，获其实，以非其有所取之故。'"这是说，偷窃行为之所以不义，是因为它是不劳而获，占有他人的劳动成果。墨子通过这样的问答来探究现象之间的因果联系。这里，墨子已经把"故"作为一个逻辑范畴来使用了。

"法"是事物的标准、规则。墨子常以木工设喻说明问题。《墨子·天志中》说：

今夫轮人操其规，将以量度天下之圜与不圜也。曰："中吾规者谓之圜，不中吾规者谓之不圜。"是以圜与不圜皆可得而知也。此其故何？则圜法明也。匠人亦操其矩，将以量度天下之方与不方也。曰："中吾矩者谓之方，不中吾矩者谓之不方。"是以方与不方皆可得而知之。此其故何？则方法明也。

"圜"即圆。这里的"圆法""方法"分别为圆和方的标准、规则。

在中国古代逻辑史上，对形式逻辑的矛盾律的概括是后期墨家完成的。但在这以前，墨子就已经提出"悖"的概念，其中包含矛盾律的基本内容。"悖"为荒谬、悖理和自相矛盾之意。墨子说："世俗之君子，贫而谓之富则怒，无义而谓之有义则喜，岂不悖哉。"（《墨子·耕柱》）对于"世俗之君子"来说，对"贫而谓之富""无义而谓之有义"的态度应该是一致的，要么皆"怒"，要么皆"喜"，不能一"怒"一"喜"。可他却对前者"怒"，对后者"喜"。这就是"悖"，即自相矛盾。这里，墨子设喻形象地说明自相矛盾的言论的荒谬性。

第三节　后期墨家的主要思想和成就

墨子死后，墨家分化，进入后期墨家阶段。后期墨家的思想和成就主要记录在《墨经》（《墨辩》）中，主要体现在以下几个方面。

一、以义为利的伦理主张

后期墨家继承墨子的"兼爱"学说，提出"义，利也"（《经上》）的命题，以"义"为"利"。他们认为，"利"的作用在于使人的喜好得到满足，"利，所得而喜也"（《经上》）；"害"是使人感到厌恶，"害，所得而恶也"（《经上》）。从这个原则出发，他们以趋利避害为道德原则，认为人应该放弃目前的小利而避开将来之大害，忍受目前的小害而得到将来之大利。《大取》说："断指以存掔，利之中取大，害之中取小也。害之中取小，子非取害也，取利也。"这是说，断一指而保全整个手臂，是利中取大的、害之中取小的。取小害不是取害而是取利。

《大取》还说："义利，不义害。志、功为辩。"这是说，义与不义、利与害的区别，既要看动机也要看效果，要从两个方面综合分析。在"志"与"功"的关系这一问题上，后期墨家更强调"功"。在他们看来，作为主观动机的"志"与作为客观效果的"功"并不总是一致的，即"志、功不可以相从也"（《大取》）。《经说上》说："志工，正也。""工"即功。这是说，"志"主动与"功"结合，才能作出正确的选择。

二、朴素的反映论

后期墨家继承墨子重经验的传统，形成了朴素的反映论。

关于认识的来源。《小取》说："夫辩者……摹略万物之然。"在后期墨家看来，认识是对客观事物的摹写、反映。他们经常把"知"与"物"对举，认为"物"独立于"知"。

后期墨家认为，具有认识能力是认识形成的前提。《经上》说："知，材也。"《经说上》解释说："知材，知也者，所以知也，而不必知，若明。"这是说，人具有认识事物的能力，这是用以认识事物的工具；但有了这种能力却不一定能形成认识。这就如同眼睛有看的功能，但不一定能看见一样。也就是说，具备认识能力是形成认识的必要条件，而不是充分条件。后期墨家认为，要获得对事物的认识，必须与外物接触，"以其知遇物，而能貌之，若见"（《经说上》），即通过与事物接触，摹写它的形象，形成感觉。感觉是五官的功能，如《经说下》所说，"闻，耳之聪也"，即听见声音是耳朵的听觉功能所致。

在真理标准问题上，后期墨家注重经验，把实践效果作为检验认识是否具有真理性的标准。《经上》提出"名、实、合、为"四个概念，《经说上》解释说："所以谓，名也。所谓，实也。名实耦，合也。志行，为也。""名"是"所以谓"，用以认识、说明事物的名词、概念；"实"是"所谓"，即认识、说明的对象；名实相符即"名实耦"，谓之"合"；"为"是认识的目的和验证，包括"志"，即动机；"行"即实际行动。把"行""志"两个方面结合起来是对墨子检验真理"三表"标准的发展。

关于知识的分类，后期墨家按来源把知识分为三种："亲知""闻知""说知"。"亲知"是亲身感觉得到的知识，即所谓"身观焉"；"闻知"是由他人传授得来的知识，又分为"亲闻"和"传闻"两种；"说知"是由推理得来的知识。在这三种知识中，后期墨家特别重视"亲知"，认为它是"闻知"和"说知"的基础。《经下》说："闻所不知若所知，则两知之，说在告。"《经说下》解释说："闻在外者，室中所不知也。或曰在室者之色若是其色，是所不智若所智也。"即有人看到室外某物为白色而不知室内某物的颜色，如果告诉他，室内之物与室外之物的颜色相同，他便可推知室内之物也是白色的。这是依据了他原有的经验进行推理的结果。由此得出结论："外，亲智也。室中，说智也。"（《经说下》）即知道室外的颜色是亲自感知到的，室内的颜色是通过推理得知的。

三、墨辩逻辑

先秦时期，各家各派都十分注重在辩论中运用逻辑思维规律战胜论敌。于是，逻辑学成为辩论必不可少的武器。《墨经》集各家之大成，提出了中国哲学史上第一个相对完整的逻辑学体系。后期墨家逻辑，也称墨辩逻辑，与古希腊逻辑学、古印度因明学并称古代世界三大逻辑体系。

《经上》说："辩，争彼也。辩胜，当也。"《经说下》说："辩也者，或谓之是，或谓之非，当者胜也。"这是说，"辩"是双方根据自己的见解争论是非，"当"者，即合乎事实为胜。辩论双方的是非，要看哪一方的理由符合事实。在后期墨家看来，客观事实是判断是非的标准。

关于"辩"的作用和方法，《小取》说："夫辩者，将以明是非之分，审治乱之纪，明同异之处，察名实之理，处利害，决嫌疑焉。摹略万物之然，论求群言之比。以名举实，以辞抒意，以说出故。以类取，以类予。有诸己不非诸人，无诸己不求诸人。"在后期墨家看来，辩论的目的在于"明是非""审治乱""明同异""察名实""处利害""决嫌疑"，辩论的内容包括社会生活的方方面面。"摹略万物之然"是说辩论时要了解事物的真实情况；"论求群言之比"是了解各方面的真实看法,使论据既符合事实又全面;"以名举实"是说,使用的名词、概念要与客观事物相符合;"以辞抒意"是说,语言要明确表达判断的内容;"以说出故"是说,在论证推理时,判断要有充分的根据;"以类取"是指,对于同类事物,承认彼则承认此,不承认彼则不能承认此,亦即类比推理;"以类予"是指,对于彼此相同的事物,如果对方承认了"彼",我方就提出"此",看他是否承认;"有诸己不非诸人"是指,对于同类的事物,如果我方承认,对方也承认,我方就不能反对对方;"无诸己不求诸人"是指,对同类的事物,我方反对,就不能要求对方承认。

关于名与实的关系,后期墨家认为,"实"是第一性的,"名"是第二性的,"名"说明"实",应该"以名举实"。《经上》说:"举,拟实也。""拟"即模拟。

关于概念的分类,《经上》说:"名,达、类、私。""名"即概念,分为"达""类""私"三类。《经说上》解释说:"说名。物,达也。有实必待文名也。命之马,类也。若实也者,必以是名也命之。臧,私也,是名也,止于是实也。""达"名为最高的类概念,如"物"的概念包括所有物体。"类"名指一般的类概念,如马,所有的马都包括在其中。"私"名指个别事物的概念,如"臧"是一个奴隶的名字,专指某一事物。

关于假言判断的条件,《大取》说:"夫辞以故生,以理长,以类行者也。""故"指某一现象发生的条件。"故"有"小故""大故"之分。"小故,有之不必然,无之必不然","大故,有之必然,无之必不然"(《经说上》)。"小故"即必要条件,有它某种现象不一定发生,没有它这种现象一定不能发生。"大故"为充分条件,有它一定发生某种现象,没有它这一现象也不一定不发生。

《墨经》还提出了"或""假""效""辟""侔""援""推"等形式逻辑概念。

关于"或",《小取》说:"或也者,不尽也。"《经上》说:"尽,莫不然也。""尽"指一概念所包含对象的全部,即一类事物的全称。这类命题主词的外延包含在谓词的外延中。"或"是指特称命题和选言命题,主词的外延只有一部分包含在谓词的外延中。"不尽然"是说不完全如此。

关于"假",《小取》说:"假者,今不然也。""假"指假设,"今不然"意为目前的实际情况不是这样。

关于"效",《小取》说:"效者,为之法也。所效者,所以为之法也。故中效,则是也。不中效,则非也。""效"是效法、模仿,"法"是规则、标准。《经上》说:"法,所若而然也。""所效者"指所效法、模仿的样式、范本。"所以为之法"是把所效法、模仿的样式、范本当作规则、标准进行推理。《经下》说:"一法者之相与也尽,若方之相合也。"这是说一类事物的规则、标准,适用于此类事物的所有个体。例如"方"作为公式,适用于所有的方物。《经说下》解释说:"一方尽类,俱有法而异,或木或石,不害其方之相合也。尽类犹方也,物俱然。"这是说,所有方的物都可归入方物一类,如方木、方石虽材料不同,但不妨害它们都是方物。按照一定的规则、标准,如果推理的结果"中效",则这个判断是有效的;"不中效",则这个判断就是无效的。

关于"辟",《小取》说:"辟也者,举也物而以明之也。""辟"即譬、譬喻,"也"为他。这种方法是借用某一具体的事或物说明其他的事或物,也就是由此及彼。

关于"侔",《小取》说:"侔也者,比辞而俱行也。""侔"是齐等的意思,即用同样的东西直接说明论点,如从"白马是马"推出"乘白马是乘马",从"车,木也"推出"乘车非乘木也"。这种方法相当于直接推论。

关于"援",《小取》说:"援也者,曰:子然,我奚独不可以然也?""援"是援引前例或对方所说的话作为类比推理的前提。《小取》以"恶多盗,非恶多人也;欲无盗,非欲无人也。世相与共是之"为例,推论出"杀盗人非杀人也"。这就是运用了"援"的方法。但这一结论实际是不正确的,"盗"与"人"固然是两个不同的概念,但人的外延包含盗。荀子批评这是"惑于名以乱名"(《荀子·正名》)。

关于"推",《小取》说:"推也者,以其所不取之,同于其所取者,予之也。是犹谓也者同也,吾岂谓也者异也。""推"即由已知的事物推出未知的事物,"其所不取"指未知的事物,"其所取者"指已知的事物,"予之也"是进行推论。

《墨经》还涉及"矛盾律"和"排中律"问题。《经说上》说:"是不俱当。不俱当,必或不当"。这是说两个矛盾的论题不可能同时正确,其中必有一个是不正确的。《经上》说:"攸不可,两不可也。""攸"为彼。这是说一对矛盾的命题,不能两个同时都是假的。

四、时空和运动

后期墨家特别注重将哲学与科学相结合,他们给时间、空间和运动下了明确的定义,并把运动与时空联系起来。

《经上》说:"久,弥异时也。"《经说上》解释说:"久,合古今旦莫。""莫"为暮。这是说,古今、早晨、黄昏都是不同的时间。作为时间范畴的"久",包括一切具体的时间。

《经上》又说:"宇,弥异所也。"《经说上》解释说:"宇,冡东西南北。"这是说,作为空间范畴的"宇",包括东西南北中等不同的空间。

后期墨家还对时间、空间及其与运动的联系作了阐述。《经下》说:"宇或徙,说在长宇久。"《经说下》解释说:"长宇,徙而有处宇,宇南北,在旦有在莫,宇徙久。""或"即域,"莫"为暮。这是说,事物的迁徙运动要历经一定的时间和空间,是由此时此地到彼时彼地的过程,比如由南到北,由旦到暮。时间的流逝和空间的移动是结合在一起的。《经下》进一步说:"行循以久,说在先后。"《经说下》解释说:"行者:行者,必先近而后远。远近修也,先后久也。民行修必以久也。""行"为走,"修"指距离的远近,"久"指时间的先后。正是有了"行",才有"修"和"久"。

五、科技成就

后期墨家十分重视科学技术及其应用,在《经上》《经下》中,记载了许多力学、几何学和数学、光学、心理学等方面的知识。

(一)力学
后期墨家对力的概念和力矩原理的阐述十分精确。

《经上》说:"力,刑之所以奋也"。刑,通"形",指物体;奋,指运动。这是说,力是物体发生运动的原因。这个定义与近代物理学"力"的概念完全一致。

《经下》说："天而必歪，说在得"。《经说下》说："衡加重于其一旁，必捶，权重相若也相衡，则本短标长。两加焉，重相若，则标必下，标得权也。""歪"为正，"衡"指秤杆，"捶"即锤。这是说，秤杆必定是平的。因为，提起需要称重的重物时，重物在秤头上的位置和秤锤在秤尾上的位置搭配得当。这是以称重为例说明杠杆原理。秤的提携处为支点，秤锤为力点，称钩（或称盘）为重点。支点和重点的距离短，即秤头；支点和力点的距离长，即秤尾。秤头所要称重之物如增减，则秤锤要左右移动，才能使秤杆重新平衡。后期墨家发现杠杆原理比古希腊阿基米德提出杠杆定理早二百多年，但后者更加完整且定量化。

（二）几何学和数学

后期墨家对"点""线""面""体"以及"圆""方"等几何图形都有研究。

关于"点""线""面""体"四个基本元素及其联系，后期墨家给出了精确定义。《经上》说："端，体之无序而最前者也"。"端"即点。这是说，点是没有体积、不占空间的，是最基本的几何元素。这里对"点"的描述与古希腊欧几里得《几何原本》中"点是没有部分的"的表述是一致的。

《经上》说："厚，有所大也。""厚"即体积，这是说，物体都占有一定大小的空间。

《经说上》说："尺前于区穴而后于端，不夹于端与区内。""尺"即线，"区"即面。这是说，线介于点和面之间。

关于"圆"，《经上》说："圜，一中同长也"。"圜"同圆，"中"即圆心。这是说，圆是由一个圆心到圆周上任一点的距离都相等的几何图形。这与欧几里得"同圆半径皆相等"是一致的，由"一中同长"可以推出作圆的方法，作这种图通常用"规"来完成。

关于"方"，《经上》说："方，柱隅四谨也。""柱"即边，"隅"即角，"谨"借作"权"，指"正"。这是说，方是这样的形状，它的四个边、四个角都正而直。

后期墨家还对"倍""平""同""中"等概念进行了定义。

《经上》："倍，为二也。""倍"即原数加一次，或原数乘以二。如二尺为一尺的"倍"。《经上》："平，同高也。"这是说，同样的高度称为"平"。这与欧几里得"平行线间的公垂线相等"意思相同。

《经上》说："同长，以歪相尽也。"这是说，两个物体的长度相互比较，正好一一对应、完全相等，称为"同"。

《经上》说："中，同长也。""中"指物体的对称中心，为与物体表面距离都相等的点。

（三）光学

《墨经》中记载的许多光学知识具有很高的科学价值。

《经下》说："景二，说在重。""景"同"影"。这是说，一个光体发出的光线被不透光物体遮住形成"本形"和"副影"两个影像，原因在于影子重复。这是对光成影原理的解释，即由于发光体包含许多发光点，光线又沿直线传播，形成多层物影。这些物影的相重和相差就形成了浓黑的"本影"和模糊的"副影"，这就是"景二"。

《经下》说："景到，在午有端舆景长，说在端。""到"同"倒"，"午"即交叉，"端"即点，此处指"小孔"，"舆"通"预"，指关系。这是说，物影之所以倒立，在于发光体发出的光线的交点恰好就是隔屏上的小孔。光体和照壁距离交点的长短关系着倒影的大小。成倒像的关键是隔屏上的孔要特别小。由于屏孔极小，光线沿直线传播，所以物体成倒立之像。这是对"小孔成像"原理的描述。

《经下》说："景不徙，说在改为。"这是说，飞鸟的影子在某一瞬间是不动的，可鸟体看上去又在动。原因在于，鸟在飞行过程中，前后瞬间的影子接连更新着，并且依次变动位置，造成了视觉上的错觉。就某一瞬间而言，鸟影是不动的，因为光线沿直线行进，照到鸟体上，被鸟体遮住，生成鸟影。就某一过程而言，鸟影又是动的，因为鸟体在飞行过程中，前一瞬间光线被鸟体遮住出现影子的地方，后一瞬间又有光线照射；前一瞬间在这里生成的影子消失，又在稍前一点的地方生成新影。如此连续不断，加上前后两瞬间足够短，前后两影的投落处足够近，当人们的视力不能分辨这些单个的、不动的影子的时候，就会感觉鸟影也在运动了。

"物影生成""小孔成像""鸟影不动"说明了光在同一种均匀介质中直线传播的规律。这些规律是通过实地观测得到的，比欧几里得提出光直线传播至少早一百年。

（四）对梦的解释

后期墨家对梦进行了解释，属于心理学范畴。他们认为，睡眠是认识能力暂时无知的状态，即"卧，知无知也"（《经上》）。梦则是睡眠时产生的幻象，即"梦，卧而以为然也"（《经上》）。

墨家是先秦时期唯一一个对自然科学进行研究的学派。教育家蔡元培称："先秦唯墨子颇治科学。"历史学家杨向奎认为："中国古代墨家的科技成就等于或超过整个古代希腊。"

阅读书目

1. 《墨子》。

2. 孙诒让：《墨子间诂》，中华书局 2021 年版。

3. 詹剑峰：《墨子的哲学与科学》，人民出版社 1981 年版。

4. 方孝博：《墨经中的数学和物理学》，中国社会科学出版社 1983 年版。

5. 邢兆良：《墨子评传》，南京大学出版社 2011 年版。

6. 方勇译注：《墨子》，中华书局 2015 年版。

7. 舒大刚：《墨子的智慧》，中央编译出版社 2008 年版。

思考题

1. 墨家是如何形成的？

2. 墨家主张节葬、节用，而儒家重礼仪，特别是在丧葬、祭祀方面有着非常复杂的程序，谈谈你对儒、墨两家礼仪观的认识。

3. 墨子是如何看待"义"和"利"的？与儒家的"义利"观有何差异？

4. 墨家的"兼爱"与儒家的"仁爱"有何差异？

第七章　老子：道家学派的创始者

老子是中国古代道家学派的创始人。在中国古代重要的思想家中,老子是引起争议最多的人物。老子究竟是谁? 他是哪个时代的人?《老子》这部书是谁写的? 成书于何时? 古往今来,围绕着这些问题出现过很多观点,产生过许多争论。《史记》是最早记述老子其人其事的史书,是我们了解老子的主要材料依据。

根据《史记·老子韩非列传》的记载,"老子者,楚苦县厉乡曲仁里人也"。在《史记》对先秦人物里籍的记载中,这是最明确、详尽的一条。其地一说在今河南周口的鹿邑县东,一说在今安徽亳州的涡阳,至今悬而未决。这两个地方其实距离很近,很可能是同一个地方,只因历代行政区划的沿革导致了这一争议。苦县原属陈国,公元前 479 年,陈国被楚国所灭,其地遂属楚国,所以司马迁才说老子是楚人。

《史记》记载老子"姓李氏,名耳,字聃",《说文解字》曰:"聃,耳曼也。""曼"义为长,聃即耳朵长而大之意。大概老子生来耳朵有些特别,故以耳为名,以聃为字。

在先秦时代,"子"是对知识分子的尊称,相当于后世的"先生",当时称"子"的如孔子、墨子、孟子、庄子等,都是在姓氏下加一"子"字,那么,既然老子姓李,为什么不和其他人一样称为"李子",而称为老子呢? 关于这个问题,有几种相去甚远的解释。第一种,"老"是尊称,称"老子"犹如后人所谓老先生。这大概是由于老子特别长寿的缘故,《史记》曰:"盖老子百有六十余岁,或言二百余岁,以其修道而养寿也。"第二种是道教的说法,说"李母怀胎八十一载"生老子,"生而皓首,故称老子"。第三种,已故著名学者高亨认为,古有"老"姓而无"李"姓,"李"姓是后起的姓氏,是由"老"姓辗转通假而来的,他举证说,春秋时期史籍记载没有一个姓李的,但是姓老的却不乏其人。高亨先生的考证是令人信服的,现在大家基本认可这种看法。

老子是"周守藏室之史","守藏史"又称"征藏史""柱下史",是周王朝的史官,掌管图书文献档案,所以现在人们多说这个官职相当于国家图书档案馆的馆长。在春秋时代的世袭贵族政治条件下,一个官职往往就是一门学问,贵族们不但世传其官,而且世传其学,因而老子很可能出身于有深厚文化修养的史官世家。老子出任周王室的"守藏史",可以想见他的学问在当时有着相当显赫的声名。

老子

老 子

老子的生卒年已不可确考，不过根据《史记》的记载，"孔子适周，将问礼于老子"，二人进行了重要的会晤和对话，孔子向他请教了有关"礼"的问题，其事发生在老子担任周王室的守藏史期间。可知老子和孔子是同一时代的人，孔子既然恭恭敬敬地向老子"问礼"，大概可以推知老子要年长于孔子，大概孔子青年时，老子已是中年。孔子生于公元前551年，老子的生年据此约略可以推知。现在学术界一般都接受这样的推测，老子和孔子的年龄大约相差一代人，也就是20岁左右。

司马迁说，老子"居周久之，见周之衰，乃遂去"，大概从此隐姓埋名，浪迹天涯。老子西出函谷关，在那里写下了《道德经》，然后"莫知其所终"。函谷关外属秦地，大概老子终老于秦地，相传今陕西周至的楼观台是老子讲经的地方，如今已是道教圣地。

《老子》一书又称《道德经》，由《道经》和《德经》两部分组成，全书为五千余字，共八十一章。现代学者多认为老子只是写下了《道德经》的初稿，该书中有很多地方是经过后人增删改动的。

《老子》一书有多个版本，传世本有魏晋时期王弼注本、东汉河上公注本、唐代傅奕注本等，统称通行本或今本。近年来出土简帛文献中又出现了好几部《老子》，如1973年马王堆西汉墓中出土的帛书甲本和帛书乙本、1993年湖北荆门郭店出土的战国中期竹简本、北京大学收藏的西汉竹简本等。这些不同的版本可以帮助我们弄清楚《老子》一书的文本演变，也为我们研究老子思想提供了珍贵的材料，可以在一定程度上修正我们以往对老子思想的认识。《老子》一书有这么多传世的和出土的版本，在古代的典籍流传中是极为罕见的。

第一节 "道"论

老子创立的学派之所以称为道家，就在于他提出了一个以"道"为最高范畴的完整的思想体系，从"道"的眼光和高度考察自然、社会和人生的根本问题。老子的"道"论是中国古代第一个系统的哲学思想体系，对后世的哲学与文化产生了极其重大而深远的影响。

一、形而上之"道"

老子的全部思想体系都是以"道"为核心概念而展开的。"道"之所以能够作为老子哲学的核心概念，关键就在于它所独具的形而上的特性，也就是高度的抽象性，它"视之不见""听之不闻""搏之不得""绳绳不可名"（《老子》十四章，以下引文只标出章次）。由于"道"没有具体的形象，也没有任何规定性，因而人们无法感知它，也无法用语言来描述它，只能运用理性的力量来确知它的存在，勉强地称它为"道"（"强字之曰道"）。

"道"虽然不可感知，不可名状，但又确实是真实的存在：

> 道之为物，惟恍惟惚。惚兮恍兮，其中有象；恍兮惚兮，其中有物。窈兮冥兮，其中有精；其精甚真，其中有信。（二十一章）

所谓"无状之状"，是指没有固定的形状，但没有固定的形状毕竟也是一种形状，是一种特殊的形状。所谓"无物之象"，是指没有普通事物那样的具体形象，但没有具体的形象毕竟也是一种形象，是一种特殊的形象，老子称之为"大象"（"大象无形"）。这就是"道"的形而上之特性，"道"是一种高度抽象的存在。

老子为什么要设定"道"是形而上的呢？因为一切存在于特殊时空中的具体事物都是形而下的，形而下的事物是有生有灭的，它们的存在都是相对的、暂时的。在老子看来，只有"道"的存在是绝对的、永恒的，所以他要肯定"道"是形而上的。

世界上最大的有形之物莫过于天和地，但在老子看来，天和地也是可以感知的、有生有灭的，同样也不能作为万物的最后根源。只有永恒的、绝对的"道"才有资格作为包括天地在内的万物的最后根源，所以老子也称"道"为"万物之宗"和"天下母"。

老子既要说明"道"真实存在，又要说明"道"的形而上特性，强调"道"与具体事物的本质区别，在那个科学和思维的发展水平还比较低下的时代，这是一件十分困难的事。面对这样一个人们未曾思考过的理论问题，老子提出了"有"与"无"这对范畴，巧妙地解决了这一棘手的难题。他从日常生活的经验中提炼出了"有"与"无"这对范畴，将"道"视为有与无的统一体。具体的事物要么有，要么无，不可能既有又无。"道"则不然，由于它是不可感知的超经验的存在，因而相对于具体的可感知的事物而言，可以称为"无"。唯其如此，"道"才能从万物中脱颖而出，成为最高的本体。另外，"道"虽幽隐无形，不可感知，但又并非空无所有，而是"其中有象""其中有物""其中有精""其中有信"（二十一章），是真实的存在，因而相对于空无所有的虚无来说，又可以称为"有"。唯其如此，"道"才能成为"万物之宗"，成为世界的本原。这样一个有与无的统一体，既恰当地强调了"道"的形而上之高度抽象性，体现了"道"与具体事物的区别，又恰当地突出了"道"的实存性，体现了"道"与具体事物的联系。把"道"规定为有与无的统一，表明老子的哲学思想具有很高的抽象思维水平，是老子在中国哲学史上的一个极为重要的贡献。

二、万物始基之"道"

老子的"道"具有独特的超越性，它不受时间和空间的限制，它是万物的始基。它"先天地生"，是一切存在的始基和根源（"万物之宗""天下母"），万物都是"道"创生的。"道"创生万物不是一下子完成的，而是经历了一步步展开的过程，《老子》第四十二章描述了这一过程：

> 道生一，一生二，二生三，三生万物。

"道生一"是这个演化过程的第一个阶段。这里的"道生一"，不宜理解为"道"首先生出个"一"，事实上，这个"一"乃是对道本身的描述。"道"是一个绝对的、独立的存在，具体的事物都是有对待的、有偶的、有构成的，"道"却是无对待的、无偶的、不可分的。按照老子的描述，"道"是一个"混而为一"的、混沌未分的"混成"之物，其中蕴含着一切的可能。

"一生二"是这个演化过程的第二个阶段，也是至关重要的阶段。因为"道"如果始终停留在混沌不分的"一"的状态，就无法创生万物。然而老子又说：

万物负阴而抱阳，冲气以为和。（四十二章）

万物所"负""抱"之阴、阳，毫无疑问是来自其所由之创生的"道"。老子虽未明确地说过"道"中包含阴和阳，但根据老子哲学的内在逻辑，"道"在自身中早已潜在地蕴含阴和阳两种相反相成的要素或性质。"道"在"周行而不殆"（二十五章）的运动中，这两种相反相成的势力就逐渐显现出来，分离为阴阳二气，这就是"一生二"。相对于阴阳二气，那阴阳未分的原始状态的气（即"道"）便是"一"了。由"道"化分为阴阳二气，标志着抽象的、无形质的"道"开始演化为具体的、有形质的万物，这时"道"展开创生万物的过程。按照中国古人通常的理解，阳气"轻"而"清"，最终上升而形成了"天"，阴气"重"而"浊"，最终下降而形成了"地"。

"二生三"是演化过程的第三个阶段。阴阳二气产生了之后，并不是互不相干的，相互作用是它们的本质属性。阴阳交感、二气和合、天地氤氲，预示着演化出万物的无限生机。这里的"三"，从动态上来看，是指的阴阳两种对立势力的相互作用；从静态上来看，是指的阴阳二气相互作用所生成的和合之气。这种和合之气标示着"道"孕育着万物的一种饱满的状态，万物在"道"的母体中可以说已是呼之即出了。

"三生万物"是演化过程的最后一个阶段。阴阳二气交感氤氲产生的和合之气所含的能量释放出来，其结果便是万物的生成。至此，"道生万物"的逻辑过程已完全展开，"道"经过了一层层的落实，终于完成了创生万物的历程。

"道"创生万物的过程，《老子》第四十章又概括为："天下万物生于有，有生于无。"万物都是有形质的（"有"），具体的"有"都是其他更早的"有"产生的，但如果追问下去，对万物的产生进行终极性的哲学思考，那就只有承认"有生于无"，这个终极的"无"就是"道"。这就是老子的宇宙生成论。老子这一思想在历史上产生了深远的影响，成为中国古人对于万物生成的一般看法。

"道"作为万物的始基，它不仅创生了万物，而且还是万物存在的根据和最终归宿。

首先，"道"是万物存在的内在根据。从万物的角度来看，不仅它们的产生离不开"道"，而且它们的存在也离不开"道"，"道"是万物赖以存在的内在根据。从"道"的角度来看，不仅万物离不开"道"，"道"也离不开万物，离开了万物，"道"的作用就无法体现，人们也就无法体认和把握"道"。根据老子哲学的内在逻辑，万物在创生之前，潜存于混沌未分的"道"中，与"道"为一体；万物创生之后，又内在地包含着"道"，体现着"道"，"道"与万物仍然是一体。可见，"道"创生万物后，并没有离开万物，而是内在于万物，作为万物存在的原因和根据。因而可以说，"道"与万物从来就没有分开过，正如一位古人所说："道不离物，物不离道，道外无物，物外无道"（顾欢《道德真经注疏》）。落实、体现于万物之中并作为万物存在根据的"道"，老子称之为"德"。"德"与"得"古时通用，万物所"得"之"道"就是"德"，它是"道"在具体事物中的体现，是事物之所以如此并区别于他物的根据。因此也可以说，"德"就是存在于万物之中的"道"，就万物的生成来讲是"道"，就万物的存在来讲则是"德"，"道"与"德"是不可分离的二位一体。

其次，"道"还是万物的最终归宿。万物有生亦有灭，万物之灭并不是消失，而是复归于其所由之而来的"道"。关于万物向"道"的复归，老子说：

> 吾不知其名，字之曰道，强为之名曰大。大曰逝，逝曰远，远曰反。（二十五章）

"大"是说"道"广大无边，无所不在。"逝"指"道"的周流不息地运行。"远"指大道运行不息，向无限的远方伸展。"反"即"返"，即返回到原点，复归于最初的本原。通过万物存在的无限多样性和运动的永恒性，"道"将自己的本性和作用伸展到无限的远方，在这一意义上，可以说"道"离自己的原始状态越来越远。然而万物的存在与运动无论走到多远，最终都要返回到原点，向"道"复归，返回到出发点的万物于是完成了自己的一个循环过程。

老子又称万物向"道"的复归为"复归其根"。他说：

> 万物并作，吾以观复。夫物芸芸，各复归其根。（十六章）

大千世界，芸芸众生，层出不穷，生生不息，老子从这纷乱的世界中找出了一条规律，那就是万事万物最终都不可避免地要向自己的本根复归。常言道，"树高千丈，落叶归根""一元复始，万象更新"，这些化为民众共识的智慧就来源于老子的思想。老子关于万物"各复归其根"的思想启示了人们，归根就意味着新生。由于万物的复归，"道"中又凝聚着新的生命力，集结着新的创造力，孕育着新的事物，酝酿着另一轮循环过程。这就是老子向人们描述的关于"道"与万物运动的永恒过程。

三、自然之"道"

在老子的思想体系中，有两个东西最为重要，一个是其学说的核心概念——"道"，另一个是其思想的最高价值和基本精神——自然主义。我们可以这样比拟，"道"是老子学说的基石，自然主义则是老子学说的灵魂，离开了这两个东西，我们就无从了解老子的思想。

老子所谓的"自然"，不是现代人所谓的"自然界"或"大自然"，而是自己如此、本来如此、自然而然的意思。

自然主义作为老子思想的基本精神和最高价值，其与老子哲学的核心概念之"道"是一种什么样的关系呢？老子对此有明确的回答：

> 人法地，地法天，天法道，道法自然。（二十五章）

这里的"法"是效法、取法的意思：人取法于地，地取法于天，天取法于"道"，"道"则取法于"自然"。其实这里要说的是，不仅"道"要效法"自然"，天、地、万物、人也都要效法"自然"。

"道"对待万物的态度最能说明自然的价值，最能体现"道法自然"的原则。《老子》五十一章说：

> 是以万物莫不尊道而贵德。道之尊，德之贵，夫莫之命而常自然……生而不有，为而不恃，长而不宰，是谓玄德。

"道"之所以受万物尊崇，就在于它是"自然"的，从不对万物发号施令，从不对万物进行控制与干预，完全顺其自然地任万物自我化育、自我完成。这里面隐含着老子思想中的一个深层观念，那就是：自然的便是最尊贵的，自然是最高的价值，也是事物存在与发展的最佳状态。"道"创造和成就万物并不含有目的性，从不将万物据为己有而宰制之，也不试图得到回报，所以说"生而不有，为而不恃，长而不宰"。这里的"不有""不恃""不宰"都是说明"道"没有占有的意欲，"道"只是辅助万物的生长，即所谓"辅万物之自然而不敢为"（六十四章）。"道"的这样一种品德，就是"玄德"，即最高的品德。

第二节 辩 证 法 思 想

老子在中国哲学史上第一次提出了系统而丰富的辩证法思想。老子辩证法有很强的思辨性和应用性，自古及今，上至帝王将相，下至市井百姓，无不运用着它，受益于它的思想成果。老子辩证法最著名的命题就是"反者道之动"（四十章），它是老子辩证法的核心。

一、"反者道之动"揭示了事物运动变化的动因

"反者道之动"这一命题有着丰富而深刻的含义。它揭示了世界万物运动变化的原因和动力——"反"。

老子认为世界万物都处于永恒不息的运动变化之中，那么这种运动变化的动力来自哪里呢？或者说，是什么原因使得事物在不断运动变化呢？是神意的安排吗？是由于某种外在力量的推动吗？老子的回答都是否定的。在老子看来，事物运动变化的原因就在事物的内部，它们是自己运动、自己变化的。"道"是"周行而不殆"的，具有永恒运动的本性，万物从"道"那里禀受了形质，同时也从"道"那里禀受了运动变化的本性，这种由"道"所赋予的本性就是万物运动变化的动因。

"道"自身的运动本性和推动万物运动的作用，通过"反"——对立相反得到具体的表现，或者说这种本性及其作用就落实和表现在一个"反"字上。

具体来说，在老子的哲学中，"一"是"道"的代名词，它表明"道"最初是一个浑然一体的东西，是一个混沌未分的"混成"之物，是世界的原初状态。然而原初的"道"在自身中潜在地蕴含两种对立相反的力量——"阴"和"阳"，正是由于这种内在的活跃机制的作用，才使得"道"具有了运动的本性，"道"之所以能够"周行而不殆"，就是由于这一内在机制的推动。在"周行而不殆"的运动中，阴阳这两种相反相成的对立势力互相排斥、氤氲、交感、激

荡，由此化生出天地万物。可见"道"化生天地万物也是由于这种内在的机制和动力——"反"的推动。"道"中有阴阳，由"道"化生的万物也必然在自身中包含着阴阳，所以老子才说"万物负阴而抱阳，冲气以为和"。"负阴而抱阳"就是背阴而向阳，万物都是一阴一阳、一正一反的统一。因而对立相反的现象普遍地存在于一切事物之中，这种内在的相反双方既互相排斥又互相吸引，由此推动了事物的运动变化。

总之，从本原的"道"到具体的万物，无不内在包含着对立相反的作用——"反"，正是由于这种内在作用的存在，才使得"道"能够循环不止、化生万物，才使得万物能够变动不居、生生不息。因而我们说，"反者道之动"揭示了事物运动变化的内在动因。

二、"反者道之动"揭示了事物运动的规律性

"反者道之动"的命题不仅解释了事物运动变化的动因，也揭示了事物运动的规律性。老子认为事物的运动和变化莫不依循着一定的规律，其中的一个总规律就是"反"：事物无不向相反的方向运动变化；同时，事物的运动变化总要返回到原来的出发点。因而，"反"的总规律中蕴含了两个重要的思想：其一，相反对立，老子由此揭示了对立转化的规律；其二，返本复初，老子由此揭示了循环运动的规律。

（一）对立转化的规律

老子指出，任何事物都有它的反面，同时又都依赖它的反面而存在。老子以人们熟悉的美与丑（恶）、善与不善为例，精辟地分析了对立双方的相互依存。他说：

> 天下皆知美之为美，斯恶已；皆知善之为善，斯不善已。（二章）

这是说，有了美的观念，丑（恶）的观念也就产生了；知道了什么是善，也就知道了什么是不善。美与丑（恶）、善与不善是相对而存在的，根据这一道理，老子指出，一切事物及其特性，都是在相反对待的关系中产生和存在的。他说：

> 有无相生，难易相成，长短相形，高下相倾，音声相和，前后相随。（二章）

没有了长，也就无所谓短，离开了高，也就不知什么是低，反之亦然。相对立的事物之间的这种依存关系，就是所谓的相反相成。老子是最早揭示这一辩证关系的思想家。

老子认为，这种相反亦相成的对立依存关系在自然界和社会现象中是普遍存在的。例如巧拙、动静、枉直、多少、新旧、雌雄、轻重、静躁、歙张、弱强、废兴、取与、贵贱、明昧、进退、成缺、寒热、祸福、损益、正奇、柔刚、虚实、开合、清浊、存亡、亲疏、主客、终始、治乱、成败、有为无为等。在短短的"五千言"中，老子举出了这种相反相成的概念达八十余对。这些对立的双方都是相比较而存在的，失去了一方就等于失去了双方。老子所列举的这些概念，涉及天文、地理、数学、物理、生物等自然领域和经济、政治、军事、思想意识、道德修养、人际关系等社会生活诸方面，其涉及面之广，观察之细微，论证之精辟，均令人叹为观止，这在中国古代思想史上是极为罕见的。

在老子的辩证法中,事物之间这种对立相反的关系是复杂的。从表面上看来,它们相持不下、互不相容,但老子经过深入的观察和思考后发现,它们之间又是互相包含、互相渗透的。老子举例说:

> 祸兮！福之所倚;福兮！祸之所伏。(五十八章)

人们通常只看到事物的表面,而难以透视其中隐藏着相反的可能性。而在老子看来,祸中倚傍着福的种子,福中也潜伏着祸的根苗。同样道理,一切对立相反的事物之间都是如此,你中有我,我中有你,很难把它们绝对分开。正是由于对立双方的这种互相包含互相渗透,才使得它们之间能够彼此相通,并最终实现互相转化。

在老子看来,事物间对立相反关系不是僵死的、凝固的,而是可以变动的,当事物发展到某种极限的程度时,便会改变原有的状态,而向反面转化,这就是古语所说的“物极必反”。“物极必反”的命题显然是从老子的有关思想中来的,常言所说的盛极必衰、乐极生悲、否极泰来等,都可以说是老子这一思想的具体表述。这里特别值得注意的是,老子看到了事物的变化不是变为任何别的东西,而是变为自己的反面,之所以如此,正是由于存在于对立相反的事物之间的那种互相包含和渗透,决定了事物转化的这一必然趋势和方向。事物向对立面转化的规律,在西方是由近代哲学所系统论述的,而老子在公元前 6 世纪便已发现并具体阐释了这一规律,足见老子辩证法的重大价值。

(二) 循环运动的规律

老子认为,“道”是“周行而不殆”的,世界上一切事物的运动变化也都是循环往复的,都毫无例外地遵循着这种回到原来出发点的运动规律。这是“反者道之动”命题的另一层重要含义。在古汉语中,“返”是“反”的含义之一,在古文献中常写作“反”。在 1993 年湖北荆门郭店发现的战国楚墓竹简《老子》中,“反”字正作“返”,可知“反者道之动”的“反”正是“返回”的意义。

老子十分重视返本复初的思想。他概括万物生灭变化的规律说:“夫物芸芸,各复归其根”(十六章),万物有生必有灭,所谓灭并不是化为乌有,而是回归其所由之来的本根。万物为什么一定要返回本根呢？原来万物返本归根,是为了从本根处获得新的生命力,重新聚集能量,再次投入到新的一轮循环。这种终而复始的循环运动生生不已,永不止息,这就是宇宙大化的真谛。可见,老子关于循环运动规律的思想中,蕴含着复始新生的重要观念。

在《老子》中,与“返”同义的还有“复”“归”“周行”,都是循环的意思。这种回到原来出发点的循环往复的运动,鲜明地表现了事物运动的规律性。老子第一个揭示了这种回到原来出发点的运动,并把它看作宇宙万物运动的总规律,这是他的重大贡献。从形式上看,这一规律同近代哲学十分注重的“仿佛又回到原来的出发点”的否定之否定规律是相吻合的。当然,老子只发现了这一规律的循环性,而没有发现这种循环中还有前进和上升,这是时代的局限。

总之,“反者道之动”命题向人们展示了世间万物辩证运动的总画面:万物在“道”的作用下运动不息;万物的运动都是向相反的方向的运动;万物循环运动,返回原点。这既是万物运动的总规律,也是"道"运动的总规律。

三、"反者道之动"的实际应用

老子揭示出相反相成和物极必反这两条重要的辩证法则,这是他的重要贡献。老子揭示这两条法则的目的在于:通过对这两条法则的认识和把握,引导人们在实际生活中从反面观察、思考和处理问题。这种从反面观察、思考和处理问题的方法,就是《老子》四十章所说的"弱者道之用",即对"反者道之动"的实际应用。

老子观察到,凡是柔弱的东西都是充满生机的和具有发展前途的,凡是刚强的东西都是快要走下坡路的。他举例说:

> 人之生也柔弱,其死也坚强。万物草木之生也柔脆,其死也枯槁。故坚强者死之徒,柔弱者生之徒。(七十六章)

老子由此得出结论:"柔弱胜刚强"(三十六章),认为柔弱优于刚强,这句话后来成为千古流传的格言。老子喜欢以水为例来说明"柔弱胜刚强"的道理,他说:

> 天下莫柔弱于水,而攻坚强者莫之能胜。(七十八章)

天下没有什么东西比水更柔弱的了,但任何坚强的东西都不能改变水的本性;相反,滴水可以穿石,洪水可以冲决一切坚固的东西。因而,水是最柔弱的,但又是最强大的。

老子坐像

在老子看来,柔弱与刚强是对立相反的双方,任何事物在它新生的时候都是柔软和弱小的,事物成长的过程也就是由柔弱至刚强的过程,并由刚强最终走向灭亡。既然如此,只要事物尽量保持柔弱的状态,不要达到盈满、壮盛的极致状态,就可以延缓乃至防止向刚强的转化,从而推迟乃至避免灭亡的到来。老子称这种方法为"守柔""守雌""不盈"。老子善于提出与常识、常规相反的观念和方法,从思维方式上来看,这种方法属于辩证思维中的逆向思维,其中包含着深刻的哲理和高超的智慧。

老子的辩证法是中国最古老也是最庞大的辩证法思想体系,在历史上产生了重大而深远的影响。它的影响不仅表现在哲学思维的领域,而且渗透到社会生活的各个方面,深刻地影响了中国人的思维方式和生活态度。老子提出的以及由老子思想衍生出来的许多极富辩证意味的格言警句,如柔弱胜刚强、以柔克刚、相反相成、物极必反、欲取姑予、欲擒故纵、祸福相依、大器晚成、大智若愚、功成身退、知足常乐、无为而无不为等,早已深入人心,成为中华民族的宝贵精神财富和智慧源泉。

第三节　政治主张与人生思想

从自然现象和规律中确定社会、人生的法则，是中国传统哲学的一个基本特征，这一基本路数或特征被史家概括为"究天人之际，通古今之变"。老子的哲学也是这样，也是由天道观和人道观两方面的内容构成的。

老子的天道观即其"道"论，是对于宇宙、自然的一般看法。老子的人道观又可分为社会政治学说和人生哲学两部分。

一、"治大国若烹小鲜"的政治主张

人们常用"自然无为"来概括老子的思想。"自然无为"是老子哲学所要表达的最重要的观念，其中包含着"自然"与"无为"两层内容。"自然"是一种观念、态度和价值，也是一种状态和效果；"无为"则是一种行为，是实现"自然"的手段和方法。"自然"与"无为"密不可分、相得益彰，"自然"的观念、态度、状态必然要求"无为"的行为；"无为"的行为必然体现"自然"的观念，必然实现"自然"的价值和效果。

"无为"的含义需要准确地加以把握，我们不能仅从字面上把它理解为不要任何作为、排斥任何人为。"无为"的确切含义，是指顺任事物之自然，排除不必要的作为或妄为。顺其自然不妄为，实际上也是"为"，是一种独到的、有深刻意蕴的"为"，这就是老子所说的"为无为，事无事"（六十三章），即以"无为"的态度去"为"，以清静无事的方式去"事"。

老子认为，要治理好一个国家，就必须采取这种顺其自然不妄为的方式。他以烹鱼为例来说明这一道理：

治大国，若烹小鲜。（六十章）

治理国家就好比烹小鱼，不能多搅动，否则鱼就会烂，这就是"无为"；而鱼还是要烹的，国还是要治的，并且还要烹得好，治得好，这又是"为"；如能按照"无为"的原则去做，不妄加搅动，任其自成其功，就可以把鱼烹好，把国治好，这就是"无为而无不为"。可见，"无为"只是一种手段，"无不为"才是所要达到的目的。

"无为而治"是老子为解救社会危机而提出的一种独特的、极具启发意义的政治主张。具体来讲，"无为而治"包括如下一些具体的内容。

首先，统治者要"少私寡欲"。老子认为，统治者的私欲和野心是国家混乱、社会动荡的最重要根源。"少私寡欲"的政治含义是向统治者进言，是对统治者的忠告。老子认为，只要统治者减少私欲和野心，就能恢复清静无为的政治，人民自然会安居乐业，社会自然就会走上正轨。

其次，实行"清静""无事"的政治。老子指出：

民之难治,以其上之有为,是以难治。(七十五章)

老子认为,统治者的所作所为是社会治乱的关键,统治者在私欲和野心的驱使下推行"有为"的政治,必然会造成成堆的社会问题。对此,老子提出了"清静"和"无事"的政治主张:

清静为天下正。(四十五章)

我无为而民自化,我好静而民自正,我无事而民自富,我无欲而民自朴。(五十七章)

统治者若能清静无为,人民就可以"自化""自正""自富""自朴",这是老子对为政者提出的又一忠告。

清静无事的具体要求,包括薄赋敛,减轻人民的负担;谨慎用兵,不要发动战争;减轻刑罚,删简法令,不要用高压政策对付老百姓等。从这些具体的主张来看,老子是一个对劳动人民的疾苦富有同情心,对国家社会具有高度责任心的思想家。

从"无为而治"的政治主张出发,老子描述了"小国寡民"的理想社会:

小国寡民,使有什伯之器而不用,使民重死而不远徙。虽有舟舆,无所乘之;虽有甲兵,无所陈之;使民复结绳而用之。甘其食,美其服,安其居,乐其俗。邻国相望,鸡犬之声相闻,民至老死不相往来。(八十章)

在这样的社会里,国家小,人民少;虽然有各种各样的先进器具,却并不使用;人们爱惜自己的生命,不轻易冒险向远处迁徙;人们不出远门,虽有车辆和船只等便利的交通工具,却没有必要去乘坐;人与人之间没有争斗,国与国之间没有战争,所以虽有兵器铠甲等暴力用具,却派不上用场;人们的生活简单淳朴,不需要高深的文化知识,仅用祖先们用过的结绳记事的原始方法就足够了;人们的饮食不一定很丰盛,却吃得很香甜;人们的衣服不一定很奢华,却觉得很美观;人们的住所不一定很豪华,却觉得很安适;人们保持着淳朴的天性,习惯了简单朴实的生活,过得很快乐,人际关系十分简单,不需要道德规范的灌输和约束,仅靠古老的习俗就可以了;邻国之间可以看得见,连鸡鸣犬吠之声都可以互相听得见,但彼此间互不干扰,相安无事,直到老死也无须互相往来。这简直是一首和谐美妙的田园诗,一个充满和平与欢乐的桃花源。

过去人们对老子的"小国寡民"评价很苛刻,不少人批评老子是企图使历史倒退回原始社会的时代,这其实是对老子思想的误解。原始社会是没有国家和政府的,而老子的理想社会中仍然有"国",如"小国""邻国"。既谓之国,就有政府和统治者,不过这里的政府和统治者实行"无为而治",人民感觉不到统治者的压力,政府和民众相安无事。老子的理想国里有各种各样先进的器具("什伯之器"),只不过无须使用而已,人们能够"甘其食,美其服,安其居,乐其俗",这样的生产、生活水平显然不是穴居洞处、茹毛饮血的原始社会所能提供的。"小国寡民"可以看作老子对社会现状的不满而设计出的社会改造方案,表达了老子强烈的社会批判精神。

二、"见素抱朴"的人生态度

老子的人生哲学以自然为最高的价值取向,贯穿了自然主义的精神。

《老子》第十九章提出的"见素抱朴"这一命题,最能体现这样一种人生态度。"素"是未经染色的丝,"朴"是未经雕饰的木,指事物的自然状态与本来面貌,老子这里借以比喻不加任何人为的矫饰、拘束与扭曲的人心的自然状态。

"见素抱朴"是老子针对当时社会的道德状况提出来的。在老子看来,有出自人类朴素天性的自然的道德,也有矫揉造作、被人利用的人为的道德。人心本是朴素自然的,并不受也无须受任何道德观念的制约,甚至也不必知道仁义礼智等道德规范为何物。人的行为若是出于这样的本性,便与"道"自然相合,虽不知道德为何物,却又是最道德的。因而,从价值观上看,自然的道德要高于人为的道德。老子认为,正是由于这种自然道德的失落,才有了人为提倡的道德。换言之,道德观念和道德规范的出现标志着人们对于道德的自觉,而对道德的自觉恰恰表明了人类真朴的失落和自然天性的迷失。

当人们失去了一种本不该失去的东西之后,才会真正感到它的可贵。出于对人类纯真质朴的自然天性的挚爱,更出于对于恢复这种自然天性的执着,老子赋予"朴"以极高的价值,主张人心应该向真朴的自然之性复归。在老子看来,返璞归真、回归自然,是人生修养的终极目标。

关于返璞归真的道德追求和价值取向,老子还有一个生动形象的说法,即"复归于婴儿"(二十八章)。婴儿象征着纯真,老子认为,具有高尚道德修养的人,其内心就如婴儿般纯洁天真,没有半点机巧和虚饰。因而在《老子》书中,婴儿、赤子乃是一种极高的境界,亦即自然的境界。

"见素抱朴"、回归自然是老子的人生价值取向,若要实现这样的价值目标,使人心恢复和保持自然的状态,还需要通过一些具体的途径和方法。

首先是"少私寡欲"。在老子看来,私欲是污染心灵、损害人性的主要原因之一。他指出:

> 五色令人目盲,五音令人耳聋,五味令人口爽,驰骋畋猎令人心发狂,难得之货,令人行妨。(十二章)

然而,人生来就有私有欲,这是不可消除的。老子对此当然是十分清楚的,他的"少私寡欲"并不是要消除私欲,而是主张恬淡为上,把私欲控制在一定的限度之内,使其不至对社会和人的身心造成危害。因而老子又提出了"知足""知止"的主张,告诫人们凡事都要适可而止。他说:

> 知足不辱,知止不殆,可以长久。(四十四章)
> 祸莫大于不知足,咎莫大于欲得。故知足之足,常足矣。(四十六章)

人类最大的祸患莫过于不知足,无休止地追求名利,其结果必然是招致物质上和精神上的严重损失。人只有"知足""知止",才能"不辱""不殆",才是长久的、真正的富足,才符合自然之道。

其次是弃绝"智巧"。就一般人的看法而言,"智"和"巧"不但没有什么不好,反而是求之不得的,它可以帮助人们获得利益,实现特定的目的。而在崇尚自然主义的老子看来,事情却完全不是如此。《老子》对"智"是持否定态度的,第十八章说:"智慧出,有大伪。"老子这里所批评的"智",显然不是今天我们所谓的聪明才智,不是指辨析判断、发明创造的能力,而是指的心机、智巧、奸猾、狡诈、虚伪,它不符合人的自然本真之性,所以老子称其为"大伪"。老子认为,世俗之人攻心斗智、奸巧诈伪,这不仅造成了社会的混乱,而且破坏了人类纯真朴实的自然之性。有鉴于此,老子主张:

> 绝圣弃智,民利百倍……绝巧弃利,盗贼无有。(十九章)

弃绝了智巧和诈伪,人心就恢复了淳朴自然的本来状态,社会也就恢复了正常的生活。老子对恢复了自然本真状态的人心进行了这样的描述:

> 我愚人之心也哉! 沌沌兮! 俗人昭昭,我独昏昏;俗人察察,我独闷闷。(二十章)

世俗之人玩弄心机,投机取巧,自以为很聪明,他们并不懂得,超越了世俗而返璞归真的"愚人之心"才是真正的大智慧。

通过对"智"与"愚"的对照思考,老子向人们提出了一个尖锐而深刻的问题:到底什么是真正的智慧,世俗所谓智巧值不值得提倡? 世俗之人竞相追逐的心机智巧同人类心灵质朴纯真的自然状态相比,到底哪一个更珍贵? 在老子之前,可以说从来没有人提出这样的问题并进行认真的思考。在老子看来,世俗所谓智与愚恰恰是颠倒的。那些整日里玩弄心眼儿投机取巧的所谓智者才是真正的愚昧之人,而纯真质朴的自然之心才是人类最弥足珍贵的。

第四节　老子思想的地位与现代意义

老子和孔子都是具有世界影响的伟大思想家,在中国文化史上,只有孔子的影响能与老子相提并论。在中国古代的所有学术流派中,孔子开创的儒家和老子开创的道家对中华文化的贡献和影响最大。老子的思想以丰富深刻的哲理和对社会人生的独到见解著称,时至今日,老子的思想更显得弥足珍贵,是人类社会的和平与发展不可多得的重要思想资源。

一、老子与中国文化

(一) 老子开创了中国的哲学

老子对中国文化的贡献突出地表现在哲学方面,他开创了中国的哲学。

老子建立了中国古代第一个完整的哲学体系，其中既有对宇宙起源和万物本体的探讨，又有对社会人生的洞察，既有系统的认识论学说，又有丰富的辩证法思想。老子开创的道家学派以哲学思维见长，同一时代的儒家、墨家、法家、名家、阴阳家等学派的关注重心都在社会政治伦理等方面，都不擅长哲学思维，而道家学派在早期事实上担当了哲学启蒙和普及的角色，诸子百家都从道家这里接受了哲学思维，使自己学派的理论深度和高度有了大幅度的提高。

对中国历史和文化影响最大的学派无疑是儒家，但儒家学说的重点在于政治理论和伦理思想，而在哲学方面却无法同道家学说相比。我们可以将儒道两家的创始人孔子和老子的思想学说进行一个简单的比较：老子建立了相当完备的形而上学体系，而孔子思想在宇宙论和

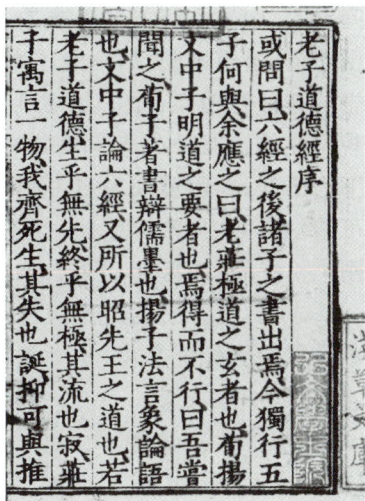

《老子道德经》河上公本书影

本体论方面基本是空白的；老子倡导"静观""玄鉴"的认识方法，对于如何把握最高的"道"有很多深刻的思想，而孔子对认识论问题则关注不多；老子有着相当丰富的辩证法思维，而孔子在这方面基本是阙如的。中国文化中早期的重要的哲学概念、范畴多出于老子，老子开创并代表的道家思维方式乃是历代中国哲学的主要思维方式，老子的思想对中国哲学史上的每一个重要阶段都有深刻的影响。以上几个方面，足以证明中国的哲学始于老子。因而，作为道家学派的创始人，老子在中国哲学史上的重要地位是任何一位思想家都不能相比的。

（二）儒道互补——中国文化的基本格局

老子和孔子这两位文化巨人的思想代表了中国文化发展的两种不同路向，在后来的历史上，经过后继者们的传承与发展，这两种文化路向各自形成了不同的文化传统，奠定了儒道互补这一中国传统思想文化的基本格局。

先秦时期百家争鸣，学术昌盛，汉代以后，各家学说先后衰歇，真正在历史上流传久远，影响深广，构成中国传统思想文化之核心的学说，实际上只有儒道两家。儒道两家的互补可以说是中国传统思想文化的一个主要特征。自魏晋乃至宋明，中国传统思想文化逐渐形成了儒道释三家并立互补的格局，然而在这多元互补的文化格局中，实以儒道互补为其最主要的和基础的方面。

儒道之互补，是以两家学说在文化理念、价值观念、学术宗旨、思想内容等方面存在着广泛而又明显的差异为前提的，这些差异使得儒道两家的思想在许多方面形成了互相对峙的局面，它们互有长短得失，且此家之长正为彼家之短，反之亦然，这也使得儒道互补成为必要和可能。儒道两家思想在漫长的历史过程中各自形成了相对独立的、各具特色的文化传统，并逐渐形成了相辅相成的互补机制，共同构成了中国传统思想文化的主体。

儒家和道家的历史影响同样的深远，可以说，凡是有儒家思想在发生影响的地方，就有道家思想与之相对峙，两者可谓形影不离，因而儒道互补的内容是极为广泛的。自古及今，中国人基本上都是在这两种不同的文化传统中选择着自己的人生道路，具体到每一个

问题上,中国人都习惯于或是以儒家的方式来处理,或是以道家的方式来处理,可谓逃儒则归道,逃道则归儒,出老庄则入孔孟,出孔孟则入老庄。儒道两家可谓各有千秋,两家思想的这种互动互补的内在机制,使得中国传统思想文化呈现出丰富、生动并趋于完善的面貌。在儒道互补的人生模式中,中国知识分子在顺境中多以儒家为指导,建功立业,以天下为己任;在困境和逆境中则多以道家为调适,超然通达,静观待时。儒道两家对待人生,可谓仁者见仁,智者见智。儒道互补构成一种完整的、艺术的人生观,使得中国的知识分子刚柔相济,能屈能伸,进退自如,韧劲十足,心态上和行为上都具有良好的分寸感和平衡感。

总之,离开了儒道互补,就难以把握和理解中国传统思想文化的深层结构和特质,就不懂得中国传统文化。

二、老子思想的现代意义

(一)老子的生态智慧及其现代意义

在古老的东方文化传统中,蕴含着与现代生态平衡观念高度契合的生态智慧,这对于现代人重构人与自然的关系和走可持续发展之路,具有很高的启悟价值和借鉴意义。其中老子开创的道家传统中的自然主义观念,更是一个有待深入开发利用的重要的思想资源。

当今的世界,人类的智力得到不断的开发,科学技术得到了持续的飞速发展,与此同时,人们却忽略了或无暇顾及资源的合理利用和环境保护的问题,无节制地开发自然,破坏了自然生态的平衡,人与自然的关系变得日益紧张起来。资源的日渐枯竭、环境的日益恶化降低了人类的生活质量,甚至危及人类的生存,人类不得不重新审视自己的行为,不得不来修复和挽救人与自然的关系。于今,保护环境、维护生态平衡已成为全世界共同的呼声,可持续发展的观念得到了普遍的响应和重视。

一方面,现代人类越来越清醒地意识到,在没有人类行为强烈干预的情况下,自然界通常都能够以它的最佳状态存在着,发挥出最大的潜能,形成大大小小的生态平衡系统,这些系统具有自我调节的能力,而整个宇宙就是一个最大的生态平衡系统。而另一方面,人类的活动必然要作用于自然界,从而对自然界产生不同程度的影响,这是不可避免的。但这并不是说人类的活动必然会破坏自然界的和谐与平衡,更不意味着人类终将毁灭这个世界。事实上,只要人类不采取极端过火的行为,就可以大体上维持与自然的和谐,获得持续平稳的发展,尤其是在他们自觉地意识到自己也是自然界的一部分时更是这样。

西方的学者们惊奇地发现,现代人类在付出了惨重的代价以后才获得的这种比较清醒的认识,同产生于两千多年前的老子的道家思想十分吻合。在老子的时代,人与自然的关系尚未达到紧张的程度,老子关于自然主义的原则和理论,虽然是通过对社会矛盾的观察和思考提出来的,但同样适用于处理人与自然万物的关系。老子在人类文明发展的早期就预见到了文明进程中可能出现的副作用,并对此进行了深刻的反思和严厉的批评。老子指出,只要排除了人类不必要、不适当的行为的干扰破坏,万物就会"自化""自宾""自均""自定""自正",即依靠本身具有的功能而自发地达到存在与发展的最佳状态,作为整体的宇宙就会自然而然地维持自身的和谐与平衡,发挥出最大的功能。老子不仅揭示了万物自然存在、自然发展的真实状态，而且提出人类应当取法于宇宙的自然和谐，并以此为原则来约束、指导自己的行为，这就是老子所谓的"道法自然"。"自然"是老子最为崇尚的价值，在他看来，自然的程度越高，就越有发展的前途，付出的代价也就越小，因而人类的一切行为都应该尽可能地提高自然的程度。老子的这一思想引起了众多当代著名科学家的高度重视，他们称之为"生态智慧"。

老子的道家思想从来不把人和自然分开，从来不主张对自然界的占有、宰制和掠夺。道家并不认为人较之万物有什么不同，而是把人看作万物之一，自然界的一部分，强调人与自然的和谐相处。在对待人与自然界的关系问题上，老子道家的自然主义思想同现代科学的观念和当代人类的价值取向是正向吻合的。

（二）老子的政治智慧与现代社会治理

老子崇尚自然的价值观念，是从对当时的社会生活特别是政治状况的观察思考中提升出来的。在他看来，当时的社会政治生活太不自然，统治者过多地干涉和控制人民的生活，不仅破坏了人民生活的安宁，也造成了诸多的社会问题。老子相信，在没有政府行为干扰的情况下，人民生活得最好最幸福。在如何管理社会的问题上，老子建议统治者要效法最高的"天"对待万物的态度，天道是自然无为的，因而统治者应该采取的正确态度就是"无为而治"，或曰"辅万物之自然而不敢为"，以清静无为的态度和方法来治理社会。

老子提出的无为而治，是一种高度的政治智慧，它是自然主义的原则在社会政治领域的落实和具体操作，它的基本理念就是尽量减少不适当、不必要的政府行为，以保障社会的自然和谐与人民群众的幸福安宁。无为而治并不是排斥任何政府行为，而是要把握好政府行为的性质和程度，以不破坏事物的自然状态和保障人民的正常生活为原则。老子说："为无为，则无不治"（三章），"我无为而民自化，我好静而民自正，我无事而民自富"（五十七章），"无为"就是只保留最必要、最有效的政府行为，而将不必要、不适当的干涉和控制行为减少到最低限度，让社会依靠本身具有的创造能力和调谐功能而自发地达到最佳的运行状态。对于如何治国理政，老子提出过一个生动而深刻的比喻："治大国，若烹小鲜"（六十章），治理国家要像烹小鱼一样地小心翼翼，切忌不停地搅动，这样才能把国家治理好。这就是老子所说的"为无为，事无事"（六十三章），即以无为的方式去为，以清静无事的态度去做事，这样才能收到"无不为"即最佳的实际效果。

历史的实践证明，老子的自然无为之道是成功之道，无为而治是一种高度的政治智慧，是一种高明的管理方式，它可以帮助人们在社会实践中少走弯路，减少损失，降低风险，当代的社会管理者们，都应该学会从老子思想中汲取这种治国理政的智慧。当今，无为而治作为一种政治智慧和独特的管理观念，受到了世界各国的有识之士的高度重视，日益成为各行各业的人们取得成功的法宝。

（三）老子的生活智慧与现代社会生活

当今的社会，科学和技术在飞速地发展，现代化的程度越来越高，但人们面对的仍然是一个充满矛盾的、不可思议的世界。社会财富呈几何级数增加，普通人得到的物质享受都足以让过去的皇帝们羡慕不已，但人们不但不觉得自己富有，反而觉得钱越来越不够花；科学技术的进步成百倍地提高了人们的劳动效率，减轻了人们的劳动强度，但人们却更加忙碌，总是说活得很累，反而没有过去轻松清闲；交通工具和通信手段越来越方便快捷，仿佛地球在变小，但人们在享受天涯若比邻的便捷的同时，又明显地感到彼此之间的距离在拉大，越来越难以沟通，似乎是比邻若天涯；高新技术的发展使得人们制造出诸如电脑、手机等复杂的装备，但不知不觉又成了它们的附庸，离开了电脑，人们将百无用处、无法工作，离开了手机，人们将百无聊赖、六神无主，真不知究竟是谁在控制谁；医疗技术日新月异，卫生保健的条件越来越好，但人们在享受这一切的同时，却又受到层出不穷的诸如癌症、艾滋病等现代病魔的威胁；人的智力得到了广泛的开发，人类变得越来越聪明，与此同时，人类也变得更加复杂，各种骗术也花样翻新，令人目瞪口呆，防不胜防；物质文明的发展创造了越来越多的物质财富，但对于物质财富的追逐却使得真诚失落、道德滑坡、犯罪增加，人们的精神世界反而越来越空虚……面对这不可思议的世界，人们究竟应该怎么办？应该选择什么样的生活方式？这些常使现代人陷于困惑之中。人们经过长期的思索后发现，返本开新，回到原来的出发点去重新思考，在古老的文化传统中开发其现代价值，可能成为解决现代社会问题的一条新路。在长期被忽视的古老传统中，蕴含着现代人所需要的智慧，其中，老子思想中丰富的生活智慧，正可以作为现代人寻找文化对策、解决生活危机的新的智慧的源泉。

在老子看来，人类社会最初的状态如同大自然一样，是和谐的、美好的，高度紧张的社会关系是违背自然的，绝不是人类社会应有的状态。对此，老子提出了旨在缓解社会压力、消除社会冲突、改善人际关系的处世原则和一系列具体的处世方法。这些原则和方法，便是老子的生活智慧，其基本精神可以概括为自然主义，即个人应以自然主义的心态对待自我、他人及社会。现代人类面对的虽然是一个与老子完全不同的时代，所面临的问题也比老子的时代要复杂得多，但彼此之间毕竟存在着许多相同之处，问题的实质并没有变。老子的自然主义人生观和处世哲学，恰恰就是一种高超的生活智慧。老子对待社会与人生的生活智慧，可以说是达到了一种高度艺术化的境界。重温老子的处世艺术，可以启发现代人懂得如何换个活法，以缓解自己承受的社会压力，使人生活得更明白、更轻松、更洒脱、更有美感而不落俗套。

现代社会为人们提供了足够的物质生活资料，人们不再为衣食无着而发愁，相反，过度的营养却在破坏着人体的平衡，威胁着人们的健康，人们常常不得不采取一些极端的措施来抵消过剩的营养，这正好印证了老子"益生曰祥"的警告。在老子看来，人的生命也是一个自然体，对待生命也应本着因任自然的原则，"益生"的行为不但不能增益生命力，反而会损害生命，招致灾殃。现代人越来越意识到健康的首要性，老子的有关思想可以从哲学的高度引导现代人对自己的生命采取一种符合自然的态度。

现代社会为所有的人提供了发展的机会，这虽然是一种合理的社会需要，但无疑也大大地刺激了人们的名利之心的膨胀。我们每天都可以看到为了名利而奋不顾身的事例和由此演出的人间悲喜剧，却很少有人冷静地想过这种行为有没有必要和值不值得。老子在几千年前就曾这样发问："名与身孰亲？身与货孰多？得与亡孰病？"（四十四章）提醒人们不要被名利牵着鼻子走，不要为身外之物所役使。站在老子哲学的立场观察，现代人所承受的社会压力，很多都是自找的，人们完全可以换一种轻松的活法。如果不把名利和社会地位看得过重，学会像老子那样知足知止、知进知退，从容豁达地对待人生，这何尝不是现代人较为明智的生活选择之一呢？

现代社会崇尚刚健进取，鼓励人们的竞争意识，这是社会前进的动力，本无可厚非，但也并非是越刚强、越有竞争性越好，并非在任何时候、任何情况下都必须如此。一味地刚强容易使得人生缺乏必要的韧性，单纯的竞争不但易使人际关系趋于紧张，诱发各种社会矛盾，而且也使社会成员长期处于巨大的压力之下，这是现代人常常感到心力交瘁的主要原因。人们在投身于激烈的社会竞争的同时，也需要适时地调节自己的心态，也时常会产生缓解所承受的压力的渴望，因而，老子所倡导的守柔、谦下、处顺、不争的古老的生活智慧并没有过时。在千军万马争过独木桥的情势下，采取顺其自然的超脱态度，主动地后退一步，庶几可获得天宽地广、如释重负的感觉。这种淡泊自然的生活艺术，在任何时代都不会失去其新鲜感，尤为竞争激烈的现代社会所需要。

处在巨大社会压力之下的现代人，为了自我保护并在竞争中获胜，常常不得不学会攻心斗智乃至虚伪巧诈，做些违背良心的事。尽管有人对此已习以为常、麻木不仁，但多数人常会因人性被扭曲而感到厌倦和不安。人们的内心深处，涌动着过一种高尚的、道德的生活的精神需求，潜藏着按照自己的自然本性去生活以安顿心灵的渴望。这使我们又一次想起老子关于返璞归真、见素抱朴、绝伪弃诈的古老信条，它可以净化现代人污染过重的心灵，超度人们的灵魂臻于自然的境界，在现代社会的喧嚣声中求得内心的安宁。这是一种极高极难的要求，但也是老子自然主义的最高境界，应该成为现代人生的一种精神归宿。

阅读书目

1.《老子》。
2.马王堆汉墓帛书《老子》。
3.河上公：《老子道德经河上公章句》。
4.陈鼓应、白奚：《老子评传》，南京大学出版社2001年版。
5.陈鼓应：《老子今注今译》，商务印书馆2003年版。
6.白奚、王英杰：《道法自然：〈老子〉》，民主法制出版社2010年版。
7.王中江：《老子》，国家图书馆出版社2018年版。

思考题

1.老子所说的"道"的内涵是什么？
2.章太炎说："至于老子之道最高之处，第一看出'常'字，第二看出'无'字，第三发明'无我之义'，第四倡立'无所得'三字，为道德之极则。"谈谈你对章太炎这段话的理解。
3."不敢为天下先"的内涵是什么？老子的思想是积极的还是消极的？
4.老子"无为而治""小国寡民"的主张，对于现代政府管理、社会管理和企业管理有什么指导意义？

第八章　庄子：个体生命与价值的崇尚者

庄子，姓庄名周，字子休，大致生活在公元前 369 到公元前 289 年间，宋国蒙人(一曰今河南商丘，一曰今安徽蒙城)。其生平事迹也因史料匮乏而争论尤多。这既成为对庄子及其思想研究的一个"无法跨越"的瓶颈，同时也给予了庄子及其思想解读的一定自由性。《史记·老子韩非列传》记载"庄子者，蒙人也，名周。周尝为蒙漆园吏，与梁惠王、齐宣王同时。其学无所不窥，然其要本归于老子之言。故其著书十余万言，大抵率寓言也。作《渔父》《盗跖》《胠箧》，以诋訿孔子之徒，以明老子之术。《畏累虚》《亢桑子》之属，皆空语无事实。然善属书离辞，指事类情，用剽剥儒、墨，虽当世宿学不能自解免也。其言洸洋自恣以适己，故自王公大人不能器之"。

庄子

庄子虽出身贵族，却家境贫寒，曾做过蒙城漆园吏，但不久辞去。在《庄子·外物》篇中就记载着庄子在生活难以维持时，曾向监河侯借过粮食的事情。即便穿着布衣草鞋，吃着野菜清汤，庄子仍能安贫乐道，淡泊名利，安居于穷闾陋巷著书立说。生活上的困顿并没有改变庄子的人生志趣与追求，一身傲骨从未被现实击倒、向名利妥协。庄子的学问渊博，游历过很多国家，对当时的各学派都有研究，进行过分析批判。楚威王听说他的才学很高，派使者带着厚礼，请他去做相国。庄子笑着对楚国的使者说，"千金，重利；卿相，尊位也"，可你就没有看见祭祀用的牛吗？喂养它好几年，然后给它披上有花纹的锦绣，牵到祭祀祖先的太庙去充当祭品。到了这个时候，它就想当个小猪，免受宰割，也办不到了。你赶快给我走开，不要侮辱我。我宁愿像乌龟一样在泥塘中自寻快乐，也不受一国之君的约束，我一辈子不做官，让我永远自由快乐。

庄子拒绝楚威王的邀请，拒绝千金重利与卿相高位，选择过着深居简出的隐居生活，却毫无遗憾，乐在其中。因为在庄子看来权力与金钱固然可以带来荣华富贵，但同时也将带来对人性的桎梏。所以，这位千古狂人毕生追求个人精神的无待与逍遥，绝不为了金钱利禄玷污己身。因此，庄子宁愿延续困顿的生活，游戏于污渎之中，把世人如此看重的东西淡然放下，避免落入任何羁绊之中。这实在是一个令人钦佩的狂人，可庄子之狂，不是骄狂，亦非疯狂。他对社会的批判是尖锐的，深刻的，但同时他也是冷静的、淡定的。正如南宋理学家朱熹所评价的那样，庄子才极高，眼极冷，心极热。冷眼看世界，故能超然物外,冷静而深刻。而心肠极热却又让他对社会难以忘情,试图唤醒我们对本真生命的关注与重视,这一切都在《庄子》一书中得以淋漓尽致的展现。

庄子"著书十万余言"(《史记·老子韩非列传》),其著作《庄子》约成书于先秦时期,《汉书·艺文志》载"《庄子》五十二篇",而今本《庄子》仅三十三篇,六万五千余字,分内篇、外篇、杂篇三部分,其中内篇七,外篇十五,杂篇十一。一般认为内篇为庄子本人所著,而外篇和杂篇是庄子后学所作,但总体而言,这部文献的出现,标志着在战国时代,中国的哲学思想和文学艺术,已经发展到非常玄远、高深的水平,是中国古代典籍中的瑰宝。因此,庄子不但是中国哲学史上著名的思想家,同时也是中国文学史上杰出的文学家。庄子博览群书,学识渊博,且善属书离辞,用艺术表达哲学思想达到了出神入化的高度,被誉为"哲学家中的文学家,文学家中的哲学家",是中国历史上兼思想家与文学家于一身的杰出者。古人云"庄文如海,孟文如潮",其文汪洋捭阖,仪态万方,想象丰富,瑰丽诡谲,有一种大鹏展翅,远慕高举之美。金圣叹就曾把《庄子》列为第一才子书,鲁迅亦认为晚周诸子之作,莫能先也。所以,无论在哲学思想方面,还是文学艺术方面,他都给予了中国历代的思想家和文学家以深刻、巨大的影响,在中国思想史、文学史上都有极重要的地位。

第一节　庄子思想产生的背景

一、社会背景

庄子一生的活动集中于战国时期,后世通常将这一历史阶段与春秋并称。是时,由于周王朝的衰败瓦解,社会上群雄并起、战火重燃,春秋战国时期可以说是中国历史上第一次"大争之世"。然而,正是由于最高集权统治的崩塌,使得长期以来强行加于社会层面的隐形枷锁得到释放,在无形之中反而刺激了当时自由之思想、自主之学说的产生。这一时期,儒、道、墨、法等九流十家都先后登上历史舞台,营造出了"百花齐放、百家争鸣"的繁荣局面,因此,从这个层面而言,春秋战国时期亦是中华文明历史上第一次文化盛世。

相较于夏商周三代,春秋战国时期最为重要的社会进步则体现为生产力有了明显的进步。早在春秋时期,由于冶炼技术的兴盛,青铜打造的金属农具就已经开始取代石刀石斧以及骨器等原始工具,同时,牛耕农具也逐渐应用到农业生产之中。迨至战国时期,一方面铁制器物得到进一步发展与推广,另一方面,水利工程的兴建也为农作物的灌溉提供了便利条件,例如,在今天依然护佑一方水土的都江堰、郑国渠等传世工程都诞生于这一时期,这些客观条件的提高都极大地促进了农业发展,并由此引起了土地所有制形式的改革。秦商鞅变法,私田合法,允许土地买卖,使得土地私有开始占据主导地位。社会结构以及社会形态的更替必然会在思想文化上有所反映,庄子思想也是特有时代背景下的产物,并没有跳出历史的规律。在社会结构上,农业技术的进步与土地的私有化催生了自耕农的诞生,买卖交易市场的兴起也带动了工商阶层的壮大,民间自由授课和私学普及则培养了一大批知识分子,并且他们都获得了相对独立的社会地位。就社会制度而言,最为显著的变化表现为以血缘为基本纽带的宗法体制开始松动,并被削弱,尤其是在商鞅变法之后,世卿世禄制走向了历史终结,官吏再也不能凭借宗族权势和祖上福荫不劳而获。到了战国后期,以家庭为单位的小规模社会构成单位涌现,郡县制的首长亦不再世袭罔替而改由君主直接任命,这对于衰落已久的宗法社会可以说是致命打击。

另外值得一提的是,庄子是宋国人士,而宋国地处今豫东、鲁西南及苏皖北部一带,是当时一个小诸侯国。自春秋战国以来,天下扰攘,宋国处于各大国之间,时刻存在着被吞并攻伐的危险,屡受战争之祸患。时年,宋人面临着内忧外患甚至亡国之灾的困境,他们面对现实之苦难无处排解,只能转而寻求精神解脱以安抚心理失衡的状态。而庄子生活的时代又正处于宋国最为黑暗混乱的时期,这才致使他由压抑苦恼烦闷走向追求至乐无忧,从而创生了一整套惊世骇俗又让人拍案叫绝的学说理论。应该说,这一特殊的社会背景在庄子思想渊源中是有其重要意义的。

总体而言,若说春秋的改革是局部的暂时性变革,那么战国时代的变法则是实实在在的变革,是社会形态的历史性更替。战国之变法者,有魏国之李悝,楚国之吴起,秦国之商鞅,韩国之申不害等,而各国变法是对其旧有的经济基础和上层建筑进行改造,极大地促进了生产力的发展,却也大大地加剧了各大势力间斗争的白热化和社会的动荡性。然而大争之世,也使得诸多思想家、变革家有机会,并且更加自由地对社会世相发表自己的主张,这一类知识分子有如商鞅、张仪、申不害之流的为人者,也有如庄子、列子、庚桑子之辈的自为者,后者可谓"游于方外"之"隐士"。各家各派皆致力于对理想中大道治世的构建。

二、文化背景

春秋时期,社会开始发生剧烈的变革,诸子百家也开始各述其说,中国传统文化由此呈现出多样化的趋势。孔子面对礼崩乐坏的现实社会,开创儒家学派,力图重新拾起人们对于周王朝礼乐体系的信心和尊重。儒家学说以"仁"为核心,提出"爱人"——"忠恕"的伦理原则,在"君君、臣臣、父父、子子"之正名思想的前提下试图构建"仁""礼"统一的有序和谐的社会伦理模式,注重自我内在的道德情感与外在的道德规约两者统合,可以说孔子的哲学理论与伦理思想延续了西周时期敬天法祖的形上传统及德治主义的伦理智慧。至战国中期,孟子对儒家学说作了进一步延伸与发展,但在大体上依旧没有脱离孔子的治学路径。在人性论上,孟子主张性善说,并具体指出现实社会中仁义礼智的道德属性先天地存在于自我本性之中,孟子谓之"四端",在此基础上,孟子构建起了以仁义礼智为核心的道德体系以及"思诚""集义"的道德修养方法,可以说,在孟子这里将儒家内圣之学推向了顶峰。

战国初期,墨子创立墨家学派。在墨子看来,天下之所以纷争不断、硝烟四起,根本原因在于人们互相之间"不相爱","不相爱"则你攻我伐、争权夺利,基于此,墨子强调"兼以易别",提出"兼相爱,交相利;别相恶,交相贼"的主张。而在伦理原则上,墨子坚定功利主义之立场,但与纯粹彻底的趋利性相区别的是墨子还强调要奉行义利统一,从现代伦理学的观点来看,这是动机论与结果论的有机结合。除此之外,墨子还提出了尚贤、尚同、节葬、节用、非攻、非乐等一系列思想理论。与此同时,杨朱则以自我为出发点,提出"拔一毛而利天下不为也"的理论主张,强调"贵生""重己"。在社会大环境攘乱忧困,个体自我朝不保夕的背景下,杨朱思想在当时就得到普遍接受,并对庄子哲学以及道家道教多有影响之处,这是值得注意的。总而言之,庄子思想诞生的春秋战国时期呈现出多元的哲学流派、多样的伦理思想,并作为中国传统文化之源泉影响至今,对中华民族的思维方式、民族性格以及社会生活等多方面都产生了深远的影响。

老子开创的道家学派,发展到战国中期发生了重大的变化,开辟了不同的发展路向。庄子哲学的出现,就是其中最重要的分化之一。而庄子思想可谓是道家思想发展中最为根本、最为重要的内容。庄子与老子齐名,并称"老庄",其思想及行文风格与老子虽有所异,"然其要本归于老子之言",终"以明老子之术"(《史记·老子韩非列传》)。其思想主张自然归于"道",不过相对老子侧重世界的本源、事物发展规律问题的探讨,庄子境界论的意味更加浓厚,而且更具系统性。庄子从阐释"天地与我并存,万物与我为一"(《庄子·齐物论》)的"齐物论",而至通晓"宇宙论""命运论""生死观"的"逍遥游",最终达至"若夫乘天地之正,而御六气之辩,以游无穷者"的"至人无己,神人无功,圣人无名"(《庄子·逍遥游》)的天人合一之境界。可见庄子哲学思想的建构既是对老子哲学思想及其哲学核心概念的继承,又是对其哲学思想进一步的发展与完善,正所谓"老无庄则无以扬其波,庄无老则无以溯其源"。

庄子哲学既主张至乐,亦注重养生,中通生命以养神为宗,修养自我以德充为要,这一思想为后期道家的发展也起到了举足轻重的作用,而对道教的影响尤甚,故唐玄宗诏封庄子为南华真人,名其书为《南华真经》,宋徽宗赵佶封其为微妙玄通真君。

第二节　庄子的主要思想及其处世哲学

在中国哲学史上,庄子无疑是一个不容忽视的人物,其文章汪洋恣肆,其思想自成一家,即便是在浩瀚的中国文化史中,庄子依旧以其独出机杼的哲学视域和超乎常理的人生境界而享有特殊的历史地位;然而,一个难以辩解的事实是,自古及今,每论及庄子,似乎都将其与老子哲学一道视作儒家思想的对立面而存在,更有甚者,直接将庄子哲学标签化为出世乃至厌世的消极思想而多加批判。例如,荀子曾经就批评过庄子"蔽于天而不知人",显然,这是从先秦儒家天人之辩的维度作出的论断,其根本指向在于责难庄子哲学多言天道,以至忽略了人的存在及其价值关怀。然而,遍阅庄子之书,我们不禁要问,果真如此吗?这里便要涉及中国哲学中"天"与"人"所指称为何的问题。冯友兰在作《中国哲学史》时有言:"在中国文字中,所谓天有五义:曰物质之天,与地相对;曰主宰之天,即皇天上帝,人格化的天;曰自然之天,乃自然之运行;曰运命之天,指人生中所无奈何者;曰义理之天,宇宙之最高真理。"此外,中国文化中的"人"也不是或者说不主要是物质性与动物性的"人",而一般地与人的存在价值、社会活动、历史创造、终极意义相关联。由此观之,荀子所谓庄子"蔽于天而不知人"主要是从价值面而言。

倘若我们立于原典,深入剖判庄子哲学之思,便不难回应荀子的批评。庄子生逢战国乱世,诸侯相争烽烟四起,人民流离失所朝不知夕,当时"窃钩者诛,窃国者为诸侯",可谓礼崩乐坏,天下无道。在这样的社会背景下,庄子哲学便不像表面所呈现的那样出家离俗了。对庄子而言,为当时备受生活离乱的普罗大众寻得一处安身立命之所才是重中之重,换言之,"人"究竟在哪个世界方才得以实现其内在价值?什么样的价值选择才能与"人性"的终极关怀若合符节?怎样达到这种生命形态?应该说,庄子走了一条批判世俗之浑浊,游于无穷之圣门,返归逍遥之境的超越之路,这才有了庄子笔下"独与天地精神往来而不敖倪于万物,不谴是非,以与世俗处"的仙人、真人形象,也才有了"若夫乘天地之正,而御六气之辩,以游无穷者,彼且恶乎待哉"那样和光同尘的至人无己的形象。在庄子看来,既然人之生命在世俗的幽暗中已经难以为继,那就只有超然于物,游于人世之外方能摆脱生死悲欢,以达于独成其天,游刃有余的无上自由之境。这岂非对身沉黑海、万世哀怨所发出的直指人心、悲悯沉痛之呼唤?由此而言,与其说老庄哲学是儒家思想的对立面,毋宁说老庄哲学是以其特有的方式对儒家思想作了补充与完善。所以,儒道互补,向来是中国文化两千年来不曾变更的基本线索。

一、自乐逍遥

"逍遥游"是庄子哲学精义之所在,对理解整个庄子思想体系具有统摄性的意义。可以说,《庄子》全书以《逍遥游》列于首篇,在一定程度上说明了逍遥自由之境既是庄子孜孜探求的最高境界与最高诉求,同时也构成了庄子哲学的出发点与归宿点。如前所述,庄子所处的时代风云变幻、时局莫测,基本没有摆脱由春秋时代社会变革所带来的种种加之于人的桎梏与枷锁,这样严峻残酷的社会现实之于庄子而言同样是难以避免并且是无力抗衡的。因此,如果说,在庄子的思想世界中,"齐万物,一死生"的万物齐一及理想化了的生死观是从较为消极的维度去破解这道时代难题,那么,"若夫乘天地之正,而御六气之辩,以游无穷者"的逍遥游则是积极与世接洽,并最终构成人之存在的最高形态。值得庆幸的是,庄子并没有从前者而走向人生的悲观意识,也没有从后者而坠入理想的虚幻之渊。

关于"逍遥"一词的释义,自古及今历代学者多有所疏见,但仍以郭象所著《庄子注》中所解流传最广,影响最深。其云:"夫小大虽殊,而放于自得之场,则物任其性,事称其能,各当其分,逍遥一也,岂容胜负于其间哉!"显然,这是从适性自得的角度释"逍遥"义,谓万事万物无论其生于秋毫之末,抑或是成长于泰山之大,只要恪尽其性,尽己所能,即可达于逍遥之境,而无有胜负主宰其间,不难发现,这与郭象本人所提出的"独化论"是一脉相承的。此外,东晋出入释老的著名玄僧支道林以"至人之心"诠释"逍遥"义也是颇有见地的,何谓"至人之心"呢?在支道林看来,这实际上是一种有待逍遥与无待逍遥的差别所在。鲲化而为鹏,展翅翱翔,由北冥而至南冥,不知其几千里也,然而却也需要乘风而御、借风而行,这是有所待;同理,蜩与学鸠讥讽大鹏"奚以之九万里而南为"同样也是拘于小我,以近笑远,无所通达,实际上更是有所待。只有"至人之心"空无虚寄,应无所住,内外兼忘,方才真正进入到"无待逍遥"之境。联想到庄子的"心斋""坐忘""至人无己"等思想,我们或许可以认为支道林的理解更近于庄子本意,同时也对郭象所注做了哲理上的精进。

作为人的存在方式,"逍遥"首先是与限定相对。这里的限定又作何解呢?从《庄子》原典文献中来讲,所谓限定,实际上就是事物彼此相异的存在方式,例如,风是对鲲鹏的限定,自身狭隘的视域是对蜩与学鸠的限定,它们终因各自固有的挂碍而不能实现真正的逍遥，这是庄子通过深刻反思自身存在方式所得出的结论，推之万物，应同此理；从时代语境而言，所谓限定，则是被破坏了的礼乐文明对个体自我生命存在的外在限制与内在束缚，只有突破这些精神壁垒与人身枷锁，才能返归人本真的形态。庄子说：

> 故夫知效一官，行比一乡，德合一君，而征一国者，其自视也亦若此矣。而宋荣子犹然笑之。且举世而誉之而不加劝，举世而非之而不加沮，定乎内外之分，辩乎荣辱之境，斯已矣。彼其于世未数数然也。虽然，犹有未树也。（《庄子·逍遥游》）

庄子在这段文字里实际上描述了三种判然有别的"应"世方式。其一，即那些"知效一官，行比一乡，德合一君，而征一国者"，这些人往往投身于社会政治、伦理等实践领域，或因才华堪任一官之职而沾沾自喜，或因品性人格饮誉乡里而倍感慰藉，或因权谋德行与君主相合以征信邦国而骄傲自豪，在庄子看来，这些人与朝菌、蟪蛄、学鸠以及斥鷃如出一辙，可谓是夏虫不可语于冰者。其二就是宋荣子这样的人，不将形体囿于名利场之内，不执着于虚名浮利，任外部世界荣辱交加，内自安定如常岿然不动，可谓是"举世誉之而不加劝，举世非之而不加沮"，忘掉虚名，既是走向"不为物累"的第一步，也是走向精神自由的出发点，可以看出，庄子对于宋荣子这样不汲汲遑遑为名利所役的人还抱有一种较为欣赏与肯定的态度。然而，庄子紧随其后又说道："虽然，犹有未树也。"在庄子看来，宋荣子对自我心性剥落的程度还有待提升，想要超脱有限的现实世界而步入无垠之野，也就是庄子在《应帝王》中所言的"出六极之外，而游于无何有之乡"，还应该树立塑造我们的另一种理想人格——至人、神人、圣人，这也是庄子在此处隐喻出的第三种"应"世方式。庄子又说：

> 夫列子御风而行，泠然善也，旬有五日而后反。彼于致福者，未数数然也。此虽免乎行，犹有所待者也。
> 若夫乘天地之正，而御六气之辩，以游无穷者，彼且恶乎待哉！故曰，至人无己，神人无功，圣人无名。（《庄子·逍遥游》）

列子是先秦时期道家学派另一位代表人物。有传言他能够乘风漫游，并且显现得十分轻松美妙，每次游历都能御风飞行十天半月。实际上，在这里，庄子除了向我们描述一种凌空翱翔的本领或者说技能之外，更重要的还在于借用"乘风而去"以至仙袂飘飘的表象向我们传达了一种出家离俗、超脱方外的人生境界。但庄子认为像列子这样不闻达于人间世务，不留情于红尘凡俗的超世之人依然"犹有所待"，依旧存在着囿于形体、物我对立等精神壁垒需要剥落和舍弃。

言及至此，庄子所谓"逍遥游"的精神境界终于开始拨开云雾以见真容了。所谓"乘天地之正"，从字面上来讲是把握住天地的本性，这里涉及中国传统哲学中人性与天道的问题，"天"在中国古代文化中首先具有本体论的意义，换言之，"天"不仅表征着外部世界的本然状态，也关联着"人"的存在方式，因此，"乘天地之正"除了意味着与宇宙法则相一致，也与人顺承天道的自在本性相符合。所谓"御六气之辩"，乃是讲顺应六气的变化，郭象注云："御六气之辩者，即是游变化之涂也。如斯以往。则何往而有穷哉！所遇斯乘，又将恶乎待哉！此乃至德之人玄同彼我者之逍遥也。"这里所讲的是步入逍遥之境者自身形体随物顺化，内在心灵虚静寂灭，只有一"心"消融于宇宙大化之中，谓"湛然独存"是也，这与郭象以"适性自得"释"逍遥"义有异曲同工之处。然而，仔细分析这段话的逻辑结构，无论是"乘天地之正"还是"御六气之辩"，都应搭配一主语，并且这一主体理应是后文所讲的至人、神人、圣人。但庄子又说"至人无己，神人无功，圣人无名"，这里似乎存在着某种吊诡之处，然果真如此吗？

诚然，庄子之"无己说"在表面意义上似乎是在消解自我，但从逻辑上而言，当自我被完全抛弃时，又何来"乘天地之正，而御六气之辩"的主体呢？此外，庄子讲"逍遥游"本来是以个体身心解放与精神自由为旨归，如果连"自我"这一逻辑主体都被抛诸脑后，"逍遥游"岂非成了无源之水、无本之木了吗？这里的关键在于如何理解庄子所说"至人无己"之"己"的内涵所在。可以想见的是，在庄子语境中，"己"理应被预设为与天合一的"大我"以及混同尘俗的"小我"。明白了这一点，所谓"逍遥游"的主体性问题也就迎刃而解了，"其所丧"当为被世俗礼乐文明所禁锢住的"小我"，而因此获得了"大我"的逍遥自在，庄子在《齐物论》开篇说道："南郭子綦隐机而坐，仰天而嘘，荅焉似丧其耦。"盖此之谓也。

最后，庄子的"逍遥游"是自由与自然的合一，既可以往来于天地之间，又可以逍遥于宇宙内外，使自我在与天地万物的交融贯通中实现个体的意义之域。驰骋在这样的精神境界中，时间与空间不再构成物我之间的边界，宇宙大化融摄于一心之中，同时我们自身的心灵也返归到这片无垠之野，顺其自然，逍遥自在，以游无穷，这是精神的自由，也是心灵的自由。在这里，"道通为一"得以真正实现，"齐万物，一死生"也不再难以理解，"天地与我并生，万物与我为一"也得到了最好的逻辑说明。从此处讲，"逍遥之境"既是人与万物合一的基础，同时又是自我"独来独往"的广阔场域，庄子也就在对"逍遥游"的阐发中确证了统一性的追求以及个体性的承诺。

二、万物平等

《齐物论》在《庄子》全书中占有极其重要的地位，如果说，"逍遥游"构成了庄子的精神殿堂，那么，"齐物论"则是迈向这座雄殿之不可或缺的阶梯，甚至于其意义尚不止如此。在《齐物论》中，庄子通过消解是非论争、扬弃人我之域以及抹平观念之别企图构建出一个"道通为一"的思想世界，实际上朴素地表达了对"万物同一性"的思考，并借助"以道观之"这一极富中国文化色彩的哲学进路呈现出世界既相互关联又相互统一的维度。在庄子的时代中，这是极具创造性与革命性的哲学思想。

关于《齐物论》的篇名释义，后世解庄者历来众说纷纭、莫衷一是，但其主要表现则集中在"齐物之论"与"齐同物论"两重含义。所谓"齐物之论"，重在"齐物"二字，宇宙其间万事万物本来形态各异，但在庄子看来，若"以道观之"，则莫不是"天地与我并生，万物与我为一"，最终可以分而齐之或不齐而齐。例如，南北朝时期著名文学理论家、文学批评家刘勰在《文心雕龙·论说》中有言"庄周齐物，以论为名"，显然就是"齐物之论"的典型表述。而所谓"齐同物论"，则较前者为后出，有学者考据为宋以后流行起来的观点，例如，南宋王应麟在《困学纪闻》中曾说：“庄子‘齐物论’，非欲齐物也，盖谓物论之难齐也。”就旗帜鲜明地提出了这一论点。然而，郭象在《庄子注》中对“齐物论”之题解似乎也倾向于后者，其云：“夫自是而非彼，美己而恶人，物莫不皆然。然固是非虽异，而彼我均也。”就此而言，无论是“齐物之论”抑或是“齐同物论”，都是古已有之的。值得一提的是，有近世学者则在“齐物”与“齐论”的基础上再提出“齐语言”的观点，形成庄子“齐物论”的三层内涵，亦可备于一说。

通观《庄子》全书，不难发现庄子哲学以“道”为基本旨归的思想特征，这种理论倾向在《齐物论》中尤为明显，特别是对于“道”与“名”之间的疏解与扬弃更是庄子哲学沉思的重镇所在。《齐物论》的一个基本观点是“道”在万物之中，是无限或大全，“名”是出于人们自私用智而形成的有限性、凝固性的成见。在庄子语境中，“道”与“名”这对范畴实际上可以表述为本体世界与对象世界之间的矛盾，在本体世界中，“道”是总括万有、无限融通的，同时又超越了现实世界中的真伪、是非等表象因素，仅以空明虚静之状照观天地万物；而在对象世界中，由于名言所指称的客观存在永远处于变动不居、难以确定的状态，因此，如果我们困囿于表象所带来的种种荒谬与矛盾，自然难免陷入混乱而无谓的辩论之中，依庄子看来，这实在是一种歪曲生命本真形态而走向旁枝末节的庸人自扰行为。庄子说：

> 夫言非吹也，言者有言，其所言者特未定也。果有言邪？其未尝有言邪？其以为异于鷇音，亦有辩乎，其无辩乎？
>
> 道恶乎隐而有真伪？言恶乎隐而有是非？道恶乎往而不存？言恶乎存而不可？道隐于小成，言隐于荣华。故有儒墨之是非，以是其所非而非其所是。欲是其所非而非其所是，则莫若以明。（《庄子·齐物论》）

在这里，庄子提出了“道”的真伪与“言”的是非两个问题，并且从上下文的论述中，我们能够清楚地感受到庄子认为这两个问题是具有某种相关性的。“道”之所以存在真伪，乃是因为被一孔之见遮蔽了，“言”之所以存有是非，乃是因为被浮华之辞掩盖了，各是其是而非彼之是。作为天地万物之最高本体的“道”被抛诸九霄之外，既然大道不显、智慧不彰，那么在面对形态万千的宇宙大化时，自然难免混沌迷蒙而纷争四起了，在庄子看来，当时社会所流行的儒墨之辩、是非之争也是源出于此。这段文字的最后说道：“欲是其所非而非其所是，则莫若以明。”意思就是与其站在分别心的立场上陷入名言指称的凝固性与具体表象的流动性二者之间难以化解的矛盾之中，不如以空明的心境去体察万物的本源。而在实际上，庄子也正是通过“莫若以明”的思想进路实现其“齐物论”的。其之后继续说道：

> 物无非彼，物无非是。自彼则不见，自知则知之。故曰彼出于是，是亦因彼。彼是方生之说也，虽然，方生方死，方死方生；方可方不可，方不可方可；因是因非，因非因是。是以圣人不由，而照之于天，亦因是也。是亦彼也，彼亦是也。彼亦一是非，此亦一是非，果且有彼是乎哉？果且无彼是乎哉？彼是莫得其偶，谓之道枢。枢始得其环中，以应无穷。是亦一无穷，非亦一无穷也。故曰莫若以明。（《庄子·齐物论》）

在这段文字中，庄子已经较为明显地提出了"齐万物，一死生"的概念。所谓"物无非彼，物无非是"，意思就是天地大化没有不是彼方的，也没有不是此方的，无论彼方还是此方，两者之间都是相互依存，对立统一，甚至彼与此的概念也应被理解为同时产生、同时存在甚至是同时消亡的。这与庄子在后文中说"道未始有封"是一以贯之的，在庄子看来，"道"的真实形态本来就是其大无外、其小无内，以边界论之则"未始有封"。人们在认识自我或把握客观对象时，若隐于小成，则往往停驻于表现形式而难以深入其本质内涵，只有当你遣除心中的所有成见，做到虚极无为，才能会通天道以至冥然游于天地之间。

此外，这里还谈到庄子的"生死观"。其言："方生方死，方死方生；方可方不可，方不可方可。"按庄子的理解，人之生也，气聚则成，人之亡也，气散则已。既然生死无非是一气聚散，那么，在生与死之间也就不存在什么判然有别的界限，也就没有实质的区分。在《庄子·至乐》中有这样的记载："庄子妻死，惠子吊之，庄子则方箕踞鼓盆而歌。"此处重要之点在于庄子对个体生命形态的理解与认识：在庄子看来，生命轮替就像四季转换一样自然而然，从有生命至于无生命，从无生命至于无形无气，又从无形无气中湛然而存。人之生也，不必以欢愉快意之心处之，人之逝去，也不必以哀痛沮丧之心处之。事实上，在面临"生死"的问题上，庄子依旧继承了"万物齐一，与道会通"的哲学观，个体生命以"气"之聚散为其表现形式，本源于"大道"最终又复归于"大道"，这对于我们在弥留之际消解对死亡的畏惧心理无疑是大有裨益的。然而，这里似乎存在着某种吊诡之处：既然"生"与"死"之间并不存在什么难以逾越的鸿沟，那么，庄子是否主张自我应该放逐生命、游戏人间呢？对此，庄子借舜与丞之口对这一问题做了回答。丞问于舜曰："汝身非汝有也，汝何得有夫道？"舜曰："吾身非吾有也，是天地之委形也。生非吾有，是天地之委和也；性命非吾有，是天地之委顺也。"生命本于天道，心性源于自然，既赋予人形，当不执着于有形的生命形态，对现实人生常含包容与同情，若是自毁形体，用庄子的话来说则无异于"遁天倍情"。

庄子的哲学沉思有某种自内而外的品格，就此而言大抵与孟子有融汇之旨。《孟子·滕文公上》有言："夫物之不齐，物之情也。"这是说"不齐"之物本是宇宙万化的自在状态，本来如此。但庄子的高明之处在于进一步认识到物虽"不齐"，尚可"通"而不"同"。心具万全，进而泊尔无心，与道融合，博通为一，因此，就《齐物论》来讲，无论是齐物也好，是齐论也罢，最终的旨归都在于如何"齐心"。本篇卷首以南郭子綦用典而提出"吾丧我"之说，子綦所丧之"我"应是受欲望支配的耳目感官及鼻舌身意，这与《道德经》中所说"及吾无身，吾有何患"之"身"的意义是前后相承的。南郭子綦从"隐机而坐"达至"吾丧我"之境，并能够感受到三籁合唱之天地苍苍，关键即在于心之体悟与心之修炼。正是因为心中无"我"，本心照彻，才得以体察万物，圆通一脉，用庄子的话来讲就是"照之于天"。《齐物论》最后以"庄周梦蝶"和"蝶梦庄周"的诘问进一步消解人我之域、物我之分，即便"周"与"蝶"固有所分，但"梦"与"觉"的难以遮断也使得庄子只能站在生命整体性的立场上对万物作出观照。这既与南郭子綦的"吾丧我"之境首尾脉连，又始终贯彻了庄子"道通为一"的齐物论主张。

三、安时处顺

无论是"逍遥游"之精神境界，还是"齐万物，一死生"之哲思理路，都重在强调"心"与宇宙万化的直接沟通，都是在求其"心"不为物役、不为世累上下功夫。就此而言，庄子所构建起的"逍遥之境"实际上不仅具有自然主义倾向，而且在其人生观与伦理观上都呈现出某种超世主义与虚无主义的特征。就此而言，在《逍遥游》与《齐物论》中，庄子似乎对现实人生与世俗浑浊两者之间的对立方面着墨不多，因此，这一问题我们就只能诉诸《庄子》全书去追寻答案。

个体之存在不仅在于抽象的自我，而且表现为在多样化的历史境遇中铺展开来。对庄子而言，身处特定的历史形态，如何将"以道观之"的最高原则与世俗情境结合起来？这是庄子生命哲学始终难以回避的问题。一言以蔽之，庄子人生论的根本目的就在于，通过阐释生命世界的种种机缘与现实世界的种种浑噩，从而警示人们在道德不彰、祸乱纷起的当时之世中尽量求得身心两全，以惜生安死的人生态度存有此间的生命价值，用庄子的话来说就是"保身""全生""养亲"以及"尽年"。如果说，儒家寄希望于借用仁爱原则与礼仪体系来挽救社会衰颓之势，墨家期待以兼爱、非攻的伦理规范来息止社会叛乱与战火烽烟，那么，庄子则是将视域从外部世界的纷繁芜杂中转向了个体生命内在的精神自由面，因此，庄子承续了老子哲学中关于"虚静""无为""天道"等思想观念，着重阐述了当世人们应该如何做到"涉乱世以自全"的养生宗旨及生命智慧。应该说，庄子的哲学思想兼顾到了自我的全生保真与跃迁物外的精神超脱，体现了特定历史境遇和个体自主选择的统一原则。

一般认为，在庄子哲学中蕴含着"伏其身而弗见"的隐逸思想，对后世仁人君子之退避山林、居幽处静的隐士传统产生了深远影响。就面临世事险恶、矛盾丛生的时代背景而言，庄子哲学的确凸显出一种虚己以待、无心恋世的超脱主义色彩，例如，庄子本人就"终生不仕"，毕其身而稼穑耕作；再如，《庄子》全书中，援引了像舜之欲托天下的许由，"不食周粟"的伯夷、叔齐，牵牛犊于上游饮水的巢父等隐士传说，并对他们所选择的生命态度大加赞赏。这些隐士大多性情刚烈，渴望自由，视功利名禄如粪土，用庄子的话来说就是"泽雉十步一啄，百步一饮，不蕲畜乎樊中。神虽王，不善也"（《庄子·养生主》）。然而，庄子毕竟不是苦行修炼的宗教家，也不是惴惴恂惧的避世者，如果只是看到庄子哲学中逃避世俗、偏安山林这一面，那就未免失之偏颇，也将庄子想象得过于狭隘了。在庄子看来，他所追求的首先是并且主要是处世、游世而非避世、遁世，因此，当庄子构建了"逍遥之境"这样绝对自由的理想境界之后，又从"无何有之乡"中返归人间尘俗，凭借"虚己以游世，乘物以游心"的生命态度混迹其间，而不至于被污秽所染。这样一种生存智慧与颇具人格魅力的处世方法，后世也有人将其称为"处世艺术"。

首先，庄子认为，人之所以有废有立，即在于个体自我尚存可利用之价值，若能做到"无所可用"，自然能实现老子在《道德经》中所说"及吾无身，吾有何患"的"无我之境"。庄子说：

> 山木自寇也，膏火自煎也。桂可食，故伐之；漆可用，故割之。人皆知有用之用，而莫知无用之用也。（《庄子·人间世》）

山之良木正因其有所可用而招致砍伐，油脂正因其可做燃料而受到煎熬，桂树因其可做食材辅料而被砍伐等，世人一般都只看到有用之用，而忽视了无用之用。在庄子的时代中，诸侯相争、战火纷飞，以至天德不彰、命如草芥，有多少人在追求富贵名利、恣情享乐的过程中殒命黄泉，到头来只落得眼泪涟涟、空无所有。相信庄子所讲"无用之用"也必定是在目睹了这种种世间怪象之后而发出的喟叹，庄子认为，如果能够做到不为世用，这样就可以避免很多性命威胁，继而免遭祸殃，在一定程度上全身保真。

然而，以"无用之用"来达到保全性命之法也不是放诸四海而皆准的。在《庄子·山木》中曾有记载，庄子某天夜宿朋友家，朋友欲杀雁相待，其童仆问道："其一能鸣，其一不能鸣，请奚杀？"答曰："杀不能鸣者。"显然，这则寓言与前所述"无用之用"恰好背道而驰，雁正因其不能鸣而死。于是，在这里，庄子又提出了另一种顺世安命的良方，此即"处乎材与不材之间"。庄子说：

> 明日，弟子问于庄子曰："昨日山中之木，以不材得终其天年；今主人之雁，以不材死。先生将何处？"
>
> 庄子笑曰："周将处乎材与不材之间。材与不材之间，似之而非也，故未免乎累。若夫乘道德而浮游则不然，无誉无訾，一龙一蛇，与时俱化，而无肯专为。"（《庄子·山木》）

所谓"处乎材与不材之间"，乍看起来，似乎有左右逢源、钻空子之嫌。但从道家传统来讲，"材"意味着有为，"不材"意味着无为，以此观之，庄子所谓"处乎材与不材之间"则可以被理解为遣去有无两端而处乎有为与无为之间，这又颇近于儒家所谓"中道观"了。庄子在《养生主》中有言："为善无近名，无恶无近刑，缘督以为经。"意思就是善不图名誉，恶不遭屠戮，就像人之元气循环在任督二脉而周转不息一样，遵循自然中正之道已达养生延命之旨。《论语·子路》中讲道："君子和而不同，小人同而不和。"君子和顺万物而保持个体的独立自主性，小人则善于逢迎附和而丧失自我，这里所讲君子处世方法与庄子"缘督以为经"实有不谋而合之处。然而，庄子依旧不满足于这种"有无双遣，据于中道"的安命之旨，因此又说："材与不材之间，似之而非也，故未免于累。"在庄子看来，若是顺乎自然之道以游于虚无之境，在这种状态下，既无美誉加之于身亦无诽谤毁之于外，自我存在犹如龙蛇一般时隐时现、踪影难察，随时变化而不偏执一端，这才是安时处顺的最高境界。后隋唐重玄学家成玄英之疏可谓一言中的："此遣中也，又忘中一，遣之又遣，玄之又玄。"

此外，在庄子那里，顺世安命的另一个方面就是与时俱化。人生在世，总是处在某一特定时代背景之中，尤其是在庄子生活的战国时期，普罗大众时常会面对社会纷乱、相互冲突的情境，如何应对这种困境，便构成当时之世普遍关注的难题之一。所谓"与时俱化"，在很大程度上是在强调一种时间性的过渡，是主体生命形态在某种特定情境、某种具体历史境遇中的价值选择，因此，在庄子看来，"与时俱化"着重指出的应该是不知权变、不知和顺万物所带来的种种消极后果。因此，《庄子·盗跖》中所讲的"反殉而天""从天之理"等，就主要是肯定个体根据自我内在天性以及存在的本然之则来选择合适的生命状态。然而需要指出的是，无论讲"与时俱化"或者"因时而变"，其所指均不出"道"之枢机，亦无所谓远离而非道，庄子讲"独成其意，与道徘徊"，盖此之谓也。一方面，肯定个体自主选择的意义；另一方面，也强调了自我在生命活动铺展开来的同时，应当与自然原则和本原天道统一起来，不可得此失彼或本末倒置。

庄子安时处顺的应命之方，是以"游世"及"虚己"为前提的。庄子说：

> 无为名尸，无为谋府；无为事任，无为知主。体尽无穷，而游无朕；尽其所受乎天，而无见得，亦虚而已。至人之用心若镜，不将不迎，应而不藏，故能胜物而不伤。（《庄子·应帝王》）

这段文字主要讲述了庄子曾多次论及的"心斋""虚己"之状态以及至人明心若镜的超脱意蕴。在庄子看来，所谓"虚己以游世，乘物以游心"，重在绝巧弃智、抛弃名利而"游心"于"无为之业"。后半句则讲至人能"虚己坐忘"，则可以实现"心若明镜"，不为外物所累，不为世情所役，因此得以"胜物而不伤"，这也就是庄子所言"物物而不物于物"的超越之境。

无论如何，庄子在俯仰之间与世和解，安时处顺的存在方式都是更多地指向个体生存。应该说，这种处世哲学使我们更清楚地认识到天地大化、运命止息、历史境遇以及普遍之维，告诉我们恪守自然中道，坚守与物俱化和走向天人合一相贯通的原则，此即庄子在《养生主》中所讲"知其不可奈何而安之若命"。后世宋儒张载在《西铭》中亦有言"存，吾顺世；没，吾宁也"，大抵是对庄子"顺世安命"思想最好的注脚吧。

第三节　庄子哲学思想的特质

与带有浓厚社会政治色彩的老子哲学不同，庄子哲学更加关注的是个人的生命与价值，以及精神的逍遥与无待。这对中国哲学的发展有着非常重要的影响，同时也影响着阮籍、嵇康、李白、苏轼等中国传统士大夫不慕名利、超拔淡然的崇高精神境界。而在当今社会，物质生活水平空前提高，但现实生活中人的内心世界却有一定程度的空虚，拜金主义、享乐主义等价值观影响着人们。因此，对现代人而言，学习与吸收庄子哲学精微深刻的智慧有着广泛的现实意义。

一、宁静淡泊

在诸侯间频繁的兼并战争中，中华大地被一片腥风血雨所笼罩，个人的生存如同抱火卧薪，难以自保。在这样残酷的社会现实中，历经贫穷而又心肠极热的庄子，对人的生命的终极意义问题进行了深入的思考。在庄子看来，个人的力量无法改变这个世界，只能改变自己对世界的看法。因此，庄子提出"顺世安命""安时处顺"的思想，从而实现在乱世中保全己身，不乱己志。

而在当今这个世界，人心浮躁。庄子不受物质的羁绊，顺世安命的思想，可以让我们更加淡定与豁达。依庄子看来，一个人生活在世界上，最重要的莫过于自己的生命，失去了生命，名利于人何用？因此，我们需要回归本真、回归自我，寻求内心真正想要追求的东

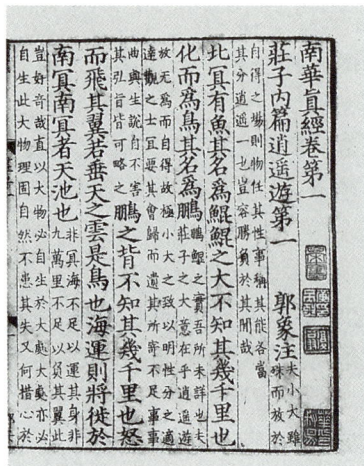

《南华真经》书影

西。然而在现实生活中，一些人被名利欲望所裹挟，渴望金钱与权力，追求名誉与成功，因而终日患得患失，内心纷乱不堪。与此同时，醉心于名利也势必会造成过度竞争，过度竞争必定会带来因挫折、失败而产生的负面情绪。日新月异的今天，社会发展越发迅速，为了不被时代边缘化，互相竞争以收获成功，成为现代人毕生追求之目标。焦虑、抑郁等一系列心理问题也随之而来，影响着都市人群的身心健康。关于外在名利对个人精神的束缚，两千余年前庄子就已经作了深刻的论述。"圣人不从事于务，不就利，不违害，不喜求，不缘道。"（《庄子·齐物论》）劝说世人不要太在意名利，须摆脱名利、物欲的驱使，回归到人的内心，回归人的本真，从而实现精神的自由自在以及心性的恬静淡泊。因此，道家哲学尤其是庄子顺应自然、安时处顺的思想，可以说是一种能缓解现代人精神紧张，安顿人心的情绪治疗法。事实上，道家对情绪、欲念等方面的认知，已经被现代西方心理学所发现，并从中吸收和借鉴有价值的资源，如道家思想被马斯洛、罗杰斯等发掘并应用于西方心理学，为西方心理学的革新和发展带来了一定的资源借鉴价值。

二、豁达宽容

经过对人生困顿的考察，庄子认为人生客观存在着自然之限——生死之困；社会之限——时命之围；自我之限——哀乐之情、利害之欲。如何摆脱由此产生的纷扰，实现个人心灵的解脱是一个重要的问题，庄子则向世人给出了"以道观物，万物齐一"的解答。其中，"鼓盆而歌""濠梁之辩"与"庄周梦蝶"是庄子对"万物齐一"的生动展示，也是庄子"以道观物"的集中体现。而"以道观物"的具体要求就包括"齐生死""齐是非""齐万物"等思想，这对中国哲学，尤其是境界论的发展产生了不可磨灭的巨大影响。

生死问题，是千古年来世人从未摆脱的一道灰色的阴影，古人云："死生亦大矣！"对人生意义的思考就难以避免对死亡问题的追问。而在庄子看来，对于死亡，需要能以平常心处之。"死生，命也。其有夜旦之常，天也。"（《庄子·大宗师》）庄子把生死看作昼夜交替，安于生死，生死一齐，消解了死亡带给世人的精神威压。这种认识直至今天，仍然对生死等终极问题的思考有着借鉴意义。

关于"齐是非"的思想，庄子认为，世间一切，本无是非、大小之分。只是因为一己之偏见而导致对事物的争论不休。不同于儒家极其认真严肃的是非态度，强调是非善恶的不可调和，庄子已经超越世俗的是非观念，"彼亦一是非，此亦一是非"（《庄子·齐物论》），认为是与非是一对相对立的观念，且是非的界限也是不确定的。由此，我们必须以空灵的心境观照万物，消除自己的"成见"，才能摆脱是非之辨。如今，网络时代的到来，让世界的联系变得前所未有地紧密，随之而来，众人的意见也前所未有的博杂，在这样开放又复杂的环境中，个人随时都会成为众人关注的中心，甚至语言攻击的对象。由此，庄子"齐是非"

的思想,促使人们客观理性地看待问题,高扬旷然宽容的精神,从而保持人格的独立,实现灵魂的无干扰。这对当今心浮气躁的社会有着非常重要的作用。

"齐万物"是庄子送给后世一份珍贵的精神财富,无论哪一个时代,都能从中挖掘出深刻的智慧。庄子说万物一齐没有差别,似乎否定了事物的差别性,但其实正是由于万物有所差别,有其"自然之性",只要能顺应其自然之性,万物都是平等的。所以,庄子对无差别境界的描绘向世人传达了"万物平等"的智慧。因此,假若这一智慧被运用在处理人跟自然关系的问题之上,我们人类对自然采取不伤害的态度,一种有感情交流的态度,那么对现在环境问题的治理和我国生态文明的建设将有着重要的启示意义。

三、塑造个性

庄子是中国古代历史上第一个高扬人的个性,追求绝对自由的人,对后世的影响深远。自由,自古以来都是世人歌颂与向往的,但直到今天,关于什么是自由仍然是世人思考的核心问题之一。而在庄子看来,唯有对外顺应自然规律与万物的自然性,对内超越世俗的名利、是非、生死观念,实现精神的高度自主与无待,才能到达逍遥之境,享有真正的自由。

庄子自由思想的意义,在于它对伪善的贬斥,反对形式主义,反对社会对个人的控制。这种批判精神,似乎不利于社会的稳定有序,但是却启发了人的自我意识,促进了个性心理的发展,从而起了推动传统观念更新的作用,也进一步推动社会朝着更好的方向发展与前进。另外,逍遥之境界是庄子哲学最高的价值追求,这种自由已经超越了现实社会,完全是个人精神的遨游,而非今人所说的政治自由、选择自由,从而带有明显的理想化色彩。在他看来,"与道合一,逍遥自由"的人,是能够按照自己的意志自由、自主地思考的人。庄子自由哲学关注个人的人格独立与个性解放,是对人的生命本质积极的探索与追求。在把"自由"作为社会主义核心价值观内涵之一的今天,作为优秀传统文化代表的庄子自由思想,其积极的价值导向作用将更为明显。

人追求个性解放,渴望自由,向往着诗与远方,却往往苦于现实的原因,心向往之却不能至。但往圣先哲们却能随心所欲不逾矩,安于外而游于内,给人们如何处理好物我关系提供了很有意义的借鉴。毋庸置疑,庄子乃至道家哲学思想的核心内容以阐发安身立命、安顿心灵的智慧而见长,有着十分丰富的心理保健和心理调适智慧,而道家哲学尤其是庄子哲学中达观洒脱、宁静散淡的处世智慧,十分有利于现代人缓解负面心理、安顿心灵、解放自我、长葆身心健康。

📚 **阅读书目**

1.《庄子》。
2. 郭象:《庄子注疏》,中华书局 2011 年版。
3. 郭庆藩:《庄子集释》,中华书局 2018 年版。

4. 钱穆：《庄老通辨》，生活·读书·新知三联书店 2002 年版。

5. 陈鼓应：《庄子今注今译》，商务印书馆 2016 年版。

6. 杨国荣：《庄子的思想世界》，华东师范大学出版社 2009 年版。

7. 陈红映：《庄子思想的现代价值》，人民文学出版社 2009 年版。

8. 王蒙：《庄子的快活》，中华书局 2010 年版。

9. 刘笑敢：《庄子哲学及其演变》，中国人民大学出版社 2020 年版。

思考题

1. 庄子与老子思想的异同是什么？

2. 如何理解庄子所说的逍遥？

3. 庄子的处世态度是什么？对今人有何启示？

4. 明代的徐渭说："庄周轻生死，旷达古无比。"谈谈你对徐渭观点的认识。

第九章　韩非子：法家思想的集大成者

韩非子(约前 280—前 233),韩国王室的庶出公子,法家思想的集大成者。韩非子出生的时代,正是战国晚期,诸侯竞相争霸、关系形同水火。各国中以秦国最为富强,它对内施行法家政策,对外采取远交近攻的方针,急欲兼并六国、统一天下。韩国是个多山的中原古国,民生疾苦,在战国七雄中,它的国势最为弱小。韩国还处于各个大国之间:东连齐国,南邻楚国,西临秦国,北接赵国、魏国,是个四战之地。由于韩国与秦国接壤,外交处境十分艰难:秦国如果攻打六国,它首先受到侵犯;而六国要是联合起来攻击秦国,它又必须作为先驱。在内政方面,韩国君主大权旁落,由权贵大臣把持朝政,积弊深重,内忧外患,随时都有亡国的危险。在这种糟糕的局面下,爱国忧民的韩非子屡次上书给韩王,提出诸多救亡图存的方案,可惜都没被韩王采用。韩非子愤慨韩王不能修明法制、任用忠贞之士,以使国家富强,感伤自己一身抱负却毫无施展空间,于是发愤著述,写成十余万字的《孤愤》《五蠹》《内外储》等篇。

韩非子

当韩非子的作品流传到秦国,秦王嬴政读到《孤愤》《五蠹》等篇后,大为叹服,误以为是前人所著,感慨道:"寡人得见此人与之游,死不恨矣。"(《史记·秦始皇本纪》)大臣李斯告诉秦王,这是自己同学韩非所写,秦王听后非常高兴,为了得到韩非子,遂派兵攻打韩国。在危急情况下,一向不为韩王重用的韩非子被派遣出使秦国,韩非子乘机向秦王献上《存韩》一篇,力劝秦王先攻赵国,再打韩国。因担心秦王任用韩非子后会影响自己的仕途,居心叵测的李斯与姚贾合谋诬陷韩非,秦王猜疑之心大起,将韩非子关押入狱。韩非子要求面见秦王陈述冤情,却遭到阻拦未能如愿,心灰意冷之下自杀于狱中。不久,秦王心生悔意,下令赦免韩非子,但为时已晚,一代思想家壮志未酬,饮恨而殁。

韩非子死后的第三年,秦国首先灭掉韩国,接着又陆续攻灭其余各国,于公元前221年实现了天下一统。秦国的成功在很大程度上是依赖于法家学说,法家秉持历史发展观,主张顺应时势来制定国策,以此富国强民。法家思想以其实用性,在列国兼并的战国时代占据着学术的优势地位。作为法家思想集大成的韩非子在总结前期法家理论的基础上,主张法术并重,势利兼顾,尊君尚法,形成了一套完整的思想体系。韩非子所提出的一系列主张,适应历史发展的客观规律,对中国古代专制主义中央集权制度的建立起到推动作用,影响了我国古代两千余年的帝王政治。

第一节　前期法家流派

一、重法的商鞅

商鞅(约前390—前338),战国时期著名的政治家,前期法家的代表人物之一。商鞅原姓公孙,名鞅,因其出身于卫国公族,又称卫鞅,后因在秦国变法有功,被秦孝公封于商(今陕西商洛市商州区),故又称商鞅或商君。商鞅年少时喜好刑名之学,钻研法治理论,受李悝、吴起等人的影响很大。其曾做过魏国宰相公孙痤的家臣"中庶子",颇受公孙痤器重。公孙痤死后,商鞅在魏国失去了唯一赏识自己的伯乐,找不到机会施展自己的才能。秦孝公元年(前361),年轻有为的秦孝公为改变秦国落后的现状,恢复先祖秦穆公时期的霸业,特地下令招贤纳士、变法图强。商鞅应召入秦,依靠秦孝公宠臣景监的引荐,先后四次进见秦孝公,终获赏识。据说,他第一次为秦孝公讲解尧、舜的"帝道",第二次为秦孝公讲夏、商、周三代的"王道",第三次为秦孝公讲春秋五霸的"霸道",秦孝公都不以为然。最后一次商鞅依据天下大势阐发"强国之术",终于打动了秦孝公,孝公遂决心重用商鞅实行变法。

商鞅舌战秦国旧贵族

在秦孝公的支持下,商鞅排除重重阻力,进行了一系列破旧立新的改革。改革的主要措施包括制定秦国法律;废井田,开阡陌;承认土地私有和允许土地自由买卖;规定土地税由国家统一征收;废除世卿世禄制,建立军功爵制;重农抑商、奖励耕织;推广新县制;统一度量衡,制造统一的标准度量衡器等。通过这些举措,秦国逐渐实现了富国强兵的目标。不过,变法也遭到秦国旧贵族的强烈反对,商鞅以"公平无私罚不讳强"(《战国策·秦策》)的精神,采用暴力手段镇压反对派,确保变法得以顺利进行。秦孝公二十四年(前338),秦孝公死,太子驷即位为秦惠文王,旧势力发动反击,商鞅被诬陷谋反,死于混战,后又遭车裂酷刑。

商鞅作为前期法家"重法"一派的代表人物,不仅是力行法治主义的实践者,还是一位著作颇丰的理论家。他在总结李悝、吴起等人的理论学说和变法经验的基础上,对法治的基本理论作了较为系统的论述,其主要内容有以下几点。

一是法律起源论。商鞅认为人类社会经历了上世、中世、下世三个阶段,所谓"上世"是"民知其母而不知其父,其道亲亲而爱私";中世为"上贤而说仁",人们用道德仁义来维持社会秩序。下世是"贵贵而尊官",人们"以强胜弱,以众暴寡",人与人之间充满了纷争,社会陷入一片混乱之中,必须制定各种法律条文来"定分止争"。所谓"定分",是指实现"土地、货财、男女之分"(《商君书·开塞》)。这表明法律是人类社会发展到一定阶段的产物,它产生的目的是保护土地、货物等财产的所有权,规定夫妻之间的权利和义务关系。因此,学界将商鞅的观点称为"定分止争"的法律起源论。

二是法的特征。商鞅认为法具有公正性、平等性等特征,对此他有着较为深刻的认识和精辟的论述。在"定分止争"的法律起源论基础上,商鞅提出了法的概念:"先王县权衡,立尺寸,而至今法之,其分明也。夫释权衡而断轻重,废尺寸而意长短,虽察,商贾不用,为其不必。故法者,国之权衡也。"(《商君书·修权》)在他看来,法律如同称轻重的权衡和量长短的尺寸一样,是规范、衡量人们行为的客观公正的准则。

(1) **法的公正性。**商鞅认为法是公正无私的象征,因而提倡"任法去私",反对"释法任私"。他说:"夫废法度而好私议,则奸臣鬻权以约禄,秩官之吏隐下而渔民。谚曰:'蠹众而木折,隙大而墙坏。'故大臣争于私而不顾其民,则下离上;下离上者,国之隙也。秩官之吏隐下以渔百姓,此民之蠹也。故有隙蠹而不亡者,天下鲜矣。是故明王任法去私,而国无隙蠹也。"(《商君书·修权》)意思是说如果国君废除法律制度而喜好私人议论,会导致奸臣以手中的权力作为筹码来捞取私利,各级官吏也会隐瞒下情来鱼肉百姓。正如民谚所揭示的,如果大臣争夺私利而不顾人民的死活,人民就会跟朝廷离心离德,国家就会出现缝隙;而那些隐瞒下情、鱼肉人民的各级官吏会成为国家的蛀虫。一个有了缝隙和蛀虫的国家,很少有不灭亡的,所以贤明的君主不是靠私人议论来决断政事,而是凭法律制度来治理国家。商鞅主张"任法去私",目的是反对包括君主在内的统治者枉法任私、玩弄法柄和权术的行为,借此凸显法的公正性。

(2) **法的平等性。**商鞅提出了"壹刑"的概念,即统一刑罚标准。《商君书·赏刑》云:"所谓一刑无等级,自卿相、将军以至大夫、庶人,有不从王令、犯国禁、乱上制者,罪死不赦。有功于前,有败于后,不为损刑。有善于前,有过于后,不为亏法。忠臣孝子有过,必以其数断。守法守职之吏有不行王法者,罪死不赦,刑及三族。"大意是说上至卿相、将军,下至一般官吏和百姓,在法律面前人人平等,如果有犯法者,无论贵贱亲疏,都要接受法律的制裁。据《史记·商君列传》中记载,秦国太子犯了法,大臣们都在讨论要不要处罚太子时,商鞅认为"法之不行,自上犯之,将法太子",坚决主张实施惩处。但由于太子是未来的国君,原则上是不能处刑的,商鞅就改为惩罚太子的老师公子虔、公孙贾。秦孝公十六年,太傅公子虔再次触犯了法律,商鞅坚持对他施以割鼻之刑。由此可见,平等性作为法的主要特征之一,在秦国得到有效的贯彻。不过值得注意的是,商鞅"壹刑"的对象并不包括君主在内,君主是凌驾于法律之上,这是商鞅学说中的一个矛盾之处。

三是法的作用。商鞅认为法律具有两方面的重要作用,一是"定分止争",二是"禁恶止乱"。

(1) **"定分止争"**的意思是只有确定物品的权利归属,才能减少相关纠纷的发生。商鞅曾借用《慎子》一书中兔子的故事来回答缘何"定分"能够"止争":在野外,人们追逐着奔跑的野兔,并不是因为人们对野兔可以分而得之,而是因为无主的野兔给其提供了积极争取所有权的动力。被捕获的野兔在市场出售,因其权属已定,他人就不能随意盗取。这意味着,诸如野兔之类的东西在名分未定的情况下,即使是尧舜等圣人,也会去追逐它;而在归属确定后,即使是盗贼也不敢随意抢夺。国家的事务如同兔子的权属问题一样,如果名分不能确定,就会导致奸邪之辈兴风作浪,君主失去权威,国家走向灭亡。由此可见确定名分对于国家治理的重要性，那么如何"定分"呢？商鞅认为应该从法律入手，法律确立后，名分就可以定下来，合于法律者给予赏赐，反之则予以惩罚。

（2）"禁恶止乱"的意思是法律能够制止违法犯罪行为。商鞅指出人情是"好利恶害"的，体现在法律上就是"好爵禄而恶刑罚"，无论是有贤德的人还是一般的平民百姓都概莫能外。正是基于此，法律才能通过刑赏来统一人们的言行。商鞅说道："人君而有好恶，故民可治也。人君不可以不审好恶，好恶者，赏罚之本也。夫人情好爵禄而恶刑罚，人君设二者以御民之志而立所欲焉。"（《商君书·错法》）不过，在刑、赏二柄中，商鞅更重视刑，《商君书·开塞》云："治国刑多而赏少，故王者刑九而赏一，削国赏九而刑一。"意思是说刑多赏少则国治兵强，赏多刑少则国乱兵弱。在此基础上，商鞅主张君主用来治理人民的法律一定要严厉，即通过"严刑峻法""以刑去刑"，让"法"起到"禁恶止乱"的作用，达到"民治国安"的目的。正如商鞅所说的："夫利天下之民者，莫大于治；而治莫康于立君；立君之道，莫广于胜法；胜法之务，莫急于去奸；去奸之本，莫深于严刑。"（《商君书·开塞》）

可以说重刑主义是商鞅法治思想的一大特色，是对儒家"以德去刑"论的否定。这一观点在当时的社会历史条件下是可取的，司马迁曾对商鞅变法后的秦国社会作出如下描述："道不拾遗，山无盗贼，家给人足。民勇于公战，怯于私斗，乡邑大治。"（《史记·商君列传》）应该说，这种社会效果的取得与商鞅采用重刑主义不无关系。

二、贵术的申不害

申不害（约前385—前337），战国时期郑国人，出身低贱，韩昭侯灭郑之后，他被韩昭侯任用为相，执政长达十五年。任相期间，申不害"内修政教，外应诸侯"（《史记·老子韩非列传》），使韩国一度走向"国治兵强"，以至当时诸国都不敢加兵于韩。申不害著有《申子》一书，可惜早已亡佚，只有《大体》一篇保存在唐人魏徵等编撰的《群书治要》中。此外，《韩非子·内外储说》和《吕氏春秋》中也保留了《申子》的部分内容，我们从中可以略窥申不害的学说。

《大体》篇云："君如身，臣如手。君若号，臣如响。君设其本，臣操其末。君治其要，臣行其详。君操其柄，臣事其常。"意思是说君主与臣下的地位和作用是不一样的，君主处于最高地位，臣下要为君主服务，听命于君主。自然，君主要想控驭住臣下，必须有一套权术，这就是申不害学说的核心内容。关于申不害的术治思想，韩非子概括为："术者，因任而授官，循名而责实，操杀生之柄，课群臣之能者也，此人主之所执也。"（《韩非子·定法》）由此可见，术是君主任用、考察和驾驭群臣的方法，它包括三个方面的内容。

一是"因任而授官"。这是强调官员的选举和任用应以其能力作为标准。这在战国时代是主流趋势，在其余诸子的论述中也经常被提及。例如墨子宣称"古者圣王甚尊尚贤、而任使能"，《管子》云"因者，因其能者，言所用也"，韩非子的老师荀子亦很重视任用贤才等。

二是循名责实。这是建议君主根据臣下的具体职务来检查其行为或政绩，旨在督促臣下尽职尽责，做到职事相当。如果大臣们能够做好本职工作，就会有奖赏，如果失职或越权，则会面临处罚。《韩非子》一书载有这样一件事，某天韩昭侯醉酒而眠，一旁的典冠（专管君主帽、冠的内官）担心他着凉，取了一件衣服盖在他身上。韩昭侯醒来获知身上所盖衣服是典冠所为后勃然大怒，当即下令将典衣（专掌君主衣服的官员）治罪，典冠处死。在这个例子中，典衣未能及时给韩昭侯添加衣物，自然是有失职守；而典冠的擅自举动，则是越职行为。根据循名责实的原则，典衣和典冠都应受到惩处，且典冠更为严重，因为臣下越权行为带来的危害远远超过失职行为。

三是君主驾驭群臣的方法。不同于上述两点的公开性与制度性，这一点是君主独操的权术。《大体》篇云："夫一妇擅夫，众妇皆乱，一臣专君，群臣皆蔽。故妒妻不难破家也，乱臣不难破国也。是以明君使其臣，并进辐辏，莫得专君。"这点明了君主驾驭群臣的必要性，在申不害看来，如果君主被一个或少数奸臣左右，后果不堪设想。为了保证君主独尊，就必须确保所有官吏一律屈服于王权之下，他们与君主都保持着同样的距离，就如同车轮一样，只有全部同等长度的辐条都集中到毂上，车轮才能很好地运行。为此，申不害设计出一套君主独操的权术："故善为主者，倚于愚，立于不盈，设于不敢，藏于无事，窜端匿疏，示天下无为。"（《大体》）这是要求君主不应该向臣下表露出形迹，要隐藏好自己的言行、意图，使臣下猜测不透，任由其牵制。

除了学理上的阐述外，《韩非子》一书中还记载了一些申不害辅佐韩昭侯运用权术的实例。例如，一次韩昭侯派使者去外地巡察，使者回来之后，韩昭侯向他询问一路见闻。当使者表示没有看到什么特别的事物，韩昭侯坚持要他随便讲讲路上的情况。使者想了想说道：出都城南门的时候，看到黄牛在道路的左侧吃农田里的禾苗。韩昭侯听完严令使者不许泄露他们君臣间的这次密谈内容。原来韩昭侯早就下令，在禾苗生长期间，严禁牛马擅入农田毁坏禾苗。他听到使者所讲的情况便知道承办此事的官员没有严格执行法令，于是下令让各地官员立即把牛马擅入农田毁坏禾苗的情况上报，报不上来的要处以重罚。当官员们临时拼凑的材料上报上来之后，韩昭侯发现里面并没有使者所言之事，就向官员表示还有遗漏。于是，官员们只得再次去核实情况，果然发现漏掉了都城南门外黄牛吃禾苗一事。这件事使官员们异常惊恐，韩昭侯明察秋毫的判断能力与隐秘难测的信息获取，使他们再也不敢阳奉阴违、玩忽职守。又如，韩昭侯曾佯装断了指甲，下令手下四处寻找，以此来测验他们是否忠诚于己。上述两则事例均见于《韩非子·内储说上七术》，是君主驾驭群臣权术的具体展现。

申不害是最早从理论上系统研究权术的人，他的术治理论很受历代统治者的欢迎。但从本质上来说，术治虽然在短期内能够取得成效，但从长远来看，无补于政权的稳固和发展。司马迁在评价申不害在韩国的政绩时指出："修术行道，国内以治，诸侯不来侵伐。"（《史记·韩世家》）由此可知韩国的国力虽然有所提升，但也只是做到勉强自保而已，这表明申不害的术治思想仍存在着缺陷。

韩非子指出申不害的术治理论犯了"徒术而无法"的错误。韩国原是在三家分晋基础上建立起来的诸侯国，原来晋国旧的法律还没有废除，韩国新的法律就颁布了。同样地，韩国前代君主的法令还没有废除，新的君主的法令又颁行了。这些新旧法令中有许多地方是不一致的，申不害既不懂得用法，又不能统一法令的内容，韩国官吏们就利用各种法令间的冲突徇私舞弊。如果旧法于官吏们有利，他们就照旧法办事；如果是新法对他们有益，他们就用新法，于是奸诈弄法之事逐渐多了起来。即使申不害辅佐韩昭侯用术来控制官员，但奸诈的官吏仍能够钻法律的空子。因此，从申不害相韩为始，作为万乘之国的韩国七十余年都未能称霸于诸侯，其原因正是君主虽然懂得用术，却不知道运用法律来治理官吏。以上的观点见于《韩非子·定法》。

此外，韩非还认为申不害的术治理论有不完善的地方。申不害曾说："治不逾官，虽知弗言。"（《韩非子·定法》）意思是说官吏处理政事不能超越本职权限，本职以外的事即使知道也不能讲。韩非指出官吏处理政事当然不能越过本职权限，但是，如果本职以外的事情知道了也不说，就可能导致某些官吏明明知道别人有过错也不向君主告发，这会使君主受到蒙蔽。

三、尊势的慎到

慎到为赵国人，曾在齐国的稷下学宫（当时各学派争论学术思想的地方）讲学，颇负盛名。与前面所述的显赫一时的法家实践者商鞅和申不害不同，慎到是一位法家的理论家。据《史记》记载，慎到著有《十二论》一书，但今已亡佚，残存有《威德》《因循》《民杂》《德立》《君人》《知忠》《君臣》等七篇及一些佚文。慎到对法治和势治思想有系统论述，对韩非子产生了重要影响。

慎到非常重视法律的作用，认为法律是治国的根本之道，治国离不开法律，就像商业交换中离不开度、量、衡器一样。在商品交换中，如果不用衡器，一旦出现短斤少两的情况，即使贤明如大禹者都难以识别；但是如果使用了衡器，就算出现些微误差，一般人都能看到。法律之于国家的作用与衡器在商品交易中发挥的功能类似，它是检验臣民行为的衡器，其主要特征是客观、公正。《慎子·威德》云："故著龟，所以立公识也；权衡，所以立公正也；书契，所以立公信也；度量，所以立公审也；法制礼籍，所以立公义也。凡立公，所以弃私也。"大意是说，占卜吉凶使用的著草龟甲、商业交换用的度量衡器、签订合同条约时使用的文书契约、治理国家的法律制度，它们都有一个共同点，都是社会公认的公开标准，旨在限制不合公共要求和愿望的个体行为，即慎到所谓的"弃私"。

法律的目的是奉公弃私，那么通过什么具体办法实现呢？这个办法就是"分"。《慎子·慎子逸文》里记载："一兔走街，百人追之，贪人具存，人莫之非者，以兔为未定分也。积兔满市，过而不顾，非不欲兔也，分定之后，虽鄙不争。"意思是说一只野兔在大街上跑，后面很多人追着想抓住它，即使有贪得无厌的人混在里面，人们也不会去责怪他们，这是因为兔子还没有确定归谁所有。集市上兔子成堆，过往的人们却看都不看一眼，这并不是说他们不想得到那些兔子，而是因为那些兔子有了归属后，即使品德低下的人也不敢公然去争抢它们。由此可见，佚文中提到的"分定"指确定名分，是对一个人权利、义务、资格等的规定，只有名分确定之后，纷争才能止息。这些权利、义务等，需要用明确的文字进行解释，体现在法律条文中，以便进行操作，来检验人们的行为。

《慎子·慎子逸文存疑》又云："法者，所以齐天下之动，至公大定之制也。故智者不得越法而肆谋，辩者不得越法而肆议，士不得背法而有名，臣不得背法而有功。"这是说法律代表着公义，它一旦确立后，就是一切社会行为的准绳，任何人都要在法律规定的范围内活动。智者不能违背法律来出谋划策，辩者不能越过法律高谈阔论，士人不能触犯法律以获得美名，大臣更不能违犯法律来获取功名。慎子在这里提出法律即公义的观点，使法的赏罚功能具有了理论依据，即一旦有人触犯了法律，那就是触犯公义，必然要受到惩罚。

这一点正是前期法家所忽略的,法家的奠基者李悝、吴起只是制定出法律,并且要求人们遵守法律,但没有解释人们为什么要遵守它。慎到的法治理论正好弥补了这一缺陷,提升了法家学说的理论水平。

慎到也重视势治。势的本义为形势,是指因处于有利位置而形成的一种优势。在慎到的论述中,势是一种能够对他人施加影响的支配力量,即相对于他人所具有的优势和地位。他说道:"腾蛇游雾,飞龙乘云,云罢雾霁,与蚯蚓同,则失其所乘也。故贤而屈于不肖者,权轻也;不肖而服于贤者,位尊也。尧为匹夫,不能使其邻家。至南面而王,则令行禁止。"(《慎子·威德》)大意是龙蛇之所以能够腾云驾雾,不是因为它们本身会飞翔,而是借助了云和雾;一旦失去脚下的云雾,它们立刻变得像蚯蚓一样软弱无力。同样,作为平民的尧,虽然有贤德,却不能使邻居服从自己;而他登上王位后,天下人都对其毕恭毕敬。所以君主能够统治国家,并不是由于其个人杰出的才能,而是借助了权势。有了权势,不肖者也可以治理国家;而没有权势,再怎么贤能也无济于事。在这里,慎到通过贤与势的对比,凸显出势在政治领域中的重要性。

慎到虽然没有机会参与实际政治,将其理论转化为实践,但他在法家的学术脉络中扮演着承上启下的角色。他对法家的法治理论进行了提升,又发展出新的势治理论,对韩非子产生了重要影响。

第二节 韩非子的思想

一、韩非子的人情论

《韩非子·八经》云:"凡治天下,必因人情。"意思是君主要想治理好国家,必须了解"人情"。所谓人情,就是"人之实情",在韩非子看来,"好利恶害""喜利畏罪"(《韩非子·难二》)是人之实情。为了在这个世上生存,人人充满了对利益的欲望,人与人之间的社会关系主要构筑在利害计算的基础上。

利害关系充分表现在人与人的交往之间。《韩非子·备内》云:"医善吮人之伤,含人之血,非骨肉之亲也,利所加也。故舆人成舆,则欲人之富贵;匠人成棺,则欲人之夭死也。非舆人仁而匠人贼也,人不贵则舆不售,人不死则棺不买,情非憎人也,利在人之死也。"这是说医生善于吮吸别人的伤口,口中常含着别人的脓血,这不是因为医生和病人有骨肉之亲,而是因为治病救人能够获得利益。造车的工匠造成车子之后,就希望人人都能富贵;而木匠制成棺材之后,就希望别人能够早一点死去。这并不是因为工匠仁爱或木匠喜欢害人,而是因为如果人们不够富裕,车子根本卖不出去;同样地,如果别人不早

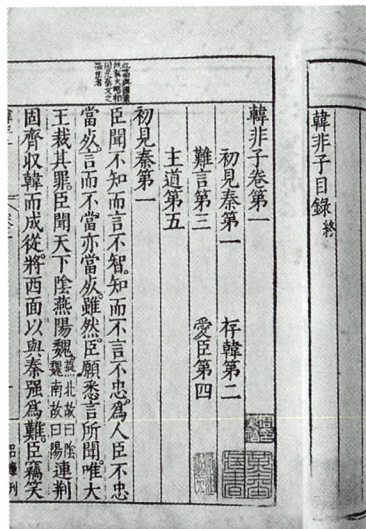

《韩非子》书影

点死亡,那么棺材也卖不出去。木匠并不是天生就憎恨人类,而是因为他们的利益建立在人们的死亡之上。所以韩非子指出:"故人行事施予,以利之为心,则越人易和;以害之为心,则父子离且怨。"(《韩非子·外储说左上》)这就是说,人性是自私的,如果对自己有利,人与人就容易联合起来,如果对自己有害,父子之间都会相互背叛、相互怨恨。

利害关系更表现于君臣之间。《韩非子·饰邪》云:"君以计畜臣,臣以计事君,君臣之交,计也。害身而利国,臣弗为也;害国而利臣,君不为也。臣之情,害身无利;君之情,害国无亲。君臣也者,以计合者也。"君臣之间实质上是为了各自利益而互相利用,儒家所谓的"君仁臣忠"根本不存在。在《难一》篇中,韩非子进一步把这种利害关系看作商业买卖的性质:"且臣尽死力以与君市,君垂爵禄以与臣市。君臣之际,非父子之亲也,计数之所出也。"市就是谈买卖讲价钱,臣下通过卖命来换取君主的爵位和利禄,君主则设置爵位及利禄来换取臣下的尽忠。君臣之间,不是父子那样的亲属关系,而是从计算利害出发的。君卖爵禄,臣卖死力,君主和臣下之间不存在什么忠不忠、仁不仁的问题,君臣之间就是一种赤裸裸的利益交易。君主只有认清了君臣关系的本质,才可以更好地使臣下为他服务。故而韩非子云:"君不仁,臣不忠,则可以霸王矣。"(《韩非子·六反》)

韩非子又解释了君主与人民之间的利害矛盾。他说:"君上之于民也,有难则用其死,安平则尽其力。……明主知之,故不养恩爱之心,而增威严之势。"(《韩非子·六反》)意思是君主对于人民的要求,主要是当君主面临危难的时候要求人民为他卖命,国家安定太平时要求人民为他卖力。英明的君主只要了解了这一情况,就不会培养自己的仁德之心而是增强自己的威严之势。这正是《韩非子·显学》所说的:"夫严家无悍虏,而慈母有败子,吾以此知威势之可以禁暴,而德厚之不足以止乱也。"

韩非子还进一步指出,即使亲如父子,也依然存在着利害关系。他指出:"父母之于子也,产男则相贺,产女则杀之。此俱出父母之怀衽,然男子受贺,女子杀之者,虑其后便,计之长利也。故父母之于子也,犹用计算之心以相待也,而况无父母之泽乎!"(《韩非子·六反》)父母对于子女的态度因性别而异,如果生了男孩就互相庆祝,如果是女孩就会把她溺杀。无论男孩或女孩都是出自父母的怀抱,然而父母重男轻女,溺杀女婴,这是因为做父母的出于长远利益考虑,认为养儿可以防老,养女儿不仅不能防老,在出嫁之时还需倒贴一笔嫁妆。可见父母对于自己的子女,尚且怀着计算利弊得失的心理,更何况是没有亲情的君主与臣民。

韩非子还质疑孔孟的仁义道德,也不承认所谓尧、舜、禹等圣人的高尚,对儒家极力颂扬的尧、舜禅让的典故作出了不同解读。韩非子认为尧将王位禅让给舜并非因为其道德高尚,而是在当时做君主实在是一件无利可图又十分辛苦的苦差使。尧做君主的时候,吃的是粗粮,住的是草房,穿的是麻衣,连地位低下者的待遇都不如。尧将帝位禅让给舜,显然是出于自私自利的考虑,目的是摆脱令人不堪忍受的待遇,逃离非人的劳累。这明显是逃避责任的行为,并不值得称赞。

综上所述,韩非子对人际关系的解释,是从人的"皆挟自为心"(《韩非子·外储说左上》)出发,认为每个人都将追求个人利益作为最终目的,在日常交往中是以计算之心对待别人。这种"好利恶害"和"趋利避害"的"人情",是韩非子对人一贯的观察准则和国家治理原则的基本依据。

二、法、术、势相结合

《韩非子·扬权》云："黄帝有言曰：'上下一日百战。'""战"就是斗争，意思是说君主与臣下一天之间就有上百余次的斗争，这是形容君臣之间整天都在尔虞我诈、钩心斗角。在韩非子看来，专制主义中央集权下的君主一个人高高在上，其余臣民都在他的下面，君主处于四面八方的层层包围中，所有矛头都对准他一个人。如果君主没有一套完整的统治术，他的统治就不容易维持，甚至连他本人也会惨遭杀害。韩非子的学说就旨在为君主提供一套完整的统治术，它包括法、术、势三个方面的内容。

（一）重法，法律面前一律平等

韩非子作为法家思想的集大成者，一方面继承和发展了商鞅的"重法"思想，另一方面也批判了商鞅的"徒法而无术"（《韩非子·定法》）。韩非子认为商鞅不懂得让君主使用权术去识别奸邪之人，于是出现了一些利用富强的秦国来获取私利的大臣。秦孝公、商鞅去世之后，秦惠文王即位，当时秦国的法令还没有废弃，就有张仪凭借秦国的力量在韩国、魏国那里捞取私人利益。之后秦武王在位期间，时为秦相的甘茂利用秦国的力量在进攻周国的战争中谋取私利。秦昭襄王之时，穰侯魏冉（时为秦相）越过韩、魏两个国家去攻打东边的齐国，整整打了五年而秦国没有增加一寸土地，穰侯自己却在陶邑这个地方筑起了城墙并把它作为个人的封地。同样，应侯范雎攻打韩国整整八年，也建成了他在汝水以南的封地。从此以后，那些在秦国掌权的大臣，几乎都成为穰侯、应侯之类的人了。

韩非子进而指出："故战胜则大臣尊；益地则私封立；主无术以知奸也。商君虽十饰其法，人臣反用其资。故乘强秦之资，数十年而不至于帝王者，法不勤饰于官，主无术于上之患也。"（《韩非子·定法》）这就是说商鞅只知道重法，而不知道让君主用术，所以秦国虽然形成了富国强兵的大好局面，但是君主却没有术去识破奸臣。于是出现了诸如张仪、甘茂、穰侯、应侯等人凭借战功为自己谋取私利的事情，致使强大的秦国迟迟没有一统天下。

另外，韩非子还认为商鞅之法也有不完善的地方。商鞅曾颁布奖励军功的法令，规定官职和爵位的提升要与杀敌立功的大小相符合。在韩非子看来，这好比让杀敌立功的人去当工匠、医生一样，显然他们既盖不好房子，也治不好病，因为他们不具备相关的专业技能。治理国家依靠的是智慧和才能，而在战场上奋勇杀敌靠的仅仅是勇气，如果让立有战功的人来治理国家，这就如同让他们为匠行医一样，明显是不能胜任的，对国家而言也没有任何益处。

在此基础上，韩非子对法家的法治理论作了进一步的阐发，使其更加完善。

（1）韩非子阐述了法治的优越性。《韩非子·用人》曰："释法术而任心治，尧不能正一国；去规矩而妄意度，奚仲不能成一轮；废尺寸而差短长，王尔不能半中。使中主守法术，拙匠执规矩尺寸，则万不失矣。君人者能去贤巧之所不能，守中拙之所万不失，则人力尽而功名立。"意思是说如果抛开法律而任凭君主靠自己的想法去处理政事，即使像尧那样贤明的君主也不能治理好一个国家；如果不用圆规和尺子而全凭主观揣测，就算是奚仲（传说中车的发明者）也不能制成一个车轮；如果没有尺子去衡量短和长，即使是王尔那样的能工巧匠恐怕也会说错。但是只要遵守法律，一个资质平常的君主就能万无一失地治理好国家;同样地,如果有了圆规、尺子等工具,即使再笨拙的工匠也很少出现差错。所以君主若能放弃贤明者都不能完成的事情(指人治),而坚持一个笨拙工匠万无一失的方法(指法治),那么他就可以开发众人的潜能,成就功名。由此可知,在韩非子看来,法治比人治更有优越性。

(2)**法律具有公开性和统一性**。韩非子指出:"法者,编著之图籍,设之于官府,而布之于百姓者也。"(《韩非子·难三》)这表明法律是一种写出来的文书,这种文书写成以后就在政府的各个部门内实施并且向老百姓公布。公布后的法律是体现社会公平正义的客观标准,也是判断人们是非功过的唯一准则,全国上下都要遵守法律。韩非子说道:"故明主使其群臣不游意于法之外,不为惠于法之内,动无非法。"(《韩非子·有度》)大意是臣下的言论、行为都不能违背法律,君主也不能枉法开恩。《韩非子·难二》又曰:"人主虽使人,必以度量准之,以刑名参之,以事遇于法则行,不遇于法则止。"这是建议君主在任用臣下时,必须用法律来衡量他们,用考察名实是否相符的方法检验他们,对于臣下要办的事情,合于法律者准许实行,违背者必须禁止。

(3)**韩非子提倡严刑重罚的重刑主义**,他充分肯定商鞅"以刑去刑"的重刑理论。《韩非子·内储说上》云:"公孙鞅之法也重轻罪。重罪者,人之所难犯也;而小过者,人之所易去也。使人去其所易,无离其所难,此治之道。夫小过不生,大罪不至,是人无罪而乱不生也。"在此基础上,韩非子批判了儒家的轻刑论主张,详细阐发重刑的必要性。他认为用重刑能够防止的犯罪行为,如果改用轻刑就未必能够成功;而用轻刑能够禁止的坏人坏事,那么用重刑也一定能够予以制止。实施重刑后,君主施加在罪犯头上的惩罚十分严重,这会使罪犯从犯罪行为中获得很少的利益,而人们决不愿意为了很小一点利益去接受很重的刑罚,因此那些违法犯罪行为就能得到有效的禁止。但是如果实施轻刑,就会使罪犯得到的好处大于君主给予他们的惩罚,这样一来,人们自然会为了追求巨大的利益而以身犯法,违法犯罪行为就会越来越多。故而在韩非子看来,重刑的目的不仅仅在于惩罚罪犯,还旨在强化法律的威慑力,使民众严格依法办事,不敢以身犯法,从而实现社会安定和国家大治。

(4)**为确保法律的顺利实施,韩非子提醒君主须提防社会上的五种蠹虫**。这五种蠹虫是:学者(儒家)、言谈者(纵横家)、带剑者(游侠)、患御者(逃避兵役的人)和商工之民(商人和手工业者)。在这五种人中,危害最大的是儒家和游侠,所谓"儒以文乱法,侠以武犯禁"(《韩非子·五蠹》)。他明确指出,国家要想实现富强,必须清除五蠹之民,使社会上的一切言论、行动都统一于法律之下,以此达到其设想的理想状态:"故明主之国,无书简之文,以法为教;无先王之语,以吏为师;无私剑之捍,以斩首为勇。是境内之民,其言谈者必轨于法,动作者归之于功,为勇者尽之于军。是故无事则国富,有事则兵强,此之谓王资。既畜王资而承敌国之釁,超五帝侔三王者,必此法也。"(《韩非子·五蠹》)

(二)尊势,德刑并用

韩非子认为法令能够顺利推行,必须有专政的权力,这个权力就是"势"。韩非子十分重视势的作用,认为势是君主成就功名的重要条件之一。他说道:"夫马之所以能任重引车致远道者,以筋力也。万乘之主,千乘之君,所以制天下而征诸侯者,以其威势也。威势者,人主之筋力也。"这是用马的筋力来阐述势对于君主的重要性。再如"虎豹之所以能胜人执百兽者,以其爪牙也,当使虎豹失其爪牙,则人必制之矣。今势重者,人主之爪牙也,君人而失其爪牙,虎豹之类也"(《韩非子·人主》)。在韩非子看来,势对于君主来说好比爪牙之于虎豹一样。

韩非子同意慎到的势治观点,他还以孔子和鲁哀公的例子进一步加以阐发:孔子,毫无疑问是天下最著名的圣人,他精通礼乐、倡导仁爱,然而天下能够赞美他的仁慈、欣赏他的学说而追随他当弟子的只有七十余人。这大概是因为喜爱仁慈的人太少,能够遵循道义的人太难得。因此以这么广阔的天下,愿意拜孔子为师的只有几千人,贤者不过七十二人,而真正能够做到仁义的仅有孔子一人。鲁哀公虽然是个才智低下的君主,但他身为君主统治着鲁国,鲁国民众没有一个人敢不臣服于他。相比于仁义来说,民众更容易屈服于权势,而权势也的确更容易制服别人,因此仁义的孔子反而做了才智低下的鲁哀公的臣子。孔子并不是被鲁哀公的道义所感化,而是屈服于鲁哀公的权势。如果按照道义的原则,孔子不应该臣服于鲁哀公,然而凭借着权势,鲁哀公轻易就使孔子臣服于自己。通过孔子与鲁哀公的对比,韩非子充分说明了势在国家治理方面的重要性。

势具体的表现就是赏罚,亦称为刑赏或刑德,韩非子将之称为君主的"二柄"。《韩非子·二柄》云:"明主之所导制其臣者,二柄而已矣。二柄者,刑、德也。"柄就是把子,韩非子认为君主只要抓住赏罚这两个把子,就可以使群臣听从命令。君主在运用赏罚时,须以法律为准绳,做到应该赏的必须赏,应该罚的必须罚。如果因为某种缘故,应该赏的没有赏,应该罚的没有罚,赏罚就会失去效用。信赏必罚还要求执法公平,鉴于"法之不行,自上犯之"的教训,韩非子继承和发扬了商鞅"刑无等级"的思想,主张执法要大公无私,"法不阿贵,绳不绕曲,法之所加,智者弗能辞,勇者弗敢争。刑过不辟大夫,赏善不遗匹夫"(《韩非子·有度》)。韩非子认为如果君主真能做到信赏必罚、法不阿贵,那么基于"好利恶害"的人情观,大小官吏和平民百姓都会希望得到君主的奖赏,害怕受到惩罚,这样一来就能确保他们都为君主所用,这就是君主的大利。

在重势的基础上,韩非子进一步发展了慎到的势治理论。

(1) 擅势。权势对于国君来说非常重要,故而韩非子极力鼓吹君主集权,强调君主必须擅势,即集权于一身。他一再告诫君主不能与臣下"共权",赏罚二柄更不可以借给别人。赏罚是国家的利器,掌握在君主手里就能够制服臣下,掌握在臣下手里就能够战胜君主,所以"邦之利器,不可以示人"(《韩非子·喻老》)。如果君主借给臣下一分权势,臣下就会当作百分来使用。臣下借得君主的权势后,力量就会增加,致使朝廷内外都为臣下所用,这样对君主十分不利。而且作为君主,重要的权势一旦落入臣下的手中,失去后就再也找不回来了。历史上齐简公将权势丢失给田成子,晋国君主把权势丢失给六卿,结果他们都落了个国亡身死的悲惨结局。有鉴于此,君主一定要牢牢掌握住权势。

(2) 法、势互相结合。《韩非子·八经》云:"君执柄以处势,故令行禁止。柄者,杀生之制也,势者,胜众之资也。"法令之所以能够实行,是因为有势。没有势,即使有再好的法律,也不能治理天下。同样,势也需要法来补充,如果有势而无法,则不是"法治"而是"人治"。"人治"的好坏取决于人君的贤能与否,远不如"法治"有保证。儒家心目中的贤君尧、舜、禹都是千世一出,可望而不可即。在现实社会中,大多数君主都是中主之才,即在贤能方面不及尧、舜,但又比桀、纣统治得好的君主。如果实行"人治",中主是无法治理好国家的，而"法治"正好可以弥补中主在贤德、才能方面的不足，他们可以依靠法律轻松地治理好国家，这就是韩非子提倡的"抱法处势则治"（《韩非子·难势》）。

（三）贵术，尽人之智

韩非子认为，君主徒有法和势是不够的，为了巩固自己的权势和确保臣民能够奉公守法以实行"法治"，必须有一套驾驭臣下的"术"。他在申不害的"术治"思想上进一步发展了其术治理论。

（1）**君主不要显露自己的才智**。韩非认为明智君主的治国原则，应该是让聪明的大臣竭尽全力地为国家出谋划策，然后君主根据他们的谋划来决断政务，依据他们的才能加以任用，这样君主就不会在智慧方面陷入困窘的状态。而且，如果治理国家成功的话，君主会获得贤能的名声，如果出现过失则由大臣承担罪责，这样一来君主在名声方面也不会陷入尴尬的境地。因此那些不表现自己才华的君主反而可以成为贤能大臣的老师，不使用自己智慧的君主反而是那些聪明大臣的主人。由大臣承担治国的劳苦，而君主则享有治国的功劳，这才是贤明君主的治国原则，即韩非子所谓的："下君尽己之能，中君尽人之力，上君尽人之智。"（《韩非子·八经》）

（2）**君主不要表现自己的好恶和欲望**。韩非子指出如果君主透露出自己的欲望，那么臣下就会粉饰自己的言行以讨好君主；如果君主表现出自己的喜好，那么臣下就会有虚情假意的行为以迎合君主，臣下这样做的目的主要是满足自己的欲望。在历史上，齐桓公忌妒男子而爱好女色，因此竖刁（齐桓公的宠臣）就自我阉割后为桓公管理后宫嫔妃；齐桓公还喜好美味的食物，易牙（齐桓公的宠臣，善于烹饪）就蒸煮了自己亲生儿子的头颅进献给齐桓公；燕王子哙喜好贤才，于是子之（子哙统治时期的丞相）就假装不肯接受子哙的禅让。结果，竖刁、易牙迎合齐桓公的欲望去侵害他，导致其尸虫爬出门户也得不到安葬；子之假借贤能的名声去篡夺子哙的地位，使得子哙死于非命。这就是君主显露出自己的好恶欲望而招致的灾难，臣下的真实本心不是真正地爱护他们的君主，而只是看重利益。当今君主如果不掩饰自己的喜好，不藏匿住自己的欲望，身边就会再次出现像竖刁、易牙、子之那样的大臣。

（3）**君主不能相信别人，尤其是不能只相信一个人**。韩非子认为君主最大的弱点在于相信别人，一旦相信别人，就容易受到别人的控制。这包括两个方面的内容，一是君主不能相信自己的妻子儿女。因为一些奸臣会利用君主对妻子儿女的信任来牟取私利，更糟糕的是君主与他的妻儿之间也会发生极为尖锐的利害冲突。例如赵国大夫李兑为帮助赵惠文王争夺王位而把其父赵武灵王活活饿死，晋国的优施能够教唆骊姬杀死太子申生而立自己儿子奚齐为太子。因此，即使亲近如妻儿者也是不能相信的。另外，韩非子还告诫君主要时刻注意提防臣下。臣下与君主之间没有骨肉亲情，臣下仅仅是因为受到形势的约束而不得不去侍奉君主。因此那些做臣下的，无时无刻不在窥探着他们君主的心思，而君主却往往懈怠傲慢地生活在朝堂之上，这就是世上经常出现臣下劫持杀害君主的原因所在。基于此，韩非子告诫君主"毋专信一人"（《韩非子·扬权》）。

（4）**君主不可"以臣备臣"**。《韩非子·南面》云："人主释法，而以臣备臣，则相爱者比周而相誉，相憎者朋党而相非。非誉交争，则主道惑乱矣。"意思是说如果君主抛弃法治而采用一些大臣来防备另外一些大臣，那么大臣中关系好的会相互勾结而彼此吹捧，关系不好的则会各自结成私党而相互诽谤。诽谤和吹捧争斗不止,君主就会陷入迷惑昏乱之中。为了避免这种现象的发生,韩非子建议君主应该"明法以制大臣之威"(《韩非子·南面》)。君主要确保臣下即使有智慧和才能,也不能违背法纪而专权;即使有贤德的行为,也不能无缘无故得到奖赏;即使有忠信的品德,也不能超越法制而不受制约。这就是依靠法律而非个人来约束臣下。

综上所述,先秦法家诸子中,商鞅重法,申不害重术,慎到重势。法、术、势三派立论的角度虽然不同,但在强化君主权力上则是目标一致的。韩非子认为,三者"不可一无,皆帝王之具也"(《韩非子·定法》)。为此,韩非子将法、术、势三家理论熔于一炉加以深化和发展,形成了绝对的君主专制理论。在韩非子的政治思想中,君主以势来控制臣民,制定法律以规律臣民,使用权术来策使臣下,所以君主对于一切问题,只需提纲挈领、无为而治。这就是韩非子为专制主义中央集权下的君主提供的一整套统治术,这一套统治术是他总结当时统治阶级统治的经验和教训,得出来的结论,也是他综合前期法家流派思想所得出来的学说。

第三节　韩非子思想的影响与现代价值

一、韩非子思想的影响

秦国原是僻居西边的落后国家,经过商鞅变法后,国力大大增强,一跃成为战国七雄之首。最终在公元前 221 年,推行法家理论最为坚决、变法最为彻底的秦国横扫六国,建立了中国历史上第一个专制主义中央集权制国家。秦始皇统一天下后,在其治下的各个领域全面推行重刑主义,主要体现在以下四个方面。

(1)实行选贤任能的官吏任用制。法家主张,选用官吏应该以是否贤能为标准,而不论出身如何,秦始皇遵循了这一原则,基本做到了任人唯贤、唯才是举。

(2)公布法律,垂法而治。秦朝统一全国后,继续推行法治,其"治道运行,诸产得宜,皆有法式"(《史记·秦始皇本纪》)。秦朝法律已包括律、命、制、诏、程、式等多种形式,内容涉及政治、经济、军事各个方面。为了使法律便于人们理解,秦朝还颁布了《法律答问》,以具体个案来解释法律条文。

(3)严刑重罚,"以刑去刑"。秦朝统一后,在施行严刑峻法方面比以前是有过之而无不及。如秦律规定,对盗采他人桑叶者,即使其盗窃所得不满一钱,也要罚服三旬的徭役;再如"五人盗,赃一钱以上,斩左趾,又黥以为城旦"(《法律答问》)。秦朝不仅刑罚严酷,且种类繁多,单就死刑而言,有车裂、剖腹、弃市、腰斩、枭首等。对此,后人评价秦朝的法律是"法繁于秋荼,而网密于凝脂"(《盐铁论·刑德》)。虽然这一描述中含有某些夸张成分,但从一个侧面反映出秦朝法律的重刑主义特征。

(4)独任法家,排斥杂说。秦孝公时期,商鞅为了推行新法,曾经首开"燔诗书而明法令"(《韩非子·和氏》)的先例。后来,秦始皇为统一思想,下令将民间所藏的诸子百家著作予以销毁,并禁止私学,以期形成"以法为教,以吏为师"(《韩非子·五蠹》)的局面。

可以说秦朝是以法家思想作为立国之本,不过秦人虽然崛起迅速,但大一统的局面只维持了十几年,二世而亡。客观地说,在诸侯兼并的战国时代,法家崇尚强权政治,不讲仁义道德,以严刑峻法为手段实现富国强兵,进而统一天下是有一定的效果的。一旦目标实现,欲求国家统治的长治久安,再一味迷信刑杀,无视伦理道德的教化作用显然是行不通的,正如孔子所言:"道之以政,齐之以刑,民免而无耻。道之以德,齐之以礼,有耻且格。"(《论语·为政》)秦朝迅速灭亡的历史教训,使得"刻薄寡恩"的法治思想被时人当作罪魁祸首,倡导仁爱的儒家学说渐渐受到统治者的重视,并在汉武帝时期获得独尊的地位,韩非子及其所代表的法家思想逐渐退居幕后。然而,历史事实表明,无论是汉代抑或后世历代王朝,其实都是以法治为基本框架来支撑庞大帝国政治体系的运作。所不同的只是相对于韩非子"以法治国"的鲜明政治主张而言,后世统治者往往强调"外儒内法",就是以先秦孔孟之道为本体,暗含法家理论。就我国两千多年的君主专制来说,法家思想确有它不可磨灭的重要性。

这里所谓的"外儒内法"有三个层面的意义。

(1) **以儒家的理论提出主张,而实践上体现了法家的思想。** 例如汉代大儒董仲舒的学说就包含法家的思想,《春秋繁露·保位权》云:"民无所好,君无以权也。民无所恶,君无以畏也。无以权,无以畏,则君无以禁制也……有所好然后可得而劝也,故设赏以劝之。有所好必有所恶,有所恶然后可得而畏也,故设罚以畏之。既有所劝,又有所畏,然后可得而制。"这种依据民众喜好的心理来治理国家的观点同法家一脉相承。再如程朱理学所提倡的"三纲"(君为臣纲、父为子纲、夫为妻纲),在韩非子的思想中早已有明显的、成形的表述。《韩非子·忠孝》称:"臣事君,子事父,妻事夫。三者顺则天下治,三者逆则天下乱,此天下之常道也。"这一观念长久以来都是传统政治伦理的总纲。

(2) **在政治领域以儒家掌"教化",而以法家掌"吏治"。** "明主治吏不治民"(《韩非子·外储说右下》)是韩非子的名言,也是对历代统治者产生重大影响的思想观点之一。历代君主为了巩固自身统治,创建了一套较为完备的吏治体系,其内容包括:① 建立严格的铨选制度,如汉代有察举征辟制,魏晋南北朝是九品中正制,自隋唐开始到清代则通过科举制选拔官吏。② 依据一定标准考核官吏的政绩,称为考课。例如秦汉有中央对地方的考课和上级对下级的考课;宋代先后设立多个机构掌管对中央、地方官员的考核;清代则有京察、大计之分,分别施之内外诸官。③ 设立严格的奖惩制度,即对有功、有德者给予奖励和旌赏,对德行卑劣、渎职者实施惩罚。唐代将政绩卓著、屡立战功的文武官绘于凌烟阁以示奖励;明代制定《大诰》,专列"被诛贪官污吏,一切作奸犯科姓名……以为鉴戒",这些都是奖惩严明的例子。

(3) **在意识形态上提倡儒家理想,而在现实政治中实行法家的制度。** 后代君主大都沿袭了秦朝建立的专制主义中央集权制度,在此制度下,君主在全国范围内有着至高无上的权威及绝对的权力。与以前的君主有所不同,秦汉以后的君主拥有独一无二的名分。据《史记·秦始皇本纪》记载,秦始皇统一全国后,决定把远古时期三皇五帝的尊称合起来,号曰"皇帝"。为了凸显皇帝的崇高地位,秦始皇还特地规定皇帝的命为"制",令曰"诏",天子自称为"朕"。除此之外,皇帝还对全国一切大小事务拥有实际权力。例如明太祖朱元璋要求,一切中外奏章都得呈上御案由他过目,"每断大事,决大疑,臣下唯面奏取旨"（廖道南《殿阁词林纪》）。而清代的嘉庆皇帝更是扬扬自得地宣称："我朝列圣相承，乾纲独揽，皇考高宗纯皇帝临御六十年，于一切纶音宣布，无非断自宸衷，从不令臣下阻挠国是。"（梁章钜《枢垣记略》卷十四）可以说，没有任何东西能够凌驾于皇权之上。

皇帝虽然有着至高无上的权威，但仍需要官吏来处理国家事务。秦汉时期，建立了一套从中央到地方的庞大官僚体系。在中央，皇帝以下最重要的官职是"三公"，即丞相、太尉、御史大夫，在地方则实行郡县制度。后代君主对这一结构进行了一些局部上的调整和完善，比如，隋代中央政府建立"三省六部"制，元代在地方上实行行省制等。不过从总体上来说，官僚体系的基本结构及其功能没有发生质的变化，即它们都是通过郡县一级的地方机构集权于中央，又通过丞相之类的中央官僚集权于皇帝，从而形成了一部只服从于皇帝的庞大统治机器。在这部机器中，官吏们拥有的权力都来源于君主，他们必须服从君主的命令，原则上是不允许有任何独立的意识存在。这样一种君臣关系，就如同申不害提出的"明君如身，臣如手；君若号，臣如响；君设其本，臣操其末；君治其要，臣行其详；君操其柄，臣事其常"（《群书治要·大体篇》）。官僚们只是君主的工具，官僚机构也只是君主的办事机构。

综观整个中国古代史，法家建立起了中央直达地方权力末梢的行政官僚管理体系，从制度层面对大一统国家的形成和稳定起到促进作用。在思想文化方面，法家鼓吹以法律和法吏为师，经过秦始皇、李斯"别黑白而定一尊"（《史记·秦始皇本纪》）的政治实践，使文化专制为重要特征的文化一统成为现实。思想文化的统一正是国家统一的重要保证之一，故而可以说法家思想对古代中国社会的统一和稳定产生了深远的影响。而且，相对于其他学派而言，只有法家提倡与时俱进，并且为国家的富强提供了较为完善的措施。从历史上看，每当国家危乱之时，一些有作为的政治家，无不从法家思想中吸取政治统治经验，并付诸实践之中。例如三国时期诸葛亮曾亲手抄写申不害、韩非子的言论劝刘后主参酌使用；宋代的王安石与明代的张居正，位居宰辅，锐意改革，力谋富强，也是参考了韩非子学说；近代的康有为、梁启超等人，多少也受到法家的启发。除中国外，法家思想还在东亚文明圈内的其他国家有着一定的影响力，日本近代古学派正是通过"脱儒入法"运动，开创了日本早期的现代化，并成为此后明治维新"脱亚入欧"的实践先导。因此，在社会变革方面，法家的作用是不可磨灭的。

二、韩非子思想的现代价值

法家学说不仅对古代中国产生了重要影响，还可为当代中国的法治建设提供诸多参考。

（1）法律须得到全社会普遍的遵守和执行才能建立起良好的社会秩序。为了确保法治的顺利实施，法家要求执法要做到公平、公正，即"法不阿贵，绳不挠曲"（《韩非子·有度》）。这对我国当代的法治建设有着重要的借鉴作用，在现代社会，执法人员必须严格执法，抵制选择性执法。所谓选择性执法，即执法人员不是根据法律法规进行执法，而是有选择、有区别地执法。这种执法行为具有很大的随意性，容易导致两种后果，一是腐败现象的出现。一旦执法可以进行选择，违法者就会通过贿赂执法人员逃避处罚，这会导致腐败现象大量产生，危害现政权的稳固。二是法律权威性的丧失。随着选择性执法的出现，势必会给其他守法者传递一种错误信息,认为自己可能会成为选择性执法的受益者。这样的信息一旦在社会上流传开来,法律的权威性就会丧失。法治社会的建立主要依赖于法律的权威性,一旦这种权威被动摇,法治社会的建立基础将不复存在。

(2) 在法家看来,重刑不仅可以禁奸止暴,还能够预防犯罪,故而韩非子提出"严刑重罚之可以治国也"(《韩非子·奸劫弑臣》)的观点。虽然法家的重刑主张存在偏颇之处,但对目前我国的法治建设来说还是有一定的参考价值。目前,我国法律对刑事责任追究存在不足之处,一些法律条文疏于执行或执行乏力,在一定程度上导致贪污腐败行为的出现,食品卫生领域诸如毒胶囊、地沟油、毒豆芽、违规使用添加剂等违法犯罪行为多次出现,飙车肇事、暴力拆迁、拐卖儿童等案件时有发生,已影响了社会的正常秩序和人民的生命安全,并使法律权威及整个社会的诚信度有所下降。因此,在这些领域,我们应该借鉴韩非子"以刑去刑"的思想,弥补法律漏洞,加大处罚力度,增加违法犯罪的成本,从而减少和防止违法犯罪行为,以维护社会的稳定。

(3) 法家认为法律只有被人民群众所熟知,才能规范人们的行为,所以政府不仅要公布法律,还应设立普及法律知识的机构。正如《商君书·定分》说道:"故圣人立,天下而无刑死者,非不刑杀也,行法令,明白易知,为置法官吏为之师,以道之知;万民皆知所避就,避祸就福,而皆以自治也。"法律的公开和普及还能对官员起到约束作用,同样是《商君书·定分》指出:"吏明知民知法令也,故吏不敢以非法遇民,民不敢犯法以干法官也。"意思是一旦人民掌握法律知识后,这不但会促使人民守法,也会督促官员接受法律的制约,不敢对人民做出违法行为。这种使社会全体成员知法守法的思想,有助于维护社会秩序的稳定,对当今的法治建设及普法宣传有着积极的作用。

(4) 法家强调法律的稳定性,如果法律条文一再变动,会引发社会的混乱。不过虽然法家反对法律频繁变更,但并非主张它一成不变,而是强调它应随着社会形势的变化作出相应的改变。《韩非子·心度》曰:"法与时转则治,治与世宜则有功。"法家妥善处理了法律中"变"与"不变"的辩证关系,这些思想在今天仍有重要意义,现代法治虽然提倡保持法律的稳定性,但根据社会形势的变化来修订现有法律也是必要的。

总之,摒弃专制主义因素,法家思想的合理内容,可以为当代中国法治建设提供宝贵的思想资源。

📚 阅读书目

1.《韩非子》。

2. 王先慎:《韩非子集解》,中华书局 2021 年版。

3. 张纯、王晓波:《韩非思想的历史研究》,中华书局 1986 年版。

4. 周勋初:《韩非子校注》,凤凰出版社 2009 年版。

5. 宋洪兵:《韩非子政治思想再研究》,中国人民大学出版社 2010 年版。

6. 蒋重跃:《韩非子的政治思想》,北京师范大学出版社 2010 年版。

7. 张松辉、张景:《韩非子译注》,上海三联书店 2018 年版。

思考题

1. 梁启超认为："法家最大缺点，在立法权不能正本清源……法何自出？谁实治之？则仍曰君主而已。夫法之立与废，不过一事实中之两面。立法权在何人，则废法权即在其人，此理论上当然之结果也。"法家的问题在于它同时强调"法律第一"和"君主第一"。结合梁启超的观点，请你谈谈韩非子学说中的理论缺陷。

2. 韩非子非常重视法治的公正，他说："法不阿贵，绳不挠曲。法之所加，智者弗能辞，勇者弗敢争。刑过不避大臣，赏善不遗匹夫。"又说："内举不避亲，外举不避仇。"以韩非子为代表的法家一直强调法律的公正、平等。请你结合实际，谈谈法家提倡的公正原则在现代社会的价值。

3. 韩非子提出"变法易俗而明公道"的观点，即法律有着移风易俗的功效，具体途径有"明法""必罚""告奸""暗访"等。请你结合实际，谈谈韩非子变法易俗的观点对于当下社会公德建设的作用。

第十章　两汉经学

东周以降至秦汉之际,战乱频仍。汉初民生凋敝,因此统治者多用黄老思想,无为而治,希望凡事从民之欲,与民休养生息。而当西汉取得政治上的稳定和经济上的繁荣以后,统一思想的问题就被提上了日程。有着"汉代孔子"之称的董仲舒向汉武帝建议:"不在六艺之科、孔子之术者,皆绝其道,勿使并进。邪辟之说灭息,然后统纪可一而法度可明,民知所从矣。"(《汉书·董仲舒传》)。汉武帝采纳了董仲舒的主张,在汉帝国内推行"罢黜百家、独尊儒术"的文化政策,使儒学取得了定于一尊的显赫地位,成为汉代以来中国古代文化的主流,对中国社会产生了极为深远的影响。而汉代儒学的发展,与经学有着十分密切的关系。所谓经学,即关于儒家经典的学术、学问。儒家许多思想都是经学家通过对经典进行研究而得出的,因此经学是儒家思想的重要来源,也是儒学的重要载体。要认识汉代的儒学和阴阳五行思想,经学是首先要知道的文化现象。

第一节　"五经"概论

"经"的本义是纵丝,引申义为"经纬"和天地事物的常道。"经"也指某种书籍,《释名》说:"经,径也,常典也。如径路无所不通,可常用也。"以"经"作为书籍、典籍的解释不限于儒家,墨家也称其学派的典籍为《墨经》,道家称其学派的典籍为《道经》。最早将儒家的书籍称为"经"是在战国后期。《庄子·天运》篇云:"孔子谓老聃曰:'丘治《诗》《书》《礼》《乐》《易》《春秋》六经,自以为久矣。'"《荀子·劝学》篇也说:"学恶乎始? 恶乎终? 曰:其数则始乎诵经,终乎读礼;其义则始乎为士,终乎为圣人。"此后,"经"就常用来指儒家经典。先秦时期,儒家有"六经",即《诗》《书》《礼》《乐》《易》《春秋》。秦朝之后,《乐》失传,只剩下"五经",即《诗》《书》《礼》《易》《春秋》。

《诗》就是现存的《诗经》。司马迁说:"古者《诗》三千余篇,及至孔子,去其重,取可施于礼义,上采契、后稷,中述殷、周之盛,至幽、厉之缺,始于衽席……三百五篇,孔子皆弦歌之。"(《史记·孔子世家》)古代传下来的诗有三千多篇,孔子去掉重复,保留了其中符合礼义的三百零五篇。这些诗的创作时代跨度很大,从殷商一直到周幽王、厉王时期。《诗》分为《风》《雅》《颂》三部分。《风》分十五国风,共计一百六十篇,以《关雎》为首。《雅》又分《大雅》和《小雅》两部分。《小雅》八十篇,其中六篇有目无文,实存七十四篇。《大雅》三十一篇。《颂》又分为《周颂》《鲁颂》《商颂》三部分,共计四十篇。孔子认为《诗》所反映的都是人的真实情感,并要求弟子将《诗》作为立言、立行的标准。先秦诸子中,孟子、荀子、墨子、庄子、韩非子等人皆多引述《诗》中的句子以增强说服力。《诗》的内容丰富,反映了西周初至西周晚期约五百年间的社会面貌,包括劳动与爱情、战争与徭役、压迫与反抗、风俗与婚姻、祭祖与宴会,甚至天象、地貌、动物、植物等方方面面的内容。

《尚书》,起初的书名为《书》,它是中国上古历史文献的汇编。"尚"即"上",常见的解释有三种:一种说法认为"上"是"上古"之义,《尚书》就是上古的书;另一种说法认为"上"是"尊崇"之义,《尚书》就是人们所尊崇的书;还有一种说法认为"尚"是"君上"之义,因为这部书的内容大多是臣下对君上言论的记载,所以称为《尚书》。《史记·孔子世家》称孔子"序《书传》,上纪唐虞之际,下至秦缪,编次其事"。《汉书·艺文志》也说:"故书之所起远矣,至孔子纂焉,上断于尧,下讫于秦,凡百篇,而为之序,言其作意。"由此可知,《尚书》原有一百篇,孔子编纂之,并为之作序。秦始皇统一中国后,推行焚书坑儒的文化政策,给《尚书》的流传带来毁灭性打击,原有的《尚书》抄本几乎全被焚毁。汉代重视儒学,由秦博士伏生口授,弟子用汉代通行的文字隶书所写的《尚书》二十八篇,人们称之为《今文尚书》。西汉时期,鲁恭王在拆除孔子老宅的墙壁时发现了另一部《尚书》。该书是用先秦六国时的字体书写,人们称之为《古文尚书》,它比《今文尚书》多十六篇,孔子的后人孔安国读后献于皇家。因孔氏所献《古文尚书》未列于学官,故未能流布。西晋永嘉年间战乱,今、古文《尚书》全都散失。东晋元帝时,梅赜献《古文尚书》及孔安国《尚书传》。这部《古文尚书》比《今文尚书》多出二十五篇。唐太宗时,孔颖达奉诏撰《尚书正义》,用的就是梅赜所献的本子。

《礼》包括《周礼》《仪礼》和《礼记》,又称"三礼"。《周礼》又名《周官》《周官经》,是"十三经"中唯一一部详言班朝治军、设官分职之书。全书共分为《天官》《地官》《春官》《夏官》《秋官》《冬官》六篇,分别叙述各个系统之职官。其中天官系统共有六十三个职官,其长曰大宰,亦曰冢宰。地官系统共有七十八个职官,其长曰大司徒。春官系统共有七十个职官,其长是大宗伯。夏官系统共有六十九个职官,其长是大司马。秋官系统共有六十六个职官,其长是大司寇。据《叙官》,可知秋官系统之职官属于"刑官",即掌刑法之官。《周礼》缺冬官,据《叙官》,可知冬官系统之职官当属"事官",掌富国之事。今本《周礼》之冬官部分是《考工记》,共三十工。《仪礼》是一部记载古代贵族生活中之冠、昏、丧、祭、乡、射、朝、聘等各种礼仪的书。据郑玄《三礼目录》,可知《仪礼》的篇次在汉代有三种,分别是刘向《别录》本、戴德本、戴圣本。郑玄在为《仪礼》作注时采用刘向校书时之整理本,而不用大小戴之篇次。今本《仪礼》共十七篇,使用的是汉代郑玄注、唐代贾公彦疏的《仪礼》。《礼记》是一部先秦到秦汉时期礼学资料的汇编,共四十九篇,篇目编次没有义例。刘向《别录》将《礼记》各篇分为制度、通论、明堂阴阳、丧服、世子法、祭祀、乐记、正篇、吉事九类。各篇内容博杂,有的是对《仪礼》部分内容所作的诠释,有的是对孔子及其弟子言行的记录,更多的是对礼学所作的通论。

《易》即《周易》,包括《易经》和《易传》两部分。关于《周易》的作者,传统的说法是"《易》历三圣",即上古时期的伏羲、中古时期的周文王和下古时期的孔子。伏羲画八卦,用阴爻(--)和阳爻(—)互相搭配,形成八个不同的图像,就是八卦。八卦的名称分别是乾、坤、震、巽、坎、离、艮、兑,分别代表天、地、雷、风、水、火、山、泽。后来周文王演《易》,将两卦重起来,排列出不同的图像六十四个,就是六十四卦。这六十四卦各有名称,还配上了说明文字,这种说明文字就是卦辞。对卦象、卦辞进行解释,称为传。这种传有七种十篇,即《彖》上、下,《象》上、下,《文言》《系辞》上、下,以及《说卦》《序卦》《杂卦》,合称《易传》,或称"十翼"。《史记·孔子世家》载:"孔子晚而喜《易》,序《彖》《系》《象》《说卦》《文言》。"《论语·述而》载:"子曰:'加我数年,五十以学《易》,可以无大过矣。'"此外,《史记·孔子世家》有孔子读《易》"韦编三绝"的记载。当今出土文献中也有孔子与弟子讨论《周易》的内容。因此,学界倾向于认为《易传》是孔子的作品。《周易》是古代华夏民族思想和智慧的结晶,是中国传统思想文化的理论根源,被誉为"大道之源"。《周易》的内容十分丰富,对中国几千年来的政治、经济、文化等各个领域都产生了极其深远的影响。

《春秋》即《春秋经》,又称《麟经》或《麟史》,是中国古代儒家典籍"六经"之一。《春秋》也是周朝时期鲁国的国史,是中国现存最早的一部编年体史书,记载了从鲁隐公元年(前722)到鲁哀公十四年(前481)的历史,历十二代君主,计二百四十四年。有人认为《春秋》是孔子的作品,也有人认为《春秋》是鲁国史官的集体作品。《春秋》的作用早已超出史书范围,其"字字针砭"成为独特的文风,被称为"《春秋》笔法",被历代史家奉为经典。由于《春秋》的文字过于简质,后人不易理解,所以在后世出现了一些诠释文献。其中左丘明《左传》、公羊高《公羊传》、穀梁赤《穀梁传》合称"《春秋》三传",被列入儒家经典。"《春秋》三传"的内容和风格是有区别的,《穀梁传》《公羊传》侧重阐发《春秋》中的"微言大义",《左传》则侧重于对历史事实的记述。

在西汉时,《诗》《书》《礼》《易》《春秋》合称"五经"。汉武帝于建元五年(前136)增置《易》《礼》博士,与文帝和景帝时所立的《诗》《书》《春秋》博士合为五经博士。汉宣帝时增置博士为十二类,《易》为施、孟、梁丘,《书》为欧阳和大、小夏侯,《诗》为齐、鲁、韩,《礼》为后氏,《春秋》为公羊、穀梁。西汉的经学博士对经学的建立和发展起着重要作用。东汉时期,《孝经》《论语》被列入经书,"五经"遂为"七经"。唐代以《易》《书》《诗》《周礼》《仪礼》《礼记》《左传》《公羊传》《穀梁传》为"九经",并以"九经"取士。与汉代的"七经"相比,"九经"少了《春秋》《孝经》《论语》,增加了《周礼》《礼记》和《春秋》三传。唐文宗开成年间将儒家经典刻于石,在"九经"的基础上增加《孝经》《论语》《尔雅》,遂有"十二经"。宋代在"十二经"的基础上增加《孟子》,遂有"十三经"。清乾隆时期镌刻"十三经"于石,阮元又合刻《十三经注疏》。

第二节　汉代经学出现的思想文化背景

汉初黄老之学除了有道家清静无为的主张,还讲究法家控驭臣下的技术,并杂以当时流行的阴阳学说;《淮南子》兼容先秦诸家之说,而以道家思想为主,亦显示出此一时期学术思想杂糅之概况。汉初有陆贾、贾谊等人相继以仁义来提醒君王帝国长治久安之道,及至武帝时期董仲舒提倡"罢黜百家,独尊儒术",儒学定为一尊,经学由此而兴盛。

一、黄老之学与汉初道家

"黄老"之名称,汉以前未有,《韩非子》书中虽有《解老》《喻老》二篇,其学有涉于"老"者,然绝无所谓"黄"者。"黄老"之名联称,起于汉初。《史记·外戚世家》曰:"帝及太子诸窦,不得不读《黄帝》《老子》。"《老子韩非列传》曰:"韩非者……喜刑名法术之学,而其归本于黄老。"《孟子荀卿列传》曰:"慎到,赵人。田骈、接子,齐人。环渊,楚人。皆学黄老道德之术。"《乐毅列传》曰:"乐臣公善修黄帝、老子之言。"《田叔列传》曰:"叔喜剑,学黄老术于乐臣公。"《日者列传》褚先生曰:"夫司马季主者,楚贤大夫,游学长安,通《易经》;术《黄帝》《老子》。"黄老思想,有渊源自老庄"自然无为""清静简约""守柔不争""以慈以俭,不敢为天下先"的精神。有渊源自黄帝者,《论衡·自然篇》:"黄者,黄帝也。"《汉书·艺文志》载"道家类"有《黄帝四经》四篇、《黄帝铭》六篇、《黄帝君臣》十篇、《杂黄帝》五十八篇、《力牧》二十二篇,此皆托名黄帝,而实则为发挥老庄道家之言论者。有渊源自齐学者,太公治齐以道术,思想主"无为""虚静";《史记·封禅书》云:"泰山、东莱,黄帝之所常游。"泰山、东莱皆齐地,黄帝生于鲁之寿丘,与齐比邻,故齐自古以来即为道术之所在。而太公生于东吕,亦为齐地,自必深受古之道术所影响;汉初治黄老之学者齐人特多,老子之十一代孙假,仕于汉文帝,文帝崇黄老,假之子解,为胶西王卬太傅,因家于齐,齐学遂与黄老关系更为密切。亦有言其渊源自法家者,《管子》一书,《汉书·艺文志》列为道家;重势的慎到,《史记》谓"学黄老道术之术"。重术的申不害,《史记》谓"本于黄老而主刑名"。而集法家思想之大成的韩非子,《史记》则谓"喜刑名法术之学而归本于黄老"。足见法家与黄老关系甚为密切。黄老思想实即老庄"无为而治"之政治主张,亦即在顺乎民性,依乎自然,减少政治之干涉造作,而使民养生休息;同时黄老思想亦重个人德行之修养,老庄思想中之善柔、不争、谦逊、自隐、慈爱、俭约等美德,在《路史》黄帝《巾几铭》中亦有所载;此外,黄老思想亦融合法家之治道,然此一思想太过,或沦为酷吏者,或沦为阴谋论,此皆因尚法而失老庄慈仁之旨。

两汉学术思想之道家色彩,尤以《淮南子》最具特色。《淮南子》一书"牢笼天地,博极古今"(《史通》),集众家之说而归之于道,是西汉道家思潮的最高理论结晶。淮南王刘安将此书献给武帝是在建元二年(前139),即武帝登基第二年,其时窦太后掌权,朝廷尚未独尊儒术,黄老道家之学颇为盛行。与先秦老庄不同,汉初道家主张大道应兼综百家异说,即司马谈所谓"因阴阳之大顺,采儒墨之善,撮名法之要"。在当时较为宽松的氛围里,淮南王刘安得以凭借其雄厚的人力、财力,广揽儒道及各家俊士,从容谈古说今,究天论地,洋洋洒洒,无拘无束地从事写作,遂使《淮南子》一书"流源千里,渊深百仞,致其高崇,成其广大"(《泰族训》)。《史记·儒林传》说:"及窦太后崩,武安侯田蚡为丞相,黜黄老刑名百家之言,延文学儒者数百人。"受董仲舒等人的影响,汉武帝开始推行独崇儒学的文化专制主义政策,学术遂依附于政治,儒学成为官学,学者的自主与创新意识受到压抑,生动活泼的气氛被官学统治取代,学术争鸣遂告结束。由此而言,《淮南子》乃是西汉诸子百家之学的最后一次呐喊与结集,此后便是长达两千多年的儒学正宗时代,再也难以见到像《淮南子》那样综合性的学术著作。《淮南子》的作者们不是奉旨写作,而是独立地对先秦百家之学作大规模的汇集、融合与反思，独立地对西汉前期思想文化进行概括总结，因此该书反映了那个时代一大批好学深思之士的宇宙观、人生观和社会理想，集中了秦汉道家的理论思维成果，这是十分难得的。

二、汉初儒生的选择与儒学的开展

春秋战国是诸侯纷争的时代，诸侯兴衰成败决定于士的走向。士是那时社会的特殊阶层，他们是社会的精英分子，对诸侯间的竞争有很大影响。《战国策·齐四》记载：

> 齐宣王见颜斶，曰："斶前！"斶亦曰："王前！"宣王不悦。左右曰："王，人君也。斶，人臣也。王曰：'斶前'，亦曰'王前'，可乎？"斶对曰："夫斶前为慕势，王前为趋士。与使斶为慕势，不如使王为趋士。"王忿然作色曰："王者贵乎？士贵乎？"对曰："士贵耳，王者不贵。"王曰："有说乎？"斶曰：有。昔者秦攻齐，令曰：'有敢去柳下季垄五十步而樵采者，死不赦。'令曰：'有能得齐王头者，封万户侯，赐金千镒。'由是观之，生王之头，曾不若死士之垄也。"宣王默然不悦。

士为什么自觉高贵？正如王充所说："六国之时，贤才之臣，入楚楚重，出齐齐轻，为赵赵完，畔魏魏伤。"（《论衡·效力》）吴国不能用伍子胥，楚国不能用屈原，最后都落得国破家亡的下场。国家之间的竞争，就是实力之争、人才之争。士的走向，对政治影响极大。

先秦儒家坚持自己的主张，孔子、孟子也都周游天下，无所留止，因为政见不合，遂不可留。孔子说："三军可夺帅也，匹夫不可夺志也。"（《论语·子罕》）孟子说："贫贱不能移，威武不能屈。"（《孟子·滕文公下》）荀子亦说："义之所在，不倾于权，不顾其利，举国而与之不为改视，重死、持义而不挠，是士君子之勇也。"（《荀子·荣辱》）贫贱、强力、利诱都不能改变士的理想和决心，这就是先秦儒家所崇尚的独立人格。秦始皇建立了中央集权的专制制度，形成一君二臣的局势，所有的士人只能在秦中央政府那里找到自己施展才华、实现政治理想和抱负的机会。秦代的不少儒者继承了先秦儒家的人格风范，即使是在暴政时代，他们还是坚持士人的纯粹性和独立人格。当秦始皇下令偶语《诗》《书》者诛、以古非今者族的时候，这些谈论《诗》《书》、议论政治和批评官吏的儒生就受到了严厉的镇压，由此而有焚书坑儒事件的发生。

有鉴于孔子、孟子以及秦代儒生的遭遇，汉初的儒生在实际政治事务中的表现要灵活得多。例如"进退与时变化"的叔孙通归降于汉后"变其服，服短衣，楚制"（《汉书·叔孙通传》）。叔孙通还说："五帝异乐，三王不同礼。礼者，因时世人情为之节文者也。故夏、殷、周之礼所因损益可知者，谓不相复也。臣愿颇采古礼与秦仪杂就之。"（《史记·叔孙通列传》）陆贾亦认为："善言古者合之于今，能述远者考之于近。"（《新语·术事》）"是以君子为国，观之上古，验之当世，参之人事，察盛衰之理，审权势之宜，去就有序，变化应时，故旷日长久而社稷安矣。"（《新书·过秦下》）由此可见汉初儒者灵活的政治态度和与时变化的精神。

对儒学复兴作出重大贡献的西汉初期的儒生，主要是陆贾、叔孙通、公孙弘三人。

陆贾（约前 240—前 170），西汉初楚国人，西汉思想家、政治家。汉朝建立以后，陆贾时常在刘邦面前称颂《诗》《书》等儒家经典。刘邦说："乃公居马上而得之，安事《诗》《书》？"（《史记·郦生陆贾列传》）意思是说，天下是骑在马上打出来的，还要《诗》《书》做什么？陆贾说："居马上得之，宁可以马上治之乎？且汤、武逆取而以顺守之，文武并用，长久之术也。昔者吴王夫差、智伯极武而亡，秦任刑法不变，卒灭赵氏。乡（向）使秦已并天下，行仁义，法先圣，陛下安得而有之？"（《史记·郦生陆贾列传》）陆贾告诫刘邦，武力可以夺取天下，但是夫差、智伯、秦朝都是只用武力而灭亡；汤、武用武力夺取天下，却用文治守天下，文武并用，才是长久之术。刘邦听了面有惭色，于是命陆贾著书论述秦亡汉兴、天下得失的道理，以资借鉴。陆贾遂著文十二篇，每奏一篇，刘邦都极力称赞，号其书为《新

陆 贾

语》。在此书中，陆贾说："民知畏法，而无礼义；于是中圣乃设辟雍庠序之教，以正上下之仪，明父子之礼，君臣之义，使强不凌弱，众不暴寡，弃贪鄙之心，兴清洁之行。"（《新语·在人者可相》）又说："夫谋事不并仁义者后必败，殖不固本而立高基者后必崩。故圣人防乱以经艺，工正曲以准绳。德盛者威广，力盛者骄众。齐桓公尚德以霸，秦二世尚刑而亡。"（《新语·君子之道》）陆贾撰《新语》的根本目的是教刘邦如何施政，如何更好地治理国家。在陆贾看来，"行仁义""法先王"就是关键所在，是治国、施政的根据和准则，也是陆贾论述的出发点和归宿。

叔孙通（卒年约为前 194 年），薛县（今属山东滕州）人，最初为秦待诏博士，后被秦二世封为博士，又追随项梁、楚怀王和项羽等人。汉高祖二年（前 205），刘邦率领诸侯军队攻取彭城（今江苏徐州），叔孙通转投汉军，并举荐勇武之士为汉争取天下。西汉建立后，刘邦废除了秦朝烦琐的礼法，以至宴会上大臣们酗酒争功，狂呼乱叫，甚至于拔剑击柱，无奇不有。对于君臣无序的现象，刘邦很是无奈。叔孙通知道后，便以古礼为基础，并参照秦的仪法，召儒生共订朝仪。叔孙通到鲁地招揽儒生时，有两个儒生不肯前来，他们说："公所事者且十主，皆面谀以得亲贵。今天下初定，死者未葬，伤者未起，又欲起礼乐，礼乐所由起，积德百年而后可兴也。吾不忍公所为！公所为不合古，吾不行。公往矣，无污我。"叔孙通笑着回答说："若真鄙儒也，不知时变。"（《史记·刘敬叔孙通列传》）叔孙通认为礼的精神是"因时世人情为之节文者也"，他从汉代的实际出发，从而制定出时代所需要的礼仪制度，并获得了良好的效果。汉高祖七年（前 200），长乐宫成，诸侯王大臣都依朝仪行礼，秩序井然。刘邦高兴地说："吾乃今日知为皇帝之贵。"（《史记·刘敬叔孙通列传》）叔孙通所订朝仪简明易行，适应了加强皇权的需要。他因功拜奉常，其弟子也都晋封为郎。弟子们皆喜曰："叔孙生诚圣人也，知当世之要务。"（《史记·刘敬叔孙通列传》）

公孙弘（前 200—前 121），名弘，字季，又字次卿，齐地菑川薛（今山东滕州南）人。汉武帝时期先后两次被国人推荐，征为博士。十年之中，从待诏金马门擢升为三公之首，封平津侯。公孙弘先后被任为左内史、御史大夫、丞相之职。其在职期间，广招贤士，关注民

生,并为儒学的推广作出了很大的贡献。曾著有《公孙弘》十篇,已佚,不过据《史记》之记载,可知其思想之梗概。公孙弘认为任何事物都是对立的,又是统一的,统一的基础是"和"。在社会领域中,人主与百姓是对立的,不过若人主"和德",百姓就会"和合",二者的关系就会和谐。对于人来说,心与气、气与形、形与声都是相互对立的,不过"心和"就会"气和","气和"就会"形和","形和"就会"声和"。公孙弘还将人与天地联系起来,认为"声和则天地之和应矣"(《汉书·公孙弘传》)。公孙弘认为,"和"不仅存在于社会领域,也存在于自然界,他说:"故阴阳和,风雨时,甘露降,五谷登,六畜蕃,嘉禾兴,朱草生,山不童,泽不涸,此和之至也。"(《汉书·公孙弘传》)公孙弘极力论证"和"在自然界和人类社会中的重要作用之目的,是希望统治者将"和"作为最高的政治理想。在公孙弘看来,统治者只有以"和"作为施政理念,才会"麟凤至,龟龙在郊,河出图,洛出书,远方之君莫不说义,奉币而来朝"(《汉书·公孙弘传》),太平盛世才会出现。从"和"的理念出发,公孙弘对治国安民提出了自己的主张,比如要统治者节俭、轻徭薄赋、爱惜民力,还要因任授官、任人唯贤,赏罚分明等。公孙弘强调,只有当统治者做到"业之""理得""有礼""爱之",百姓才会"不争""不怨""不暴""亲上"。他还主张统治者在治国理政中将"礼义"与"赏罚"结合起来,"礼义者,民之所服也。"(《汉书·公孙弘传》)仅靠礼义是不够的,还要明赏罚,只有以赏罚顺之,才会使民不犯禁。其将礼义与刑法结合起来,从而得出"法不远义""和不远礼"的结论。公孙弘既强调礼义的作用,又重视刑罚,他不像法家那样否定道德仁义,也不像儒家那样排斥刑罚,而是将二者巧妙地糅合在一起。因此,他既非单纯的儒家,亦非单纯的法家。

第三节　杰出的经学大师董仲舒

汉初统治者吸取秦亡的教训,采取黄老无为思想以纠正秦的苛政,并取得良好效果。汉初以来,人民安居乐业,天下太平无事。不过随着时间的推移,问题逐渐暴露出来。汉景帝即位后,御史大夫晁错提议削弱诸侯王势力、加强中央集权。汉景帝采用晁错的建议,先后下诏削夺楚、赵等诸侯国的封地。吴王刘濞就联合刘姓宗室诸侯王,以"清君侧"为名发动叛乱。由于梁国的坚守和汉将周亚夫所率汉军的进击,叛乱在三个月内被平定。此次地方诸侯叛乱让很多人意识到加强中央集权的必要性,他们决定以儒学为主,吸纳先秦以来各派思想的合理成分,重新构建汉代新儒学,从而统一思想。

董仲舒(前179—前104),广川(今属河北衡水)人,汉景帝时为《春秋》博士,研究《公羊传》,属于今文经学家,被司马迁称为汉初以来最精通《春秋》的经师。董仲舒向汉武帝提出"罢黜百家,独尊儒术"的建议,并主张"大一统"。汉武帝采纳了董仲舒的建议,在思想界树立起儒学的权威,并逐渐形成中国特有的经学传统。董仲舒的"天人感应""大一统"

董仲舒

和"独尊儒术"思想主张对中国古代社会和思想文化产生了重大影响。

一、天人感应

天人感应思想起源很早。春秋时期,占星术盛行,依据天体的运行推测人事的吉凶祸福是天人感应思想的直接来源。战国后期,阴阳家邹衍观阴阳消息而作怪迂之变,使天人感应思想趋于系统化。邹衍将春秋战国时期流行的五行说运用于社会历史,以此来解释社会历史变迁的原因。所谓"五行",即金、木、水、火、土。邹衍认为,历史的变化、王朝的更替都是五行的转换和循环,历史的发展是按照"五行相胜"的顺序循环进行的,由土开始,经过木、金、火、水,最后回到土。历史上每个王朝的出现,都是由于五行中某一种势力占统治地位的体现。这样,王朝的更替就具备了必然性、合理性。邹衍认为"凡帝王之将兴也,天必先见祥乎下民"(《吕氏春秋·应同》),从天地开辟以来,五行轮流替换,而统治者的更替都恰好与五行转换相符合,好像是天人之间有一种默契。这种观点已经带有"天人感应"的成分,是汉代"天人感应"说的雏形。天人感应的相关论述还散见于先秦古籍之中。如《周易》曰:"积善之家必有余庆,积不善之家必有余殃。"意思是说,修善的人家必然有多的吉庆,作恶的人家必多祸殃。《尚书·洪范》说"肃,时寒若","乂,时旸若",意思是说,针对统治者治理的好坏,天会给出晴暖阴寒的反应。《礼记》曰:"国家将兴,必有祯祥;国家将亡,必有妖孽。"意思是说,国家将要兴盛,必有吉祥的预兆,国家将要灭亡,必有不合理的事情出现。

董仲舒继承和发展了先秦的天人感应论,使天人感应论臻于成熟。董仲舒的天人感应论主要包括以下两个方面的内容。

(1)人副天数说。所谓"人副天数",就是无论在肉体还是精神方面,人皆是天的副本。董仲舒说:"人有三百六十节,偶天之数也;形体骨肉,偶地之厚也。上有耳目聪明,日月之象也;体有空窍理脉,川谷之象也;心有哀乐喜怒,神气之类也。"(《春秋繁露·人副天数》)又说:"是故人之身,首妢而员,象天容也;发,象星辰也;耳目戻戻,象日月也;鼻口呼吸,象风气也;胸中达知,象神明也;腹胞实虚,象百物也。百物者最近地,故要以下,地也。天地之象,以要为带。颈以上者,精神尊严,明天类之状也;颈而下者,丰厚卑辱,土壤之比也。足布而方,地形之象也。……天以终岁之数,成人之身,故小节三百六十六,副日数也;大节十二分,副月数也;内有五藏,副五行数也;外有四肢,副四时数也;乍视乍瞑,副昼夜也;乍刚乍柔,副冬夏也;乍哀乍乐,副阴阳也;心有计虑,副度数也;行有伦理,副天地也。此皆暗肤著身,与人俱生,比而偶之弇合。于其可数也,副数;不可数者,副类。皆当同而副天,一也。"(《春秋繁露·人副天数》)董仲舒认为,人的形体、身躯、脏腑都是仿效天的产物,比如头如天圆、耳目如日月、鼻口如风气、骨节合天数、大骨节合月数、五脏对应五行、四肢犹如四季、眨眼犹如昼夜,因此,天是人的本源和依据。在此基础上,董仲舒提出了他的天人感应论。既然"人副天数","为人者天"而又"天辨在人",那么人的行为一定会在天上得到反应,天人谴告由此而来。

(2)灾异谴告说。董仲舒认为,自然灾害与统治者的错误有因果联系。他在应汉武帝的对策中说:"臣谨案《春秋》之中,视前世已行之事,以观天人相与之际,甚可畏也。国家将有失道之败,而天乃先出灾害以谴告之,不知自省,又出怪异以警惧之,尚不知变,而伤败乃至。以此见天心之仁爱人君而欲止其乱也。……及至后世,淫佚衰微,不能统理群生,诸侯背叛,残贼良民以争壤土,废德教而任刑罚。刑罚不中,则生邪气;邪气积于下,怨恶畜于上。上下不和,则阴阳缪盩而妖孽生矣。此灾异所缘而起也。”(《汉书·董仲舒传》)大意是,按照《春秋》的记载和考察前代已经发生的事情来研究天与人的关系,情况是很可怕的呀!国家将要发生违背道德的事情,天就降下灾害来谴责和提醒它;如果不知道醒悟,天又生出一些怪异的事来警告和恐吓它;还不知道悔改,那么伤害和败亡就会降临。天对人君是仁爱的,希望帮助人君消弭祸乱。可是到了后世,君主淫逸奢侈,道德衰微,不能治理人民,诸侯背叛他,杀害良民,争夺土地,废弃道德教化,滥用刑罚。刑罚使用不适当,就产生了邪气;邪气聚集在下面,怨恶聚集在上面,上下不和,就会阴阳错乱,妖孽滋生。董仲舒认为,“凡灾异之本,尽生于国家之失”(《春秋繁露·必仁且知》),天子违背了天意,不行仁义,天就出现灾异,进行谴责。

对于董仲舒的天人感应论,不能简单地以其是否符合事实去评价,而要从其意图和在历史上的影响去加以综合评价。董仲舒强调天人感应,目的并非单纯借助灾异对统治者进行恐吓,而是揭示统治行为与灾异之间具有内在的关联,从而使统治者见天戒而悔过自新,从而建立良好的政治秩序。在董仲舒看来,在现实政治秩序之外还有宇宙的统治秩序,而人类的政治秩序必须合乎宇宙的统治秩序才合法。强调天人感应论,就是要用超越现实的宇宙秩序来批判或匡正现实的政治秩序。董仲舒的天人感应说对汉代的政治产生了深远的影响。汉代不少帝王皆能因灾异警惧自省,宽刑赦罪而改善政治。如征和四年(前89),汉武帝下《轮台罪己诏》曰:“朕即位以来,所为狂悖,使天下愁苦,不可追悔。自今事有伤害百姓,靡费天下者,悉罢之。”在这道自我反省罪过的诏书中,汉武帝对自己以往的政策和做法表示悔意和检讨,表示从今往后将不再搞大规模的运动,“以明休息,思富养民”。地节三年(前67)九月地动,汉宣帝下诏罪己曰:“乃者九月壬申地动,朕甚惧焉。有能箴朕过失,乃贤良方正直言极谏之士,以匡朕之不逮,毋讳有司。朕既不德,不能附远,是以边境屯戍未息。今复伤兵重屯,久劳百姓,非所以绥天下也。其罢车骑将军右将军屯兵。”五凤四年(前54)夏四月辛丑晦,日有蚀之,汉宣帝下诏罪己曰:“皇天见异,以戒朕躬,是朕之不逮,吏之不称也。以前使使者问民所疾苦,复遣丞相、御史掾二十四人循行天下,举冤狱,察擅为苛禁深刻不改者。”根据历史的记载,帝王见灾异罪己改过的做法并不完全是权宜之计,也有出于对天的信仰。董仲舒用具有超越性与合理性的天来警惧君主,从而在君主大权独揽的时代起到了限制君权的作用。

二、独尊儒术

西汉初年,经济残破,百废待兴。为了使人民从前朝苛政之后得以休养生息,从汉高祖到武帝即位约七十年的时间里,主张清静无为的黄老思想一直是政治上的指导思想,在社会上居于支配地位。武帝即位后,强化专制主义中央集权制度已成为统治者的迫切需要,黄老思想已不能满足时代的需要,更与汉武帝的好大喜功相抵触。而儒家的《春秋》大一统思想、仁义道德及君臣观念等,又恰恰与汉王朝当时所面临的形势和任务相适应。于是在思想领域,儒家终于取代了黄老道家的统治地位。

建元六年(前135),窦太后逝世,汉武帝真正掌权,儒家势力崛起。元光元年(前134),武帝下诏征求治国方略,董仲舒在著名的《举贤良对策》中,向汉武帝提出"罢黜百家,独尊儒术"的主张。董仲舒认为,"诸不在六艺之科、孔子之术者,皆绝其道,勿使并进"(《汉书·董仲舒传》)。汉武帝采纳了"罢黜百家,独尊儒术"的主张,将不治"五经"的太常博士一律罢黜,排斥百家之言于官学之外,提拔布衣出身的儒生公孙弘为丞相,优礼延揽儒生数百人,还为博士官置弟子五十人,根据成绩高下补郎中文学掌故,吏有通一艺者选拔担任重要职务。

古今各国各民族,都有自己的主流思想,或称意识形态,或称民族魂。这是成为一个国家一个民族的必备的精神条件。"独尊儒术",使汉代儒家经学得到了很大发展,并从此成为后世历代的正统思想。两千多年以来,历代儒家不断吸取其他思想,不断创新,不断发展,遂使儒学成为中华传统文化的主干。

三、大一统论

董仲舒说:"《春秋》大一统者,天地之常经,古今之通谊也。"(《汉书·董仲舒传》)"天地"是空间,"古今"是时间,"常""通"即普遍之义。在董仲舒看来,"大一统"是世界的普遍法则,包括国家的领土完整、政治统一、精神一致等各个方面。

董仲舒哲学是政治哲学,核心是大一统论,这种理论是为巩固专制主义中央集权制度服务的。董仲舒提出"屈民而伸君",抑制地方诸侯王的权力,从而强化以皇帝为代表的中央集权。这是董仲舒从历史教训中总结出来的政治智慧。周天子权威衰落以后,诸侯分裂割据,导致春秋战国纷争动乱数百年。西汉初期,诸侯尾大不掉,景帝时遂有"七国之乱"。这些历史教训,成为董仲舒提出"大一统"论的背景和根据。

董仲舒的"大一统"论对中华民族影响极大,以至深入民心,成为中华民族魂。在中国历史上,谁为统一作出贡献,即使由于客观原因没能成功,也是民族英雄。而搞分裂割据、阻碍统一的,就是民族败类、汉奸卖国贼。陆游在弥留之际说:"死去元知万事空,但悲不见九州同。王师北定中原日,家祭无忘告乃翁。"(《示儿》)"九州同",就是大一统。陆游在临死时还为国家不能统一而感到悲痛,足见其受"大一统"观念影响之深。

第四节　汉代经学的兴盛与衰微

经秦始皇焚书后,儒家经典濒于灭绝。汉兴以后,除秦挟书之律,征求天下遗书,残简朽编,遂出于山崖屋壁之中。到汉武帝时,喟然慨叹书籍之残缺,于是广开献书之路,六艺之文与诸子传说始充于秘府。武帝于建元五年(前136)立五经博士,并设博士弟子员,儒术日盛。宣帝、元帝以后,朝廷又增设博士,凡能通一经之长者多能为吏,博士及弟子们形成家学。元帝时,五经博士弟子增至千人,成帝时增至三千人,这种庞大的经学势力遂成了官学,也成为文人获取功名利禄的快捷方式。《论衡·书解篇》云:"世儒位最尊者为博士,门徒聚众,招会千里。"为了保护名利,渐渐有了"家法""师法"的产生,分经分家,经学

汉代讲学图

俨然成为私家之学。

在"一经说至百余万言""大师众至千余人"(《汉书·儒林传》)的情况下,汉代出现了有关经学同异问题的争议。因这一问题的存在,汉代有过两次大型的经学会议,分别是西汉宣帝甘露三年(前51)所召开的石渠阁经学会议和东汉章帝建初四年(79)所召开的白虎观经学会议。《汉书·宣帝纪》云:"诏诸儒讲五经同异,太子太傅萧望之等平奏其议,上亲称制临决焉,乃立梁丘《易》,大小夏侯《尚书》,穀梁《春秋》博士。"《后汉书·肃宗孝章帝纪》云:"十一月壬戌,诏曰:盖三代导人,教学为本。汉承暴秦,褒显儒术,建立五经,为置博士。其后学者精进,虽曰承师,亦别名家。孝宣皇帝以为去圣久远,学不厌博,故遂立大小夏侯《尚书》,后又立京氏《易》。至建武中,复置颜氏、严氏《春秋》,大小戴《礼》博士。此皆所以扶进微学,尊广道艺也。中元元年诏书,五经章句烦多,议欲减省。至永平元年,长水校尉儵奏言,先帝大业,当以时施行。欲使诸儒共正经义,颇令学者得以自助。孔子曰:'学之不讲,是吾忧也。'又曰:'博学而笃志,切问而近思,仁在其中矣。'于戏,其勉之哉!于是下太常,将、大夫、博士、议郎、郎官及诸生、诸儒会白虎观,讲议五经同异,使五官中郎将魏应承制问,侍中淳于恭奏,帝亲称制临决,如孝宣甘露石渠故事,作《白虎议奏》。"这两次会议的核心议题都是讨论"五经同异"问题,且两次会议都是"帝亲称制临决"。

白虎观会议历时数月,最后由史臣班固总其成,遂有《白虎通义》之成书。《后汉书·儒林传》云:"建初中大会诸儒于白虎观,考详同异,连月乃罢。肃宗亲临称制,如石渠故事。顾命史臣,著为通书。"又《后汉书·班固传》云:"令固撰集其事。"从《白虎通义》的成书之过程来看,至少反映了两个重点:一是因为天子"亲称制临决"而有着"法典"的意义;二是《白虎通义》虽然是诸儒议奏之总汇,但是因为天子的裁定而有着完整的思想体系。另就思想内容而言,《白虎通义》是与《春秋繁露》《春秋公羊传解诂》及至若干谶纬之说深相联结的著作,是研究汉代经学不可或缺的重要典籍。如果说董仲舒的《春秋繁露》规定了儒学在西汉的发展方向,那么《白虎通义》则是对董仲舒儒学思想的继承与发展。《白虎通义》具有强烈的道德理想的要求,有着"天人合德"的使命感。其"三纲六纪"或"三纲五常"的政治伦理观,支配了中国人的伦理生活近两千年,对中华民族的凝聚力之形成,有着正面的意义。不过,由于其将纲常伦理绝对化,又使其成为中华民族文化创造力的牵掣和羁绊。

东汉末年,经学趋于衰亡。汉代经学的衰亡有其内在的根源,除了有今古文之争外,汉代经学(尤其是今文经学)有两个致命的弱点:一是严守师法、家法,以至于窒息了思想发展的活力;二是天人感应、谶纬迷信带来了思想上的困境。此两大弱点终使汉代经学由兴盛而趋于衰亡。

汉代经学衰微的原因之一是恪守师法、家法,从而窒息了经学发展的活力。据《汉书·儒林传》所述汉代经学流派,可知西汉经学重师法,各以家法教授,门户之见甚为明显。此外，由于当时经学教授不同，异说颇多，再加以阴阳五行、谶纬灾异之学混于诸经之中，因此有非常多的异义可怪之论。哀帝在位，刘歆力崇古文，与今文博士相抗，并建议将《古文尚书》《毛诗》《逸礼》《左氏春秋》等古文经列于学官。至王莽代汉，古文经始设立博士。今古文经最初只是文字上的差异，不过由于五经各家各有其传，私相授受，说经者日多，因此异说益见分歧，最后只是固守章句，而忽略经世致用。《汉书·艺文志》说："古之学者耕且养，三年而通一艺，存其大体，玩经文而已。是故用日少而蓄德多，三十而五经立也。后世经传既已乖离，博学者又不思多闻阙疑之义，而务辟义逃难，便辞巧说，破坏形体。说五字之文，至于二三万言，后进弥以驰逐。故幼童而守一艺，白首而后能言。安其所习，毁所不见，终以自蔽，此学者之大患也。"而"王莽之时，省五经章句，皆为二十万，博士弟子郭路，夜定旧说，死于烛下"（《论衡·效力篇》）。章句之繁，使人皓首穷经而不得，学而不能致用，徒骛饰说，专为训诂而已。

扬雄对这种现象提出了严厉的批判。在他看来，为学应该先博而后约，并且要有所创见，而博士系统的人墨守师说，故步自封，无所创见。此外，扬雄认为有志者要在孔子、五经中去求得人生立足之地，而博士系统的人只是为了功名利禄。扬雄《法言·学行篇》云："书与经同，而世不尚，治之可乎？曰：可。或人哑尔笑曰：须以发策决科？曰：大人之学也，为道；小人之学也，为利。子为道乎？为利乎？或曰：耕不获，猎不飨，耕猎乎？曰：耕道而得道，猎德而得德，是获飨已。"当时学者们以五经博士为师，即以五经为发策决科的标准，于是五经以外的诸子之学就少有人研究，这也就是当时博士系统所产生的自限性。因为五经博士的画地自限，以至于知识狭隘而无创造性。《法言·寡见篇》云："或问，司马子长有言曰：五经不如《老子》之约也，当年不能极其变，终身不能究其业。曰：若是，则周公惑，孔子贼。古者之学，耕且养，三年通一。今之学也，非独为之华藻也，又从而绣其鞶帨，恶在老不老也。或曰：学者之说可约耶？曰：可约，解科。"扬雄在尊孔崇经的前提下，希望将五经从固陋贪鄙的博士系统中解救出来。

继之而起的王充，因为没有沾上博士系统的边，同时在学问上以追求知识为主，所以他就走上贵博贵通而轻视专经师法之路。王充《论衡》中之所谓儒生范围颇广，"法律之家，亦为儒生"（《谢短篇》），然而仅就学术问题言，则多指博士系统下的儒生。他认为"儒者说五经多失其实。……苟名一师之学，趋为师教授，及时早仕，汲汲竞进，不暇留精手心，考实根核"（《正说篇》），根本上忽略了"核道实义，证定是非"（《问孔篇》）之目的，只是在"随旧述故，滑习辞语"（《正说篇》）上下功夫，失去了传圣业之知的使命。因此王充批评当时学风说："才能之士，好谈论者，增益实事，为美盛之语，用笔墨者，造生空文，为虚妄之传。听者以为真然，说而不舍。览者以为实事，传而不绝。不绝则文载竹帛之上；不舍则误入贤者之耳。至或南面称师，赋奸伪之说，典城佩紫，读虚妄之书。明辨然否，疾心伤之，安能不论？"（《对作篇》）王充所标榜的学风是不拘家法，不泥习俗，而力求"核道实义，证定是非"，以避"实事没而不见，五经并失其实"的流弊。

扬雄、王充等人的呼声并没有改变当时的现状。由于两汉经学强调严守家法，致使"幼童而守一艺，白首而始能言"（《汉书·艺文志》）。思想僵化的结果，经学自然就走向了"通人恶烦，羞学章句"（《文心雕龙·论说》）的历史尽头。

汉代经学衰亡的另一个原因是天人感应、谶纬迷信带来了思想发展的困境。董仲舒将阴阳灾异附会到《春秋》上,宣扬五行的生克原理;夏侯氏讲《洪范五行传》,用阴阳五行灾异来解说《尚书》;孟喜、京房言卦与四季、二十四节气的配合,宣扬灾祥迷信;翼奉用阴阳灾异来比附《诗经》;《礼记·月令》载有天子施政祭享的明堂制度,据时令行事,按木、火、土、金、水五行的运行去做"天人相应"之事;刘向《洪范五行传论》更是集阴阳灾异说之大成,言阴阳祥异象征国之安危。随着天文学、自然科学的发展,这些荒诞不经的天人感应、阴阳灾异之说让自己陷入发展的困境。当此问题产生后,今文学家又转而着重宣扬谶纬迷信,然而谶纬迷信主要还是用阴阳五行、灾异祥瑞来说事,致使神秘倾向更加严重。谶纬可以随意编造,对统治者而言,亦具有负面影响。汉桓帝时,出现了汉朝气数已尽、"黄家当兴"的预言,张角遂利用这些预言来发动黄巾起义。于是谶纬从光武帝时"刘秀发兵捕不道,卯金修德为天子",走向了人人皆可引用谶纬来作为自身行为的借口,谶纬由此为统治者所禁绝而走向衰亡。在天人感应、谶纬迷信流行的时代里,扬雄和王充等人曾企图摆脱此一感应思想而作了努力,也由于两者在建立与天人感应思想相反的命题时都曾援用道家学说,加之东汉中叶以降,政治社会紊乱,客观环境较适合道家思想的发展,道家思想遂成为玄学的重要思想资源。魏晋时期的思想家们在抽离了感应论的同时,在思想体系与方法上逐渐走出了一条自己的路子,汉代经学遂被魏晋玄学取代。

阅读书目

1. 陆贾:《新语》。
2. 贾谊:《新书》。
3. 董仲舒:《春秋繁露》。
4. 周桂钿:《虚实之辨——王充哲学的宗旨》,人民出版社 1994 年版。
5. 周桂钿:《秦汉思想史》,河北人民出版社 1999 年版。
6. 徐复观:《两汉思想史》,华东师范大学出版社 2001 年版。
7. 劳思光:《新编中国哲学史》,广西师范大学出版社 2005 年版。
8. 金春峰:《汉代思想史》,中国社会科学出版社 2006 年版。

思考题

1. 儒学在汉代兴起的社会背景和文化背景是什么?
2. 董仲舒是如何对儒学进行改造的?
3. 汉代将儒学定为一尊对中国思想文化发展演变的影响是什么?
4. 汉代经学走向衰微的原因是什么?

第十一章　魏　晋　玄　学

"玄学"之名,源自老子《道德经》所云"玄之又玄,众妙之门"。玄即玄远、玄虚之意。玄学,顾名思义,是谈论幽深玄远问题的学说。用现代哲学话语来讲,就是专门讨论形而上的本体论的问题。魏晋玄学,相对而言,是对两汉经学传统的否定,它建构在东汉经学思想的重构与社会批判思潮的基础之上,宗法老庄,统合儒释,是魏晋时期兴起的具有强烈时代气息的文化思潮。就时间跨度而言,它萌芽于东汉末年,发端于曹魏正始年间(240—249),兴盛于整个两晋(西晋、东晋)时期,甚至延续到南北朝时期。就思想成就的发展而言,大致可以分为四个阶段,第一阶段为以何晏、王弼等人为代表的"贵无"论;第二阶段为以阮籍与嵇康为中心的"竹林名士"的"越名教而任自然"论;第三阶段则是裴頠的"崇有论";第四阶段为郭象的"独化论"。

第一节　魏晋玄学思潮产生的条件

魏晋玄学的产生有着深刻的历史与时代背景。东汉末年,统治阶层日益腐化,各种社会矛盾日趋尖锐,随之而来的黄巾起义冲垮了汉王朝的统治之基,群雄割据的混战局面更使得汉朝名存实亡。随着两汉时期经学思潮的没落,统治阶层迫切需要从本体的高度来揭示礼仪制度的合理性,而对于士大夫阶层而言,则需要新的思想资源作为安身立命之本,故而道家思想应运而生并重新焕发了生机。汉末儒学中古文经学的兴起、义理解《易》的治学理路以及刑名之学的流行,则为思想界的整合提供了充分的资源。可以说,魏晋玄学的兴起,是从道家本体的高度阐释儒家礼教,是儒道合一的结晶,是时代选择的必然产物。

一、社会条件

魏晋玄学思潮的兴起是与当时社会动荡的大环境密不可分的。东汉末年,外戚与宦官交替专权,政治腐败。尤其是到了桓帝、灵帝之时,政治、经济甚至意识形态的各种危机进一步加剧,激起了有识之士的强烈不满。当时的士林领袖如李膺、陈蕃等人领导太学生群体议论朝政,针砭时弊,力图扭转这一危局,却遭到宦官集团的无情镇压,遂有"党锢之祸"。东汉王朝政治上的无序状态随之带来了经济上的暴力掠夺与盘剥,导致农民阶层掀起了轰轰烈烈的黄巾大起义。黄巾起义严重动摇了东汉王朝的统治之基,自此以后,董卓入京进一步加剧了天下大乱的局面,群雄并立,诸侯割据一方,中国进入了长时间的分裂与割据时期。

魏晋南北朝时期是中国历史上大动荡与大分裂时期,同时更是极其混乱与残酷的时期。曹丕代汉之后,魏蜀吴三足鼎立;西晋虽短暂统一,但很快便陷入了动乱;司马氏藩王之间的"八王之乱"最终导致了西晋的灭亡与晋室的东迁,接下来进入南北朝大分裂时期,如北方前后建立了十六个不同的民族政权。其间虽有前秦、北魏短暂的统一,然而很快就陷入了新的分裂,西魏、东魏、北齐、北周等朝代的一次次更迭带来了战争与乱离。南朝先后有东晋王敦、桓玄等人的作乱,之后便进入宋、齐、梁、陈几个朝代的更迭。其间发生了梁末的侯景之乱,东晋、南朝的北伐,以及北朝的南攻。在三百多年里,几乎没有几天安宁的时候。战乱和分裂,成为这个时期的特征。战争使很多人丧生,伴随着战乱而来的饥馑、瘟疫以及人口的大规模迁徙,不知又夺走了多少人的生命。这种惨状从汉末开始就一直在文学作品中不断出现,如曹操的《蒿里行》说:"白骨露于野,千里无鸡鸣。生民百遗一,念之断人肠。"王粲的《七哀诗》云:"出门无所见,白骨蔽平原。路有饥妇人,抱子弃草间。"这两首诗都写出了军阀割据之时战祸的残酷与人烟的荒凉,动荡时期人世间的惨剧让人触目惊心。在动荡时代的生命是那么的脆弱,而对于亲身经历这一惨状的读书人来说,他们的心境无疑是悲凉与晦暝的。

在中国历史上,魏晋南北朝是一个相对黑暗的时期,但也是人的觉醒与思想重构的时期。人们在强权政治的压迫下,在政权走马灯式的更替中,目睹一个又一个生命的转瞬即逝,一场又一场人间的悲欢离合。整个魏晋南北朝时期,许多读书人被毫无征兆地卷入政治斗争或战乱中而遭到杀戮,如西晋时期的嵇康、吕安、陆机、陆云等,南朝时的谢灵运、鲍照、谢朓等。面对纷繁的世事、血腥的斗争、无情的现实,如何超越有限的人生,在有限的人生中实现超越的生命价值,实现完满的人生追求,越来越成为士人们思考的问题。由于两汉时期占据官方统治地位的经学思潮的衰弱与腐朽,思想家纷纷开始寻找新的思想文化资源,与此同时,道家学派在西汉初年短暂主导之后,处于被排挤与压制的地位。从某种程度来说,道家思想的超越性一直是注重社会道德与伦理实践的儒家思想所欠缺的,二者之间本来就有互相借鉴与融合的基础,而东汉末年乱世的出现恰好成为儒道思想重新整合的契机。

魏晋时期,老庄哲学仿佛化为一阵和煦温馨的清风,惊醒了沉寂已久的思想界,魏晋士人看到了重整思想以及重构社会思潮的希望,在这样的背景下,玄学应运而生,玄学思潮的出现,极大地鼓舞了人们寻求自由人生的热情。随着对时代发展与个体生命的不断叩问,玄学思想返归自然的真谛,越来越为士人们所认同,促使他们的政治理想、生活方式、价值观念以及审美情趣都发生了巨大的变化。如何超越尘世的羁绊以求得精神世界的诗意栖居,不仅成为哲学家的一种人生向往,也成为他们终身努力的目标。魏晋玄学就孕育于这样的时代,并发出耀眼而夺目的光辉。

二、思想根源

魏晋玄学的思想根源有三个层面。

(1) 汉代以来经学思潮的演变。两汉时期占据主流的经学思潮,指的是汉武帝刘彻在位时期,董仲舒所鼓吹"罢黜百家,独尊儒术"口号下,以天人感应、阴阳灾异学说为特征的经学神学化思潮。这种思潮最初是为了适应大一统的需要,在其发展过程中,日益表现出神学化的倾向,尤其是到了东汉时期,在预言学与图谶兴起的背景下,经学沦为谶纬之学,成为统治阶层欺世盗名的工具。随着东汉末年社会批判思潮的出现与帝国的崩溃,这一套经学思想已经失去了存在的依靠,故而它的消亡是思想史发展的自然结局。值得注意的是,董仲舒所构建的经学思潮,是以"公羊""春秋"作为依据的今文经学,这也是两汉时期官方所极力推行的意识形态。而与之对立的古文经学,虽然曾短暂立于学官,却一直是以私学的面目出现的,原因在于古文经学家长于名物训诂与典章制度的考据,对宣传附会政治的义理之学并不感兴趣。故而到了汉魏之际,学者弃今文经学而重视章句训诂之学,使得古文经学蓬勃发展,出现了诸如马融与郑玄这样的古文经学大师。不过对于古文经学而言,烦琐的考证,具体问题的解决,固然可以为社会秩序的重构提供经典的依据,却无法上升到理论的高度,因为没有形而上的思想统摄,传统儒学所构建的种种规则只不过是一些僵化的条文。如何从哲学的高度思考秩序的重建,成为魏晋之际学者迫在眉睫需要解决的问题。

(2)经学中易学新派的兴起为魏晋玄学中的义理之学确立了基础。在先秦文化原典中,最重视形而上本体的典籍非《周易》莫属,因其最为重视"天道",在古代思想家心中,冥冥"天道"是尘世"人道"的主宰,故而中国思想史上谈变革者,必先言"天道"。无论西汉论"天人感应"的学者,还是东汉末年重构伦理秩序的学者,普遍重视《周易》。事实上,魏晋玄学思潮前期最为推崇的先秦经典就是《周易》,"因为《周易》是正经,而《老》《庄》不过是诸子罢了"(汤用彤《魏晋思想的发展》)。至于倡导玄风的始祖如何晏、王弼二人,都十分精通易学。易学发展到了魏晋之际,汉儒以象数解《易》的思路逐渐式微,局限于北方一代,而注重以义理解《易》的新流派逐渐流行起来,当时研究易学的大家如荆州的宋忠,江东的陆绩、虞翻等人,在传统易学的基础上,大都汲取了扬雄《太玄》中"义理解《易》"的思路,而王弼的继祖父王粲曾经流落荆州,依附刘表,故而后来玄学的宗师王弼重视以义理来解释《周易》也就不足为奇了。

中国古典哲学的中心是"论天人之际",其实就是探讨天道与人道(德)之间的关系。任何时代统治阶层的施政策略需要上升到合乎天道的高度才具有合法性,人德配天道,则治;反之,则乱。《周易·系辞》认为"形而上者谓之道,形而下者谓之器",讲的是抽象的天道与具象的人道之间的区分。可以说,《周易》中的"天道观"对魏晋玄学中"本体论"的构建起到了积极的推进作用,而何晏、王弼在解释《老子》时,为什么将"道论"与"德论"区分开,将《道经》置于前,《德经》放于后,就比较容易理解了。《世说新语》中说,何晏注释《老子》完成后,去拜访王弼,看到王弼所注释的《老子》十分精彩,说道:这个人可以探讨"天人之际"了。就把自己的注释重新命名为《老子道德二论》。

(3)"形名"之学的流行对魏晋玄学中的名教思想起了很大的推动作用。"形名"之学是一套综合名实的人事政治制度,兼有儒法之长,比如说儒家讲"正名",而法家讲"综核名实"。汉代政府用人采取的是"察举制",根本上就是以人在社会中的名誉与声望为标准的,所以汉末出现专门品评天下名士的许邵来发表"月旦评",也就不足为奇了,曹操就是在那里获取了"清平之奸贼,乱世之英雄"的评价。国家机器要运转,人君必须知人善任,设官分职,所用之才必须名副其实,这样天下才能长治久安。三国时期,魏蜀吴三国在任用人才时,大都采取了"名法"之学,如曹丕立九品官人之法以选拔人才,诸葛亮在蜀中宽严相济,孙权在江东以宽仁示下,各自因地制宜地选择相应的取士制度,促进了各自政权的稳定。在魏晋时期谈论人才标准的"才性之学"(才能与性情是否一致)十分流行,如钟会著有《四本论》,专论"才性分合"的话题,而刘邵的《人物志》更是全面反映当时人才学的专门著作。到了后来,"刑名"之学与《老子》政治哲学中的自然观相结合,深刻地影响了魏晋玄学的内圣外王之道,如王弼、阮籍、裴頠、郭象等人谈论的"君子之道"与"圣人的理想品格"等问题,大都源于此。

从本质上来说,魏晋玄学思潮的出现,是士大夫统合儒道的结果。儒家经学思潮迫切需要从本体的角度解释礼教的合理性,政权统治需要建构新的意识形态以统御臣民,而魏晋读书人需要新的思想资源来抚慰乱世所带来的伤痛。可以说,魏晋玄学的出现是思想文化史发展的自然结果,是知识阶层心灵史的有机选择,是时代环境的自然选择,更是中国古典思想界自我整合与重构的必然结果。若从阐释学的角度来说,魏晋玄学是以道家思想阐释儒家思想,是儒道思想互补与融合的结晶,是儒释道三教初次融合的产物。

第二节　魏晋玄学的流派

魏晋玄学的发展大致经过四个阶段:曹魏正始年间是魏晋玄学的发轫期。玄学家以何晏、王弼为代表,以《周易》《老子》为理论依据,倡导"贵无论",主张"名教出于自然";第二个阶段是魏晋易代之际,以竹林名士阮籍、嵇康为代表,推崇《庄子》,思想上与何、王学派对立,主张"越名教而任自然";第三个阶段是西晋元康时期。玄学家以裴頠为代表,提倡"崇有论",反对"贵无论",积极维护名教;第四个阶段是西晋永嘉时期。玄学家以郭象为代表,以作《庄子注》为契机,阐发"独化论",主张"名教即自然",是玄学的完成时期。

一、何晏、王弼的"贵无论"

何晏(约190—249),字平叔,南阳宛(今河南南阳)人,为汉末大将军何进的孙子。其父亲何咸早逝后,母亲尹氏为曹操所纳,曹操同时收养了何晏。何晏自幼聪慧,深受曹操喜爱,所受到的宠爱甚至让曹丕感到妒忌与厌恶。在特殊的成长环境中,何晏一方面受到了全面而又严格的贵族式教育,一方面寄人篱下的境遇使其养成了独立思考的习惯。在曹丕、曹叡在位期间,何晏受到了排挤,郁闷不得志。直到齐王曹芳正始年间,何晏才迎来个体生命的高扬期。他被曹爽重用,曾任散骑常侍和侍中尚书,主管选举,参与一系列政治活动。与庸碌无能的曹爽一样,作为政治家的何晏,远远不是老谋深算的司马懿的对手,故而在"高平陵"政变发生后,他就被诛杀了。不过作为哲学家的何晏,因其地位、身份以及声望,掀起了一场轰轰烈烈的玄学运动,成为开创一代风气的玄学大师。何晏忠于曹魏政权,在当时司马氏家族的进逼中,他很清楚自己的政治活动步步危机,故而忧患之感时常笼罩心头。他曾写过"鸿鹄比翼游,群飞戏太清。常畏大罗网,忧祸一旦并"的诗句,故而处于政治旋涡中的他注重超越世俗的功名,以精神世界的玄思来排解人事的纷扰。

何晏的著作大部分都亡佚了,存世的只有《论语集解》与《老子道德二论》的残文,最能体现其玄学思想的就是《老子道德二论》的一些片段,从中我们可以发现其思想的端倪。何晏在《道论》中认为:"有为之有,恃无以生。事而为事,由无以成。夫道之则无语,名之则无名,视之则无形,听之则无声,则道之全焉。"这承袭了老子"有无相生"的宇宙生成论思想。不过何晏的目的在于构建"以无为本"(《无名论》)的本体论思想,也就是说万"有"(存在)之上,有一个看不见、摸不着、无声无息、无相无形的抽象本体存在,正是因为"有"体现了"无","有"才得以存在。同时,何晏认为"无"和"有"二者互相关联,不可分离。比如他在《无名论》中说:"夫道者,唯其无所有者也。自天地已来皆有所有矣;然犹谓之道者,以其能复用无所有也。"道虽然是"无所有"的,但是却与"有所有"相通,天地之间的"有所有"(自然物象与人事)正体现了道的存在。不过以现存的材料来看,何晏没能很好地解决本体与现象之间的关系,在很多时候,何晏的"无"不过是一个孤悬于外的本体,并没有很好的方法论作为依托,依然停留在汉代"阴阳""元气"之类的烦琐的感性实证思维层面,不能很好地阐释自然现象与社会现象。此外,何晏在解释具体社会现象时,又往往脱离本体而强调现象,如在《论语集解》中,他只是强调要遵守名教中的一些伦理规范,并没有将其与本体结合起来,未上升到"名教本于自然"的高度。

从根本上说,何晏的"贵无论"思想植根于儒家的内圣外王之道,是为人事与政治服务的,他期待完美而自然的君主。他在《无名论》中引用夏侯玄的话说:"天地以自然运,而圣人以自然用。"圣人之所以能成就辉煌的功业,在于他能体会到这个无形无名的本体的功用。故而他进一步认为圣人的有名有誉正是因为彰显了道的无名无誉:"为民所誉,则有名者也;无誉,无名者也。若夫圣人,名无名,誉无誉,谓无名为道,无誉为大。则夫无名者,可以言有名矣;无誉者,可以言有誉矣。然与夫可誉可名者,岂同用哉?此比于无所有,故皆有所有矣。"在何晏心中,圣人与道应该是相通的,就像孔子称赞尧帝之功业无法言说"荡荡无能名",而寻常百姓称赞其"巍巍成功",就是强行为之加上一个名誉,难道百姓所称赞的有名不如孔子所说的无能名吗?并非这样,正是由于道本无名,而圣人依道而行,故而他的德行可以用任何人间的名誉来称赞。何晏期待圣人(君主)不刻意追求世间名誉,而以道的"无名""无誉"来驾驭自己的臣民。

王弼(226—249),字辅嗣,曹魏山阳(今河南焦作或说山东金乡)人,少而聪慧,好辩能言,与钟会、何晏等为友,经常与当时的名士谈论各种玄学问题,深得时人敬服。曾任尚书郎,不过由于性格倨傲,在政治上不受重用,并无太多建树。年二十四岁时,因曹爽事而被免官,同年秋就病逝了。而作为思想家的王弼,在其短暂的一生中,显露出卓越的才华。王弼传世著作有《周易注》《老子注》《论语释疑》《周易略例》等,是构建与推进魏晋玄学思潮的一代宗师。

王 弼

王弼首先从哲学本体论的高度来阐释万物的本源,他突破了《老子》"有无相生"的宇宙生成论,重视探讨"无"这一宇宙万物的本质,他认为"道"就是"无",这就是"贵无论"。这一点上,王弼与何晏是一致的。王弼认为:"天下之物,皆以有为生。有之所始,以无为本。将欲全有,必反于无也。"(《老子注》第四十章)王弼并不否认"有无相生"的生成论,他的根本目的是构建"以无为本"的宇宙本体论,"以无为本"就是说"无"是万事万物产生的根源与归宿,问题的解决取决于"无"。王弼在《老子注》第一章中认为"有"与"无"这对范畴是对立与统一的,它们同出于"玄"这一神秘而又在冥冥之中存在的整体,无是万物生成的开始,而有是万物终结的状态,二者之间互相依存而且往返流转,是本体与现象的和谐统一。

其次,王弼重视本体的实践功能,故而在方法论上主张采取"以无为用"的思想,他说:"有之为利,必以无为用。"(《老子注》第一章)"万物虽贵,以无为用,不能舍无以为体也。"(《老子注》三十八章)在解释"道"与"德"的问题上,王弼认为道是事物生成的根本缘由,"道者,物之所由也",而德是事物得道之后蓄积的状态,"德者,物之所得也"(《老子注》第五十一章),有道必有德,有德必有道,两者之间是密切联系、不可分割的。这就将本体论与方法论,本与末,抽象与具象,一般与特殊结合起来。

最后,王弼认为整个宇宙天地之间是个"自然已足"的世界,是自我调节、谐和完满的有机体;而万物之间"自相治理",互相依存,互相制约,不需要外来的干预。他在解释"天地不仁,以万物为刍狗;圣人不仁,以百姓为刍狗"这句时说:"天地任自然,无为无造,万物自相治理,故不仁也。"而国家政权作为宇宙整体的部分,同样是自然完满的,不需要人为的干预。他解释"天下神器,不可为也"这句时认为:"万物以自然为性,故可因而不可为也。"(《老子注》二十九章)而作为国家机器的有机组成部分的名教在本质上是源于道,合乎自然的,这就是"名教出于自然"的理论。

"名教出于自然",一方面是说名教必须以大道为准绳,王弼提出了"守母以存子,崇本以举其末"的根本原则,认为只有以道为母(本),名教为末(子),名教才能发挥相应的作用,他说:"夫载之以大道,镇之以无名,则物无所尚,志无所营。各任其贞,事用其诚,则仁德厚焉,行义正焉,礼敬清焉。"而名教一旦离开了自然,舍本逐末,就只会成为政治争斗的工具,名教本身就成了空洞无物的形式,没有任何存在的价值了。王弼说:"弃其所载,舍其所生,用其成形,役其聪明,仁则尚焉,义则尚焉,礼则争焉。故仁德之厚,非用仁之所能也;行义之正,非用义之所成也;礼敬之清,非用礼之所济也。"(《老子注》第三十八章)

另一方面,王弼认为名教有赖于圣人,圣人自然无为,顺应自然万物的自然性情,不强行施为,他说:"圣人达自然之性,畅万物之情,故因而不为,顺而不施。"而名教纲常是圣人根据国家机器运转所制定的自然产物,他说:"圣人因其分散,故为之立官长。"(《老子注》第二十八章)"始制官长,不可不立名分以定尊卑,故始制有名也。"(《老子注》第三十二章)在王弼看来,圣人是道的完美体现,圣人以"道"为体,"以无为心",以天下之心为心,所以只有在圣人(也就是理想的君主)管理下,人类社会才能成为一个完美和谐的国度。

二、竹林名士的"越名教而任自然"论

魏晋禅代之际,司马氏集团以"名教"为幌子笼络部分士人,排除异己。士大夫在"名

教"与"自然"间必须作出选择,一部分士大夫选择屈从,另外一部分则选择抗争。在表面上看来是政治时局中的权力斗争中,屈从者多数屈身于名教之下,拥护司马氏集团,而激烈抗争者则以自然对抗名教。值得注意的是,阮籍与嵇康等人并非站在曹魏集团的立场去反对司马氏集团,而是出于对司马氏集团利用"名教"禁锢思想与政治倾轧的愤懑。如果说曹魏正始前后,士大夫对统治集团还抱有一丝幻想的话,那么到了司马氏掌权的后期,士大夫看到理想与现实的冲突在进一步加剧,现实政治的残酷,使得很多士大夫对司马氏的名教感到绝望。玄学思想发展到这个阶段,从主张自然与名教的相结合逐渐演变为主张自然与名教的相对立,这一时期较为激烈的玄学流派,就是竹林名士。

所谓名教,并非真正意义上的儒学思想,而是经过董仲舒倡导,用来教化万民的一整套宗法等级制度。西汉武帝时,把符合统治利益的政治观念、道德规范等立为名分,定为名目,号为名节,制为功名,用它对百姓进行教化,称"以名为教"。其内容主要就是三纲五常。但"名教"这个词的出现是在魏晋时期,用来指以孔子的"正名"思想为主要内容的礼教。魏晋时期围绕"名教"与"自然"的关系展开了论辩:何晏、王弼统合儒道,以道释儒,认为名教本于自然;以阮籍与嵇康为代表的竹林名士则提出了"越名教而任自然"的思想。

七贤图

《七贤图》
彩图

据《晋书·嵇康传》与《世说新语》记载,嵇康居山阳,当时引为知交者唯陈留阮籍、河内山涛、河内向秀、沛国刘伶、籍兄子咸、琅琊王戎等七人,他们一起畅游竹林,谈玄辩名,遂为竹林之游,当时称作"竹林七贤"。竹林名士中,思想成就最高的当属阮籍(210—263)与嵇康(223—262)。阮籍,字嗣宗,陈留尉氏(今属河南开封)人。据《晋书·阮籍传》记载,他本来有济世的志向,因为身处魏晋之际,政治环境险恶,名士难以保全生命,故而逃避世事,纵酒酣饮。嵇康,字叔夜,谯郡铚县(今安徽濉溪)人。天性刚直,少好老庄,精通音乐,不乐仕进,后因钟会进谗,被司马昭所杀。

阮籍与嵇康在人生的前期都曾受到何晏、王弼"贵无论"与"名教本于自然"思想的影响,如阮籍曾经在《乐论》与《通易论》中认为天地本来处于一种自然和谐的状态,音乐各得其和、男女各得其所、君臣各正其位,就一定会四海升平,九州安泰,这明显属于"名教合乎自然"的论调。阮籍曰:"天地和其德,则万物和其生,刑赏不用而民自安矣。"(《乐论》)而嵇康在《太史箴》中也由衷歌颂了"君道自然"的理想世界。可是到了司马氏掌权之后,残酷的现实撕碎了理想,于是,阮籍的《咏怀诗》组诗中充满了人生的失意与彷徨,诗风显得十分晦涩,他在《达庄论》与《大人先生传》里站在自然的立场对名教中的种种虚伪、狡诈、残酷进行了严厉的批判与抨击。嵇康在《释私论》中则旗帜鲜明地提出了"越名教而任自然"的思想。

（1）**"越名教而任自然"是嵇康对君子理想人格的概括**，就是说真正的君子应该超越世俗纲常名教，内心不存是非之见，行为合乎大道，情感不杂世俗之欲，故而通达世事人情而能自然地顺道而行，达到一种道德自由的理想境界。其云：

> 夫称君子者，心无措乎是非，而行不违乎道者也。何以言之？夫气静神虚者，心不存于矜尚；体亮心达者，情不系于所欲。矜尚不存乎心，故能越名教而任自然；情不系于所欲，故能审贵贱而通物情。物情顺通，故大道无违；越名任心，故是非无措也。（《释私论》）

阮籍在《大人先生传》中所称赞的"大人先生"同样是一个行为自由，通乎大道，巍然屹立于天地之间的理想君子形象："行不赴而居不处，求乎大道而无所寓。先生以应变顺和，天地为家，运去势颓，魁然独存。自以为能足与造化推移，故默探道德，不与世同。"

（2）**阮籍与嵇康所激烈批判与否定的是现实的名教，并非理想的名教。** 如嵇康在《太师箴》说："若乃骄盈肆志，阻并擅权，矜威纵虐，祸祟丘山。刑本惩暴，今以挟贤。昔为天下，今为一身。下疾其上，君猜其臣。"这明显针对的是司马氏擅权之后威逼利诱，残酷镇压异己的恐怖政治。

阮籍则进一步否定了君主专制，直言君主专制是世上祸乱流弊丛生的根本，他说："君立而虐兴，臣设而贼生。坐制礼法，束缚下民。欺愚诳拙，藏智自神。"并从根本上否定了维护君主专制的名教，他说："汝君子之礼法，诚天下残贼乱危死亡之术耳。"（《大人先生传》）

实际上，在二人内心深处，都存在着理想的名教，如阮籍《达庄论》的主旨仍然是名教与自然的契合。在他看来，正是由于违背自然之道，名教失去了应有的社会调节功能，致使天下陷入危机，他说："故自然之理不得作，天地不泰而日月争随，朝夕失期而昼夜无分，竞逐趋利，舛倚横驰，父子不和，君臣乖离。"而嵇康在《声无哀乐论》中认为理想的国度是君主清静无为、臣子和顺、天人谐和的自然状态，他说："君静于上，臣顺于下，玄化潜通，天人交泰。"不过对于嵇、阮二人来说，现实过于残酷，理想的名教无法实现。鲁迅先生在《魏晋风度及文章与药及酒之关系》中说："魏晋时代，崇尚礼教的看来似乎很不错，而实在是毁坏礼教，不信礼教的。表面上毁坏礼教者，实则倒是承认礼教，太相信礼教。"

（3）**阮籍与嵇康的"任自然"绝不是纵情享乐，而是士大夫主体精神的觉醒。** 他们对纵欲之害严加斥责，嵇康在《答向子期难养生论》中，批驳了好逸恶劳、纵情享乐的论点，认为纵欲就像生了毒蝎的树木肯定会腐朽，"欲胜则身枯"。他批判那种纵欲"养生"或"得性"的论点是"不识生生之理，故动之死地也"，并认为那种以满足感官享乐为目的的纵欲必然会导致玩物丧志，甚至会为桀、跖这些坏人的作恶提供理论根据。嵇康承认人的自然之欲，"寒而思室，饥而后食"，认为人应该让"室、食得理"，就是说食色适度并遵循一定的行为规则。嵇康在此基础上进一步阐述了道家的自然养生观，他认为养生需养德，要去除世俗的名利、喜怒、声色、滋味与神虑，让内心处于"清虚静泰，少私寡欲"的清净境界。嵇康的养生观，顺应了人们对强身健体的普遍要求，加深了人们对清心寡欲、崇俭抑奢等道德规则的认识，使得人们充分认识到道德修养与精神充实的重要性。不仅在当时，就是到了今天,这些思想仍然闪耀着光芒。

与何晏、王弼不同的是,阮籍与嵇康的激烈言论,并没有关注现象与本体的联结,而是倾注心血去探讨精神主体与本体之间的关系,希望通过对理想君子与理想名教的探求,来排解内心的痛苦与彷徨。他们把时代的压抑、世间的苦难转化为个体精神的痛苦思索,具有鲜明的时代气息。不过他们追求的自然不可能脱离名教而存在,现实的残酷并不能通过理想之境的虚构而排解,故而阮籍与嵇康的"越名教而任自然"的玄学思想,具有强烈的感性色彩,反映了士大夫主体意识的自我觉醒,这无疑为后来士人提供了批判与反思社会的勇气。

三、裴頠的"崇有论"

司马炎篡魏称帝,天下一统,司马氏集团为维护统一帝国的秩序,重新奉儒学为正统,然而儒学本身早已充满危机,如何正视这些危机,重新构建一套合理有序的意识形态,就不得不借助玄学。不过玄学的内圣外王之道,旨在限制皇权,尤其是以阮籍、嵇康为代表的"越名教而任自然"的玄学思想,重视个体精神的自由与解放,风行士林,名士纷纷对抗或逃避代表统治秩序与纲常的"名教",这一点必然不会为司马氏集团所喜。对正统士大夫来说,如何从玄学汲取养分,维护儒学正统,就显得极其关键。裴頠的《崇有论》就是这种玄学思想的体现。

裴頠(267—300),字逸民,山西闻喜(今属山西)人。他对当时世俗放荡、不尊儒术的现状十分担忧,对王弼、何晏以来"贵无"思想极其不满,故而作《崇有论》。此文并不长,只有一千三百六十八个字,却逻辑严密,构建了一个完整的理论体系。

《崇有论》的思想可以从全文的先后次序来说明,大抵可分为三个层面。

(1) 通过以"有"为本的本体论构建一套内圣外王之道。裴頠开篇认为:"夫总混群本,宗极之道也。方以族异,庶类之品也。形象著分,有生之体也。化感错综,理迹之原也。"意思是说,万物的多样性存在,就是最高的本体。"有"不是抽象的,而是各个具体的实在,事物有不同的形式,彼此分别。人们可以从事物错综复杂的变化中找出其演变的规律。又曰:

> 夫品而为族,则所禀者偏,偏无自足,故凭乎外资。是以生而可寻,所谓理也。理之所体,所谓有也。有之所须,所谓资也。资有攸合,所谓宜也。择乎厥宜,所谓情也。识智既授,虽出处异业,默语殊涂,所以宝生存宜,其情一也。

裴頠认为宇宙间每一种事物都是偏而不全的,不能自满自足,必须借助于外在条件,这种事物之间相生相存的脉络,就可以称作"理"。"理"所凭借表现出来的实体,就是"有"。"有"所需要的外在条件叫作"资"。外在条件适合"有"的需要,称作"宜"。根据自身需要去选择适宜的条件,是为"情"。从某种程度来说,裴頠的本体论类似存在决定意识的唯物系统论。不过到了社会存在的层面,裴頠的理论就出现了明显的缺陷与不足。裴頠认为各类事物都会选择适宜的条件,保全个体生命,那么人们在满足需要的过程中,为什么会出现贵贱不同的等级制度呢？裴頠把社会的等级制度看作人们不同的追求并存而又自然协调的结果，这就好比说，贵贱的划分是人们自然选择的结果。同时，裴頠认为等级制度出现的吉凶失调的现象，源于人们在选择外在条件时违背了儒家的中庸之道，裴頠要求上至君主，下至每一个人都自觉遵守仁义礼智为核心的伦理纲常以实现社会的有序和谐，这无疑是痴人说梦，因为以司马氏为首的统治集团往往表面上以"名教"为尊，而私下却肆意践踏。故而裴頠的理论难以限制君权，又不能充分论证"名教"自身的合理性，不免陷入维护名教而被嘲笑的尴尬境地。

（2）**节制欲望的最佳手段是礼制，而非"贵无论"**。裴頠认为欲望的泛滥是造成社会秩序混乱的渊薮，同时也是"贵无论"出现的根源，而节制欲望最佳的策略并非"贵无论"，而是礼制。裴頠阐释了贵无贱有对政治的伤害，认为遗弃礼制必然会导致统治阶层"无以为政"，难以有效地统治。接下来，裴頠还论述了"贵无论"对道德风俗的伤害，认为"贵无论"者言谈玄远、不敬上司而毁弃礼法的虚无旷达的行径危害了长幼有序、尊贵卑贱的伦理秩序，甚至出现裸体笑骂这样举止失宜的严重违背士风的行为，这显然是针对竹林玄学中部分名士的行为所发。故而裴頠认为"贵无论"不过是剑走偏锋的一家之言，不足为训。

（3）**批判"贵无论"的立论基础，论证崇有之道有益世道人心**。裴頠认为"贵无论"并没有搞清楚什么是有、什么是无这一基本命题，批判了"有生于无"的宇宙生成论，认为"生者自生"，在万物之先，并不存在所谓的造物主，不管它是有人格的神还是无人格的"道"与"无"。裴頠在承认万物自生的前提下，相对承认"无"的存在，"虚无是有之所谓遗者也"。他认为"无"是个体事物的消失，但这种消失不是"有"化为"无"，而只是指"有"的"遗失"，是"有"抛弃一种形态而转化为另一种形态，属于具体事物之间的互相转化。故而，他认为"有"是世间万象存在的基础，而"虚无"之论完全无益于世道人生，他说："由此而观，济有者皆有也，虚无奚益于已有之群生哉？"裴頠对贵无论玄学"有生于无"的宇宙生成论的批判是成功的。

从本质上来说，裴頠的"崇有论"迎合了晋朝大一统的统治需要。为了维护名教，为当时的统治阶层提出合理的内圣外王之道，裴頠期待上至君主，下至士大夫都能自觉地维护现实名教，显示了正统士大夫维护社会稳定、期待天下大定的美好心愿。不过由于晋惠帝痴呆昏庸，贾后乱政，虽然裴頠和朝中有识之士曾试图挽救晋朝倾颓的命运，然而纲常名教被司马氏统治集团弃若敝屣，就连设身处地为西晋王朝维护名教的裴頠本人，也死于随后的"八王之乱"中，这种残酷的现实激起了士大夫阶层更为深沉的反思。

四、郭象的"独化论"

郭象（252—312），字子玄，洛阳（今河南洛阳）人，甚有辩才，以清谈著称。他在向秀的基础上完成了《庄子注》，并于其中详细阐述了他的玄学思想。关于《庄子注》，这里有个历史典故。据《世说新语》记载，同时代的人曾经指控郭象剽窃并霸占了向秀的《庄子隐解》，郭象所做的工作很少，只不过注释了向秀没有注的《秋水》《至乐》两篇，同时改易了《马蹄》一篇，然后将其余诸篇点定文字而已。关于这则公案，古今学者多有论及，据现代学者汤用彤先生考证，郭象确实借鉴了向秀的学说，不过二者之注在文字上还是有差异的，在思想上郭象"述而广之",显得更加圆融。

郭象的《庄子注》是在王弼、裴頠等人的思想基础上,力图调和名教与自然的矛盾,将儒家礼乐制度与人的自然本性相融合,旨在实现社会的稳定与和谐。郭象玄学思想的基础被称为"独化论"。

(1)郭象肯定了向秀、裴頠万物"自生"的说法,批判并否定了"贵无论"中"有生于无"的宇宙生成论,认为世界"块然自生",世界没有造物主。万物的生成与变化都是"自己而然"的,是"独化于玄冥之境"(《庄子·齐物论注》)的。何为"独化"? 就是说世间万物各自独立生成变化。那么,郭象是如何展开这个论述的呢?

郭象对"有生于无"的批判远远超过裴頠,他提出了一个尖锐的问题:"若无能生有,何谓无乎?"这是王弼渴望解决却没有解决的问题,如果无能生有,那么无是什么? 如果就生成而言,无一旦被确定,就一定会走向无的反面,成为有。而且就逻辑而言,"无是什么"这个命题就是个悖论,无法用语言表达。故而郭象否认外在于万物的造物者的存在。他说:"世或谓罔两待景,景待形,形待造物者。请问夫造物者有耶无耶? 无也则胡能造物哉? 有也则不足以物众形。"(《齐物论注》)外在的造物者如果是"无",则孤悬于众"有"之上,不能生成众"有";如果是"有",那么它被限于特定的具体规定上,不可能成为一切"有"的根据。

(2)郭象认为万物都独立存在而不依赖于外物的自然生成变化。他说:"是以涉有物之域,虽复罔两(阴影之外的影子),未有不独化于玄冥者也。故造物者无主,而物各自造;物各自造而无所待焉,此天地之正也。"(《齐物论注》)虽然他认为每一事物需要一个"参照物",但每一物仍然是独立自为地存在的。他说:"天下莫不相与为彼我,而彼我皆欲自为,斯东西之相反也。然彼我相与为唇齿,唇齿未尝相为,而唇亡则齿寒。故彼之自为,济我之功弘矣,斯相反而不可以相无者也。"(《秋水注》)郭象同时肯定了独立的万物之间的相互关联,并认为这种关联不仅存在,而且是必要的:"人之生也,形虽七尺而五常必具,故虽区区之身,乃举天地以奉之。故天地万物,凡所有者,不可一日而相无也。一物不具,则生者无由得生;一理不至,则天年无缘得终。"(《大宗师注》)郭象称赞"独化"的"相因之功",指出各个具体事物之间的互相依存,最终必然进入自然无为的"玄冥之境":"卓者,独化之功也。夫相因之功,莫若独化之至也。人之所因者天也,天之所生者独化也。人皆以天为父,故昼夜之变、寒暑之节,犹不敢恶,随天安之,况乎卓尔独化,至于玄冥之境,又安得而不任之哉? 既任之,则死生变化,唯命之从也。"(《大宗师注》)也就是说,各个具体事物在自我圆满之中互相牵制,互相依存,整个世界因此成为一个普遍联系的有机整体。

(3)郭象认为万物独立的生成变化归于和谐统一。用郭象的话来说就是"独化于玄冥之境"。也就是说,独化的万物存在普遍的契合,而这种契合,非事物间真正的依赖,而是事物内部一种神秘的契合:"虽复玄合,而非待。"由于这种"玄合"的普遍存在,每一种事物都是一个自然而完满的系统,都可以达到理想的"玄冥之境"。玄冥之境,是描述一种混沌不分的状态或一种不知不觉、不分是非、不分彼此的境界:"玄冥之境,所以名无而非无也。"这种"玄冥之境"是可以理解为宇宙原初的、返璞归真的自然形态。郭象认为万物从"独化"臻于"玄冥之境",从个体和谐到整体和谐,从万物多元到一元统一,将"有"和"无"、现象与本体很好地结合起来。

(4)郭象从"崇有论"出发,认为万物各有自己的规定性,这种万物内在生成变化的依据被称为"性分"，而"性分"存在的依据称为"理"。他说："性分各自为者，皆从至理中来，故不可免也，是以善养生者，从而任之。"（《达生注》）就像智者与愚者的差别在于天然的性分，而这种天性是难以改变的："性各有分，故知者守知以待终，愚者抱愚以至死，岂有能中易其性者也？"（《齐物论注》）万物只依自己的"性分"行动，在这个角度上看万物是绝对自由而平等的，一切事物没有高下之分："夫小大虽殊，而放于自得之场，则物任其性，事称其能，各当其分，逍遥一也。岂容胜负于其间哉！"（《逍遥游注》）如果事物满足于其天性，那么任何事物的存在都是合理的，就如纤细入微的秋毫与高耸入云的大山，各有其存在的意义："苟各足于其性，则秋毫不独小其小，而大山不独大其大矣。"（《齐物论注》）正因为任何形态的事物都有其存在的合理性，故而完全没必要轻视与羡慕任何事物："夫物未尝以大欲小，而必以小羡大，故举小大之殊，各有定分，非羡欲所及，则羡欲之累可以绝矣。"（《逍遥游注》）

郭象认为"理"有其特定的职能，物有其固定的界限，各自适应其所处的状况，其中的本源是一致的："理有至分，物有定极，各足称事，其济一也。"（《逍遥游注》）而"理"的存在具有必然性，是无法理解、无法抗拒的："不得已者，理之必然者也，体至一之宅，而会乎必然之符者也。"（《人间世注》）"理"是体会真宅，通向自然的表征。他又把"理"的无法解说的特性称之为"命"："不知其所以然而然，谓之命。似若有意也，故又遣命之名，以明其自尔，而后命理全也。"（《寓言注》）"命"虽带有命运不可知论的荒诞，却是人类世界终极意义的体现，也是返归自然、万化冥合的体现："知不可奈何者命也，而安之则无哀乐，何易施之有哉？故冥然以所遇为命，而不施心于其间；泯然与至当为一，而无休戚于其间。"（《人间世注》）在归于终极价值的路途中，任何心机与喜怒哀乐似乎显得无用而徒劳。

(5) 郭象认为以纲常为代表的现实名教符合人的性分。这就是"名教即自然"的理论。郭象认为自然界的事物各有性分，无法逃避亦无法增减："天性所受，各有本分，不可逃，亦不可加。"比如牛马生来就要被人类骑乘，就必须接受被穿鼻、勒首的命运："牛马不辞穿落者，天命之固当也。苟当乎天命，则虽寄之人事，而本在乎天也。"（《秋水注》）而仁义道德是人类天然的性分，故而应该顺应天性，遵循名教："夫仁义自是人之情性，但当任之耳。"（《骈拇注》）"夫仁义者，人之性也。"（《天运注》）社会中尊卑贵贱的等级制度，同属于自然天性："若夫任自然而居当，则贤愚袭情，而贵贱履位，君臣上下，莫非尔极，则天下无患矣。"（《在宥注》）人类社会中，每个人发扬仁义天性，不同身份与阶层的人安于自然完满，那么整个社会就是个完满而和谐的美好世界。

郭象认为在完满和谐的社会系统中，理想的君主（圣人）虽然拥有最高权力，"虽在庙堂之上，然其心无异于山林之中"（《逍遥游注》），却拥有一份超越世俗权力的隐逸之心，顺应万事万物的天性，就像尧帝一样，超然物外，始终过着逍遥的生活："天下虽宗尧，而尧未尝有天下也，故窅然丧之，而尝游心于绝冥之境，虽寄坐万物之上，而未始不逍遥也。"（《逍遥游注》）郭象心目中的君主已然失去了高高在上的威严，犹如旷达而逍遥的名士一般："故圣人常游外以冥内，无心以顺有，故虽终日见形而神气无变，俯仰万机而淡然自若。"（《大宗师注》）然而，郭象生活的时代，君主昏庸，"八王之乱"致使大批名士在祸乱中丧生，社会更加动荡不安。故而郭象指出，人类社会和谐局面的打破，在于人们违背自然天性，去追求性分之外的东西，而其根源在于统治阶层时而滥用权力，"夫君人者，动必乘人，一

182

怒则伏尸流血,一喜则轩冕塞路,故君人者之用国,不可轻之者";时而利用名教践踏士人,"暴乱之君,亦得据君人之威以戮贤人而莫之敢抗者,皆圣法之由也"。郭象的这些言论,涉及君主专制的弊端,这是与阮籍与嵇康相通的,不过郭象是站在肯定君主专制与自然与名教结合的前提下说这番话的,他本人并不否认君主专制的必要性,只是觉得君主应该"无为"而治,不要滥用权力以至扰乱各个阶层的天性。

郭象的"独化论",一方面超越了竹林名士全面否定名教价值的偏激,另一方面又克服了"崇有论"中固守现实名教合理性的片面,创建了符合人性的自然名教论。魏晋玄学思潮发展到了郭象,逻辑严谨,在理论体系上趋于完整。余敦康认为:"郭象的独化论意味着玄学的终结,郭象以后,除了张湛《列子注》中的'贵虚'论以外,再也没有出现什么足以引人注目的玄学体系了。而张湛的'贵虚'论却是借助佛教思想才得以完成的,从此中国的思想,进入了佛玄合流的时期。"(《魏晋玄学史》第十一章)

郭象的一生几乎贯穿西晋王朝始终,充满了戏剧性。早年虽有司马炎建立晋朝、天下一统的隆兴之象,可是这种表面的繁华非常短暂,很快就在"八王之乱"的战火中消弭于无形,再加上游牧民族的入侵,内忧外患耗尽了西晋王朝的元气,同时也将士大夫阶层理想的内圣外王之道击得粉碎。直到永嘉王室南迁,裴頠与郭象的玄学思想才影响了统治阶层的治世方针,促进了东晋王朝的短暂复兴。不过,从思想史的发展历程看,郭象的玄学思想对《庄子》一书成为思想界的经典产生了深远的影响,后世学者谈论《庄子》,都无法避开郭象的注解。

第三节 魏晋玄学的影响

魏晋时期,不同的文艺门类产生了巨大的飞跃,处处彰显了玄学的影响力,如文学及文学理论、山水诗与山水画、书法、雕塑等文艺类型中都有玄学思想的影响。此外,魏晋玄学还促进了士大夫主体精神的自觉性。

一、魏晋玄学对中国古代文艺的影响

(一)魏晋玄学对古代文学的影响

就魏晋文学而言,东晋以孙绰、许询为代表的"玄言诗",借诗以说玄理,体现了玄学思想对文学的直接影响。魏晋时期,很多玄学家同时是出色的文学家,其中阮籍与嵇康为个中翘楚。作为士林高士,二人行为放达,潇洒自适;作为思想家,阮籍的《达庄论》与《大人先生传》,嵇康的《声无哀乐论》《与山巨源绝交书》等文深得玄学之髓,又说理条畅,文风飘逸;阮籍的《咏怀》组诗,为五言诗之典范,意境遥深,而嵇康的《幽愤诗》与《赠秀才从军》组诗清峻疏朗,飘然出尘。

(1)魏晋玄学中的本体论引起人们对文学本质的思考。阮籍在《清思赋》中提出了以"无"为本的文学本体论思想。文学的本质是什么?阮籍认为是表现"无",他说:"以为形之可见,非色之美;音之可闻,非声之美……是以微妙无形,寂寞无听,然后乃可以睹窈窕而淑清"，认为文学只有超越了客观之形、可闻之声，在无形寂寞中才能产生玄意深远的境界。这种"无形""无声"就是文学要表现的本质，文学只有把握了这种本质，才能"窈窕而淑清"，产生"微妙无形"的艺术效果。嵇康的《声无哀乐论》提出了美在于客观的观点，是"自然"与"无"的产物，与内在心灵无关，在中国美学史上很有影响。他的《赠秀才从军》更是一组玄意深远之作，艺术地表达了文学（诗）的本质就是追求玄理十足的"太玄"："目送归鸿，手挥五弦，俯仰自得，游心太玄。……至人远鉴，归之自然。"在嵇康看来，玄远之境与凡俗之境并无冲突，现实人生与审美心灵的妙合无垠才是人生与艺术的理想归宿，而这种归宿就是玄学中"自然"的境界。

如果说阮籍、嵇康形象而含蓄地表现"无"的文学本体论思想，那陆机的《文赋》则直接以"无"论文。陆机在《文赋》中说："课虚无以责有，叩寂寞而求音。"陆机在文中明显受到玄学中的"无中生有""有始于无"思想的影响，文学源自"无"，"无"是本体，"有"是现象，"有"体现着"无"。这与王弼所说"有之所始，以无为本"及"凡有皆始于无"的玄学思想是一致的。王弼认为"象而形者，非大象也；音而声者，非大音也。然则，四象不形，则大象无以畅；五音不声，则大音无以至"。"大象""大音"的这种本体上的"无"离不开个别与具体的"有"，只有通过个别的"有"才能体会形而上的"大象"与"大音"。陆机在《文赋》所探讨的"有"与"无"，其实就是探索文学形式与审美理想之间的对立融合，这与玄学思潮中的"有无之辨"在本质上是一致的。

(2) 魏晋文人在文学创作论中也受到玄学思潮的影响。陆机《文赋》云："其始也，皆收视反听，耽思傍讯，精骛八极，心游万仞。"这是创作开始时思维进入"无"的情境。所谓"收视反听"，就是不视不听，有视而不见，听而不闻，达到"无"的特点；所谓"精骛八极"，就是心灵进入一种悠远无疆界的"虚无"的境界，实际上就是创作前的思维活动，因为是思维活动，所以具有"虚无"的特点。玄学的"无"在创作过程中就是表现于作家头脑中潜在的、非现实性的观念。一旦创作完成，这种观念的"无"就变成了"有"，即主体观念的对象化。这种从"无"到"有"的观念现实化创作过程对唐以后的文学理论也产生了一定的影响。刘勰在《文心雕龙·序志》中说："盖文心之作也，本乎道，师乎圣，体乎经，酌乎纬，变乎骚，文之枢纽，亦云极矣。"目前学术界对刘勰的"道"看法还不一致。不过从思想根源看，刘勰受到了魏晋以来玄学"贵无"思想的影响，他上溯老庄，同时也受到了儒家经世致用之"道"的影响，其思想是儒道思想融合的产物。

(3) 魏晋文学的理想之境是唯美悠远的。在"言意之辨""得意忘言"的哲思背后，魏晋时代的作家认为文辞在表现审美世界时总显得力不从心。刘勰说："意翻空而易奇，言征实而难巧。"在魏晋文人的笔下，诗意之象与语言符号的结合是一个艰难的选择，就像陶渊明《饮酒》诗所云"此中有真意，欲辨已忘言"。他们都认为创作者与接受者都应摆脱语言文字的束缚，去追求文辞之外的悠远余韵，后世古典诗学理论重视"言外之意""象外之象""味外之味"以及"神韵"等，无不导源于此。

(二) 魏晋玄学对绘画的影响

魏晋玄学思潮中品鉴人物注重"神鉴"，就是重视人物的精神世界，这种思想对当时的人物画颇有影响。顾恺之为东晋时期的著名画家，他提出了"传神写照"的绘画思想。据《世说新语·巧艺》记载："顾长康画人，或数年不点目精。人问其故，顾曰：'四体妍蚩，本无关于妙处,传神写照,正在阿堵中。'"何谓"传神写照"? 就是说绘画要注意传递人物的神韵,摹写人物的精神。绘画重"传神写照",与"得意忘言"与"得意忘象"的玄学思路一致,注重艺术形象的内在主体而忽略其外在艺术形式,这与魏晋玄学中重视人的主体精神,注重超越的精神世界都有很大关系。此外,魏晋士人品鉴人物喜欢用山水形态来彰显人物的内在气质,《世说新语》品鉴嵇康风姿时,称其"肃肃如松下风,高而徐引",又称赞王衍"岩岩清峙,壁立千仞"。山水画在尺幅之间可以彰显宇宙玄远之道与悠远意趣,于是很快就取代了人物画,成为士人探讨玄远意趣的最佳媒介。

魏晋玄学对当时的绘画理论也有影响。稍晚于顾恺之的谢赫在《古画品录》中品鉴东晋画坛的画家,总结了当世的绘画经验并提出了绘画"六法",其中将"气韵生动"放在第一位,而把作为绘画技巧的笔法、技法、色彩、结构等放在其后:"六法者何? 一气韵生动是也,二骨法用笔是也,三应物象形是也,四随类赋彩是也,五经营位置是也,六传移模写是也。"这里的"气韵生动"指的就是艺术形象的神态富有鲜活而灵动的生命力,这与"传神"的创作原则是一脉相承的,是魏晋山水画的最高艺术标准,也成为我国后世绘画领域不可替代的美学传统。

(三)魏晋玄学对书法的影响

魏晋玄学中的"言意之辩"对古典文艺中"尚意"的美学追求产生了直接影响。王弼发展了庄子的"得意而忘言"的思想:"言者所以明象,得象而忘言;象者所以存意,得意而忘象。"这为书法创作中"尚意"的审美思想提供了理论依据。书圣王羲之提出了"尚意"说,他在《自论书》中说:"顷得书,意转深,点画之间皆有意,自有言所不尽。"他在《题卫夫人笔阵图后》中认为"意在笔前,然后作字"。"意"是书法家在创作过程中的意趣与情志,是创作主体的精神与情感。魏晋书法在"尚意"的审美追求中,崇尚"飘逸"的书风,王羲之在《记白云先生书诀》中说:"书之气,必达乎道,同混元之理……把笔抵锋,肇乎本性。"书法的审美完成了一次革命,从重"象"转到重"意",书法之本在于优美动人的心灵,在于潇洒自得的人生境界,"意"至而"神"到,进而笔补造化,钟其灵秀之气。故而魏晋时期的书法如行云流水,形散而神不散。宗白华在《论世说新语》中说:"晋人风神潇洒,不滞于物,这优美的自由的心灵找到一种最适宜于表现他自己的艺术,这就是书法中的行草……魏晋的玄学使晋人得到空前绝后的精神解放,晋人的书法是这自由的精神人格最具体最适当的艺术表现。"

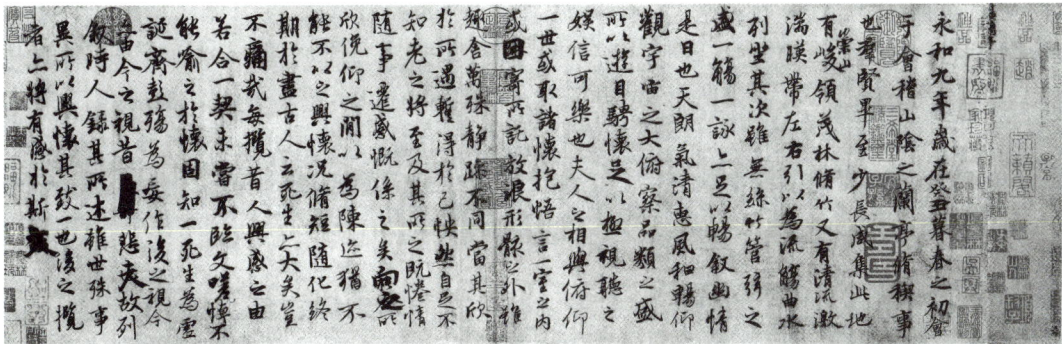

东晋·王羲之《兰亭集序》(摹本)

中国的书体从先秦篆书的佶屈古奥,两汉隶书的优雅简约,汉魏楷书的方正谨严,再到魏晋行草的飘逸潇洒,蕴含了不同时期的审美情趣。而魏晋行草的蔚然流行,与老庄哲学的超然物外是密不可分的。邓以蛰在《书法欣赏》中说:"魏晋人浸润于老庄思想,入虚出玄,超脱一切形质所在,于是'逸笔余兴,淋漓挥洒,或妍或丑,百态横生'之行草书体,照耀一世。"魏晋南北朝书法,如朝霞烟云,亦如长桥卧波,或翩若惊龙,或华茂春松,是玄学思潮的真实映照,为唐宋时期书法艺术的高速发展打下了坚实的基础。

可以说,魏晋玄学是魏晋美学的精髓,魏晋玄学中的宇宙人生观恰恰是一种审美的艺术观。魏晋文士这种对宇宙人生的洒脱与深情,使其在艺术上有着前人不可企及的成就。从中国美学的哲学基础来看,魏晋玄学无疑有着承前启后的划时代意义。

二、魏晋玄学对中国文人性格的影响

魏晋玄学是魏晋乱世中文人独立思考与自由思辨的结晶,而魏晋风度正是魏晋玄学思潮中文人存在方式的外在表现。魏晋名士通过自身的言行、诗文等方式展现自己艺术化的人生追求与清淡娴远的精神世界。魏晋时代,文人的表现是那么的清高放旷,那么的高标脱俗,那么的真率洒脱。这种超凡脱俗的背后虽有政治倾轧中朝不保夕的恐慌与失落、哀伤与无奈,但却充分展现了魏晋风度的魅力。魏晋玄学为后世读书人提供了赖以生存的精神文化资源。

魏晋时期是中国文人觉醒的时代,魏晋玄学涵养了中国文人的气质,并对后世产生了强烈而深远的影响。

(1) 玄学培养了文人的山水隐逸情怀。吴均《与朱元思书》中写道的"鸢飞戾天者,望峰息心;经纶世务者,窥谷忘反",就连热心追求功名利禄者沉浸于山水之中,也可以忘却世间一切烦忧。《论语》中孔子有"逝者如斯"的川上之叹,更有"浴乎沂,风乎舞雩,咏而归"的闲适恬淡,《庄子》记载庄子与惠施有"濠上之辩",而庄子亦有"濮水之钓",自然山水在一开始就被士大夫赋予情感与道德的色彩,这使得山水风景成为文人学士寄托言志的对象。"登山则情满于山,观海则意溢于海",恬淡自适,旷达逍遥,徜徉山水之境成为读书人高妙飘逸的象征,有关山水的吟咏和绘画更成为士大夫消解政治疲累与生活消遣的生命延伸。中华大地,山川壮丽,造物主秉造化之奇,有鬼斧神工之雄浑,亦有风情万种之秀丽。《世说新语》中不乏读书人亲近山水,流连忘返的片段,如晋简文帝司马昱进入华林园,顾谓左右曰:"会心处,不必在远。翳然林水,便自有濠、濮间想也。觉鸟兽禽鱼,自来亲人。"要使心灵安适,并非要遁迹山林,只要沉浸于绿树成荫,碧水辉映之地,自然会有老庄超然世外的飘逸安详。而东晋时期著名的画家顾恺之从会稽返乡,有人问起山川之美,他说:"千岩竞秀,万壑争流,草木蒙笼其上,若云兴霞蔚。"在艺术家眼中,山水犹如一幅画卷,不仅极富灵性,充满生机与活力,更是文人表现艺术魅力与寄托生命理想的神圣所在。

(2) 玄学赋予了文人形而上思辨的人文精神。随着魏晋玄学的兴起,玄学家们注重对精神世界的挖掘和表现,玄学那套"得意忘象""寄言出意"的思辨方式被广泛运用,在形神关联的思维启示下,自然山水作为外在的"形"与无所不在的无形玄奥之"道"的内在关系也被格式化地纳入魏晋人的认知体系。据此他们认为,自然山水本身聚集了无所不在的"道"，山水中包含了玄理，山水本身就是"道"的体现，徜徉山水之境便是以有"形"之举动去感悟无形之"道"。对于古典士人来说，山水总处于一种很特殊的地位，被赋予了浓重的人文精神色彩，在士大夫精神生活中有着举足轻重的地位。

（3）**玄学促使士大夫主体精神的觉醒**。随着魏晋玄学的出现，士大夫发现并肯定人的价值，并极其尊重与由衷礼赞生命的个性之美。《世说新语》中记载晋明帝与谢鲲的一段谈话："'君自谓何如庾亮？'（谢鲲）答曰：'端委庙堂，使百官准则，臣不如亮；一丘一壑，自谓过之。'"每个人都有自己的人生价值，不论是治理朝堂还是寄情山水，礼教之内，山水之间，每个人都有自己独立的人生选择，而在不同的选择中，同样获得了生命的价值，都应当受到尊重与理解。魏晋玄学还赋予士大夫重情任性的美好心灵，比如王戎说："圣人忘情，最下不及情。情之所钟，正在我辈。"说的是读书人的身份与担当，更流露出对世间真情的礼赞。魏晋时代，士人们充满了对美好生命流逝的莫名伤感，如阮籍之"哭"，有为不相识的"兵家女"的恸哭，有独自驾车的失路之"哭"，前者寄托了美与理想的哀思，而后者则有对宇宙人生的大悲悯。魏晋士人的重情是不拘礼法、自然流露的真情，他们对世间一切美好事物都"一往有深情"。到了后世，每每世间真情为名缰利锁束缚的时候，魏晋精神就会适时出现，为人们解除桎梏心灵的无形枷锁。

阅读书目

1. 王弼：《老子注》。
2. 嵇康：《养生论》。
3. 嵇康：《与山巨源绝交书》。
4. 刘义庆：《世说新语》。
5. 汤用彤：《魏晋玄学论稿》，上海古籍出版社 2005 年版。
6. 汤一介：《郭象与魏晋玄学》，北京大学出版社 2000 年版。
7. 刘强：《魏晋风流十讲》，中国青年出版社 2014 年版。
8. 余敦康：《魏晋玄学史》，北京大学出版社 2015 年版。

思考题

1. 魏晋玄学思潮产生的社会文化背景是什么？
2. 王弼与《老子》"有无"观的异同是什么？
3. 嵇康提出"越名教而任自然""非汤武而薄周孔"的原因是什么？
4. 魏晋玄学家对儒家和道家的态度是什么？
5. 请以魏晋的文人为例，谈一谈魏晋玄学对中国文人气质的影响。

第十二章　道　　教

道教以"道"名教,以"道"设教,尊道而贵德。劝化信众以信守道诫、修道炼养、积善行德等方式,求得个体的长生久视、家族的繁衍延续、邦国的长治久安、天地的秩序清宁。作为土生土长的宗教,道教与中国传统文化的方方面面都有着千丝万缕的联系。迄至今日,道教依然对国人的生活习俗、价值观念、情趣审美等有着根深蒂固的影响。

第一节　道教的产生与发展

道教的思想文化源头非常复杂。作为一个开放的宗教信仰体系,其不仅深深扎根于中华民族优秀文化,同时吸收融合了八面来风,从而给人一种"杂而多端"的印象。就其思想渊源而言,道教对中国早期诸种文化谱系均采取了兼容并蓄的宽容态度,正是基于此,道教才得以在王朝更迭、时局变幻的中国古代社会以海纳百川的姿态将许多优秀的思想文化汇集在一起。就其历史传承而言,在将近两千年的历史进程中,道教始终以其顽强的生命力和不断自我完善的内部升华紧紧地扎根在神州大地,并由此对我国古代的文化发展、社会生活与民族性格等方面都产生过巨大的辐射作用。

一、道教的产生

道教的产生绝不是历史的偶然,而是有其深刻的思想文化渊源。道教中既有原始宗教信仰和祭祀仪式乃至古代神话的积淀,又有古代哲学思想的活水源头。关于道教的起源问题,学术界一直存有争议:有人认为道教的起源应追溯到我国的原始祭祀文化;也有人认为方仙道是道教的初始形态,道教史当从方仙道开始书写。汉武帝之后,方仙道逐渐与黄老学结合,向道教的另一种形态——黄老道演变。从方仙道到黄老道,再从黄老道到太平道,具有一脉相承的关系。毋庸置疑的是,道教是我国数千年文化发展过程中的土生土长的宗教,如果自东汉中后期形成固定的教会组织开始计算,那么迄今也有 1 800 余年的历史。

学术界一般认为成熟的道教组织产生于东汉顺帝时期,以五斗米道和太平道组建成形的教会为标志。这一时期的道教已经具备较为完善的宗教信仰、宗教理论以及基础性的组织制度。两汉时期，主要的道教典籍是集汉代道书之大成的《太平经》，即《汉书》所载之《包元太平经》，《后汉书》所记载的《太平清领书》；由东汉魏伯阳所撰，有"万古丹经王"之称的金丹派理论结晶《周易参同契》；解读《老子》，并使其宗教化的《老子想尔注》；规范其礼仪制度的《正一法文经》等。东汉末年，道教已具备成熟宗教的框架。

东汉后期，皇帝年幼，外戚与宦官交替专权，又有党锢之祸，生活在社会底层的普罗大众惊惶失措。乱则生变，在这样的社会背景下，一些散落在民间的游方之士与郁郁不得志的儒生们开始建立起带有宗教色彩的社团组织，企图以此弥补广大民众信仰的空缺，以及改变大众精神的迷茫。然而，任何没有理性精神指导的民间社团都难免走上暴力冲突的道路，这一点在东汉末年的突出表现就是农民起义。

张角，冀州巨鹿（今河北平乡）人，是汉末黄巾农民起义的领袖。他原本是黄老道徒，后来受《太平经》的影响，在今华北一带创立了太平道。《资治通鉴·灵帝纪》记载："巨鹿张角奉事黄老，以妖术教授，号太平道。"其本人自称"大贤良师"。张角善化百姓，济众渡人，受到民众拥戴。加上当时社会上流传已久的"汉行已尽，黄家当兴"的谶言符命，张角遂于公元 184 年发动黄巾起义，一时间攻城拔寨，州郡陷落，官吏逃亡，京师震颤。不过起义遭到朝廷和各地乡绅武装的残酷镇压，太平道中的教职人员及道徒信众遭到大肆屠杀，太平道从此元气大伤，不敢再有公开活动。黄巾起义前后历经二十余年，最后销声匿迹，不过由张角所创立的太平道并没有消失，而是改头换面地流传了下来，成为后世道教的源头之一。

与起于河北的太平道"三十六方"遥相呼应的，是由张陵、张衡、张鲁祖孙三代在西南地区创立的天师道"二十四治"。张陵，又称张道陵，祖籍沛国丰县（今江苏丰县），相传为西汉开国功臣张良的第八世孙。张陵少年聪慧，十余岁便能尽得《道德经》之真解，后得《黄帝九鼎丹经》和长生之术，屡被朝廷召引而不入，于顺帝年间广聚弟子，搬迁入蜀，在成都鹤鸣山设立道场。

据道经记载，张陵于顺帝汉安元年（142）在鹤鸣山上受封于太上老君，称天师之位，并得授"正一盟威之道"。此后，张陵率领众多弟子四处传道，正式创立教团，其子嗣师张衡、其孙系师张鲁陆续继承其业，对道教进一步完善发展。至张鲁之时，自号"师君"，管理道民者已基本由原有的汉帝国官吏转换为其教中的祭酒道官。当地人民对道教的信仰日渐浓厚，形成了"民夷便乐之"的局面。其教团制度以"正一盟威之道"为本，故亦称"正一道"；其教首领袖号为天师，故后世称为"天师道"；其教徒入道之时，需要缴纳五斗米作为信物，故亦称"五斗米道"。其教内道民初入道者称"鬼卒"，学习道德经有成并积累功德后可逐阶升迁为道官称"鬼吏"。官方政权因其收取信米的特点，称其为"米巫""米贼"。其道官分工明确，有"督治""贡气""都功""领署""威仪""廉平""建义"等多种司职。在教理教义层面，天师道也是黄老道的继承者，且同样深受《太平经》影响；在礼仪制度层面，其教内法规深受周礼与汉官仪的影响。

太平道与天师道虽然所处地域不同，但在相同的历史背景之下，多有相通之处。二者虽然都被视作起自民间的宗教，却不能简单地将之视作一般的民俗信仰。二者在传播之时都不可避免地要作出调整以适应各地风俗，但同时又都将破除民间淫祠视为重任，有意识地将自身与后者进行了区分。天师道有"诛符伐庙，杀鬼生人"的传统，又有"大都攻职"

专司其任，太平道对淫祠的态度与此相同。据张角与曹操之信："昔在济南，毁坏神坛，其道乃与中黄太乙同。"可知在破淫祠之事上，太平道、天师道与官方礼教有着相近的立场。总的来说，道教自萌芽至创立，充满了复杂性，与民间、官方均有着密切的关系。其在历史的发展中，虽然支派繁多，但多将天师道视为正统。

二、道教的发展

自东汉末年创教以来，道教在经历过短暂的阵痛之后并没有湮没在历史的尘埃中，而是逐渐与民间信仰相融会，依托广大民众秘密传道，以这种自下而上的形式维持着自身的发展与延续。与此同时，道教内部也开始分化，教派繁衍，愈来愈多。在道教的分化过程中，教理教义、戒律规范、斋醮科仪以及立教体系也得到发展，并走向成熟。在此过程中，一些士大夫也加入道教阵营中，他们或为了赢得统治者的支持，或为了维系皇权至上的神圣与稳定，利用春秋战国以来的神仙思想对道教的内容进行改造，使道教的神仙信仰得到空前的系统化、理论化。道教的内涵得到进一步的丰富，体系得到进一步的完善。在这一过程中，虽然不同的教派有着彼此相异的教理教义，或者奉持着各具特色的修行方式，但是各派都是从原始道教中分流而来，皆以"道"作为基本信仰，以"长生久视、羽化成仙"作为宗教目标，以"教人劝善、济世度人"作为基本修炼原则，因此，道教不仅没有因为统治阶级的残酷镇压而消失，相反，其以更加昂扬的姿态融入中国古代思想文化中，成为中国传统文化不可分割的一部分。在道教的发展历程中，葛洪、寇谦之、陆修静和陶弘景等人作出了卓越贡献。

葛洪（约283—约363），字稚川，自号抱朴子，晋丹阳郡句容（今江苏句容）人，是道教史上重要的思想家。他出生于江南望族，幼年丧父，后来家道中落，只得躬亲耕稼，于农闲时博览经史百家之学。其代表性著作有《抱朴子》《神仙传》。《抱朴子》一书分内外两篇，内篇为纯粹的道教著作，核心内容是叙说大道周行、宇宙运化，并通过大量的事例反复论证神仙的存在，以此说明人通过修行可以成仙。此外，内篇中《金丹》集中反映了葛洪作为道教丹鼎派代表人物的主张。在此篇中，葛洪认为长生最重要的前提是炼化成金丹大药。因此，此篇详细记载了很多炼制金丹的方法和步骤。在潜心研究炼丹成仙的长生之术时，葛洪并没有忘记体察社会时事。在《抱朴子·外篇》中，葛洪重在铺叙君道臣节、提倡君尊臣忠之说，并以"道本儒末"观念为基础，形成较为完备的社会政治体系。如果说《抱朴子》内篇集中于教人如何摆脱凡尘的纷扰，那么外篇则致力于阐明具有道教特色的处世治世之道。

张鲁及其核心部众被迁离蜀地之后，其教团便失去了领袖及大量有权威的道官，原本严密的组织制度难以继续维系。东晋至南北朝期间，道教陷入混乱已久，大量祭酒道官开始自行其是。为了应对这种局面，学者高道不断努力，以不同的方式对道教进行改革清整。北魏寇谦之改良天师道，南朝陆修静总括道教典籍，梁朝陶弘景撰录神灵谱系，均对道教的发展作出了突出贡献。

寇谦之（365—448），字辅真，上谷郡昌平县（今北京昌平区）人，天师道世家子弟，早年曾隐居修行、服食草药，后致力于矫正道门乱象，革除道教弊端。北魏时期、张鲁之时，天师道的权力较为集中,其教团之中的道官祭酒既需要自下而上的推举,又需要从上至下的授箓授职,最高权力归于天师。这种严格的选任制度在教团组织被破坏后,已经不具有继续实行的客观条件,道官祭酒之间随意授受,甚至父子相传。而且,为了谋求利益,大量道官祭酒以诱导乃至恐吓的方式让信徒滥上辞章、缴纳法信。寇谦之自称在嵩山得老君降授,任命其为张道陵之后的新一任系天师,命其革除后起诸弊,重整道教。寇谦之于是借助北魏太武帝拓跋焘之力,以《云中音诵新科之诫》重定道教法度。这是一次复古改制的努力,却又没有完全回到张鲁时期的道教。经过整顿后的道教,虽然教权重新集中,但依附于北魏政权,并以礼度为首。这次改革重新划定并调和了教权与政权之间的关系。

陆修静(406—477),字元德,吴兴东迁(今浙江吴兴)人,早年仰慕道教仙真,苦修不辍,后又遍访名山大川,精研道书,是葛洪之后道教又一著名学者。陆修静曾居庐山修道,又曾奉召于崇虚馆修书,著述等身,道风远播,为上清派第七代宗师。与寇谦之相同的是,他也试图将散落民间的教权重新集中。他在《陆先生道门科略》之中对天师道旧有之制度倍加推崇,并极力强调依法受箓受职的重要性。他编撰修订上清、灵宝斋法,对道教科仪的发展有着关键性作用。除此之外,他还创立"三洞十二类"的分类法,将旧有道教典籍囊括在内,进行分类整理。这种道经分类法不仅是一种独特的目录学体系,还是道教教理教义的特殊体现方式,故被后世道教沿用并发展为"三洞四辅"七部分类法。

陶弘景(456—536),字通明,自号华阳隐居,谥贞白先生,丹阳秣陵(今江苏南京)人。其少慕道术,曾在宦海中浮沉,后终因大志难酬而一心向道,拜入上清派第八代宗师孙游岳门下,居于茅山,为上清第九代宗师。梁武帝萧衍常向居于山中的陶弘景修书问政、往来不绝,因此,陶弘景有"山中宰相"之称。陶氏在道教史上的贡献主要是传承上清经箓、创立茅山宗。与其他道门教派不同的是,茅山上清派基本由知识分子组成。除了日常的修道活动之外,此派还特别注重个人学识的提升与著书立说,因此茅山上清派对于道教理论的建设贡献甚大。陶弘景还编纂了《真灵位业图》,对道教神仙体系作了梳理与重构,确立了以三清尊神为首的神仙谱系。

魏晋南北朝是儒、释、道三家鼎立格局逐渐形成并得以确立的时期。经过葛洪、寇谦之、陆修静以及陶弘景等人的改革与完善,道教之影响得以扩大,并实现了由初朴道教向宫观道教的转变。及至唐朝,道教又一次迎来了大发展、大繁荣的契机。由于唐朝王室归宗老子,故而道教得到了统治者的大力扶植,地位超然于儒、佛二家之上,几乎成为唐王朝的国教。与唐朝相比,宋朝的道教稍显复杂。北宋时期,道教基本沿袭了唐朝的立教模式,尚以道法为主。到了南宋,道教进一步发展,开始出现各种新道派,其中影响力最大的便是王重阳及其弟子所创立的全真派。与旧有的正一道传统相较,起于北方的全真道在教理教义、组织制度、修炼方式方面均有不同。北方全真道重视王玄甫、钟离权、吕洞宾、刘海蟾、王重阳及全真七子的传承,尊其为"五祖七真",更加重视性功修养。此时的南方则有尊张伯端、石泰、薛式、陈楠、白玉蟾为"南五祖"的金丹派南宗,更加重视命功修行。需要注意的是,道教重视性命双修,所谓性功、命功只是侧重不同。唐宋之际,以《易经》为指导的金丹修行之法盛行,且内丹之学越发流行。

元代之时,成吉思汗两次诏请丘处机讲道。丘处机以七十三岁高龄自山东西行至今阿富汗境内的成吉思汗行宫，劝其"节欲止杀"。成吉思汗称其为"神仙"，后又命其管理"天下应有底出家人"，甚至包括佛教，全真道因此得以迅速发展。旧有的正一道也得到元代的重视，张宗演被封为三十六代天师，主江南道教，准其自行度人为道士。命路各设道录司，各州设道正司，各县设威仪司，皆置于天师属下。蒙古太宗九年（1237），宋德方、秦志安等道众搜集道经七千八百余卷，刊成道藏《玄都宝藏》。但是，蒙古人本有自己的"长生天"信仰，且族中颇有人信元宪宗蒙哥之倾向，最终导致焚经的结果。至元十八年（1281），元世祖忽必烈更是下令焚毁除《道德经》以外的所有《道藏》经文和印版。不久之后，忽必烈复崇其教，道教的典籍文献却已经受到难以挽回的损失。不过，即使是在这样的背景之下，道教在元代也依然取得了长足的发展，新起的全真教也逐渐成长为可以与正一诸派分庭抗礼的大派。

道教在明代所受的待遇十分优厚，在统治者的扶持下，道教发展到了极为贵盛的状态。明太祖朱元璋重视教化百姓的功能，故在全真正一之间更加重视正一道。甚至，在官方祭祀天地、社稷、宗庙的活动中，掌握乐舞的神乐观乐舞生也由道士充任。明成祖朱棣也颇好道，本人曾亲自为道教经韵谱曲，今《道藏》所存《大明御制玄教乐章》便是其一。朱棣曾召张宇初、张宇清等高道参与《永乐大典》的编撰，并下诏命任自垣等高道编修《道藏》。有明一代，道教备受优宠，为历代所罕见。不少高道被委任官职，甚至位极人臣，能够深入宫廷，参与朝政，使"天下士大夫靡然从风"。明王室中的不少藩王甚至直接出家为道，如宁王朱权，号为臞仙，著有《天皇至道太清玉册》等书。这些高端人才的加入，使原本便已兴盛的道教更进一步。

清代之时，贵族信奉藏传佛教者多，且出于满汉分治等原因，对道教多方打压。在外部的各种不利因素下，道教不可避免地走向沉寂，甚至相当多的支派只能隐于民间。不过，也正是因为这种原因，明代遗老如傅山等人避世不出，遁入道教，为道教的发展做出了贡献。整体而言，清代虽偶有如雍正这般对道教有一定好感的帝王，但道教的发展始终受到限制，往往只能在民间继续存在，有的教派甚至成为农民起义的外衣。

近代以来，中国沦为半殖民地半封建社会，国家主权不彰，传统文化遭受重创。在这样的历史背景下，道教教团所赖以生存的经济基础破坏殆尽，道教一蹶不振。新中国成立之后，通过宗教制度民主改革，中国道教获得了新生，逐渐走上了与社会主义社会相适应的道路。

1957年，全国性的爱国宗教团体和教务组织——中国道教协会在北京白云观成立。改革开放以来，在党和政府新时期宗教政策的指导下，中国道教呈现出前所未有的新气象，为促进经济发展、社会和谐、祖国统一和世界和平作出了积极贡献。

第二节　道教的神仙谱系和经籍

神仙信仰是道教的核心信仰，而神仙谱系有一个逐渐形成的过程。道教经籍是道教信仰的重要载体，了解道教经籍的著录情况和历代《道藏》的编纂情况，是学习道教的重要前提。

一、道教的神仙谱系

神仙观念早在先秦时期就有了。道教继承了先秦时期的神仙观念,并将其发展成为一种成体系的信仰。不过在先秦时期,"神"与"仙"是两个不同的概念。《说文解字》说:"神,天神,引出万物者也,从示,申声。"所谓"引出万物",就是万物由神所创,可见在先民的观念里,神是超越天地万物的存在,其拥有超越人类的力量。所谓"仙",最初不过是特殊的人,仙字最初写作"仚",《说文》谓:"仚,人在山上。从人从山。呼坚切。"又曰:"仙,长生仙去。"其字汉代或从人、从山,清代段玉裁《说文解字注》引《释名》曰:"老而不死曰仙。仙,迁也,迁入山也。故其制字人旁作山也。"由此可见,仙是轻举上升而长寿者。到了汉代,"仙"字已流行于世,意即进山修行的老而不死者。概括起来说,神不必一定是人,天地万物皆能为神;仙则是通过修炼而达到不死或死而复生的人。到了汉代,神、仙二字开始连用,比如《史记·封禅书》曰:"其明年,东巡海上,考神仙之属,未有验者。"这里的"神仙",就是具有超越凡人特异者。

搜罗上古传说中的各种神明并将其放到自己的信仰体系中,是道教思想文化建设的重要措施。在道教创立以前,神仙故事已经广为流行。西汉刘向所撰《列仙传》就记载了很多神仙故事。《列仙传》记述了上古及三代、秦、汉之间的七十多位神仙的重要事迹及成仙过程,建构了一个较完整的神仙谱系。《列仙传》所述神仙之事多与长生、变化方术相关。此书所讲修道成仙的方法,包括服食丹药、服气养气、行善积德、得到高人相助等。《列仙传》对七十多位神仙形象的描绘以及成仙事迹的记载,成为后世道教神仙故事的重要来源,也为道教神仙故事的创作起到了示范作用。《列仙传》不仅是道教神仙故事的来源,也成为道教重要的经书,被收入《道藏》。魏晋以来,随着道教组织的发展,有关道教神仙故事的作品越来越多,道教神仙体系也得以不断完善。

在道教的观念中,宇宙万物,包括但不限于神仙皆出自道。但道非有非无,"不可道""不可名",可名可道的万物是道炁聚而成,神仙也不例外。道教的神仙看似独立而没有系统,实则是按照一定的方式组合起来的。受《周易》和道家思想的影响,各路神仙在"一分为三"的框架之下而各就各位。《周易》讲"三才之道",即"立天之道曰阴与阳,立地之道曰柔与刚,立人之道曰仁与义",《老子》曰"道生一,一生二,二生三"。"一分为三"的天、地、人就成为道教神仙谱系的重要理论基础,天神、地祇神明和人间仙圣就成为道教神仙的基本内容。

根据"三才"理论,天最高,因此天神在道教神仙谱系中占有崇高的地位。最高地位的道教天神是"三清尊神",即元始天尊、道德天尊和灵宝天尊。"天尊"就是"运化一切为极尊"的意思。元始天尊全称"玉清元始天尊",也称元始天王,是道教"三清"尊神之一,在"三清"之中位为最尊。元始天尊生于天地尚未分化的混沌之前、太无之先、元气之始,故名"元始"。"元"的意思是"本","始"的意思是"初",元始天尊禀自然之气,在宇宙万物之前就已存在,他常存不灭,即使天地毁灭,也不影响他的存在。供奉在道教三清大殿中的元始天尊一般是头罩神光,手执黍珠,或者左手虚拓,右手虚捧,象征"天地未形,混沌未开,万物未生"时的"无极状态"和"混沌之时,阴阳未判"的第一大世纪。灵宝天尊,全称

"上清灵宝天尊",是道教"三清"尊神之一,在"三清"之中位尊第二。灵宝,道的别名之一,变化无方曰灵,钦崇贵爱曰宝。在天曰灵,在地曰宝。在道教宫观"三清殿"中,灵宝天尊塑像居左位,大多手捧如意。道德天尊,全称"太清道德天尊",道教"三清"尊神之一,在"三清"之中位尊第三。道德天尊就是太上老君。其神像常作一白须白发老翁,手执羽扇,居元始天尊之右侧位。在道教大型斋醮礼仪中,也均设有道德天尊的神位,亦居元始天尊之右侧位。在道教最尊的三清神明之下,还有"四御"。"御"是对皇帝的敬称,也有治事之意。四御是居于三清之下,位于万神之上,主宰天地万物的四位天神,分别是中天紫微北极太皇大帝、南极长生大帝、勾陈上宫天皇大帝、后土皇地祇。除四御之外,还有六御之说,即玉皇大帝、西方太极天皇大帝、中天紫微北极太皇大帝、东极青华大帝、南极长生大帝和后土皇地祇。

与天神相对应的是地祇神明,所谓地祇神明,就是属于地面上所有自然物的神化者,包括土地神、社稷神、山岳神、河海神、五祀神以及百物之神。地祇与天神不同,却又有着密切关联。"四御"的前三者是天神,后土皇地祇则为主宰大地山川的女神。在神庙里,后土皇地祇被塑造成一位端庄的女性,一般民众称她为地母或后土娘娘。人们相信,该神是农业获得丰收的保护神,还是生育之神、大地之神。

除了天神、地祇神明之外,道教还塑造出了很多与人间生活密切相关的仙圣。首先,道教将民间信仰中的一些神明纳入自己的信仰体系,比如妈祖、关圣帝君、三山国王等都是由民间信仰的神明转而进入道教的人神系列。此外,人们根据自然地理和人间的社会模式,建构起一个更加广阔的空间系统,即认为在中国的四周和上方各有一国,四方和中国之间分布着广袤的海域,海域中有很多海岛,其中最重要的就是十洲三岛。这些海中洲岛由仙人掌管。这些仙人来自人间修道者。当人间修道者达到一定层次后,就可成为地仙,然后飞升到这些洲岛,从此过上无忧无虑的生活。人间仙圣还来自行业神。出于人们生活的需要,道教形成了不同行业的神,如城隍神、土地神、门神、灶神、财神、瘟神、厕神、药王神等等。这些行业神的出现,与人类社会分工的形成有密切的关系。早期的人类社会没有明确的分工,因此神祇的职能也比较模糊,而当社会分工明确以后,神祇也就获得了行业的职能。

二、道教的经籍

中国道教在长期的发展过程中,除了将《老子》《庄子》《列子》《亢仓子》等奉为经典,还创作了大量的经籍。这些经籍涉及教理教义、教规教戒、修炼方术、斋醮科仪以及传教等各个方面,是道教在活动过程中形成的。道门中人出于学习之需以及保存文献的意识,多次对道教的经籍进行整理和结集出版。《正统道藏》和《万历续道藏》是现存道教文献的主体,此外还有为数不少的道教文献流传至今。

道教经籍的著录可以追溯到《汉书·艺文志》。此目录学著作著录了"神仙""方技"等八类书目,道书 670 卷,符书 500 余卷,共 1 200 余卷。这些文献可以看作道教经籍之前身,其中不少书与后来《道藏》的书名是一致的。在道教的发展过程中,不少道门中人出于学习的需要,对道教经籍多有关注和搜集。例如晋代葛洪的《抱朴子·遐览》著录了《三皇内文天地人》《元文》《混成经》《九生经》《九仙经》《彭祖经》等 260 余种，1 200 多卷。葛洪的《遐览》所著录的文献反映了道教金丹派道经的基本面貌，还没有形成道教文献的系统分类。道教文献的系统分类，在陆修静的《三洞经书目录》中才走向成熟。

到了南北朝时期，出现了"三皇""上清""灵宝"三个系统的道教经籍，为陆修静《三洞经书目录》的"三洞十二部"分类奠定了基础。《道门大略》云："三洞者，洞言通也，通玄达妙。""洞"乃是"通"的意思，就是说通达到神仙的根本道路。所谓"三洞"，即指"洞真"，《上清经》系属之；"洞玄"，《灵宝经》系属之；"洞神"，《三皇经》系属之。"三洞"每部又分十二类：第一本文，指经教的原本经文；第二神符，即龙章凤篆之文，灵迹符书文字；第三玉诀，指道经的注解或疏义；第四灵图，指本文的图解或以图像为主的著作；第五谱录，指记录高真上圣的应化事迹和功德名位的文献；第六戒律，指戒条和科律书；第七威仪，指斋醮仪式以及有关制度之类的著作；第八方法，指论述修真养性和设坛祭炼等方式的文献；第九众术，指外丹炉火、五行变化以及其他术数之书；第十记传，指神仙道士的传记及宫观志书；第十一赞颂，指赞咏歌颂仙真的辞章；第十二章表，指设坛祭祷时上呈天地及其他神明的章奏、关文等。自陆修静《三洞经书目录》确立了道教经书的分类框架之后，历代皆沿袭不改。

陆修静以"三洞"法来著录道教经籍虽有创意，却不能囊括道教经籍，于是又出现了"四辅"分类法。"四辅"，为取"四方"之义，指的是太清、太平、太玄、正一四部辅经，"太清"辅"洞神"，"太平"辅"洞玄"，"太玄"辅"洞真"，"正一"贯通"三洞"和太清、太平和太玄，这就是"三洞四辅"。

在历史上，道教曾多次编纂"道藏"。唐代尊崇道教，唐高宗时期，曾有《一切道经》行世。开元年间，唐玄宗派人搜寻道经，纂成《开元道藏》，共收入道书 5 300 卷。宋开国后，曾先后五次搜集整理道经，以唐代残存《道藏》3 700 多卷为基础，重修恢复《道藏》。宋真宗时，统治者对道教的崇奉形成了一个新高潮，宋真宗加封老子为太上混元皇帝，张君房在朝廷颁发的道经的基础上，又搜罗了苏州等地的旧"道藏经"数千卷，经过校定，成《大宋天宫宝藏》。金朝章宗时编刻《大金玄都宝藏》，共 6 455 卷。元朝初年，全真道士宋德方主持编刻《大元玄都宝藏》，共计 7 800 余卷。由于各种原因，上述《道藏》均已亡佚。

现存之《道藏》是明代版本，于永乐十七年（1419）开始编纂，结束于永乐二十年（1422），由武当山任自垣主持编纂，校正增补，于正统十年（1445）刊版事竣，共计 5 305 卷。后世以刊版年号称其书为《正统道藏》。明神宗万历三十五年（1607），第五十代天师张国祥主编成《万历续道藏》。正、续《道藏》共收入各类道书 1 476 种，5 485 卷，分装成 512 函，经版 121 589 块。

《道藏辑要》是继明《正统道藏》和《万历续道藏》之后收书最多的道教丛书。所谓"辑要"，就是从《道藏》中辑其要者。《道藏辑要》编纂于清代，共 218 册，按二十八宿字号分集辑录道书 297 种，其中辑自明正、续《道藏》者 204 种，新增 93 种。后二仙庵方丈阎永和对《道藏辑要》加以重刊，继续增入了部分道经。《道藏辑要》的主要价值在于增收了正、续《道藏》以外之百余种道书，其中绝大部分是明清时代新出的道教文献，为研究明清道教提供了宝贵的资料。

第三节　道教的核心信仰和特性

道教以"道"作为根本信仰，以"修道成仙"作为终极追求。揆诸道教历史，不难发现，道教所有的教理教义、斋醮科仪与修持方法都是围绕这一核心思想建立起来的。道教就是"因道立教"，在这一宏观形态下所昭示出来的宗教内涵则主要表现为"修道成仙"的追求以及"神人互通""与道合一"的宗教特征。

一、"修道成仙"的核心信仰

道教神仙信仰的核心范畴是所谓长生不死之"道"，道教认为人的生命与道合一即可成神仙而长生，正如《太上老君内观经》所说："道不可见，因生以明之；生不可常，用道以守之。若生亡则道废，道废则生亡。生道合一，则长生不死，羽化神仙。"道教创立之初就表现出对神仙长生不死的追求，且已经有了较为精密的理论体系。《太平经》认为："人居天地之间，人人得一生，不得重生也。"例外者乃是得道之人："重生者独得道人，死而复生，尸解者耳。"在道教的观念中，得道之所以能不死，是因为生命出自道。《老子想尔注》本《道德经》为"域中有四大，而生处一"，并在注文中强调，之所以"生"为四大之一，乃是因为其乃是"道之别体"。在这种理论框架之中，人的生命出自道，与道具有同一性，可以复归于道。通过修行，与道合真，人便可以有机会成仙。到了魏晋，葛洪将神仙信仰进一步理论化、体系化。表面上来看，道教是崇拜神仙，追求永恒，然而实质上是把人放在最核心的地位。

道教信仰是以道作为自己的旗帜，追求与道合一而成神仙，信仰道与信仰神仙在本质上是一致的。道是永恒的，而人生则是有限的，如果人通过修炼达到与道合一，那么就能超越个体生命的局限性，从而实现精神的不灭和永生。从这本体追求出发，道教神仙信仰追求无限存在，即道教所谓的"无极之道"。

神仙和一般意义上的神灵既有相同之处，也有不一致的地方。相同之处在于他们都是超凡的，而不一致的地方则在于神可以是自然的、先天的或虚幻的，是宗教中的信仰和崇拜的偶像。道教所追求的仙是达到道的境界的生命体，是体道合真的人。仙与道是统一的，所以追求成仙的根本是与道合真。

二、"神人互通"的宗教特性

宗教是人类文明史上的特殊文化现象，存在于各个民族、各个国家的历史传承中。几乎每个宗教都有其独一无二的特质，从起源到特征，从情感到仪式，每个宗教无不深深地烙上了本民族的印记，可以说，一个宗教就是一个复杂的多面体。不过，宗教不能离开观念、体验、行为和体制，这四个要素是组成宗教的基本内容。而在各个宗教中，"神人关系"可以说是最为核心的部分。几乎所有的宗教都具有超脱性，都致力于接引现实世界与超越世界,而在现实与超越的两端都赫然伫立着神与人。因此,对神人关系的分析不仅意味着窥探某一宗教的核心信仰体系,也对理解该宗教的本质具有至关重要的意义。

历史上的宗教种类繁多,如果我们对任何一种宗教作抽离式的处理,不难发现最后剩下的只有关于"神人关系"的最凝练、最精辟的概述。纵然各种宗教在教理教义、宗教仪式、宗教情感以及宗教制度方面千差万别,但在神人关系方面具有共同性特征:神总是高高在上,全知全能,并在某种程度上主宰着人世间的一切;而人则总是匍匐在神灵之下,对神顶礼膜拜。不过当我们将眼光投向具体的宗教系统时,就会体察到关于神人关系这一核心问题的内在差别,尤其是西方宗教与东方宗教这两种分属不同文化谱系的信仰传统,彼此之间的分歧尤为显著。

在西方宗教的语境中,基督教、天主教都是以神为核心所建立起来的信仰系统。在这些系统中,神享有绝对的权威,人、自然乃至宇宙万有都是神的创造物,一旦失去了神的存在,一切都成为无根浮萍,无所依附。正是因为神的这种绝对性与至上性,所以在西方的宗教系统中,人所能做的就只剩下重述神的权威以及彰显神的荣耀,而永远都不可能跨越人与神之间的鸿沟。因此,我们才会看到基督教的上帝是绝对的上帝,天主教只信奉作为"唯一真神"的天主。此外,西方宗教神人之间的绝对分野还导致另外一个问题,即人永远不可能跃迁成神,在天国与尘世之间并不存在一条相互接通的桥梁,且神人之间有一条不可逾越的鸿沟。在西方基督教和天主教看来,人源自上帝的创造,人的主体性出于上帝对自我绝对的认同,人的形象是上帝通过描摹自己而来,人的原罪则是由于对上帝的背叛。由此可见,在西方宗教尤其是基督教的教理教义中,一方面,神与人之间存在着紧密的联系,这主要表现在没有神也就没有人与世界万有的存在;另一方面,神与人之间又有着显著的界限,人可以信仰神,崇拜神,但永远不可能融入神的世界之中。

东方宗教中的神人关系则是另外一幅景象。在儒家那里,能够与基督教中的"上帝"相对应的概念似乎是"天",因此,在儒家传统中,基本上是以"天人之际"取代"神人之间"的提法。儒家所谓的"天"有很丰富的内涵,哲学史家冯友兰先生曾将儒家的"天"划分为物质之天、主宰之天、命运之天、自然之天以及义理之天,由此可见一斑。儒家从来不将"天"视为人格神,"天"只是一个缥缈玄远的抽象存在,它是儒家道德学说与天人学说的基础。那么,儒家的天人之间是否可以互通呢?《中庸》云:"唯天下之至诚,为能尽其性;能尽其性,则能尽人之性;能尽人之性,则能尽物之性;能尽物之性,则可以赞天地之化育;可以赞天地之化育,则可以与天地参矣。"用孟子的话来说,就是"尽心知性以知天,存心养心以事天",只要自我涵养,提升自我心性修为,是完全能够达到融摄天地、彻上彻下之境界。儒、道二家,皆是中国土生土长的产物,其基本内核相通。道教《太平经》曰:"天道神灵及人民相得意,相合与心,而至诚信。"又曰:"故求道德凡人行,皆由至诚,乃天地应之,神灵来告之也。如不至诚,不而感动天地、移神灵也。"《老子想尔注》:"古之仙士,能守信微妙,与天相通。"又曰:"至心信道者,发自至诚。"在人能否交通神灵,以及如何感神、歆神方面,道教的观念与儒家"神人互通""至诚感天"的观念基本一致。

中国古代先民坚信天人之间或者神人之间是可以相互融通的。而在道教中,就体现为对英雄人物和祖先的神化与崇拜,任何有突出贡献的人或者能人异士都可以位列仙班。只要稍加考察,我们就不难发现道教大部分的仙人神灵都是真实存在过的历史人物。例如历史上著名的高道葛洪、寇谦之、陶弘景，女仙真魏华存，药王孙思邈等，都是历史上真实的人物。魏晋时期，神仙道教形成，修道之士坚信神仙实有，成仙之事可学而至，通过修习方术、服食丹药、导引行气等便可登临神仙之境，这种神人之间的交互就更为频繁了。在整个东方宗教体系中，神与人之间并没有决然分割，而是有一条相互接引、彼此贯通的甬道，这与西方神人相分的宗教观念是截然不同的。而道教的神仙观念和神人关系，正是东方神人互通的宗教形态最集中的呈现。

第四节　道教的影响

道教是中国传统文化的重要组成部分，不了解道教，就很难认识中国传统文化。鲁迅先生曾说"中国根柢全在道教"，此说虽然有争议，但是他对道教在中国社会和文化中的重要地位的肯定，却是颇为深刻的。中国的养生文化、文学艺术、建筑风格、民俗文化等，皆受到道教的深远影响。

一、养生文化与道教

从宗旨的角度来看，道教与其他宗教的最大区别是"劝生者"，而不是"劝死者"。道教苦口婆心地劝导人健康长寿，甚至长生不死。好生乐生在中国的传统观念中本就有着重要地位，《尚书·洪范》云："五福：一曰寿，二曰富，三曰康宁，四曰攸好德，五曰考终命。"但其虽以"长寿"为第一之福，尚不求长生不死，故有"考终命"之说。道教则将对生命的追求提升到了另一高度。《太平经》云："三万六千天地之间，寿最为善。"又曰："人最善者，莫若常欲乐生，汲汲若渴，乃后可也。"道教将生命视作"道之别体"，故在道教的观念中，好生即意味着好道，这就从教理教义的层面要求信众重视生命、爱护生命。道教是集宗教与养生于一体的实践或信仰，追求的目标是永远生活在快乐境地之中。道教的长生不死追求虽然难以实现，但是在实现这个追求过程中的一些手段却可以做到延年益寿、强身健体，进一步提高生命存活的质量。道教的养生方式有多种，如方药、金丹、按摩、吐纳、导引、存思、行气法、炼内丹等，每种方式各有其逻辑。

以方药进行养生的原理与医术相通，侧重于以各种草木金石配伍而成的药物祛除病患、保养自身之肉体。金丹之法则格外侧重于金石药物的运用，其与方药的差别不仅仅在于原料的不同，而更在于理念的不同。道教试图将金石药物炼成金液还丹，彻底改换人的肉体属性，使其容易衰老朽坏的肉体升华，具有黄金那样不朽的特性。金丹的炼制方法与普通方药有所不同，其不仅重视药物配伍，更重视模拟宇宙、法象天地。《周易参同契》是炼制金丹的重要指导思想之一，其以阴阳、五行、术数、法象等概念来比附炼丹过程中的鼎器、方位、药物、火候以及时辰变化，又借金丹术阴阳调和之理论述男女和炁之道，以宇宙大化之理接引丹道与易道。《周易参同契》为道教外丹术与内丹术树立了一个具有普适意义的理论框架，也为道教的身形修炼提供了形而上学的依据。

按摩之法以养护运动肉体为主，这些行为之中有相当部分并不完全是养生之法，也是道教仪式活动中的重要组成部分,如抟颊、叩齿等便是典型。吐纳之法以调整自身呼吸之气为主,在具体的使用中往往与按摩、导引、存思、气法等相结合。吐纳之法与按摩等肉体行为结合时,可以呈现为导引。吐纳之法与存思相结合,则其吐纳之气在道教的观念中便不只是呼吸之气,而是包括但不限于天地、日月、星斗、五方之精气,这便形成了诸家气法。据《行气玉佩铭》所刻内容来看,气法这种养生修炼的方式至少在战国之时就已经存在,并有了相当成熟的理论。气法并非道教所独有,却被道教发扬光大。存思之法也非道教所独有,周礼之中祭祀之前的斋戒便是一种存思,按《礼记·郊特牲》所载孔子朝服存神之事,可知此为儒道皆有之事,但存思之法在道教尤其是上清派之中得到了系统发展与应用。

道教好生乐生,注重养生,具体方法极多。其养生之法多不脱《黄帝内经》"法于阴阳,合于术数"的基本原则,对后世的养生文化影响极深。

二、古代文学艺术与道教

陈寅恪先生曾说:"艺术之发展多受宗教之影响;而宗教之传播亦多倚艺术为资用"(《天师道与滨梅地域之关系》)。宗教要传播,除了自身所独有的神灵体系、仙真信仰以及特定仪式之外,还需要借用文学艺术等形式以增强感染力。

道教文学是道教文化的重要组成部分。作为一种文化形态,道教文学不仅蕴藏着精深的道教哲学思想,还深刻地影响着中国传统文学的创作内容与形式。魏晋南北朝时期,文人墨客崇尚清谈玄风,名士高道往来频繁,相互酬唱,由此而产生了一大批极富道教色彩的文学艺术家和文艺作品。如东汉末年《古诗十九首》中所言"人生忽如寄,寿无金石固;……不如饮美酒,被服纨与素","生年不满百,常怀千岁忧;昼短苦夜长,何不秉烛游"等诗句,就是讲人生苦短的同时,对当下生命给予了充分的肯定。作为在中国文学史上享有极高地位的陶渊明也深受道家道教思想的影响,他的外祖父孟嘉就曾与高道许询交往甚密,叔父陶淡抛弃万贯家财,隐居深山修道。陶渊明在其《拟古九首》中写道:"东方有一士,被服常不完……愿留就君住,从今至岁寒。"诗中所描绘的幽居山林、衣食素朴却面容姣好的人,显然就是对修行高深的道士之描绘。有人甚至认为陶渊明的千古名篇《桃花源记》也是参照道教之洞天福地写就的。六朝到明清时期,以道教神仙信仰为题材的作品,不论是在内容上还是形式上都得到了极大发展,小说、诗歌、散文、戏曲层出不穷。六朝时期的《海内十洲记》《洞冥记》等志怪小说甚至是专门为了宣扬道教而作。东晋干宝所作《搜神记》大量援引道教神仙谱系中的相关人物,可见其与道教有密切联系。唐代之时,魏徵、李白等著名文人、诗人更是正式受箓的道士。上清茅山宗师司马承祯与贺知章、李白等更是并称"仙踪十友"。到了元代,戏曲艺术空前繁荣,出现了《青松记》《岳阳楼》《黄粱梦》《八仙庆寿》等一大批以描述道教神仙飞升故事为核心的作品。

三、书法与道教

道教对书法的重视,始于其对文字的重视,而其对文字的重视,始于对道的重视。在道教的观念中,人们日常所用文字只是文字的一小部分,天地自然生成的文字有多种显现方式,并谓之"八显":"一曰天书,八会是也;二曰神书,云篆是也;三曰地书,龙凤之象;四曰内书,龟龙鱼鸟所吐;五曰外书,鳞甲羽毛所凤音载;六曰鬼书,杂体微末;七曰夏书,模范云篆;八曰戎夷书,类于昆虫。"道教认为,文字最初乃是道气所化,无形无相,后聚气成字,乃是"八角垂芒"的立体之字,后经多次转译才形成后世文字。因此,文字在道教之中具有特殊的神圣意义。

由于文字的神圣性,道教格外重视书法。在道教的经籍传写抄录中,尤其重视"真书",甚至有专门的戒律加以约束:"通辞书疏,皆真书不得草。犯者,五刑论。"所谓真书,乃是篆书、隶书、楷书等与行草相对的字体。道教并不禁止道教徒写行草书,但在涉及经文、章表的书写时便有格外要求。

道教徒中擅长书法者颇多。魏晋之时的王羲之、王献之家族世奉天师道,族中善书者众多。郑隐、葛洪,上清之卫夫人,杨羲、许谧、许翙、陶弘景也皆为书法名家。甚至,当时便有人认为杨羲的书法不下于王羲之。后世之魏徵、李白、贺知章、张雨、赵孟頫等皆为书法大家。可以说,道教在中国书法史中扮演了不可或缺的重要环节。

四、传统建筑与道教

中国古代建筑艺术由来已久,早在道教产生之前就已经有悠远的历史,也形成了独具特色的风格。自东汉末年道教兴起之后,以道教宫观为主要依托形式的道教建筑开始与中国古代建筑艺术合流,并以此为契机,对其后的建筑发展与流变产生了难以估量的影响,甚至出现了自成一家的道教建筑体系。所谓道教建筑,主要是以宫观庙苑为表现样式,进而突出道教神灵信仰、羽化登仙之宗教精神的一种建筑形式。就社会功效方面而言,这类建筑要么用以日常修行,要么用以斋醮祭祀,要么用以祈福禳灾,要么用以游览憩息。

根据相关记载,可知历史上最早成形的道教建筑群当属陕西省周至县的楼观台。相传这里是道教教祖老子西出函谷关结庐传道的地方,老子在此著《道德经》五千言,并在楼南高冈筑台讲经。楼观台在历史上有兴有废,及至清末,主体部分已经遭到严重毁坏,唯讲经台保存完整,现已完成修复,得以振兴。值得注意的是,自魏晋以来,道教从民间教团开始向官方统治阶级靠拢,逐渐形成贵族教团,特别是在唐宋时期,由于统治者的大力提倡与扶持,道教获得了士大夫阶层的青睐与资助,遂得到极大发展。与此相应,道教建筑大兴,宫观庙苑在天下各名山大川争相耸立,呈现出一派繁荣景象。今之所见五岳庙中的东岳庙、西岳庙、南岳庙以及北岳庙都以规模浩瀚、气势恢宏而著称。其他如北京白云观、成都青羊宫、湖北武当山紫霄宫、江西西山万寿宫等也都各具特色,在道教建筑艺术史上占有重要地位。

在布局手法上,道教对中国古代建筑艺术的影响主要表现在构建了以易学八卦方位为基础的格局与模式,江西上饶三清山道宫就是这一建筑特征的典型例证。首先,从三清山建筑群的选址来看,其位于山间盆地,四周群峦围绕,被称为"壶中之山",这与道教金丹修炼中的鼎炉架构若合符节。就整体而言,三清山道宫与周遭天地布局紧密契合,极有助于道门中人修行。而在盆地周围,则按照周易八卦的排位序列依次矗立着八大建筑,北面

四川成都青羊宫彩图

四川成都青羊宫

是天一水池,取天一生水之意,南面有雷神殿,东有龙虎殿,西有涵星池,西北有飞仙台,东北有王佑墓,西南有演教殿,东南有詹碧云墓。从建筑布局与中国传统文化相比对的角度来讲,这组建筑群不仅是按照阴阳五行学说的排列规划而建造,还糅合了道教中炼丹修行之功法的丹鼎理论,象征着宇宙大化流行、真气往来。

道教建筑在总体布局上采用中国古典园林式设计,以木构架为主,以"间"为单位构成单体建筑,再以单体建筑相互衬托组成庭院。道教建筑不仅具有多方面的实用价值,同时也具备深厚多维的艺术价值。自魏晋以来,道教内部自觉鼎革更新,从民间道教向贵族道教迈进,得到了统治阶级和文人士大夫的扶植与垂爱,同时吸引了众多的文士墨客成为山林高隐。为了追求道教神仙传说中清幽飘逸、美奂绝伦的仙境,那些有着文化理想和雄厚经济基础的新晋道士对于道教建筑的发展与创新起到了推动作用。自然山水与人工建筑融汇一处,其间蕴藏着无尽的"道之奥秘",在这种相对的静止中显现出永恒的流动。

五、民俗文化与道教

道教对中国文化的影响不仅体现在哲学、文学与艺术、教理与教义、医学与养生、建筑与雕塑等层面,而且深入到世俗生活之中,对中国传统民俗文化也产生了重要的影响,这主要体现在娱乐节庆、神灵信仰、民俗禁忌以及婚丧嫁娶等方面。

传统节日与道教关系密切,如中华民族最隆重、最热闹的民俗节日——春节就是一个最典型的例子。春节俗称"过年"。每年自腊月(十二月)刚过一半,便开始有"年"的气氛。到了腊月二十三祭灶,就标志着进入过年阶段,于是就有了一系列的节俗活动:腊月二十四扫除,二十五迎玉皇,三十换门神,夜半迎诸神,正月初一(元旦)接神,放爆竹,初二祭财神,初五接财神(迎五路财神、关帝),初八祭拜顺星(本命星),初九玉皇圣诞,回天界送神,十三祭刘猛将军(虫王爷),十四迎紫姑(也有在正月十三或十五),十五上元天官圣诞,过上元节(元宵节)。这些活动多与道教相关。比如腊月二十三祭灶,也就是送灶,是将灶神送往天上的祭祀活动。民间多供灶神于灶头,并在腊月二十三当晚用馅糖祀灶神于灶台,希望灶神上天时能粘住他的嘴。到了除夕,又迎灶神下降,也称"迎神"。对灶神的供奉迎送,意在让其"上天言好事、下界降吉祥"。灶神又称灶君或灶王,在道教中称作"昆仑老母""种火老母元君"。灶神的职责是主管饮食,操掌人的祸福生死,所以人们又称其为"本家司命"。

在人生礼俗方面,道教亦有重大影响。比如婚俗方面,众所周知的媒神"月下老人"的说法就与道教有关。在中国传统观念中,婚姻是由上天决定的,而专管人间婚姻的天神就是"月下老人"。道教将"月下老人"这一形象引入自己的神仙谱系,还以月光娘娘和七星娘作为其助手。月光娘娘专门考察世间青年男女恋情,七星娘则专门为未婚男女造册,供月下老人根据具体情况来确定男女之间的姻缘。此外,在道教的大型宫观中均建有月老殿,并写有"愿天下有情人都成了眷属,是前生注定事莫错过姻缘"的对联,以供想成婚的男女叩拜。

道教发显于中华这片土壤,杂糅了中国传统文化中的巫术、方术、阴阳五行学说、老庄哲学、传统医学等,可谓博采众长、兼容并蓄。作为中国的本土宗教,道教不存在如何与中国文化和谐共处的问题,因为其本身就是中国文化的一部分。道教深深浸入中国人的生活世界,直到今天仍处处可见。

阅读书目

1. 许地山:《道教史》,上海古籍出版社1999年版。
2. 胡孚琛:《道学通论》,社会科学文献出版社2018年版。
3. 卿希泰:《中国道教思想史》,人民出版社2009年版。
4. 詹石窗:《道教文化十五讲》,北京大学出版社2012年版。

思考题

1. 如何理解道教兼容并蓄的文化价值观?
2. 道教是如何看待神人关系的?
3. 道教与道家的联系和区别是什么?
4. 请根据现代人所面临的种种生存困境,谈谈道教医学养生文化的现代价值。

第十三章　中国的佛教

与道教是一种土生土长的宗教不同，佛教是一种外来的宗教。佛教自东汉末年传入中国以后，由于受到中国古代的政治、经济和文化的影响，逐步走上了中国化的道路。隋唐以后，佛教与中国传统文化进一步融合，逐渐形成了中国的佛教。中国佛教作为中国传统文化的重要组成部分，对中国的文艺、民间信仰、建筑艺术、风俗等产生了极为深远的影响。

第一节　佛教的产生与教义

一、佛教的产生

佛教产生于公元前 6 世纪至前 5 世纪的古印度。根据相关资料记载，佛教创始人姓乔达摩，名悉达多。释迦牟尼是佛教徒对他的尊称，意即释迦族的贤人，"牟尼"就是"能仁""能儒""能忍""能寂"的贤人。他又被称为"佛"或"佛陀"，意思是"觉悟了真理的智者"。

乔达摩·悉达多确有其人。公元前 565 年，他出生于古印度的迦毗罗卫国（今尼泊尔境内），是净饭王的太子，其母摩耶夫人早卒，由姨母摩诃波阇波提抚养长大，少年时期接受婆罗门教的传统教育，学习了《吠陀》经典和"五明"（声明、工巧明、医方明、因明、内明）。关于他出家的动机，相关文献说法不尽相同，其中有一种说法是讲因为他看到人间生老病死的痛苦，试图寻找解脱的答案。但考察当时的社会状况，极有可能是一次亡国灭族的灾祸导致了他消极厌世的思想。离家之后，乔达摩曾修习禅定，数月后，认识到禅定并非目的。此后，他尝试通过苦行寻求解脱。传说他逐渐减少饮食，穿着树皮、鹿皮等，时常卧于荆棘之上，六年以后，他的身体消瘦，形同枯槁，却仍然没有悟出人生的真理。乔达摩由此认识到苦行亦不能实现人生的解脱，于是，他净身饮食，渡过尼连禅河，来到伽耶，坐在毕钵罗树（后来称为菩提树）下，沉思默想。据说经过七天七夜，乔达摩终于悟到了"四谛"的真理。是年三十五岁。此后他便开始了历时四十五年的传扬佛法的活动，直至去世。佛陀的传道得到商人和王室的支持，他传道说法的两个主要住处是舍卫城南的祇园精舍和王舍城的竹林精舍。在传道的过程中，佛陀经常与"外道"沙门进行辩论，显示佛法的优胜，并使他们纷纷皈依佛教。

二、佛教的教义

从佛教与其他沙门派别的争论看来，早期佛教理论并不特别关心世间的"常"与"无常"、世界的"无限"与"有限"、身体与生命是"一"还是"异"这样的本体论问题，而是把目光聚焦于人生的解脱。原始佛教的基本教义是"四谛"说。"谛"是真理、实在的意思。四谛也称"四圣谛"，意思是四条真理，即苦谛、集谛、灭谛、道谛。这是佛教各个派别共同承认的基础教义。苦、集二谛说明人生的真相及其形成的原因，灭、道二谛为人生指明解脱的归宿和解脱的道路。

（一）苦谛

佛教认为社会人生的本质是"苦"，并将这一判断视作真理。佛教将人的感受分为三种，即苦受、乐受、不苦不乐受。但是从根本上说，这些感受都是"苦"，所谓幸福快乐皆为假象，社会人生原本是一大"苦聚"。这一教义也是所有佛教理论的出发点。关于"苦"的分类，在不同的佛典中有所不同，有四苦、五苦、八苦、九苦、十一苦等说法。《增一阿含经·四谛品》中的说法比较有代表性，其曰："所谓苦谛者，生苦、老苦、病苦、死苦、忧悲恼苦、怨憎会苦、恩爱别离苦、所欲不得苦，取要言之，五盛阴苦。"这八种苦大致可以分为两类：一类是自然人生过程中产生的痛苦，生活、衰老、病痛、死亡，整个人生过程在佛教看来都是苦；另一类是人的主观愿望得不到满足而产生的痛苦，包括"忧悲恼""怨憎会""恩爱别离""所欲不得"等。最后佛教将"苦"归结为"五盛阴苦"，又称为"五蕴炽盛苦"，"五阴"（五蕴）包括色、受、想、行、识，这是人的存在方式，"五阴"可以说是佛教对"人"的一种特殊称谓，"五盛阴苦"就是以人的存在本身为苦。这样，"苦"就具有了普遍性，只要是活生生的人，"苦"就是必然的。以"苦"为社会人生的真谛使佛教染上悲观厌世的思想情绪。从消极方面看待社会人生的不幸，并将人生的痛苦绝对化，反映了原始佛教在认识上的偏颇。

（二）集谛

这是说明人生及诸苦的原因。佛教经典关于集谛的内容非常丰富，"五阴聚合""十二因缘"和"业报轮回"都是说明人生及诸苦原因的理论。

1. "五阴聚合"说

佛教认为，宇宙一切事物和现象，是由多种因素集合而成。五阴（又译为"五蕴"）包括色、受、想、行、识。"色"相当于物质概念，也包含少数精神现象。"色阴"包括所有感觉（眼、耳、鼻、舌、身）和感觉对象（色、声、香、味、触）。"受"指领纳，是主体体验到客体给予的痛、痒、苦、乐等，"受阴"包括苦受、乐受、不苦不乐受。"想"是"取象"，通过摄取表象，形成语言概念等思维活动。"行"就是"造作"，包括意志、决断、筹划、趋向等决定和支配人的行为的那些思想因素。"识"是"了别"，指一切认识活动发生的精神主体，包括眼、耳、鼻、舌、身、意六识。"五阴"中的后四阴，即"非色四阴"，简称为"名"，五阴合而言之就是"名色"。

2. "十二因缘"说

"缘起"论是原始佛教的重要理论，被用来解释人生和世间现象的发生和变化。"此有故彼有,此起故彼起""此无故彼无,此灭故彼灭",离开了因缘,便没有世间的一切。"十二因缘"便是用"缘起"说解释人生的本质和生命的流转过程。这是由十二个概念构成的前后相续的因果链条,这十二个概念也称为"十二支",包括无明、行、识、名色、六入、触、受、爱、取、有、生、死。"十二因缘"有顺观和逆观的说法,顺观就是:无明缘行,行缘识,识缘名色,名色缘六入,六入缘触,触缘受,受缘爱,爱缘取,取缘有,有缘生,生缘死。"十二因缘"说是业报轮回思想的基础,十二因缘勾连过去、现在、未来三世的因果关系。"无明"和"行"是前世的二因,"识""名色""六入""触""受"是现世的五果,"爱""取""有"是现世的三因,"生"和"死"是来世的果。如此,十二因缘就构成了三世二重因果的关系。

3."业报轮回"说

"业"就是造作的意思,作为造成果报的因之行为,包括身业(行为)、口业(语言)、意业(思想)。一切行为语言思想都会给人带来后果,这就是"果报"。"业"有一种神秘的力量,不导致报应就不会消失,这种力量就是"业力"。所谓善有善报,恶有恶报,是什么样的业,就会有什么样的报,这是必然法则。有情众生按照这个法则流转在"三界""六道"当中。"三界"即"欲界""色界""无色界",是佛教根据禅修的程度对世俗世界的划分。"六道"即天、阿修罗、人、畜生、饿鬼、地狱,是佛教根据经验和传说对于"有情"世界的划分,修善行者将轮回到天、人等三善道,修恶行者则会堕入畜生等三恶道。即便生于同一"道"中,根据善恶程度的不同,情况也是千差万别。这样,人的贫富夭寿、穷通际遇就是由"业报"造成的,是众生前世行为的结果,佛教以这种形式解释了人生的差别和社会不平等的根源。

(三)灭谛

这是提出佛教修行所要达到出世间之目的,即"涅槃"。"涅槃"就是"寂灭"的意思,指消灭了一切"烦恼",超越时空、超越生死、达到与现实世界对立的另一种境界。"涅槃"的另一层含义是超越了三界六道,从此不再轮回,不再有生死,进入不生不灭、圆满清净、无限妙乐的永恒境界。从本质上说,"涅槃"是"灰身灭智",是一种彻底的死亡状态,但是佛教不认为"涅槃"是死亡,因为死亡只是意味着进入另一个轮回阶位,有死亡就有再生,就还要经历轮回,这样,仍然没有脱离生死苦海。"涅槃"乃是彻底的解脱,不再经历生死苦难。这也不同于西方宗教思想的"天国",在佛教看来,"天国"仍然是世间的一种。实际上,要使一个有正常思维和活动能力的人达到全然"寂灭"的状态是十分困难的。佛教特别强调"涅槃"的重要性和必要性,为了达到这种状态,必须经过艰苦的修行,且要有正确的途径和修行方法。

(四)道谛

这是达到"涅槃"境界的正确方法和途径,早期佛教所总结的解脱之道为"八正道",包括正见、正志、正语、正业、正命、正精进、正念、正定。正见,即对佛教四谛的正确认识;正志,即对四谛教义的正确思维;正语,语言符合佛教规范;正业,即正当的行为,符合佛教规范;正命,即正当的生活,符合佛门的戒律;正精进,即正确地勤修趋于涅槃的道法;正念,即忆念四谛等佛教真理;正定,即专心修习佛教禅定。

第二节　佛教的传入与中国化

一、佛教的传入

佛陀一生所说法并没有文字记录，其思想主要通过弟子口耳相传的方式流传。这种佛法传承方式很容易产生记诵上的偏差，因此，从佛陀逝世至公元前 3 世纪孔雀王朝阿育王统治时期，佛教僧团进行了三次重要的佛经结集，宣明佛教的传统教义和教规。佛经的结集旨在形成大家一致认可的佛教经典，尽管如此，大家对佛教教义的理解在佛陀逝世百年左右就产生了重大的分歧，并由此造成了上座部佛教和大众部佛教的分化。公元 1 世纪以后，两大部派先后分立出许多部派，如印度西北地区的说一切有部、经量部、法藏部、化地部、饮光部等；流传于印度西南部和西部沿海地区的正量部、犊子部、法上部、贤胄部等；中印度到西北印度之间的大众部、一说部、说出世部、鸡胤部等；南印度的制多山部、东山部、西山部等。各大部派都有各自的经、律、论三藏。公元 1 世纪后，这些部派佛教被后来兴起的大乘佛教称为"小乘"，由此形成了小乘佛教和大乘佛教的分别，大乘教派又有龙树、提婆倡导的大乘中观学派和无著、世亲倡导的大乘唯识学派。

按照大乘佛教的观点，小乘就是小的运载工具，只能运载少数人脱离"苦海"，达到彼岸，修行的目标在于追求自己的解脱；而大乘则是大的运载工具，能够运载众生到达彼岸，修行的目标在于普度众生。大乘思潮是作为早期佛教的异端，通过激烈的斗争，逐渐分化出来的。

坚持正统佛教的僧伽则通过结集，统一思想，纯化组织，并不断地补充、发展早期的佛教教义。至公元 5 世纪，形成了四个较大的与大乘佛教对立的派系，即上座部、说一切有部、经量部和正量部。但是由于它们的"三藏"经典早已定型，基础理论体系发展的空间都很小。

大乘佛教的特点是在讲教义和原则时，更强调"方便""权宜"，积极介入世俗生活，深入到广大民众中间，救度众生。因此，它适应能力强、传播渠道多、影响范围大，且往往带有传播地区的民族特色，内容十分繁杂。大乘佛教将早期的佛教派别称为"声闻"佛和"辟支"佛。"声闻"即听闻佛陀言教而觉悟者，"辟支"佛即不听闻佛陀言教而自觉者，也称"缘觉"。实际上，大乘佛教认为早期佛教教义只是佛陀针对根底浅的人进行的"权宜"之说，而非"究竟"佛法，所以，早期佛教派别都被他们贬斥为"小乘"。

到公元前 3 世纪孔雀王朝阿育王时，佛教已经由恒河流域传播到印度其他地区，并向印度周边的国家传播，向南传到斯里兰卡，并由此传入东南亚国家；向北传到大夏、安息、大月氏等地，随之传到中国西北地区，最后经由西域传入中原地区。

关于佛教传入中原地区的时间，学界有不同的说法，较为普遍的看法是两汉之际。一种说法是汉哀帝元寿元年（前 2），大月氏王使臣伊存向博士弟子景卢口授《浮屠经》，此说法源自裴松之注《三国志》引用鱼豢《魏略·西戎传》。另一种说法是汉明帝夜梦金人，遂遣使求法，此说法最早见于《牟子理惑论》和《四十二章经序》。牟融所著的《牟子理惑论》

记载：

> 昔汉明皇帝，梦见神人，身有日光，飞在殿前，欣然悦之。明日，博问群臣："此为何神？"有通人傅毅曰："臣闻天竺有得道者，号之曰佛，飞行虚空，身有日光，殆将其神也。"于是上悟，遣使者张骞、羽林郎中秦景、博士弟子王遵等十三人，于大月支写佛经四十二章，藏在兰台石室第十四间。

书中所记之事类似神仙方术，颇为荒诞不经，有明显的虚构成分，且与史实也存在一些出入和矛盾。《老子化胡经》《历代三宝记》《佛祖统纪》都认为佛教传入汉地的时间是在东汉明帝时期，只是在具体年份上，各书记载略有差异。慧皎的《高僧传》也记载了汉明帝永平中派蔡愔往西域求法的事情，并增加了一些内容，如请来西域僧人摄摩腾和竺法护，白马驮经至洛阳，建白马寺，译出《四十二章经》等。南北朝末的伪作《汉法本内传》除了求法译经的内容之外，又添加了些关于道士的怪诞情节。至于把佛教传入的时间上溯到先秦，甚至三代时期，则多半与魏晋以来的佛、道论争有关，佛教徒和道教徒往往通过一些附会的传说来攻击对方，缺乏史实依据，故不足论。

白马寺彩图

白马寺

正史中关于东汉明帝感梦求法的记载，最早见于东晋袁宏《后汉纪·孝明皇帝纪》，其中记述了佛教最早传入中国的情形："初帝梦见金人，长大，项有日月光，以问群臣，或曰，西方有神名曰佛，其形长大，而问其道术，遂于中国而图其形象焉。"这个记述被范晔的《后汉书·西域传》转载，并叙述了明帝派遣求法使节的故事。东汉明帝夜梦金人、遣使西域求法的说法的确使得佛教的传入增添了一些神话色彩，但佛教在两汉之际已进入汉地的论断是有史实根据的。《后汉书·楚王英传》就明确提到楚王刘英祭祀浮屠的事。明帝永平八年（65）诏命天下，献缣则可赎罪，楚王刘英因为被人诬告意图谋反，所以献缣三十匹。明帝下诏，崇尚黄老和浮屠的楚王刘英不必嫌疑，令退还所献的缣，作为施与沙门的供养。

这段记载说明楚王刘英既信黄老又信仰佛教,并且在家里举行过特殊的佛教仪式。

从各种传说和零散的史料记载,可以窥见佛教初入中土的情形。佛教传入汉地时,人们对它的认识显然还很模糊。在当时的信奉者看来,佛教类似于中国本土的黄老道和神仙方术,带有一些神异的色彩。在两汉之际,佛教正是依附于当时盛行的神仙方术从而获得了统治阶层中部分人的信奉,佛教也被认为是众多方术中的一种,尽管这与印度佛教的真实面目相去甚远,但客观上对佛教在中土的传播起到了推动作用。

二、佛教在魏晋南北朝时期的发展

从两汉之交到东汉末年,是佛教在汉地初步传播的时期,其间佛教经历了各种曲折和反复,终于在中国特定文化背景中得以立足。汉末以来,儒家正统观念、纲常名教受到激烈的挑战。在一场思想解放运动中,玄学兴起。由于险恶的政治环境,这种脱离现实、高谈玄理的风气对贵族士大夫有着巨大的吸引力,玄学因此而成为魏晋时期的主流思想形态。玄学"贵无"与"崇有"之论,"名教"与"自然"之争,为佛教理论在中国的传播创造了思想条件。另外,汉末以来的中国社会陷入长期的动荡之中,军阀混战,生灵涂炭,社会矛盾尖锐,百姓看不到摆脱现实苦难的希望。广大下层民众渴望借宗教来获得精神的安慰,而统治者也往往利用宗教的力量来维护和巩固自身的统治,这为佛教的广泛传播提供了社会土壤。魏晋南北朝时期,佛教发展的特点主要体现在以下几个方面:一是佛经的翻译在质和量方面均大大超越以前,除了来自印度和西域的僧人从事佛经的翻译,越来越多的本土僧人参与到译经和传道活动当中;二是佛教的中国化趋向明显,佛教传播的过程中不断地与中国传统儒、道思想相融合,使其被越来越多的中国民众所接受;三是佛教僧团众多且组织越来越严密,僧人宣扬佛法逐渐得到统治集团内部的支持。

汉末以前,佛教虽然已进入中原,但是发展缓慢,除了据传是汉哀帝时伊存口授的《浮屠经》和汉明帝时译出的《四十二章经》外,就没有其他的佛经传译。东汉末期的桓帝、灵帝之时,西域僧人安世高、支谶来到洛阳,佛经陆续被大量翻译。安世高译出小乘佛经《安般守意经》《阴持入经》《大十二门经》《小十二门经》等,僧佑称赞他的译经"义理明晰,文字允正,辩而不华,质而不野"。支谶译出《般若道行经》《首楞严三昧经》《般舟三昧经》等大乘佛教经典。安世高传译的佛教经典主要是说一切有部的学说,重点在"禅数";而支谶所传译为佛教大乘经典,重点是般若学。汉末在洛阳从事译经的还有支曜、康巨、康孟详等人。这一时期从事译经活动的主要是外来僧人,汉地僧人虽有参与其中,但只是承担辅助性工作。

魏初统治者明令禁止各种鬼神祭祀活动,当时被视为神仙道术之一种的佛教自然也受到限制,不过佛教在民间依然得到流传。魏中期禁令松弛,一些僧人又在洛阳从事译经和传教活动。昙诃迦罗译出大众部戒律节选本《僧祇戒心》,康僧铠译出《在家出家菩萨戒经》,昙帝译出法藏部戒律《昙无德羯磨》。本土僧人朱士行在洛阳讲授般若经,并且远涉于阗求取胡本《大品般若经》(晋时由竺法兰等人译为《放光般若经》),成为中国历史上第一位西行求法的汉僧。同时,南方的吴国也活跃着一些著名的僧人,他们的译经和传道活动对于佛教在中国南方地区的传播起到了重要的作用,从洛阳南下的支谦改译了《首楞严三昧经》和《般若道行经》，并译出《维摩诘经》《慧印三昧经》《大阿弥陀经》等多部大乘佛教经典。支谦的译文追求文辞华美，力图迎合汉人的口味，一些重要的概念几乎都来自《老子》，这客观上促进了佛教教义的传播与普及，但是，译文的忠实性不免受到影响，这也为后来的佛教义学家所诟病。也有一些僧人经过交州北上从事译经传教，其中著名的有康僧会、维祇难、竺将炎等。康僧会深受中国文化的熏陶，到吴都建业后，他创立了建初寺，译出《六度集经》，并注释了《安般守意》《法镜》《道树》三部经典。康僧会的译经传教对于佛教在吴国的传播影响甚大。

西晋的佛教活动以洛阳和长安为中心，作为佛经翻译和佛教传播、普及的场所，佛教寺院扮演着重要的角色，据《辩证论》《法苑珠林》等书的记载，全国共修建寺院一百八十所，僧尼人数有三千七百余人，其中仅洛阳就修建寺院四十二所。在佛经翻译方面，竺法护译出了《光赞般若经》《正法华经》《渐备一切智经》《弥勒成佛经》等佛经一百五十余部，包括般若类、法华类、涅槃类等多部有代表性的大乘佛教经典。竺法护的译经在语言的畅达和义理的忠实性方面明显优于前代的佛经翻译家。般若学说在当时的流行也得益于翻译质量的提升，元康元年（291）竺叔兰和无叉罗将朱士行从于阗送回洛阳的梵文《大品般若经》译成汉文，名为《放光般若经》，此经刚译出便风行洛阳。这一时期佛经翻译规模不是很大，以民间分散的形式进行，从内容上看，主要是大乘佛经。据唐智昇《开元释教录》记载，西晋时期共译佛经三百三十部。概而言之，西晋时期，在佛经翻译、寺院修建、佛教的宣传和普及方面较之前有了进一步的发展。

西晋灭亡后，北方陷入社会混乱之中，政权频繁更迭，先后出现匈奴、鲜卑、羯、氐、羌等少数民族政权建立的十六个国家。十六国期间，佛教在后赵、前秦、后秦、北凉等国得到了最高统治者的支持，发展迅速，影响不断扩大。后赵创立者石勒推崇神异僧人佛图澄，大兴佛教，建立佛寺八百多所。当时，佛图澄弟子众多，并形成了一个全国性的佛教僧团。苻坚建立前秦政权，迎名僧道安至长安，集僧众数千，弘扬佛法。道安组织了由官僚资助的译经活动，翻译了《阿毗昙心论》《中阿含》《增一阿含》等多部小乘佛教经典。后秦姚兴灭前秦，亡后凉，迎西域高僧鸠摩罗什到长安，建立佛经译场，聚集沙门五千余人，一时名僧大德辈出。姚兴的崇佛，吸引了更多的外来僧人进入内地传教，以鸠摩罗什主持的长安译场为中心，北方形成了一个影响巨大的佛教僧团。沮渠蒙逊据河西走廊，建立北凉政权，促进内地与西域各国的往来，兴造佛像，普及佛教，使姑臧（今甘肃武威）成为西陲的佛教义学重镇。

偏安江南的东晋在社会思想上，仍崇尚玄学清谈，以清心养性，追求长生为内容的道教成为上层社会的普遍信仰。同时，成为佛教主流的般若学渗透到士大夫阶层，名士侈谈佛理也是非常盛行。偏安江南的皇帝和贵族普遍喜欢结交僧尼，他们多是佛教的支持者。晋孝武帝甚至在殿内设立精舍，供沙门居住，僧尼可以出入宫内，干预政事，比丘尼妙音，权倾朝野，富可敌国，公卿百官竞相交结。晋恭帝深信佛教，并建造丈六金像，亲往瓦官寺迎接。名士信奉佛教，有的是因大乘般若空观的思想，接近玄学不拘礼法、放浪形骸的传统；有的是因为佛教有宗的因果报因思想符合儒家的正统道德观念。东晋佛教的兴盛，得益于王公贵族的支持和信奉。据唐法琳《辨正论》记载，东晋共建佛寺一千七百多所，僧侣人数达到两万多人。这些佛寺具有强大的社会功能，一是作为法事活动的场所直接影响周围的民众,加强了佛教与世俗社会的联系;二是作为佛经义学的学习、研究和讨论的中心,更好地沟通了佛教与社会知识阶层之间的关系。

关于般若空观思想的理解异说纷呈。玄学与佛教合流形成了所谓"六家七宗"①,按其基本教义又可分为三派。一是"心无派",主张"无心于万物,万物未尝无",认为心不留于万物之上即空,也就是对万物不起执心。代表人物是支敏度和道恒。二是"即色派",主张"色不自色,故虽色而非色",认为一切外境外法本身是幻化而有,并非实有,本来是空。该派以《即色游玄论》的作者支遁为代表。三是"本无派",主张非有非无,打破有无两种见解。代表人物有道安及其弟子僧叡和慧远。各家各派虽说法各异,而论证现实世界的虚幻不实是一致的。

据唐法琳《辨正论》记载,南朝萧梁时期,佛教寺院有二千八百余所,僧尼人数较东晋时期增加了三倍多,达到了八万二千余人。在北朝,据《魏书·释老志》记载,至东魏末年,境内寺院多达三万余所。统计数据因各种原因,未必很准确,但大体反映了这一时期佛教的发展状况。佛教的迅速发展,与统治者的大力扶持有关,先前统治集团对佛教的提倡还只是将其看作一种祈福的手段,而这一时期,统治者则自觉地利用佛教来为世俗政权服务,作为维护自身统治的工具。南朝宋文帝与臣下讨论佛教的社会功能,认为百姓若能受此教化,则可坐致太平。北魏道武帝任命法果为"道人统",统辖境内僧徒,法果则以道武帝为现世如来,要求僧众敬拜天子如礼拜佛。南朝佛教至梁武帝发展到极盛,他先后四次舍身佛寺,自称"三宝"之奴,又令臣下重金将其赎回,施舍财物动辄千万计。陈武帝也舍身佛门,后群臣上表才还俗回宫。

南北朝是中国历史上佛经翻译数量突飞猛进的时期,据《开元释教录》记载,从刘宋永福元年(420)至陈后主祯明三年(589),南北朝共译出佛经七百五十部一千七百五十卷。梁代编辑了三次《众经目录》,著名的真谛大师译出四十九部一百四十二卷重要经律论著作,对佛教义学产生了重要影响。

总体而言,南朝的佛教崇尚"义学",偏重佛教理论的阐发。北朝的佛教盛行"禅学",偏重实践修行。在南朝,"三论""涅槃"和"成实"等学说十分流行,关于涅槃佛性、觉悟顿渐等问题争辩非常激烈。同时,佛教界与无神论者之间就因果报应、神灭神不灭等理论问题也展开了激烈的争论。在北朝,佛教名僧不崇尚空谈佛教义理,而注重实践修行,相对而言,禅学、律学和净土信仰较为发达,禅观尤其兴盛。北朝著名禅师很多,如北魏的玄高、北齐的僧稠、北周的僧实等,至于一般修行禅法的僧人就更多了,

第三节　隋唐时期佛教宗派的发展

隋唐时期是印度佛教中国化的重要时期,也是中国佛教发展的鼎盛期和成熟期。中国化佛教宗派逐渐形成,各自创造了庞大的理论体系,并深入士大夫阶层,进而左右当时的社会思潮。隋文帝多次下诏兴建寺院、佛塔,组织翻译佛经。唐太宗统一全国后,下诏

---

① 东晋时期的佛教学者对般若性空的解释歧见纷出,莫衷一是,各种派别总称为"六家七宗"。

全国"交兵之处"建立寺刹,重视佛教的译经事业,曾经为玄奘组织了大规模的译场。隋唐时期共计译出佛典三百七十二部两千一百五十九卷,印度大乘佛教的要典至此基本上都翻译过来了。隋唐佛教的高度繁荣与成熟,最主要的标志乃是佛教的中国化或本土化。具体表现为:一是寺院经济的高度发展,"十分天下之财而佛有七八"。二是具有中国本地风格的佛教宗派相继出现,先后形成了天台宗、华严宗(贤首宗)、禅宗等重要的佛教宗派。三是佛教造像艺术和佛教音乐的中国化、民族化。

在隋唐,出现了许多佛教宗派,这些宗派,都具有各自独特的教义、教规以及传法世系。其中主要的大乘宗派有三论宗、法相宗、净土宗、律宗、天台宗、华严宗、禅宗等。

三论宗继承了印度佛教中观学派的龙树、提婆的学说,是依据中观学派的"三论"即《百论》《中论》《十二门论》所形成的宗派。传译三论的是来自西域的高僧鸠摩罗什。中国本土三论宗的大师是法朗、吉藏。该宗以真俗二谛为纲来论证"中道"观。从俗谛看,世间一切事物和现象皆有;而从真谛看,一切万有乃因缘和合而生,皆无自性,究竟是"空";但为了引导众生而用假名说有,这就是中道。

法相宗的创始者是玄奘和他的大弟子窥基。该派的基本教义是"万法唯识",所以也叫唯识宗。《瑜伽师地论》《成唯识论》和《解深密经》是唯识宗的根本经典。法相唯识宗继承了无著、世亲的大乘有宗即瑜伽行派的学说。其基本理论是"唯识无境",并以逻辑的方法论证外境非有,如眼耳鼻舌身所感受的乃心识的幻象,而非客观实有。由于这一派的理论过于烦琐,难以为一般僧众所理解,故仅在唐初流行三四十年时间,便很快衰微。

净土宗在中国本土的实际奠基人是善导,他极力提倡通过"念佛"而往生"西方净土"。佛教中宣扬"净土"思想经典很多,而净土宗所依据的主要经典是《无量寿经》《观无量寿佛经》《阿弥陀经》和《往生论》。此宗强调,不一定要研读佛经,也不必静定专修,只要信愿具足,一心称号念佛,便可往生佛国净土。净土宗法门简易,普通民众容易接受,因此在统治阶层的支持下普遍流行起来。

律宗是依照小乘法藏部《四分律》并以大乘教义阐释所形成的宗派。其实际的创始人是唐初终南山白泉寺僧道宣。道宣深受唯识宗的影响,他以大乘教义来解释和弘扬《四分律》。其主要学说是心识戒体论,所谓戒体即弟子在受戒时在心理上构成的一种防非止恶的心理功能。戒分为"止持"和"作持"两门,"止持"意思是"诸恶莫作","作持"意思是"诸善奉行"。

以上各派都非中国本土独创,可看作印度佛教宗派在中国的发展,更能体现佛教中国化成果的是天台宗、华严宗和禅宗。

一、天台宗

天台宗创教于隋代,盛于唐代,中唐以后,渐趋衰弱,到宋代有所谓"复兴"。其创始人是慧思的弟子智顗,这一派以天台山为中心,以《法华经》为其理论来源,吸收了龙树菩萨大乘中观思想。智顗对《法华经》独到的解释,创立了一个庞大的佛学思想体系,他的代表作是《法华文句》《法华玄义》《摩诃止观》。天台宗的思想曾于 9 世纪传到日本,开创了日本天台宗。至今日本仍有天台宗。

智顗(538—597),俗姓陈,出身官僚家庭。世代居颍川,后迁居荆州华容。十八岁出家,二十三岁投慧思门下受学。慧思提倡"教禅并重""定慧双开",他既注重佛教理论的解释与弘扬,又讲求苦行实践的修定,这奠定了后来天台宗"止观双运"的基本风格。南朝陈光大元年(567),智顗到达金陵,受到陈宣帝的礼遇,住瓦官寺,讲解《大智度论》,演说禅法及《法华玄义》。陈太建七年(575)入天台隐居,实修"止观",逐渐形成了成熟的"圆融实相"说。后重返金陵,于光宅寺讲《法华经》,其讲授内容后由弟子灌顶整理成书,名《法华文句》。陈国灭亡后,他离开金陵,前往庐山。隋开皇十三至十四年(593—594),智顗到荆州玉泉寺,演说天台教义,完成《法华玄义》《摩诃止观》,此二者和《法华文句》合称"天台三大部",是天台宗的代表性著作。

天台宗倡导所谓的"止观法","止观"原是印度佛教中各个流派都强调的定慧双修之法。"止"就是"定",就是坐禅;"观"就是"慧",就是领悟佛理,即通过止息散心,观想简择,获得般若智慧。智顗所说的"止观"乃将它升华为佛教解脱的根本途径,甚至概括成佛教的全体。智顗说"泥洹(涅槃)之法,入乃多途,论其急要,不出止观二法",就是说涅槃佛法,修行的门径很多,但最紧要的还在于"止观"二法。

智顗运用南北朝时期创造的判教方法,提出"五时八教"的判教学说,为确定天台宗的主导地位制造经典和历史依据。所谓"五时"是将全部佛典按照佛说的时间先后安排,第一华严时,佛首先对有慧根的人说《华严》教义,令人很快地悟入;第二鹿苑时,佛对初学者说小乘阿含经;第三方等时,佛对具有小乘基础的人演说大乘方等类经典;第四般若时,佛为了显示大乘空宗教理而说般若类经典;第五涅槃时,佛说《法华》《涅槃》经。所谓"八教",根据教化众生的形式,分为"化仪四教"和"化法四教"。化仪四教即顿、渐、秘密、不定。顿教,是针对根器利的人直接说大乘教义;渐教是针对根器钝的人,由小到大逐渐引导;秘密教指同一种教义,听闻者各根据自己的理解而有所收获,但是互不相知;不定教,指佛根据不同情况,运用神通,使得听者有不同的理解。化法四教是从佛说法的内容上划分,即藏、通、别、园。藏教指小乘《阿含》;通教是由藏教到别教的过渡,包括《般若》等大乘经;别教是对少数有佛教素养的人讲的,指《维摩经》;圆教说大乘的最高道理,圆融不偏,指《华严》《涅槃》《法华》等经典,其中又唯有《法华》属于纯圆。

二、华严宗

这一佛教宗派因以《华严经》为立宗的经典,故称为华严宗。隋唐之际,华严宗教义的建构开始形成相对完整的传承关系,由杜顺开其端,智俨承其绪,法藏总其成,澄观博其综,宗密延其脉。其创始人是与智顗同时的终南山僧人杜顺,贞观六年(632),唐太宗诏请入内,赐法号"帝心",故称"帝心和尚",晚年栖隐于骊山。相传为他所撰的《华严法界观门》对《华严经》的观行实践思想进行系统的归类,提出了"华严三重观门",即真空观、理事无碍观、周遍含容观。其教义提倡所谓"四法界",阐明事与事之间无碍融通的思想,所谓"四法界"指事法界、理法界、理事无碍法界和事事无碍法界。华严宗的重要传人宗密在《注华严法界观门》中更精密地阐述了"法界缘起"说,即"唯一真法界,谓总该万有,即是一心。然心融万有,便成四种法界"。此"一真法界"在万有中表现出四种法界,也反映修持者在理事关系上的认识过程。第一种名"事法界",指人的初级认识,认识事物的个性和差别性。第二种名"理法界",指佛教对于本性"空"的认识,认识事物的共性、普遍本质。第三种名"理事无碍法界",即"理彻于事","事遍于理"。不可分割的真理本体通彻于每一有分限的事物中,每一具体的事物都摄真如本质全尽。"理事"这种圆融无碍的关系,就是"一即一切,一切即一"。同一本体显现为纷然杂陈的各种事物,千差万别的事物又属同一本体。第四种名"事事无碍法界",事本相碍,大小等殊,自性各异;但是理则包含一切,如空无碍,以理融事,全事如理。由于诸事含容一理,万事万物之间就构成了"相即相入"的关系,你中有我,我中有你,层层无尽,圆融无碍。这最能体现华严宗的思想,"真如(佛理)即万法(万物),万法即真如,真如与万法,无碍融通"。所以华严宗称"法界缘起"为"无尽缘起"。

为进一步说明"无尽缘起",华严宗又提出"六相圆融"和"十玄无碍"说。"六相圆融"也叫"六相缘起"。六相指的是总相、别相、同相、异相、成相、坏相。法藏在《华严金狮子章》中以金狮子为喻说明六相的关系,狮子是总相,眼耳等五根是别相;差别的五根有同一缘起,这是同相,眼耳等五根又是不同的,不可混淆,这是异相;差别五根合会而成一个整体的狮子,这是成相,诸根又各有自己的位置,这是坏相。狮子相与五根相之间的关系是相即相离、圆融无碍、不可分离,形成一个圆满的有机整体,所以,称为"六相圆融"。法藏在《华严五教章》中又用房舍和椽瓦为喻,更进一步说明六相关系。"舍"是总相,"椽"是别相,但是更应该知道,椽即舍,舍即椽,"总"由"别"成,"别"由"总"成,"总相"与"别相"总是"相即相入"的。椽瓦等同为"舍"之缘,是谓同相;椽瓦等相望,形类各异,是谓"异相","同""异"也是相即关系。

华严宗以"五教十宗"为其判教理论。所谓"五教",即小乘教、大乘始教、大乘终教、顿教、圆教。所谓"十宗",即我法俱有宗、法有我无宗、法无来去宗、现通假实宗、俗妄真实宗、诸法但名宗、一切皆空宗、真德不空宗、相想俱绝宗、圆月具德宗。该宗的主要理论是用四法界来观察世界。他们认为世界万物相即相入,重重无尽,一法即一切法,一切法即一法。华严宗所宗的虽也是大乘有宗,然而由于它创造了一套与印度佛教不同的理论体系,所以对中国思想史产生了很大影响。

三、禅宗

禅,梵语作"禅那",意即"静虑"或"思维修",宁静安详地沉思,一种运用思维活动的修持。在佛教里面,一般称为"禅定"或"禅观"。它是僧侣主义修行的一种基本功,不管是传统佛教各派遵行的戒、定、慧"三学",还是大乘追求的"六度"(布施、持戒、忍辱、精进、禅定、智慧),都包括"禅"的修炼。佛教如此重视禅修,因其不仅能制服"烦恼",而且能够引发"无漏智慧"。慧皎《高僧传》有《习禅》篇,叙述了早期禅学在中国佛教史上的传播和影响,并有二十一位高僧列入其中。在道宣的《续高僧传》中,列入"禅僧"的有一百三十三人。南北朝时期,知名的禅僧很多,其中有代表性的两人是菩提达摩和僧稠。由此可见,在隋唐以前,禅学修行在中国佛教界已经很普遍了。在禅宗产生之前,禅学有两个重要特点:一是禅修必以某些佛教经典教义为依据;二是禅修的方法上都主张渐进。这与后来的禅宗是有明显不同的,禅宗不以具体的佛教经典教义作为禅修依据,而主张"不立文字""教外别传",在修行的方法上,禅宗也更为灵活。

关于禅宗的起源和传承,异说纷呈,但多具有传说的性质。一种比较流行的说法是"世尊拈花,迦叶微笑",释迦牟尼灵山法会拈花示众,唯迦叶尊者会心一笑,释迦牟尼宣称有"正法眼藏,涅槃妙心",付予摩诃迦叶,完成了禅宗的首次传法。至菩提达摩,已传承二十八代。菩提达摩是第二十八代祖师,也是东土禅宗的"初祖"。菩提达摩把衣钵传给了"外览坟索,内通藏典"的慧可。从慧可到僧璨,再到道信,道信就是禅宗四祖。道信将衣钵传给五祖弘忍,至六祖惠能,禅宗成为中国佛教的一个重要派别。以上禅宗的传承谱系,有诸多的神化和附会,实际上,禅宗的真正开创者是惠能。

惠能(638—713),俗姓卢,南海新会(今属广东)人,籍贯是范阳,唐武德三年(620)其父贬官到岭南,贞观十二年(638),惠能出生。惠能三岁丧父,是在贫苦的家庭环境中成长的,在前往黄梅东山法门寺参拜弘忍法师之前,主要靠卖柴养母度日。据《坛经》所记载,惠能开始被安排在寺内作杂役,踏碓舂米,后因为作得法偈子而受到弘忍的赏识,被传与衣钵,成为禅宗六祖。据说五祖弘忍命弟子作偈以表达他们对佛法的领悟,而当时上座弟子神秀作一偈云:

身是菩提树,心如明镜台;时时勤拂拭,勿使惹尘埃。

神秀所作偈子显然认为"佛性"乃在尘世之外,犹如"菩提树""明镜台",需要时时呵护,以免受了世俗的污染。弘忍虽然表面上称赞了这首偈子,但其实在他看来,神秀对佛法的领悟还在门外,更谈不上登堂入室。惠能偶然听到寺里僧人念诵这首偈子,认为偈子虽好,但仍未领悟佛法,于是他自己作了一首偈,请人代为书写在廊壁上。其偈云:

菩提本无树,明镜亦非台;本来无一物,何处惹尘埃?

惠能的偈子,很好地发挥了佛教的"性空"思想,不管是"菩提树""明镜台",还是"尘埃",它们自性都是"空",世间一切的烦恼污秽不过是"缘起",更谈不上身心受到染污的问题。偈子表达的佛法境界得到了弘忍的认可,但弘忍并没有当众称赞惠能,为了避免寺院内部引发纷争,在晚上悄悄把衣钵传与惠能,并嘱咐他连夜离开前往南方。至于其间的诸多故事,如弘忍三更为惠能讲解《金刚经》,数百僧人追赶惠能欲夺衣钵等,这样的情节颇具传奇色彩,实则多为禅宗僧徒的编造附会,很难说有什么事实根据。但是,在贫苦环境中长大的惠能,师从弘忍并最后悟出了佛法的真谛,创立禅宗,这是符合实际的。同时,也说明当时佛教僧团内部对于法嗣地位的争夺是十分激烈的。

惠能回到岭南后并没有立即出来弘法,而是隐避达十六年之久。大约弘忍去世后两年,惠能在广州法性寺听印宗法师讲《涅槃经》,"因二僧论风幡义,一曰风动,一曰幡动,议论不已。惠能进曰:'不是风动,不是幡动,仁者心动'"(惠能《坛经》)。印宗法师听了很吃惊，感到惠能定非常人，向他请教佛法，惠能遂开讲佛教"不二法门"。印宗法师为惠能剃度，并愿以师事之。次年，惠能来到曹溪宝林寺，开始招收弟子，弘扬佛法。惠能的弟子当中，著名的有青原行思、南岳怀让、荷泽神会等。在与北禅宗的佛法辩论中，南禅宗取得了优势，夺得了正宗的地位，其中荷泽神会功不可没。以后所谓禅宗，一般都指惠能创立的南禅宗。唐"安史之乱"后，佛教的发展受到影响，又经历"会昌"法难，唐初盛极一时的佛教各派，如天台、法相、华严等宗，都渐趋衰微，但禅宗却兴盛起来。

禅宗的思想主要反映在惠能弟子所编的语录《坛经》中。

(1)"佛性"说。惠能的"佛性"说实际上在他与弘忍的初次见面中就表达出来了。据《坛经》记载，惠能见到弘忍，就有如下一段对话：

祖问曰：汝何方人？欲求何物？

惠能对曰：弟子是岭南人新州百姓，远来礼师，唯求作佛，不求余物。

祖言：汝是岭南人，又是獦獠，若为堪作佛？

惠能曰：人虽有南北，佛性本无南北；獦獠身与和尚不同，佛性有何差别？

(《坛经》)

惠能的回答，说明他早就领悟到了佛教所宣扬的思想。其认为一切众生皆有佛性，也就是说，在佛性问题上，不论地区和民族，人与人是平等的。然而，佛性究竟是什么呢？也可以说是"觉性""如来性"，是成佛的原因或种子。众生皆有佛性，也就是众生都具有成佛的条件。既然佛性是人人生来具有的，那么为什么人会堕入恶道而不能成佛呢？惠能认为，人性本是清净，因为人心中所生的妄念，遮蔽了"真如本性"，即人不能够认识自己原本具有的佛性。所以惠能形容本自清净之佛性犹如"日月常明"，只是因为时常被云雾遮盖，而出现"上明下暗"的情形。为此，惠能提出了"见性成佛"的说法，"不识本心，学法无益，识心见性，即悟大意。"即不能认识到自己的本心，学法也没有什么益处，只有认识到本心，直见本性，才能悟道成佛。惠能说："佛是自性作，莫向身外求。自性迷，佛即众生；自性悟，众生即佛。"佛性不在身外，只有向自本心去求，成佛只能靠自己觉悟，修行解脱全凭自己，不能依靠外力。惠能由此向念佛往生净土的说法提出了疑问："东方人造罪，念佛求生西方；西方人造罪，念佛求生何国？"也就是说人应在现实中寻求解脱，成佛就在现实世界中，不能离开现实世界去寻求西方净土。惠能说："菩提般若之知，世人本自有之。""自色身中……自有本觉性。""自心地上觉性如来，放大智慧光明。"(《坛经》)由此看出，禅宗之所以认为"心""本觉"，是因为他认为"心"本身就是"般若之知"，即具有一种先天的智慧。上述这两个前提表明：在人性问题上，禅宗主张所有的人都先天具有善和智慧的本性。这种人性论正是他们的"无念"和"顿悟"之说的出发点。

(2)顿悟成佛说。"顿悟"之说，自竺道生以来，在中国佛教的各宗派中已广为流行。"顿""渐"不同的成佛途径，被认为是南方惠能系与北方神秀系的根本分歧。所谓"渐悟"(更准确地说应是"渐修")，即通过长期的修炼而领悟道成佛。神秀偈子中的"时时勤拂拭，勿使惹尘埃"就是指长期的修习，这种长期修炼的主要方式就是"坐禅"。对于惠能之前的佛教徒来说，坐禅是修行成佛的重要方法。通过静坐，思想由躁趋静，再由静入定，由静定而生慧。惠能却认为这种修行方式不能够达到对佛法的领悟,坐禅不但不能使人成佛,反而会离佛更远。所以,惠能主张"顿悟",所谓"一灯能除千年暗,一智能灭万年愚",突然领悟佛性即可成佛。他说:"迷来经累劫,悟则刹那间。"又说:"前念迷即凡,后念悟即佛""一念愚即般若绝,一念智即般若生。"成佛在于刹那间的领悟,不在于长期的修行,如果执迷不悟,坐禅修行对于成佛也于事无补。修行有顿渐,佛法并无顿渐,顿悟是成佛的唯一途径,但是惠能并不是完全排斥渐修,因为人的根器有利钝,他说"迷则渐劝,悟则顿修"。对于根器钝的迷惑之人,还需要借助渐劝,最后达到顿悟。

惠能主张的顿悟成佛说,是对佛教读经、念佛、坐禅等传统修行方式的革新。历来佛教各派都把佛经作为真理的标准,即使是中国本土创立的天台宗、华严宗,也还是要以佛经作为自己的理论依据。禅宗当然也吸取了某些佛经当中的理论,然而他们认为佛的智慧在每个人自己心中,即"佛知见者,只汝自心,更无别佛"(《坛经》)。他们主张"不立文字,以心传心",即便是《坛经》也不过是惠能的语录。发展到后来,禅宗更是公开号召不礼佛、不念经。如马祖在回答求问佛法时说:"今问我者,是汝宝藏,一切具足,更无欠少,使用自在,何假向外求觅?"(《景德传灯录》卷六)这实际上是对佛经作了根本的否定。除了破除佛经的权威性,也要破除佛祖的神圣性。佛与众生的区别,不过是迷悟之间而已。发展到后来,更是"呵祖骂佛",认为释迦牟尼是"老骚胡""干矢橛",说老胡(佛祖)活了八十岁便死了,与一般人们有何分别,要人们不要受骗。临济义玄禅师甚至发出"逢佛杀佛,逢祖杀祖,逢罗汉杀罗汉"这样的豪言。这些说法,实际上是否定内心之外的佛的存在,佛不是一个偶像,也没权威性和任何神圣性。

禅宗也反对传统佛教念佛往生西方的净土思想,如"心无不净,西方离此不远,心起不净之心,念佛往生难到""迷人念佛生彼,悟者自净其心"。禅宗泯除世间与出世间的悬隔,认为不存在世俗世界之外的一个彼岸世界,"勿离世间上,外求出世间"。传统佛教一般讲求出家修行,而禅宗却认为,修行不一定要在寺庙里,在家也可以修行。

对于传统佛教修行的坐禅功夫,禅宗也有不同的理解。惠能认为:"外离相曰禅,内不乱曰定。"(《坛经》)"即相而离相",与外境接触而不执取外境;"内不乱",就是无妄念。外不执境,内无妄念,以此行住坐卧,都是坐禅。这样实际上是抛弃了传统的禅法,惠能"见人结跏(坐禅),曾自将杖打起"。惠能的禅法就把禅定与世俗生活融为一体,"挑水砍柴,莫非妙道",主张在日常生活中修行,这是修行方式上的重要变革,一扫传统佛教的烦琐,而代之以简便易行的方式。这也使佛教不仅为广大下层民众所接受,也得到了上层统治者的赞赏。

(3)"无念"说。禅宗的根本理念和实践可以用三句话概括:"无念为宗,无相为体,无住为本。"什么叫"无念"呢? 惠能说:"无念者,于念而不念。"无念,并不是面对外境不起念头,而是不因外境产生爱执。"无念法者,见一切法,不着一切法。"(《坛经》)"无念"绝不意味着"百物不思,念尽除却",而是面对世俗世界却不受制于世俗世界。卧轮禅师认为自己通过修行已经达禅境,写了一偈云:"卧轮有伎俩,能断百思想。对境心不起,菩提日日长。"惠能针对他回应一偈云:"惠能没伎俩,不断百思想。对境心数起,菩提么么长。"显然,惠能认为卧轮禅师未能悟得佛法真义,有情众生面对世间万事万物,不起念是不可能的,禅宗的修行不是面对外境心如死寂,而是在与外境的接触中,念念相续而不执取。不执取即"无念"。有了执取，便产生贪嗔等妄念。因心本自觉，所以人只要一经启发，认识到心本空寂，各种念头都是虚妄，便不会对一切持执着的态度。

禅宗，把凡人与佛的区别，归结为觉悟与不觉悟的区别，这就极大地减少了宗教的气息。在隋唐佛学的这种道德修养论中，对于修养的内容、途径和方法，都提出了不少新的见解。这些见解，直接或间接地为宋明理学所吸收，甚至影响了后世儒学的发展。

第四节　中国佛教的影响

一、中国佛教对文艺的影响

佛教对中国文艺的影响广泛而深远。自魏晋以来的中国文学、绘画、雕塑、书法、音乐、戏曲等各艺术门类都渗透进了佛教的因素，或多或少地与佛教有联系。禅宗在诗人中间产生了广泛的影响，禅师和诗人相互酬唱，参禅、吟诗，相当多的诗歌中表现出禅理、禅趣，禅与诗的沟通拓展了诗歌的艺术境界和增强了审美趣味。禅对诗的渗透主要表现在以禅入诗和以禅喻诗。以禅入诗就是把禅意引入诗中。如唐代诗人王维的《鹿柴》："空山不见人，但闻人语响，返景入深林，复照青苔上。"诗中以"空山""人语"的艺术意象表现了禅宗清净虚空的境界。黄昏的日光返照青苔，使人联想到世间万物的生灭流转，透露出佛教"诸法无我，诸行无常"的人生体验。以禅喻诗就是以参禅的态度来阅读欣赏诗歌作品，以禅宗的说法和理论来评论诗歌的奥妙和意境的高下。这种倾向产生了富有中国特色的文艺批评理论，其中最有代表性的就是宋代严羽的《沧浪诗话》。严羽非常自负地认为他的《诗辨》是"惊世绝俗之谈，至当归一之论"，尤其是对江西诗派的评价，切中要害。严羽认为"以禅喻诗，莫此亲切"。他将自汉魏到晚唐的诗歌创作分为三个等级，以禅宗修行的三个等级相比附。他说："论诗如论禅：汉魏晋与盛唐之诗，则第一义也。大历以还之诗，则小乘禅也，已落第二义矣。晚唐之诗，则声闻辟支果也。"学诗如参禅，"入门须正，立志须高。以汉魏盛唐为师，不作开元、天宝以下人物"。严羽受到禅宗的启发，在《沧浪诗话》中提出了"妙悟"说，"大抵禅道唯在妙悟，诗道亦在妙悟"。把对于禅道的领悟力，引申到对于诗歌的艺术表现力上。他认为，对于诗歌创作来说，妙悟比学力更关键，"孟襄阳学力下韩退之远甚，而其诗独出退之之上者，一味妙悟而已"。他强调妙悟的重要性，并不否定学力，"诗有别材，非关书也；诗有别趣，非关理也。然非多读书、多穷理，则不能极其至。"将佛教思想引入诗学理论之中，并运用于文学作品的欣赏和阐释，体现了佛教对于中国文学的影响。

自魏晋以来，绘画显然受到了佛教的影响，从内容到形式，中国绘画都有了新的发展方向。绘画中出现大量的佛教题材，佛像画和佛经故事画往往出于一些专业画家之手。在佛教的影响下，绘画的表现方式和技巧也愈加丰富。绘画的场所由宫殿、墓室走向寺庙、石窟。曹不兴被称为中国佛像画的祖师，顾恺之所画的维摩诘壁画是瓦官寺的一绝。刘宋陆探微、萧梁张僧繇都以画佛而知名。张僧繇绘制了大量的佛教壁画，据说梁武帝崇饰佛寺，都是命他绘画，他吸收西域绘画技巧，创造了"没骨"画法，运用晕染的方法,强调形象的立体感。可惜的是这一时期专业画家的绘画多数没有保留下来,民间画工的作品却让我们更清楚地看到了佛教的影响。开凿于公元3世纪的新疆拜城克孜尔石窟有二百三十六个洞窟,其中的壁画主要反映小乘佛教的内容,壁画主要描绘佛本生故事,佛传故事,因缘譬喻的故事,以及佛涅槃的故事。克孜尔石窟壁画的显著特点是菱形构图,每一个菱形区域内,表现一个情节。壁画技巧上,采用朱色晕染,以白粉画眉、鼻的"凹凸法"表现人物的立体感,具有明显的西域民族特色。从克孜尔石窟往东,中原佛教艺术的影响越来越大,新疆库车库木吐喇石窟壁画明显具有龟兹和汉地两种不同的风格。在敦煌石窟,北魏早期的壁画也是西域和中原两种风格并存,本生故事画中的人物造型和服饰,具有西域佛教艺术的特征。北魏晚期的壁画则受到了中原佛教艺术的影响,在佛菩萨形象和故事画中,出现南朝名士形象,其精神风貌与原有的西域风格明显不同。唐代,壁画成为绘画艺术的主流,敦煌壁画是其典范,敦煌唐代壁画以经变画为主,以经变的形式讴歌佛国的美好与欢乐。大量的壁画表现唐代的生产活动、社会风俗、生活场景等。

中国古代的雕塑艺术与佛教的联系极为紧密。如果把石窟佛教雕塑从我国雕塑艺术中抽出,甚至可以夸张地说我国古代雕塑就没有几件像样的作品了。大概在公元四五世纪,中国佛教造像兴盛起来,现存后赵时期的金铜坐佛像是我国有明确纪年的最早的佛像,这时的佛像已非单纯的模仿印度,而已经具有了中国样式。现存的古代佛教雕塑主要保存在各个石窟寺里,石窟是在山崖河畔开凿而成的佛教寺庙,自公元4世纪始开凿,以北魏至隋唐为最盛。著名的石窟寺有甘肃敦煌莫高窟、山西大同云冈石窟、河南洛阳龙门石窟等。石窟雕塑的题材主要是佛像、佛经故事、供养人像等。虽然都是宗教题材,但却反映了时代的政治经济状况、社会习俗和道德风貌。北魏早期的造像,受西域佛教的影响较深,人物面相丰满、肢体肥壮、体态温静,以云冈石窟为代表。北魏后期的佛教造像显然受到南方造像艺术的影响,出现了面容清癯、褒衣博带、风神飘逸的形象,以龙门石窟为代表。隋唐时期,我国雕塑艺术成就辉煌,涌现出了一批优秀的雕塑家。尤其是武后时期,产生了不少雕塑精品。龙门奉先寺的大型摩崖像龛,包括卢舍那佛及弟子、罗汉、菩萨、天王、力士等十一尊巨像。

二、中国佛教对民间信仰的影响

在整个佛教体系中,不仅有深奥晦涩的教义理论,也有关于对佛、菩萨、鬼神崇拜等信仰的内容。前者是以独特的思辨方式论证现实世界的虚幻不实,人间充满了苦难,劝导人们接受佛教的处世态度,以相应的修行方法追求至高圆满的精神境界。后者则以通俗的形式向人们宣传超越现实世界的极乐世界,宣扬佛和菩萨的无边法力,能够帮助人们从苦难中摆脱出来。长期以来,中国民间社会流行各种对于佛、菩萨的信仰,特别是其中的观世音菩萨信仰、阿弥陀佛信仰、弥勒菩萨信仰、地藏菩萨信仰等。

有关观世音菩萨的佛教经典很多,不过,最基本的是《法华经》中的《观世音菩萨普门品》,单独流行的这一品经被称为《观世音经》。观世音,也译作"光世音",唐代因为避太宗的讳,略称为"观音"。为什么称为"观世音"呢?《法华经》的《观世音菩萨普门品》说:"若有无量百千万亿众生受诸苦恼,闻是观世音菩萨,一心称名,观世音菩萨即时观其音声,皆得解脱。"这就是说,有一个超越时间和空间的、神通广大的观世音菩萨,众生遭遇苦难时,只要称颂"观世音菩萨"的名,这位菩萨就能"观"到这个声音,立即前来解救。今天看来,这确实是荒唐可笑的,但在当时的历史条件下,信奉者都是十分认真的,因为他们确实希望有这样一位超现实的威力无边的"救世主"。社会中各种压迫和不平、战乱、饥饿、疾病,加之各种自然灾害,都让人们深切地体验到真实的人生苦难,如何来摆脱这些苦难呢? 在当时的社会历史条件下,人们看不到切实可行的出路,不得不仰望茫茫苍天,希望找到救星。佛教的观世音菩萨就是这样一位救世主,其主要职能就是把人们从现实的苦痛、危难中解救出来。《观世音菩萨普门品》中所描绘的众生的苦难有四种,包括自然灾害、社会性苦难、个人情欲之类以及想象中的鬼怪之害,观世音皆能解救。另外,佛教还迎合世人愿生好儿好女的心理,宣称礼拜供奉观世音菩萨,便能实现这种愿望,此为后来中国民间在寺庙中供奉"送子观音"像的根据。按照佛教的说法,观世音菩萨的大慈大悲,能应众生的愿望,把他们从危难中解救出来,并显化为各种形象,为众生宣讲佛法,使他们达到解脱。

观世音菩萨的神话迎合了广大佛教信徒幻想通过神灵摆脱现实痛苦的心理期望,因此获得了迅速传播,关于观世音的神话也越编越多。《观无量寿经》把观世音和大势至菩萨说成是弥勒菩萨的侍者,并说有发愿往生西方极乐净土的信徒,死后根据其功德大小受到弥勒佛、观世音、大势至的不同方式的迎接和教化。因此在后世的寺院塑像中,在阿弥陀佛的左侧是观世音(代表佛的慈悲),右边是大势至(代表佛的智慧)。宋代以后,随着佛教进一步民族化、民俗化,民间更盛行中国妇女形象的观世音形象。

关于弥勒佛的种种神话传说,同观世音信仰一样,是佛教向大众传教的内容之一。弥勒佛是佛教传说继承释迦牟尼之后在人间成佛的菩萨,是大乘佛教所说的"未来佛"之一。佛教关于弥勒信仰的经典主要有《弥勒下生经》《弥勒成佛经》《弥勒上生经》。弥勒信仰的主要内容一是虚构美妙的"兜率天"净土,以迎合佛教信徒求生天堂,达到摆脱苦难的心理需求。佛教把现实世界中人们对物质利益和精神快乐的追求都说成是迷惑颠倒、执着贪爱,是造成人生苦痛的根源。然而对所谓"兜率天"的描述却极力渲染珠光宝气,宫殿美女,唯恐人们不企羡、不追求。"兜率天"不仅是天堂乐园,也是弥勒佛宣讲佛法、超度众生的佛国净土。佛教信徒相信按照佛教的方法修行,死后可以转生兜率净土。二是编造弥勒下降人间成佛,建立光明圆满佛国的神话,以吸引广大信徒寄希望于虚无缥缈的未来。据佛教经典的说法,弥勒降生的时候,人间到处是奇景异色,人民长寿多福。《弥勒成佛经》就极尽渲染了弥勒降生时美妙的人间奇景,到处是金银珠宝,奇花异草,珠光照耀,昼夜无别,无怨贼劫窃之患,无水火刀兵之害,无饥馑荼毒之苦,年年五谷丰登,民众身长寿高,常存慈心,恭敬和顺。这使得广大的信徒感到弥勒十分亲近,容易把对未来的美好愿望同弥勒降生联系在一起,在遭遇到天灾人祸历经磨难的时候尤其如此。隋唐以后,一些农民起义也常常以"弥勒出世"为号召。南北朝时期北方的广大地区,弥勒造像十分的普遍,数量也很多。我们从一些残存的造像题记可以看到当时弥勒信徒的愿望,不外是希望获得弥勒佛的护佑,使得自己及亲属健康、长寿、幸福,死后能够往生天堂或转世富贵人家,使得父祖亡灵能够"离苦得乐",早日解脱。

三、中国佛教对建筑艺术的影响

在佛教传入中国之前,中国的建筑文化已经有了很长的历史,积累了丰富的经验,在建筑结构和建筑技术方面形成了一套独特的风格和手法。在中国建筑体系当中,包括住宅、宫殿、衙署、仓库、作坊,还有一些满足精神需要的特殊建筑,如坛庙、家庙、仙台楼阁等。佛教的传入,对中国的建筑产生了重要的影响,形成了独特的中国佛教建筑。历史文献中有比较具体叙述的最早的一座佛寺是东汉末年由官吏笮融在丹阳郡建造的一个佛寺,根据描述,佛寺规模宏大,可容纳三千多人,"上累金盘,下为重楼"(《后汉书·刘虞公孙瓒陶谦列传》)。"金盘"就是用金属做的刹,它是印度窣堵坡(塔)的缩影;"重楼"就是中国原有的用来迎神的多层木构高楼。我们从中可以看到,最早的佛教建筑其实就是在中国传统建筑的基础上加上了佛教的元素。南北朝时期,很多皇帝成为虔诚的佛教徒,唐代诗人杜牧就有"南朝四百八十寺"这样的诗句。北朝的鲜卑拓跋氏,在洛阳有一千三百个佛寺,其中永宁寺的一个佛塔,据说有九层楼高。这说明当时的佛教建筑活动非常活跃。中国佛寺的结构布局在这一时期基本定型,总体来说,基本采用中国传统的院落式布局,在一个南北轴线上,布置一座座殿堂,周围以廊庑及楼阁围绕起来,往往第三或第四个殿堂是主体建筑大雄宝殿。

佛教的传入对中国建筑的影响,另一个方面就是出现了大量石窟寺的开凿。敦煌千佛崖的石窟寺开凿于公元 4 世纪,延续到公元 13 世纪,时间跨度长达千年,现存大约六百个石窟。其中现存的最古的几个石窟是公元 5 世纪开凿的,基本是以印度阿旃陀、加利石窟为蓝本建造。山西大同的云冈石窟,是内地最古的石窟群,开凿于北魏中期,雕刻家在五六十年时间开凿了几十个大小石窟和为数众多的小壁龛。公元 500 年前后,北魏迁都洛阳,他们又在洛阳城南伊水边的石崖上开凿了龙门石窟。

龙门石窟

佛塔是中国佛教建筑中的一个特殊类型。寺院是信众礼拜和僧侣寄居的场所，佛塔是其中的纪念性建筑物。在较大规模的寺院群落中，往往也都有一座或若干座佛塔。早期佛塔都是用木材建造，而木材容易遭遇雷火而焚毁，所以佛塔的寿命往往很短。现存最古老的一座砖塔是河南嵩山嵩岳寺塔，建造于公元 6 世纪初，在结构上，佛塔由顶到底内部都是空的，内部的楼板和扶梯是用木头建造。此后五百年间的佛塔建造中，木塔和砖塔并存。北魏的洛阳、唐代的长安，主要是木塔，但砖塔的比重逐渐增加。在唐代的砖塔之中，有两种主要的类型，"多层塔"和"密檐塔"。西安的大雁塔、香积寺塔、兴教寺玄奘塔等都属于"多层塔"，采用四方形平面。嵩山永泰寺和法王寺的砖塔属于"密檐塔"，也采用正方形的平面。这一塔型比较普遍，如昆明的慧光寺塔、大理的崇圣寺塔，但最重要的要数西安荐福寺的小雁塔。公元 10 世纪以后，砖塔已成为绝大多数，木塔就很难见到了。在佛塔的形式结构上也发生了巨大的变化，八角平面成了佛塔的标准平面形式。宋以后的佛塔不再是像烟囱那样砌上去，而是把内部的楼梯、楼板、龛室等同时砌成一个整体，消除了过去外部砖结构内部木结构的缺点，从而使塔身更加坚固，如河北定州开元寺的料敌塔，河南开封佑国寺塔等。

佛教对中国文化的影响在建筑中充分表现出来，为中国的建筑提供了新的建筑类型。虽然早期的佛寺建筑采用了传统世俗的建筑形式，但是反过来，佛教建筑又给世俗建筑提供了一些新的布局方式和处理办法。佛教建筑和世俗建筑的相互影响，促进了中国建筑的发展。佛教建筑的出现也改变了当时城市的面貌，丰富了人民的生活。

四、中国佛教对风俗的影响

佛教自两汉之际传入中国后，不仅哲学思想、道德伦理、文学艺术等方面受其影响，各类民间风俗也不同程度受到了它的影响。佛教宣扬因果报应、轮回转世、地狱饿鬼等观念，由此民间形成了阴司、阎王、超度、烧香、拜佛、诵经、还愿等说法及活动，极大地拓展了中国民间风俗的内容。其中有愚昧、落后的成分，但是也为人们带来了精神上心理上的安慰和满足。

名目繁多的佛教节日，极大地影响了我国的民间风俗。腊八节是我国一个重要的传统节日，古时人们年终以所猎获的禽兽祭祀神灵和祖先，以祛灾迎祥，称为"腊祭"。汉代以来，祭祀的日子就逐渐固定为腊月初八。佛教传入中国并日益隆盛，佛教界就将释迦牟尼纪念日与腊月祭祀统一起来。腊月初八就被说成是释迦牟尼的成道日，各寺院在这一天都要举行纪念仪式，煮腊八粥以供佛。僧人在腊八节吃腊八粥的习惯传到民间，慢慢成为民间的习俗。腊八粥通常用五谷杂粮加上杏仁、核桃、栗子、花生、枣等为原料，煮熟熬成粥。民间吃腊八粥的习俗广为流传，其意义也不同于佛门，而是为了庆祝五谷丰登、驱除瘟疫邪魔。为了强化佛教的宣传效果，中国佛教僧侣确定了若干佛、菩萨的诞辰，并经常举行纪念仪式，尽管这些诞生日并不见诸印度的佛教典籍。比如，二月十九是观音菩萨的诞辰，二月二十一是普贤菩萨的诞辰，四月初四是文殊菩萨的诞辰，七月三十是地藏菩萨的诞辰等等。由于寺院经常举行此类纪念活动，这些佛、菩萨的形象也就深入民间、家喻户晓，成为民间信仰的偶像。在过去，每逢二月十九，各地普遍举行盛大的观音庙会，这一日也成为一个重要的民间信仰节日。民间还有一个与佛教有关的重要节日就是"中元节"。《盂兰盆经》说七月十五日举行"盂兰盆会"，以百味饮食供奉十方自恣僧，可使现生父母和七世父母得解脱苦海。南朝梁武帝曾在同泰寺设盂兰盆斋。唐代，每年七月十五，人们到寺庙献盆并献贡各种杂物。长安城内寺庙做花蜡、花瓶、假花果树，在殿前陈设供养，供人观瞻，盂兰盆用金翠装饰，极为华丽。到了宋代，盂兰盆会供养佛僧的意义大为减弱，而主要为了救度亡人。道教吸收佛教教义，宣扬七月十五中元日，地官下降，定人间罪恶，道士日夜诵经，能使饿鬼囚徒得以解脱。佛教采用道教的说法，将七月十五称为"中元节"，后来俗称为"鬼节"。中元节寺院举行盂兰盆会，募集施主钱米，僧人为之诵经，荐度亡魂。人们制作盂兰盆，盆上挂有冥钱、纸衣，然后烧化，祭祀祖先。这一天，人们还会集资搭台演出《目连救母》杂剧。民间更有人用纸糊成船形，将鬼卒放在纸船上焚烧，称为放河灯。中元节的习俗一直延续至今，虽不再举行各种活动，但是仍保留下来祭祖扫墓的旧俗。

佛教因果报应、轮回转世的思想对民间风俗影响甚大。这些观念对人们造成了心理冲击，使人们相信灵魂不灭，相信鬼神的存在，这样形成了对鬼神的敬畏，对佛、菩萨的膜拜。在我国许多地区都建有佛寺，哪怕是穷乡僻壤，也会有小型的庙宇供人们烧香拜佛、许愿还愿、供奉布施。另外，佛教的这种因果报应、轮回转世的学说与中国原有的鬼神观念相结合，影响了中国民间的生命观和丧葬礼俗。人们认为人死后的灵魂，因前世的善恶转世到不同的地方，或升天，或投胎为人，或转世为牲畜，甚至成为饿鬼，堕入地狱。在这种观念的支配下，对于死者的处理就形成独特的丧葬习俗。比如，请僧人诵经超度，举行水陆法会，为一切水陆生物供养斋食等。

阅读书目

1. 任继愈：《中国佛教史》，中国社会科学出版社1988年版。
2. 杜继文：《佛教史》，江苏人民出版社2006年版。
3. 梁启超：《佛学研究十八篇》，商务印书馆2020年版。
4. 汤用彤：《汉魏两晋南北朝佛教史》，商务印书馆2015年版。

思考题

1. 如何理解佛教的"四谛"说、"三法印"说和"缘起"说？
2. 作为外来文化的佛教，为何输入中国后大受欢迎？佛教中国化的过程对当代中西文化交流有什么借鉴意义？
3. 梁启超说："及夫两千开基，五花结果实，禅宗掩袭天下而诸宗俱废，公案如麻，语录充栋，佛法于兹极盛，而佛法即于是就衰矣。"如何理解禅宗的盛行意味着佛法的衰微？
4. 从中国文学的题材、体裁、语言以及批评理论等方面说明佛教对中国文学的影响。

第十四章　程　朱　理　学

程朱理学是宋代理学思潮背景下最具有代表性的学派，以二程和朱熹为主要代表。程朱理学所包含的天理论、心性论、格物致知论、道统论彰显了时代的精神和要义，代表了中国古代哲学思维水平发展的新高度。同时，程朱理学对元、明、清时期的学术发展和社会生活也产生了重要的影响。

第一节　理学思潮兴起的背景

程朱理学的兴起有其时代的必然性，这可以从社会和思想文化两大背景来看。

一、社会背景

唐宋之际，中国社会发生了巨大变化。

（1）土地制度发生了很大变化，由此带来了生产力的解放。唐玄宗时期，均田制已经遭到了严重破坏，国家已无力阻止土地的私有化。到了宋代，国家制定和颁布法律条文来保证土地转移的合法性，标志着土地私有制的进一步确立。土地制度的变化带来国家赋税制度、兵役制度的变化。同时，农民与地主之间的人身依附关系较之以往更为松弛，农民有了较大的自由。生产力的解放使得农业、手工业、商业等都有了前所未有的发展。社会的变革必然会促进思想的革新。

（2）宋代实行较为宽松的文化政策，为学术的发展创造了自由的空间。宋代开国皇帝赵匡胤为了加强皇权，采取了重文臣抑武将的国策，这一国策贯穿整个宋代。宋太祖极力推崇"宰相须用读书人"，甚至还要求武将读书，朝中读书风气盛行。读书人可以尽情发挥自己的才干而不受过多的限制，从而建立了众多的学术流派。同时，士人参政议政，畅所欲言，形成了皇帝与士大夫共治天下的局面。如范仲淹、王安石，他们既是政治家，致力于国家的改革；又是文学家，在学术上亦有颇高造诣。

（3）宋代科举制度的进一步发展与完善在客观上推动了学术的发展。为了改革隋唐科举制度的一些弊病和加大以文治国的力度，国家命令采取誊录、糊名等方式以彰显考试的公平、公正，从而选拔出真正优秀的治国良材，同时还放宽了录取的范围，增加了录取的人数。北宋的张载、苏轼、苏辙,南宋的朱熹、吕祖谦等著名学者文士都是通过科举而入仕,然而他们的贡献和荣誉更多表现在他们的学术成就上,并引领着宋代学术的发展方向。

(4) 文教事业的蓬勃发展促进了宋代学术的繁荣。这主要表现在书院教育上。书院教育与宋代学术的发展和成熟密切相关,如应天府书院、岳麓书院、白鹿洞书院、嵩阳书院、城南书院、丽泽书院、象山书院等都是宋代大儒们教书育人、建立学派、创新学术的地方。同时,宋代刻板印书事业的发展大大加快了书籍的流通与普及,这也为书院平民教育的良好开展和宋代学术的繁盛提供了有利条件。

岳麓书院彩图

岳麓书院

二、文化背景

理学思潮的兴起是内外因共同作用的结果。

(1) 理学的兴起具有儒学内在发展的逻辑性,即思想自身的演进规律。唐代《五经正义》的颁布促进了儒学的统一,但教条式的儒学体系很快就失去了生命力,于是兴起的一股疑经惑传之风给唐代经学的发展带来了新的气象。如唐代的王元感、刘知幾质疑《尚书》《诗经》《春秋》《论语》等儒家经典;啖助、赵匡、陆淳批评《春秋》传注,而主张以经为本。这股疑经惑传的学风是对唐初政治化、制度化的经学体系的否定,一定程度上解放了人们的思想,具有积极意义,这也为章句注疏之学向义理之学的转变奠定了基础。唐中叶,古文运动家韩愈、李翱、柳宗元等人反对骈俪之文,提出文以明道的文学和经学思想,即文章要表达一定的思想和义理。宋儒在唐人的思想影响下,提出了文以载道、经以载道的观点,并且对"四书"(《大学》《中庸》《论语》《孟子》)中所包含的义理推崇备至。他们认为"四书"传承先贤之志,接续圣人之道,同时也符合儒学发展的新需要。在此背景下,宋代儒学研究的重心逐步从"五经"转向了"四书"。

（2）理学的兴起还与外在的佛、道思想对儒学的冲击密切相关。唐代佛、道的兴盛，在现实和义理层面都给儒学以沉重的打击。体制化的汉唐儒学已丧失了活力，故在理论上难以与哲理化极高的佛、道抗衡。如何在佛、道盛行的势头下重振儒学并彰显儒学精神以对抗佛、道是宋儒急需解决的问题。经过努力的探索，宋儒找到了"四书"、《周易》等经典，正是这些经典给了儒者以尽情发挥和想象的思维空间，并让他们找寻到了儒家生生不息的精神源泉。

宋儒将佛、道之学称作"异端"，认为它们对儒家道德体系和人伦关系造成冲击，此外它们空虚而不务实。宋儒认为，儒家同样具有精致的、思辨性的哲学理论，同时还把个人的生命活动安排得妥妥帖帖，所以在儒、释、道三教中，儒才是正统，才是最值得提倡和实践的学问，理所应当成为政治生活、社会生活、个人生活的准则。宋儒虽斥责佛、道为"异端"，但绝大部分儒者对佛、道都有极深的研究，自然会受到佛、道思想的影响。任何学说要得以发展和创新，都要在充分发掘内在生命力的基础上，做到兼容并包，充分借鉴和吸收其他学说中的优秀成分为己所用，这样才能为自身学术的发展增添新的动力。宋代理学就是以儒为主，儒释道三家融合、互补的学说体系。

理学不是宋代学术文化的全部，但我们常以理学来指代宋代学术文化，因其表现了宋学的主要特征和时代精神。理学不但适应了儒学转型的需要，还将儒学提升到了一个新的高度。

第二节 "天理"论

"天理"是程朱理学的核心和最高范畴。程朱学派指出，"天理"是宇宙之根基，世间万物亦不过是"天理"的表现而已。程朱学派从"天理"的高度论证了儒家伦理道德的合理性，从而使儒家伦理道德有了可靠的哲学基础。

一、"天理"的内涵

在儒家经典中，"天理"二字见于《礼记·乐记》篇。在此篇中，"天理"是与"人欲"相对立的范畴，指的是人的本性。"好恶无节于内，知诱于外，不能反躬，天理灭矣。夫物之感人无穷，而人之好恶无节，则是物至而人化物也。人化物也者，灭天理而穷人欲者也。于是有悖逆诈伪之心，有淫泆作乱之事。"（《礼记正义》卷三十七《乐记》）意思是，人如果心中没有节度，违逆自己的本心而被外物诱惑，满足私欲而又不能反省自身，人受控于外物而被异化，人的本性也就泯灭了。在宋代理学背景下，"天理"仍然是与"人欲"相对立的范畴，但是程朱学派赋予了这对范畴更加丰富的内涵。

程颢说："吾学虽有所受，天理二字却是自家体贴出来。"（《河南程氏外书》卷第十二）并不是说"天理"二字是由他所创，而指的是，"天理"具备了新的理学内涵。"天理"是程朱学派最高层级的哲学范畴，是宇宙之本。它既是天地之间的总规则，又是世间万物形下之器存在的原因。可从以下三个方面来简要解读程朱学派"天理"的内涵。

(1)"天理"先天地而存在，是天地万物运行的客观规律和内在动因。程颐讲道，世间万物都是一体，因为世间万物皆只是从"天理"中来，是"天理"的表现形式。在二程的基础上，朱熹进一步指出，未有天地之前，只有"天理"的存在，由"天理"而生成了天地，无"天理"便无天地可言。程朱认为，"天理"遍施周全，生生不息，流行化育于天地之间，圆满而无所亏欠，赋予自然界和人类社会存在的意义，并能正确指导人类世界的活动。

对于"天理"与"万物"之间的关系，程颐在张载的启发下，提出"理一分殊"的命题，即"天下之理一也，涂虽殊而其归则同，虑虽百而其致则一"（《周易程氏传》卷第三）。也就是说，天下万物都各有其理，但归根结底，都只是一个理而已。朱熹又在程颐、杨时的基础上进一步丰富、完善此命题。朱熹指出，从哲学层面来看，世间万物同出于一理，谓之"理一"；理散见于万物，谓之"分殊"。也就是说，自然界的规律，人类社会的伦理道德都是"理"的表现，"理"是自然界和人类社会得以存续的原因。他说："盖为道理出来处，只是一源。散见事物，都是一个物事做出底。一草一木，与他夏葛冬裘，渴饮饥食，君臣父子，礼乐器数，都是天理流行。活泼泼地，哪一件不是天理中出来！见得透彻后，都是天理。"（《朱子语类》卷四十一《论语二十三》）"理一分殊"的命题是将"天理"与"万物"之间的关系看成是一般与个别的关系。辩证来看，一般指的是事物的普遍性，个别指的是事物的特殊性。个别中包含着一般，一般通过个别来表现，两者相联系而存在。但需要注意的是，单独谈"天理"范畴时，"天理"是可以独立存在的，不需要通过其他事物来表现它的存在。"理一分殊"也表达了宇宙万物的统一性和差别性。"理一分殊"的实践意义在于，只有循"天理"而行，才能顺应天地之道，参天地之化育。

(2)在伦理领域，一切道德皆来自"天理"。二程指出："天下善恶皆天理，谓之恶者非本恶，但或过或不及便如此，如杨、墨之类。"（《河南程氏遗书》卷第二上）他们认为人生而善良，具有善性，一切善德都合乎人的本性，合乎"天理"。现实中恶的现象的存在并非人性有恶，而是因为人们要么做得太过了，要么做得不到位，没有达到"中庸"之德的状态，从而人们善良的本性被蒙蔽了却不自知。程颐和朱熹都强调"性即理"，即用"理"来规定人性，将人性问题上升到哲学层面，提升了儒家伦理哲学的高度。朱熹进一步将"天理"与"仁""礼"等德行直接等同起来。程朱以"天理"来论证儒家伦理哲学的合理性，这就从理论上使儒家伦理有了可靠的哲学保证。

(3)持"敬"和反躬自省是体认"天理"的重要方法。二程指出，要达到对"天理"的认知，就需要我们内心有"敬""慎独"，还要反观自身以合乎"道"。何谓"敬"？程颐讲道："所谓敬者，主一之谓敬。"（《河南程氏遗书》卷第十五）就是要求我们内心专一纯粹去守住与生俱来的善性。具体来说，就是我们做事情心中不欺瞒、不怠慢、问心无愧，这些都是持"敬"之意。程颐指出，持"敬"是我们认识人道、体认天道的重要方法。所谓"反躬"，就是反省自己的内心和言行是否合乎"天理"，如若未能合乎"天理"，则要通过身心修养让人心归复到"天理"。反躬自省是我们修身之本，在日常生活中，只有做到"吾日三省吾身"，才能不断完善自己。程颐还引用《礼记·乐记》中"不能反躬，天理灭矣"来说明自身的修养对认知"天理"的重要性。持"敬"与"反躬"就是让我们在不断体验"天理"的过程中，最终达到天人合一的境界。

二、理气之辨

张载认为，宇宙是由"气"所构成。他讲道："太虚不能无气，气不能不聚而为万物，万物不能不散而为太虚。"（《正蒙·太和篇》）意思是，"气"凝聚而成万物，"万物"的消散归于"太虚"，"太虚"的本质也是"气"。也就是说，宇宙在"气"之聚散之中循环往复。二程则认为，宇宙的本原是"天理"。程颐指出，"气"指的是"阴阳"，属于形而下的范畴；"理"是本体，属于形而上的范畴。但程颐并未对"理""气"关系展开更为详细的论说。相较于张载重"气"，程颐重"理"而言，朱熹认为，"理"与"气"是辩证统一的。

（1）宇宙是由"理"与"气"构成的，"理"与"气"之间明确的界限，不可混淆。朱熹讲道："天地之间，有理有气。理也者，形而上之道也，生物之本也；气也者，形而下之器也，生物之具也。是以人物之生，必禀此理，然后有性，必禀此气，然后有形。其性其形虽不外乎一身，然其道器之间分际甚明，不可乱也。"（《晦庵先生朱文公文集》卷五十八《答黄道夫》）朱熹认为，"理"是形而上之本体，赋予事物本质属性；"气"是形而下之发用，是构成具体事物的基本材质。只有"理"与"气"的共同作用才能构成形形色色的大千世界。

（2）"理"与"气"不相离，"理"中有"气"，"气"中有"理"，两者是辩证统一的关系。朱熹指出，没有无"理"之"气"，亦没有无"气"之"理"。没有"理"，则就没有"气"之流行，"理"是"气"流动的原因；没有"气"，"理"则无处依附，"气"是"理"的载体。"理""气"的共同作用才有了天地万物的流行化育。

（3）从逻辑上言，"理"在"气"先，因为"理"先天地而存在；从根本上言，"理""气"无先后之分，体用本是一源。朱熹讲道："（理、气）本无先后之可言。然必欲推其所从来，则须说先有是理。然理又非别为一物，即存乎是气之中；无是气，则是理亦无挂搭处。气则为金木水火，理则为仁义礼智。"（《朱子语类》卷一《理气上》）在这段引述中，他不但揭示了"理""气"先后的问题，还说明了"理""气"的内容。"理"指的是"仁义礼智"，"气"指的是"金木水火"。

实际上，朱熹在讨论不同的论题时，"理""气"还有其他的内涵。如"性""道""诚""太极"等范畴都是从不同的方面来说"理"；"气"除了"五行"之外，还可以指"阴阳""鬼神"（朱熹认为，"鬼神"为"阴阳"之灵）等。

三、天理人欲之辨

"天理""人欲"之辨是程朱理学的重要议题，在儒家经典《礼记·乐记》中，"天理"与"人欲"作为相对立范畴提出来，其目的是提醒人们要常常修身以防范外在物欲的侵蚀遮蔽人的本心。二程和朱熹进一步发展了《礼记·乐记》中天理、人欲思想，并赋予其新的内涵。

（1）二程和朱熹从伦理学的角度将"天理"与"人欲"看成两个相互对立的范畴。天理指的是儒家的道德观念、伦理秩序；人欲指的是人正常需求之外的私欲，即不加节制的欲望。程朱所谓的天理与人欲之间的对立，指的是天理与私欲的对立。程颐说："灭私欲则天理明矣。"(《河南程氏遗书》卷第二十四)朱熹在回答学生"克己复礼"的问题时说:"人只有天理、人欲两途,不是天理,便是人欲。即无不属天理又不属人欲底一节。"(《朱子语类》卷四十一《论语二十三》)又说:"私欲蔽惑而失其理。"(《朱子语类》卷四十六《论语二十八》)程朱认为,私欲与天理水火不容、不可共生。私欲的膨胀泯灭了天理,故须消除人之私欲才能复归天理。程朱指出,人心被私欲控制,就无法认识和体会到天理,只有反求诸己,即回到人的本心,认识人性之善,才能真正体认到天理。所以,当人心得正,择善而从,并能持续涵养和执守之,天理就自然明于心中。

(2)程朱认为人的正当欲望是应该被满足的,天理与人欲并不是绝对对立的。程朱所要灭的是"人欲之私",并非人的合理欲望,更不是压制人性,扼杀人基本的生理、心理、精神需求。相反,"存天理、灭人欲"是从个人修养和社会和谐的角度出发的。程子就将男女之欲作为天理的内容,其在阐释《易·归妹卦》时说:"阴阳交感,男女配合,天地之常理也。"(《周易程氏传》卷第四《周易下经下》)意思是男女交合是天地之常理和大义。程子又说:"夫阴阳之配合,男女之交媾,理之常也。然从欲而流放,不由义理,则淫邪无所不至,伤身败德,岂人理哉?"(《周易程氏传》卷第四《周易下经下》)程颐肯定男女之欲,并将之纳入天理之中,同时又反对纵欲行为。由此可见,程颐在肯定人的合理欲望的同时,将人欲置于天理之下,以天理来指导和规范人欲。朱熹也指出,人欲并不等于私欲,人欲中的合理需求是善的,善的就是合乎天理的。他说:"饮食者,天理也。"(《朱子语类》卷十三《学七》)由此可见,程朱"存天理、灭人欲"的理论是劝导人心向善,防范人的欲望因过度膨胀而对个人、家庭、社会的和谐带来损害。归根结底,程朱所言"存天理、灭人欲"是个人身心修养和道德品质的问题。抨击程朱"存天理,灭人欲"者,是没有看到程朱对人的正常欲求的肯定,也不知道程朱提出此理论之目的。

(3)程朱学派还从"道心"与"人心"的角度来解说天理与人欲。《尚书·大禹谟》言:"人心惟危,道心惟微,惟精惟一,允执厥中。"这句话亦称"十六字心传"或"十六字心诀"。程朱学派不但在这句话中找到了消灭私欲的方法,还据此阐发了道统思想和心性论。程朱认为,人心是人欲,道心是天理,人心("人欲")危殆,道心("天理")精微。人心有所谋虑,所发的可能合乎天理,但也可能被私欲蒙蔽,道心是纯善的天理。道心与人心就在一念之间,人很容易就会由道心滑落至人心的境地。那么,如何存道心而安人心,其实就是天理如何战胜私欲的问题。朱熹说:"饮食作息者,皆道之所在也。"(《朱子语类》卷六十二《中庸一》)天理并不是高悬于生活之上的存在,而是融于生活,人们要在日常生活当中去寻得道、天理。若能纯粹、专一地守住道心(良善的伦理观念和社会秩序),正而不离,择善而从,让道心主于一身、充养于一身,人心就会顺从道心,做事也就无所偏倚,人一旦能守住中道,私欲就会被遏制,天理自然存于心中。

综上所述,无论是二程还是朱熹都是从人文教化、修养身心的角度来谈天理与人欲的。后世对他们的批判是将"存天理、灭人欲"的思想极端化,认为这种思想是"以理杀人"、扼杀人性,这显然是不符合程朱原意的,也是不公正的。然而我们不可否认的是,程朱"存天理、灭人欲"的思想也有一定的局限性,比如它强调天理对人欲的主宰,一定程度上限制了人的自由发展,同时也确实容易让人误读为程朱是将天理与正常的人欲对立起来,从而抹杀了人的基本需求。

第三节 "心性"论

所谓心性论,是关于人的本心、本性、性情的理论。程朱学派继承和发展了先秦儒家尤其是思孟学派的心性思想,对心性问题的研究达到了相当的高度,彰显了宋代哲学思辨的水平。程朱学派的心性论主要涉及认识论、中和论、性情论、修养论和工夫论。

一、"心"与"性"

孟子言"心之官则思",认为心是认识世界的主体。程朱学派认为,心除了可以认识外在的客观世界之外,还能认知人的主观世界。从心性论的角度言,心是具有道德属性的认知主体,人心在本质上是纯善的。现实世界中恶的存在,并非人心险恶,而是人不懂得操存善心又受到了物欲、思虑的影响,导致善心被遮蔽。多数学者认为,程颢"心是理,理是心"(《河南程氏遗书》卷第十三)的观点开启了心学的先河。陆九渊、陆九龄兄弟继承和发展了程颢的思想,提出了"心即理"的观点,到明代王阳明,心学发展至顶峰。而程颐强调心有体用之分,对吕大临、杨时、朱熹产生了重要的影响。这里谈的程朱学派的心性论,指的是传承程颐思想这一派的心性思想。

"性"指的是事物的本质属性。程朱学派对性范畴的认识可从三个方面来看:一是本体论意义上的性(程颐和朱熹都指出"性即理"),二是心性论意义上的性,三是修养论意义上的性。从心性论和修养论的角度言,性主要指的是人的道德本性,即善性。

程朱学派继承了孟子"尽心、知性、知天"的观点,要求从人本然之善心出发,去知晓人本然之善性(如仁、义、礼、智、信等伦理道德)。所以,存养好自己的心性才是正确认识自己和世界的关键。程朱学派的心性论主要涉及情感的"未发"与"已发","性"与"情"的关系,以及如何存心养性等问题。

二、中和论

"中和"是程朱学派心性论中最重要的范畴之一。《中庸》言:"喜怒哀乐之未发,谓之中;发而皆中节,谓之和。中也者,天下之大本也;和也者,天下之达道也。致中和,天地位焉,万物育焉。"(《中庸》)"中"指的是情感未发生的状态,"和"指的是情感发生得合理合宜的状态。程颐与弟子吕大临、苏季明就"中和"问题展开过论辩。吕大临讲道:"喜怒哀乐之未发,则赤子之心。当其未发,此心至虚,无所偏倚,故谓之中。以此心应万物之变,无往而非中矣。"(《河南程氏文集》卷第九)在吕大临看来,"赤子之心"是未发之"心",指的是"心"纯一而无伪。在情感"未发"之时,即"心"未与外物接触时,"心"至虚而无所偏倚,自然达于"中"的状态。用此纯一而无伪的"赤子之心"去顺接万物,同样也可求得"中"。程颐指出,用"赤子之心"去顺接万物而求得"中",这个"求"的过程已是"已发",怎么能体会到"未发"之"中"呢?"于喜怒哀乐未发之际,而求中之中,去中不亦远乎?"(《河南程氏粹言》卷第一)而且程颐认为,"赤子之心"是"已发",不是"未发"。后来,程颐又在与吕大临的不断论辩中,修正了之前他所认为的"赤子之心"为"已发"的观点,并提出了心有体用之分的观点:"心一也,有指体而言者,寂然不动是也;有指用而言者,感而遂通天下之故是也。"(《河南程氏粹言》卷第一)也就是说,"心"只是一"心","心"不会因为有"未发""已发"两个状态而变成两个"心"。"心"之"未发"是"心"之本体,属静;"心"之"已发"是"心"之发用,属动。程颐心有体用的观点对朱熹进一步完善"中和"论奠定了重要的基础。

苏季明问程颐,是否只在喜怒哀乐"未发"之前才能求得"中"?程颐回答:"既思于喜怒哀乐未发之前求之,又却是思也。既思即是已发。才发便谓之和,不可谓之中也。"(《河南程氏遗书》卷第十八)在程颐看来,"未发"是思虑和情感未萌发时的状态,人心中哪怕有丝毫的波动都不算"未发",都不能达到"中"。只要有思虑和情感的萌动,就是"已发"。苏季明接着问道,如何才能体会到"未发"之"中"呢?这就涉及工夫论的问题。程颐指出:"只平日涵养便是。"(《河南程氏遗书》卷第十八)所谓"涵养",在程颐看来,就是持守"敬"。"敬,所以涵养也。"(《河南程氏粹言》卷第一)"敬"就是内心专一纯粹地去体认"天理"。"涵养"得越久,就越能体验到"未发"之"中",在遇事"已发"时也就自然能得"中节"。由此可见,程颐更加重视"未发",对"已发"的论说相对较少。故其弟子杨时的心性思想也重在认知"未发",朱熹的老师李侗(师从杨时的弟子罗从彦)学问之旨亦重在体悟"未发"。

程颐、吕大临、杨时、李侗等人关于"中和"问题基本观点,奠定了朱熹"中和"论的基础,但朱熹"中和"论的完善和体系化是在与张栻等人的辩论中形成的。学界一般把朱熹"中和"思想分前后两个阶段,"中和旧说"或称"丙戌(1166)之悟"和"中和新说"或称"己丑(1169)之悟"。而促成朱熹两次"中和之悟"的关键人物就是张栻。在"中和旧说"阶段(此阶段的思想可见在二人在1166年至1167年关于心性问题讨论的书信往来),朱熹因未能体悟到其师李侗"喜怒哀乐未发之旨",求教于张栻。张栻向朱熹介绍了其师胡宏"性体心用"的观点和"先察识后涵养"的工夫论。他批评了杨时重"未发"而不重"已发"的观点。张栻认为可以在"已发"之流行中去体验"未发"之大本,即"已发"之"心"可以识得"未发"之"性",所对应的修养方法是"先察识后涵养"(察识是动工夫,涵养是静工夫)。朱熹接受了张栻的观点,认为"已发"的意义要远远大于"未发","已发"在日用之间,能直指人心、切近实践。于是,朱熹开始抛弃杨时、李侗等人提倡的"静中体认大本未发时"的观点。在"中和新说"阶段(此阶段的思想可见于朱熹《已发未发说》《与湖南诸公论中和第一书》等论说和与张栻的书信往来),朱熹开始怀疑"中和旧说"的观点,遂又复取二程书读之。他意识到只言心之"已发"和"先察识后涵养"有未当之处,认为忽视"未发"之工夫,只强调在日用中从察识端倪入手,缺少平日涵养一段工夫,不但认识不全面,还不利于体认"未发""已发"。

"中和新说"论述了两个方面的问题。第一,察识与涵养的先后问题。朱熹意识到如果没有"未发"之涵养的一截工夫,遇事就察其"已发",便会茫然而无处着手。朱熹写信给张栻商榷"未发"的工夫问题,认为在日常之中就当存养,只有存养于"未发"之时,临事"已发"时才能中节。这时朱熹已扬弃湖湘学派"先察识后涵养"的观点。张栻一开始并未认同朱熹的观点,后来与朱熹和吕祖谦的辩论中,张栻开始改变自己的观点,提出察识涵养相须并进的观点,朱熹也受张栻此观点影响,提出察识涵养交相助的观点。后来,朱熹在与学生的问答中,又提出"无时不涵养,无时不省察"的修养工夫论(《朱子语类》卷六十二《中庸一》)。他认为"涵养"与"省察"两样工夫当时时为之,做工夫时二者缺一不可,不能只"涵养"不"察识",也不能只"察识"不"涵养"。从这个意义上言,"涵养"与"省察"是一件事情,一项工夫。在日常生活中,我们要时刻提醒自己存好心、养好性,才能尽得"天理"。同时朱熹发展了程颐"心"有体用之分的思想。他认为要以"心"为主来论"性情""中和""动静",明确了"未发"是"性",是思虑未萌阶段;"已发"是"情",是思虑已萌阶段。这就推翻了心为"已发"的前说,而把"心"提升到了一个"纲领"的高度,把"心"作为观照"性情""中和""动静"的认知器官,这可谓是一个心性论的重要突破。朱熹同时还强调要把"敬"贯穿于"已发""未发"之中,其意义在于把"性情""中和""动静"置于以心为主的体系之中,主张通过对"心"的修炼(主敬、察识、涵养的工夫)来回归人的至善之性,这就比前说更加兼顾和周全,心性论也就更加完善和系统了。

三、"心统性情"

"心统性情"是朱熹心性论的纲领和核心,是程朱学派心性思想的总结,彰显了宋代心性思想发展的高度。首次提出"心统性情"命题的是张载。"张子曰:心统性情者也。有形则有体,有性则有情。发于性则见于情,发于情则见于色,以类而应也。"(《张载集·性理拾遗》)朱熹盛赞张载"心统性情"的观点是颠扑不破的真理。从这只言片语中,我们知晓张载是把心、性、情三范畴联系起来了,"形"与"体"相类应,"性"与"情"相类应,"情"与"色"相类应,且前者是后者的来源,后者是前者的表现,但"心"如何"统性情"却无更详细和直接的论述。朱熹同意张载"心统性情"的论说并在此基础上进行阐发。朱熹"心统性情"的观点代表了宋代心性论研究的高度,他综合了众多理学派的心性论思想,体现了宋代心性论研究的路向和基本特点。

乾道六年(1170),朱熹开始批判胡宏《知言》,并将《疑义》寄给张栻和吕祖谦。张、吕二人也对《知言》的一些观点产生怀疑,三人的观点后被整理为《知言疑义》。朱熹反对胡宏"心以成性"的观点,提出应改为"心统性情",张栻认为"统"字不妥,易改为"主"。张栻首次提出了"心主性情"的思想,这为朱熹进一步完善"心统性情"提供了重要的理论帮助。朱熹在程颐心有体用之分和张栻"心主性情"的思想的启发下,将"心"与"性情"联系起来,指出,"性"为"心"之体,"情"为"心"之用,"心"可以统兼"性情"。"性"源自"天命",其本质是"理",具体内容就是儒家的伦理道德和秩序;"情"生于"性","情"是"性"之动或者说"情"是"性"之用。朱熹云:"性是人之所受,情是性之用。"(《朱子语类》卷五《性理二》)那么为何生于纯善之"性"的"情"可能会产生恶呢?朱熹指出,是因为人承受了浊气或有了私欲,从而产生了"恶"。需要指出的是,"情"为"心"之用和"情"为"性"之用是在不同的关系中来说的,前者是就"心"与"性情"关系而言的,后者是就"性"与"情"关系而言的。朱熹"心统性情"的思想主要包含两个层面的内容。

(1)"心主性情",即"心"主宰、统摄"性情"。朱熹讲道:"心,主宰之谓也。动静皆主宰,非是静时无所用,及至动时方有主宰也。言主宰,则混然体统自在其中。心统摄性情,非侗侗与性情为一物而不分别也。"(《朱子语类》卷五《性理二》)"心"的主宰是一种心理体验和认知活动,即存养好本性,控制好情感,使情感的发生能合情合理。"心"的主宰性并不是说"心"是万物的规则,能统率万物(世间万物的规则是"天理"),心的主宰和统摄作用只与认知活动、"性情"、伦理道德相联系。

(2)"心兼性情",即"心"兼摄体用、包载"性情"。朱熹讲道:"性是未动,情是已动,心包得已动未动。盖心之未动则为性,已动则为情,所谓'心统性情'也。"(《朱子语类》卷五《性理二》)他又言:"性,其理;情,其用。心者,兼性情而言;兼性情而言者,包括乎性、情也。"(《朱子语类》卷二十《论语》)"心"包载"已发"("体""性")、"未发"("用""情"),"心"的兼摄性就是"心"的包容性。

第四节 "格物致知"论

"格物致知"一词出自《大学》,原文是:"古之欲明明德于天下者,先治其国;欲治其国者,先齐其家;欲齐其家者,先修其身;欲修其身者,先正其心;欲正其心者,先诚其意;欲诚其意者,先致其知;致知在格物。物格而后知至,知至而后意诚,意诚而后心正,心正而后身修,身修而后家齐,家齐而后国治,国治而后天下平。"《大学》所言"格物致知"是修身治国的重要方法,二程和朱熹则赋予其新的内涵,从而构建起儒家新的认识论。

一、程颐的"格物致知"论

关于"格物致知"的论说主要见于程颐的著作,程颢的论说较少。在程颐看来,"格"是充分发挥人的主观能动性去认知;"物"指的是事物的道理。他说:"格犹穷也,物犹理也,犹曰穷其理而已也。穷其理,然后足以致之,不穷则不能致也。"(《河南程氏遗书》卷第二十五)"格物"实际上就是"穷理",在"穷理"的过程中实现对"知"的领悟。换言之,"格物致知"就是充分发挥自我的主观能动性去穷尽事物之理,最终实现对天地之道的认知。程颐在解读《大学》首章时指出,"格物致知"是人们修身、治国的开始,既然是开始,就需要在此多下功夫。

程颐指出,"格物致知"的方法多种多样,"或读书,讲明义理;或论古今人物,别其是非;或应接事物而处其当,皆穷理也"。(《河南程氏遗书》卷第十八)除了上述方法之外,程颐还说:"格物之理,不若察之于身,其得尤切。"(《河南程氏遗书》卷第十八)"察之于身"即反观自身,从身边事做起。程颐强调义理是贴近生活的,人情世故中有最真实的道理。

程颐认为,"格物致知"的目的在于反躬自省,从而认识人与生俱来的善性和道义,他说:"君子之学,将以反躬而已矣。反躬在致知,致知在格物。"(《河南程氏遗书》卷第二十五)程颐言"格物致知",关注点主要还是在儒家的伦理道德上,要求人们去认识内具于人的儒家伦理道德和纲常秩序;人们只需内求于己,"收其心而不放"(《河南程氏遗书》卷第

程颐(图注)

二十五），便可以认识事物之理。

二、朱熹的"格物致知"论

朱熹继承了程颐的"格物致知"论，并作了进一步深化。朱熹认为《大学》在流传的过程中有脱文，遂据程颐之意，以补《大学》"格物致知传"。朱子所补的传文是："所谓致知在格物者，言欲致吾之知，在即物而穷其理也。盖人心之灵莫不有知，而天下之物莫不有理，惟于理有未穷，故其知有不尽也。是以《大学》始教，必使学者即凡天下之物，莫不因其已知之理而益穷之，以求至乎其极。至于用力之久，而一旦豁然贯通焉，则众物之表里精粗无不到，而吾心之全体大用无不明矣。此谓物格，此谓知之至也。"（《大学章句》）朱熹认为"格物"即"穷理"，就是去识得具体的理；"致知"是"致吾之知"，吾心无所不知，推而至于极，天地之理豁然贯通。在程朱看来，由"格物"到"致知"是自然而然的认识过程。

朱　熹

朱熹对程颐"格物致知"论的发展主要表现在以下三个方面。

（1）明确了"格物"与"致知"的关系。朱熹指出："致知，是自我而言；格物，是就物而言。"（《朱子语类》卷十五《大学二》）"致知"是从主体的人出发，"格物"是就外在的物而言。朱熹将"致知"与"格物"这种主客体之间的关系称为"主宾之辨"，"知者，吾心之知。理者，事物之理。以此知彼，自有主宾之辨，不当以此字训彼字也"（《晦庵先生朱文公文集》卷四十四《答江德功》）。朱熹认为，在认识论中，有主，有客（宾），人是主体（朱熹指出，人是用心去致知）；所格之物是客体，两者是存在一定界限的，不能混淆。但是这种主宾关系并不是绝对对立的。朱熹又说："致知、格物，只是一事，非是今日格物，明日又致知。"（《朱子语类》卷十五《大学二》）也就是说，在认识的过程中，要多在"致知"和"格物"上面下功夫。

（2）"格物"与"致知"有层次之分。朱熹指出："格物，是零细说；致知，是全体说。"（《朱子语类》卷十五《大学二》）也就是说，"格物"是以认识具体事物为出发点，是认知水平的低阶段；"致知"是从全局着眼，是在不断"格物"、不断积累的基础之上的融会贯通，是认知水平的高阶段。

（3）在"格物致知"的过程中，要充分发挥"心"的作用。程颐认为，要多学习、多读书、多贴近身边事才能"穷理致知"。朱熹指出，还要重视"心"的作用。在朱熹看来，程颐的这些穷理方法都离不开人心，"穷理格物，如读经看史，应接事物，理会个是处，皆是格物。只是常教此心存，莫教他闲没勾当处"（《朱子语类》卷十五《大学二》）。朱熹认为人心无所不知，心有辨别善恶、是非的能力；存在于心的义理是完备而无所亏欠的，所以人们只需通过内求将心中之理唤来。朱熹指出，学问之旨就在于"求其放心"，只要能把善心找回来，收拾起来，存养起来，是非、善恶就能分辨了。然而人心一旦受到私欲的沾染，人就难以识得自己的本心，就不能"致吾心之知"，更无法豁然贯通了。只有把丢失掉的本心找回来，心才能得正。心正才能真正识得内具于心中的义理。与程颐一样，朱熹的"格物致知"论虽然也讲对外在事物的认知，但其焦点仍在人的日常生活和道德领域，比如朱熹在与学生论辩"格物致知"时,就经常围绕着"仁""义""礼""智""孝""敬"等范畴。

关于知与行关系,程颐指出:"人力行,先须要知。"(《河南程氏遗书》卷第十八)程颐认为,知在先,行在后。朱熹继承了程颐知先行后的观点,他说:"夫泛论知行之理而就一事之中以观之,则知之为先,行之为后,无可疑者。"(《晦庵先生朱文公文集》卷四十二《答吴晦叔》)朱熹认为知是行的前提和基础,有了知的保障,行才能产生好的结果。他又指出,虽然知先行后,但行比知更为重要,"致知力行,论其先后,固当以致知为先。然论其轻重,则当以力行为重"(《晦庵先生朱文公文集》卷五十《答程正思》)。朱熹又说:"学之之博,未若知之之要;知之之要,未若行之之实。"(《朱子语类》卷十三《学七》)他认为,知必须通过实践落到实处,知与行要贯通,只知不行与只行不知都是错误的认识方法。他强调,知行相须,才能相互促进,人的认识是一个由浅入深、不断深化的过程,而认识的递进是由人的躬行实践来推动的。朱熹说:"方其知之而行未及,则知尚浅。既亲历其域,则知之益明,非前日之意味。"(《朱子语类》卷九《学三》)在关于知与行难易程度的问题上,程颐和朱熹稍有不同,程颐认为知难行亦难,而朱熹则认为相较于知,行则更难。

程朱学派"格物致知"论和知行观,强调知与行贯通和相互促进。从一般认识论的意义上看,就是理论与实践的统一性;从儒家伦理上看,则是为了实现"明明德于天下"的成德工夫,意在建构起来的主客体统一于人心的认识论、实践论、修养论。程朱理学派与陆王心学派的认识论有很大的不同:程朱学派主张理为宇宙的本原和规则,人需要发挥主观能动性去探究事物之理,并在此基础上知天理;陆王学派则认为心是宇宙的主宰,而宇宙就在我心中,"心"与宇宙同在,"心即理""心外无理",只要识心,就能识"天理"。陆王学派指出,人天生具有"良知"("良知"的意思是不虑而知,具体指的是人的道德意识),通过"致良知"而非读书、观察外物等方法便能尽得"天理"。相比而言,程朱的认识方法是先博览而后归之于约;陆王的认识方法是发明本心而后使之博览,程朱主张内外兼修工夫,陆王则更侧重于内修工夫。

第五节 "道统"论

理学家们所言的"道统"指的是儒家圣人之道的传授谱系和所传之道,包含了"道"的发展历程、具体内涵、传道之人等内容。程朱学派以"天理"论"道",彰显了时代特色和强烈的弘道意识。与以往儒者传道不同,程朱学派将传"道"从儒者高尚的心灵追求和具体实践发展成"道统"理论的自觉,从而建构起了体系化的"道统"论。

一、"道统"概述

"道统"论是宋代理学家独创的理论,具有强烈的理学特点。从广义的角度而言,自觉的传"道"意识始于上古时代。据儒家经典,尧、舜、禹时代,圣君所传之"道"是治理国家的经验总结和社会制度。西周以来,人文主义思想萌发,周公制礼作乐,重在良好社会秩序的构建,所传之"道"是"礼"和"乐"。孔子在总结夏、商、周三代尤其是西周思想文化的基础上,抽象出了"仁""义"等儒家范畴。孟子自觉传孔子之"道",进一步扩充、深化了"仁""义"等范畴,并将之与"心""性""天"等范畴结合起来,提出了认识"道"的方法:尽心、知性(养性)而知天(道)。汉唐儒者也以传承尧舜、周孔之道为志向,但一般而言,汉唐是制度化之"道",其内容是儒家伦理道德。唐中叶的韩愈、李翱等人为了排斥佛、老,明确指出了儒家之"道"是仁义,而传承者为尧、舜、禹、汤、文、武、周公、孔、孟。理学家认为汉唐儒者并不传孔孟之"道",从而避开汉唐,直承孔孟,他们对"道"进行了理学式的阐释。程朱学派依据《古文尚书·大禹谟》中的"十六字"——"人心惟危,道心惟微;惟精惟一,允执厥中"阐发了他们的"道统"思想。程朱学派的"道统"不仅仅是一个学术概念,还是一个政治概念,是学统和治统的统一。程朱学派之后的学者对"道统"问题的讨论依旧在其框架之内而未能有实质的超越。

二、程朱学派"道统"论的主要内容

程颐在《明道先生墓表》中讲到其兄程颢的功绩:"周公没,圣人之道不行;孟轲死,圣人之学不传。道不行,百世无善治;学不传,千载无真儒……先生出,倡圣学以示人,辨异端,辟邪说,开历古之沉迷,圣人之道得先生而后明,为功大矣。"(《河南程氏遗书》卷第十一)程颐尊其兄为周公、孔子、孟子之道在宋代的传承者,为昌明儒学批驳"异端"作出了巨大的贡献。在理学的背景下,二程所倡的圣人之道与韩愈所言"仁义"之道有一定的差别。二程认为,圣贤所传之"道"的本质内容是"天理",其载体是"四书"。在二程看来,"十六字心传"是上古圣王之"道"的精练的表达。二程说:"'人心惟危',人欲也。'道心惟微',天理也。'惟精惟一',所以至之。'允执厥中',所以行之。"(《河南程氏遗书》卷第十一)二程将"人心"与"人欲"、"道心"与"天理"联系起来,还进一步指出"惟精惟一"是方法,"允执厥中"是实践。更重要的是,二程指出《中庸》是孔门传授心法之书,这就为后来朱熹深入研读《中庸》和将《中庸》与"道统"结合起来奠定了基础。此"道"不但包含了重要的修身养性之方,而且还是圣王所传的治理国家的重要理念,并且在孔孟等人这里得到传承,而充分展现圣王、圣贤之"道"的就是"四书"。《论语》记载了孔子的言行,《大学》相传为曾子所作,《中庸》为孔子之孙子思所作,《孟子》记载了孟子的言行。程颐说:"孔子没,传孔子之道者,曾子而已。曾子传之子思,子思传之孟子,孟子死,不得其传。至孟子而圣人之道益尊。"(《河南程氏遗书》卷第二十五)二程以接续孔子—曾子—子思—孟子所传之道为己任,形成了他们的道学谱系。他们以"天理""中"释"道",将古圣君治国、修身之道上升至"道统"层面。此一方面是为了展示他们是孔孟学术之真传,具有学术上的正统性,另一方面还具有政治上的可借鉴性和合理性。这充分彰显了二程的学术自信和强烈的弘道意识、正统意识。

二程弟子杨时发展了"道统"学说,进一步将圣人所传之道与心性之学结合起来,提出从心性的角度去体验圣人之道。杨时说:"道心之微,非精一,其孰能执之?惟道心之微而验之于喜怒哀乐未发之际,则其义自见,非言论所及也。尧咨舜,舜命禹,三圣相授,惟'中'而已。孔子之言非略也。"(《杨龟山先生全集》卷十四)李侗又继承和发展了杨时从儒家心性论的角度论"中"的思想,他们强调,通过对"中"的体认而得"天理",得圣人之道。

朱熹在二程、杨时、李侗等人的基础上,在与同时代学人的学术交游中,完善了"道统"思想,建构了体系化的"道统"学说,成为"道统"学说的集大成者。朱熹"道统"思想的完善和"道统"体系的形成以淳熙十六年(1189)春三月所作的《中庸章句序》为标志。程朱学派的"道统"论主要包括以下三个方面的内容。

(1)程朱认为"道统"思想集中体现在《中庸》一书中。程朱指出,《中庸》是子思忧道学之不传而作,是孔门传授心法之书。在程朱看来,《中庸》一书记载的是尧、舜、禹所传之"道"以及在他们之后的圣王、贤臣、思想家对"道"的传承与发展。

(2)程朱以"十六字心传"为基础,以《中庸》一书为依托,阐述了"道统"论的主要内容。朱熹在二程基础上,将"天理"与"道心"、"人欲"与"人心"结合起来,并阐明了如何实现"中"的方法。"心"是灵虚的知觉,"心"虽有"道心""人心"之分,但二者是一"心",上智与下愚都可拥有。"道心"乃"天理","人心"乃"人欲"。"道心"源于性命之正,微妙难见;"人心"源自形气之私,危殆难安。如何存"道心"而"人心"有安呢?就要专一地守住"道心",正而不离,择善而固执之,让"道心"主于一身、充养于一身,"人心"中过分的欲望就会被遏制,"人心"就自然顺从"道心"了。所谓"执中"可从几个方面论之:从天理论的角度来看,所执之"中"就是"道""天理";从心性论的角度来看,"执中"就是情感之"未发"和"已发"无所偏倚、无过无不及;从方法论的角度来看,就是以"中和"的状态和境界去把握和传承圣人之道;从工夫论的角度来看,就是在日常生活执守、体验、感悟而得"中道"。这样看来,"十六字心传"讲的就是如何以心传道的问题。从学统层面而言,就是传承尧、舜、禹、孔、孟之道;从人性修养层面而言,就是要存养"天理",摒弃"私欲";从治统层面而言,就是要"格君心之非",程朱希望君主能将内圣与外王结合起来,建立良好的政治秩序。

(3)二程之后,朱熹对"道统"传承者的论述最为详尽。朱熹认为,道统的传人主要有三类,即古圣王、贤臣和思想家。古圣王有伏羲、炎帝、黄帝、尧、舜、禹、汤、文王、武王;贤臣有皋陶、伊尹、傅说、周公、召公;思想家有孔子、颜回、曾参、孔伋、孟轲。汉唐无人传道统。宋代传承者有周敦颐、程颢、程颐、李侗、朱熹,此外还有邵雍、张载、司马光。程朱学派以正源流、传道为己任,体现了其文化传承情怀。但无可否认的是,"道统"谱系的最大问题在于其有唯儒学是尊和排除其他流派学说之嫌。

在理学思潮的催生下,程朱学派以"天理"论"道",体现了"道统"论的时代特色。理学家们在传"道"的问题上,自觉地与汉唐诸儒划清界限,彰显了他们对儒学精神另一个维度的思考——精神的承接借助对经典的重释和个人的心领神会(心传、体验、内在超越)便可再现其生命力,从而得圣人之道。程朱学派的"道统"论是"道统"学说发展史上最重要的一环。他们综合前人之说,从而形成了系统化的"道统"论,还开启元、明、清时期"道统"问题探索之先河。

第六节　程朱理学的影响与现代价值

程朱学派是宋代理学最重要的学派之一,其彰显了宋代学术发展的水平。元仁宗延祐年间,程朱理学被列入科举,从而成为官方哲学,这种文化格局一直持续到清末。朱熹的《四书章句集注》成为科举考试最重要的参考书，受到士人的普遍重视。程朱理学对宋元明清的学术思想和社会生活产生了深远的影响，对今天的社会生活和精神文明建设也颇具参考价值。

一、程朱理学与儒学的创新和转型

唐代孔颖达编订的《五经正义》结束了南北朝经学的纷争，使儒学思想得以统一。到了宋代，制度化的儒学已经难以适应儒学自身发展的需求，加之释、道的冲击，使得经学、儒学发展受挫。复兴儒学是摆在宋儒者面前的重要任务。宋儒在"四书"、《易》中找到了儒学发展新动力，儒学研究开始由"经学"体系转向"四书"学体系，开创了儒学发展的新阶段，这个"新"，就表现在学术研究范式上的新突破。而程朱学派在儒学研究范式转型上起到了关键性的作用，这主要表现在以下三个方面。

（1）研究对象的转变。汉唐重视"五经"的研究，宋代理学重视"四书"的研究。程朱学派认为，"四书"记载了孔孟之言和圣王、贤者之道。从领会圣人之旨的角度看，"四书"比"五经"显得更为重要。

（2）研究方法的转变。汉唐经学主要从事经典文字之训诂以及经典所载名物制度之考证。而程子说"经所以载道"，且具有传道的功能，因此不必纠结于经典的注疏，而是要回归经典本身，从而探求圣人之意。因此，以己意解经是程朱解经的一大特色，他们将经学与哲学思辨结合起来，对经典作了理学式的阐释。

（3）研究内容的转变。汉唐儒学重伦理道德体系和社会秩序的构建，而程朱学派运用理性思维，将伦理道德上升至哲学的层面，还创建了天理论、心性论、格物致知论、道统论等理论。程朱学派将经学理学化，一方面适应了儒学发展的内在需要，另一方面可以应对佛、道的冲击和挑战。

应该说，程朱学派完成了时代赋予他们的学术之责和传道之责，复兴了儒学。他们倡导"四书"之学，开辟了经学和儒学发展的新视野。"四书"学在宋代的兴起和最终确立，并占据宋学发展的主流，促成汉学向宋学的创新和转变，程朱学派发挥了至关重要的作用。

二、程朱理学对中国古代社会的影响

南宋末年，朱子学一度成为官学。到了元代，元仁宗下令恢复科举考试，尊朱子"四书"学为学术标准。从此以后，程朱理学正式登上官方哲学的宝座，并对之后的国家政治和社会生活产生了重要影响。

（1）从政治层面来看，程朱理学在元、明、清成为社会意识形态，对社会稳定和政治建设有积极作用。程朱学派将儒家伦理、政治与哲学结合起来，将伦理、政治上升至"天理"的高度，从哲学层面论证了儒家伦理和政治学说的合理性。程朱学派认为，"天理"比君权更为重要，君主必须遵"天理"行事，所以对君主的德行要求也很高。程朱提出要"格君心之非"，希望君主接续古代圣王之"道统"，将内圣和外王统一起来。在君权之上设置"天理"，无疑可以约束君主，防止权力的无限膨胀。

（2）从社会伦理层面来看,程朱学派将儒家的人伦关系、纲常秩序上升至"天理"的高度,指出人伦关系、纲常秩序都是"天理"的表现形式,从"天理"的角度证明了伦理纲常的合法性。既然人伦关系、纲常秩序合乎"天理",那么佛、道出世的价值观就该批判。从这个角度来看,程朱理学对于儒家的伦理道德和社会结构的稳定有积极意义。今人对程朱理学的一些观点是有误解的,如程朱学派提出"存天理,灭人欲"的本意是要人们关注自己的内心,存养好自己的善性,不要被外在的物欲所迷惑。值得一提的是,程颐提出的"饿死事小,失节事大",该命题的重点并非是孀妇是否可以再嫁,而是说在"饿死"("义")与"失节"("生")之间,宁可选择"饿死"也不能失去傲骨和气节。实际上,在任何社会和时代中,道德理性是社会有序的基础之一。后来,程颐所提出的"饿死事小,失节事大"的命题被误解,成为桎梏人性的教条,而缺乏应有的人文情怀。

（3）从个人修养的层面来看,程朱学派关注人的心性修养,重视个人的道德品质,对于社会风气之醇化、良好的社会环境之培育皆有积极意义。程朱学派提出的"敬""慎独""涵养"的观念和修身方法被后人所推崇,这些观念和修身方法对于儒家君子人格之塑造亦有积极意义。

三、程朱理学的现代价值

20世纪初,新文化运动的倡导者高举民主与科学的旗帜,提倡新道德,反对旧道德,儒家文化遭受到了前所未有的抨击。不过,一批走出国门后又回到祖国的知识分子发现西方的制度和文化也存在着局限性,他们重新审视中国固有文化的价值,寻找中国文化和社会发展的新出路。在这群知识分子中,出现了以熊十力、梁漱溟、马一浮、冯友兰、钱穆、贺麟等人为代表的第一批现代新儒家。他们在努力思索中国文化的前景和社会发展方向的过程中十分重视程朱理学,在他们看来,程朱理学在文化的重建中有着重要的意义。如冯友兰构建的"新理学"体系就是接着程朱理学讲的。在新的历史背景和社会环境下,今人当充分发掘程朱理学的思想价值和精神财富,从而为社会文化建设提供有益的思想资源。

（1）从文化建设的角度而言,程朱理学中的优秀成分可以对构建中国特色的社会主义文化起到积极作用。当今世界,多元文化并存,中西文化有冲突亦有融合。如何在多元文化并存的世界中彰显自己独特的价值和取得长足的发展,就必须认真审视自己的民族文化。自汉武帝表彰"六经",儒学便成为社会的意识形态。虽然几经沉浮,但儒学依然深深根植于中华儿女的灵魂深处,并对中国的政治、经济、社会、文化产生了深远的影响。今日的中国由昨日的中国发展而来,未来的中国是今日中国发展的结果。连接过去、现在和未来最强有力的纽带不是经济,而是我们的民族文化。程朱理学是儒家文化中重要的组成部分,其对民族精神和民族性格的塑造起到了重要的作用。建设具有中国特色的文化离不开中国固有之文化,而作为中国文化重要组成部分的程朱理学完全可以为今日之文化建设提供思想资源。

（2）从经济、科学技术发展的角度而言,程朱理学也可以给今人有益的启示。中国的经济、科学技术已非过去之面貌,其发展速度之迅猛是前所未有的。经济和科技的发展固然重要,但一味地追求经济利益和效率,会造成人被物役的严重后果,只有将经济、科技的发展与人文精神结合起来,才能真正造福人类。工具理性与价值理性的失衡让今人不得不开始重视人文的关怀。人文精神是儒学的基调,程朱学派重视人生价值的实现,强调人的社会责任感,倡导人们通过自己的努力做到修己安人。在经济和科技高速发展的今天,程朱理学的人文关怀、道德理想无疑可以对社会有补益之意义。

(3)从社会发展的角度而言,程朱理学也可给今人以启迪。在社会发展的过程中,诸多不和谐的现象和问题需要解决,否则将有碍社会的向前发展。比如社会的发展与自然环境的矛盾;在经济和社会交往的过程中,欺诈、不诚信、不友善的现象时有发生。程朱理学的最终理想在于追求天人和谐,这个"和"表现在许多方面,如人与自然的和谐、人与人的和谐、人的自身和谐等。在程朱学派看来,良好社会秩序的构建需要天、地、人三者的和谐共处,这种观念无疑可为今天和谐社会之建构提供有益的启发。

(4)从个人修养方面来看,程朱学派的一些道德观点和具体的修身养性的方法可供今人借鉴,如提倡仁义、礼节,重视家庭、孝道,看重个人气节,有强烈的爱国主义情怀。这些宝贵的品质在今天依然闪烁着光芒,值得我们学习。程朱学派提倡内外兼修,不但重视读书识理,还重视人的内在修养,强调要通过"敬""慎独""涵养"等工夫来提高个人的素养,完善人格。这些修身方法可以给今人立身行事以启示。

程朱理学的很多议题是由二程发起,至朱熹而臻于完善。今天人们应该站在新的历史高度,对程朱理学作出新的评价,既看到其合理优秀的成分,也应该看到其不合时宜的部分。程朱理学对于宋代以来中国社会的影响是巨大的,对中国人的价值判断和立身行事也产生了根深蒂固的影响。程朱学派构建起来的精密的哲学理论,将中国哲学引向了思辨化的方向。不过程朱理学的理论局限性也是显而易见的,如排他性的道统思想,重道轻文的思想,过分强调"天理"对"人欲"的制约,忽视人道德实践之外的其他社会实践,内圣重于外王等,随着时代的发展,这些弊端日渐显露。在新的历史条件下,程朱理学曾有的合理优秀成分应该与时偕行,不断实现理论的创新,从而实现其现代转换,以备今日学术研究和精神文明建设之需。

阅读书目

1. 张载:《张载集》。

2. 程颢、程颐:《二程集》。

3. 朱熹、吕祖谦:《近思录》。

4. 朱熹:《家礼》。

5. 吕思勉:《理学纲要》,上海三联书店 2014 年版。

6. 钱穆:《宋明理学概述》,九州出版社 2020 年版。

7. 杨立华:《宋明理学十五讲》,北京大学出版社 2015 年版。

8. 陈来:《宋明理学》,华东师范大学出版社 2020 年版。

思考题

1. 程朱理学所说的"天理"的内涵是什么？

2. 何谓"道统"？韩愈、二程、朱熹重视"道统"的原因是什么？

3. 结合材料，谈谈你对程朱学派"饿死事小，失节事大"这一观点的理解。

问："孀妇于理似不可取，如何？"曰："然。凡取，以配身也。若取失节者以配身，是己失节也。"又问："或有孤孀贫穷无托者，可再嫁否？"曰："只是后世怕寒饿死，故有是说。然饿死事极小，失节事极大。"

又问："再娶皆不合礼否？"曰："大夫以上无再娶礼。凡人为夫妇时，岂有一人先死，一人再娶，一人再嫁之约？只约终身夫妇也。但自大夫以下，有不得已再娶者，盖缘奉公姑，或主内事尔。如大夫以上，至诸侯天子，自有嫔妃可以供祀礼，所以不许再娶也。"(《河南程氏遗书》卷第二十二下)

"昔伊川先生尝论此事，以为饿死事小，失节事大。自世俗观之，诚为迂阔。然自知经识理之君子观之，当有以知其不可易也。"(《晦庵先生朱文公文集》卷二十六《与陈师中书》)

第十五章 陆 王 心 学

宋明理学有广义和狭义之分，广义的宋明理学包括陆王心学，而狭义的宋明理学不包括陆王心学。本章所言心学，所取者为狭义。心学是儒学的一个派别，发端于先秦，至南宋陆九渊而门庭大开，有与程朱理学分庭抗礼之势。明代王阳明将心学发扬光大，并提出心学的宗旨在于"致良知"。在中国思想史上，心学人物众多，然而心学最具有代表性是南宋陆九渊和明代王阳明，因此以二者为代表的学派被称为"陆王心学"。

第一节　宋明心学的来源

心学出现较早，可以追溯至孟子。孟子说："学问之道无他，求其放心而已矣！"（《孟子·告子上》）同时要"尽其心"才能"知其性"（《孟子·尽心上》）。王阳明说："圣人之学，心学也。"（《象山文集序》）他认为心学是古代圣王圣人相传的学问。此是宋明心学的第一个来源。

《孟子》引颜渊之言曰："舜何人也，予何人也，有为者亦若是。"（《孟子·滕文公上》）"人皆可以为尧舜"（《孟子·告子下》），意思是人人都可以成圣人，只在你有没有心去学做圣人；如果有心，人人都可以做圣人。因此，孟的教法是人人可为，人人可能。圣人不是在我之外的另一种人，也不是天生的。而成为圣人的方法就是"存（操存涵养）放心（放失的本心）"，使"本心"不"放失"。这是心学提倡圣人人人可为、人人可能和圣人不异于众人的思想资源。此是宋明心学的第二个来源。

《周易》最重要的宗旨是"无大过"（不犯大错），《周易》中圣人教人之法只在"简易"两字，因为"易则易知（道理简单，就容易使人明白），简则易行（实践简要，就会让人做得到）"。"简易"二字，是宋明心学的第三个来源。

北宋理学虽已认识到心性的重要，但是理学家们的学术体系的重心多落实在本体论、宇宙论、理气说上，由此展开的认识论就要求必须广博读书，研究一事一物之理。这就需要长期知识积累的工夫和分析综合的思考能力，但不是人人都有读书的机会和读书的能力，并且书也读不完，知识也追求不尽。至于哲学中形而上的问题更是高深得令人生畏，精辟的分析也需要天分。天资甚高的王阳明花了七天，也悟不出庭前竹子生长的道理，他泄气地认为圣人之学于自己无分。陆王反对只读书，因为书上知识不一定有用，与"我"的道德修养的"补过"和"境界提升"也不一定有关联(尤其是研究作为客体对象的"物"的科学知识)。因此,他们认为程朱通过读书穷理以达圣人之境的做法是错误的。这是宋明心学兴起的第四个来源。

程朱学做圣人的工夫除读书穷理外,还有"主敬"。朱熹释"敬"为"主一无适"(专心一意,勿胡思乱想。"一"即一处之义。"适"即"往"之义)。王阳明认为"敬"只是在念头"已发"(已发动、已呈现)处下工夫,而不是在工夫的根源处——"未发"——就用心留意,去克除不好的念头,因此他认为程朱理学的工夫论未到家。这是宋明心学兴起的第五个来源。

总之,在心学之前产生的"理学",无论是他们的学说宗旨,还是实践工夫、教人方法,都和圣人教人的主旨和修养方法有所不同。于是陆象山依照孟子、程颢心学思维的进路,正式提出"心即理"的心学。

第二节　陆象山的心学思想

一、陆象山的人生经历

孟子曾说:"读其书,不知其人,可乎?"(《孟子·万章下》)要了解陆象山学说的精义,自不能不识其人。

(一)陆象山的家风与家政

陆九渊(1139—1193),字子静,抚州金溪(今江西金溪)人,南宋哲学家,因其讲学于象山书院,学者称其为"象山先生"。

陆象山的先世为舜的后代,战国时被田齐封于平原般县陆乡,号陆侯,因此改姓陆。陆象山的八世祖(陆希声)、十二世祖(陆景融、陆景倩)及十四世祖(陆余庆),在唐代声名显赫,且贵为朝中重臣。五代末期,陆德迁迁至江西抚州临川金溪,为金溪陆氏之祖。其后高祖(有程)、曾祖(演)、祖父(戬)、父(贺)虽多好学,但不事生产,陆门遂由世家豪族渐渐家道中落。虽然如此,陆门仍然"食指以千数","蔬畦不盈十亩……聚族三千余指"(《西江陆氏家乘·陆九思传》)。

陆象山

陆贺生子六人,分别是九思、九叙、九皋、九韶、九龄、九渊。为解决上千人之生计,陆贺实施家长制的管理方法:"一人最长者为家长,一家之事听命焉。"(《宋史·陆九渊传》)家长"岁迁子弟,分任家事,凡田畴、租税、出纳、庖爨、宾客之事,各有主者"(《宋史·陆九渊传》)。陆家就是在"家齐"之下同心协力,通过"重农、兴商、办药"把整个家族振兴起来。在农业生产上,推行"深耕易耨"方法,使农田产量提高四倍,满足了家族的基本生存需要。陆九叙专营药店,办得红红火火,使陆家有了足够的金钱置办房舍,兴建祠宇,拓展人脉。不久,陆家就成为富甲一方的人家。不仅如此,陆家还制定了《家法》《家问》《家规录》以维护家族内部的秩序。陆象山曾被差选掌库三年,又同二哥学习中药,深知"良药医国"与"执事敬"的道理,这对他的学术主张与治国能力的提升都有相当帮助。

陆家在当时朝廷摈斥二程学问的社会背景下,由陆九皋主讲,陆九韶、陆九龄、陆九渊"相与探讨圣道",更相为师友,讲论诸子百家、阴阳、星历、五行、卜筮之说。由此可知,陆氏家学择善学习,不主一家。陆象山有子二人。长子陆持之,著有《戆说》《周易提纲》《诸经杂说》,主讲东湖书院,不仅能发挥象山"自得"之学、整理象山遗嘱,又能广延朱子门人黄榦、饶鲁讲明圣人之学。次子陆循之亦得象山旨趣,并协助父兄处理荆门事务。

从陆氏家族重振家门、重农兴商办药、讲学齐家睦族的实学实事风范,我们可知陆象山的学术是与家风、家政息息相关。陆象山不是空谈的学者,他是有经国济世才能的政治家。

(二) 朱子、陆象山的鹅湖之会

南宋孝宗淳熙二年(1175),朱熹与陆象山在吕祖谦的安排下,于闽、浙、赣三省交会处的信州铅山(今属江西)鹅湖寺举行了一场治学方法的论辩。这场论辩的参与者还有陆九龄及若干朱陆门人。

朱子探讨理学的方法是通过研究事物而获得道理,要穷理就须泛观博览而后归于简约。陆象山认为心学的治学之道是先发明人之本心,而后使之博览。朱子主张向外求索事物之理,故须多读书。象山则认为先识得自己本心,使本心做主一切,再广泛博览。

在这场论辩中,陆九龄首先用诗表达心学的态度,内容是:"孩提知爱长知钦,古圣相传只此心。大抵有基方筑室,未闻无址忽成岑。留情传注翻榛塞,著意精微转陆沉。"(《宋名臣言行录》外集卷十五)这是批评朱子治学太重视读经书注解,又刻意探讨精微的理气说。陆九龄认为如此会使孔孟的圣人之学"榛塞"(意即被茅草堵塞),并且使做人、成人之学如大地陷落。

陆象山则认为"孩提知爱长知钦"不只是古贤才有。他也作了一首诗:"墟墓兴哀宗庙钦,斯人千古不磨心。涓流积至沧溟水,拳石崇成泰华岑。易简工夫终久大,支离事业竟浮沉。欲知自下升高处,真伪先须辨古今。"(《鹅湖和教授兄韵》)象山认为,"先立乎其大"的"本心"说是最容易最明白的工夫,只要本心不断扩充完备,终会成就可大可久的事业。在象山看来,朱子留心注解的为学方法是以琐碎细微教人,反使人糊涂,或心生畏惧,所以它只能使人心向下沉落。

鹅湖之会后,朱熹与友人书说,二陆兄弟太相信自己"本心"说,认为心是完全的善,不知心有善有不善(即"心统性情",意指心中有纯然全善的性,也有可以善可以恶的情)。

鹅湖之会使朱陆为学次序的不同完全展现出来,长达几百年的朱陆异同之辩也由此拉开了序幕。

(三) 荆门新政

南宋光宗绍熙二年(1191)七月,陆象山奉诏主持荆门(今属湖北)军务。他一上任,就以自小的家政训练经验为基础去了解荆门当时的种种问题,如财务、户政、住房、道路、农田、守备等,并有计划地治理荆门。

第一,荆门乃古代争战之场,是防金人入侵之要地,所以陆象山首先修城墙,募义勇,编军籍,强化正规军与地方军,实行王安石的保甲制,以保护民众财产与生命安全。修城墙仅耗时二十天,经费只有预算的六分之一。由于此举未伤民财,所以甚得民心。

第二,荆门此前多设关卡,苛捐杂税问题十分突出,官吏中饱私囊,腐败严重。陆象山遂废除关卡,并对税收作了合理的调整。

第三,设医院以救济百姓。此源于他家中办药的经验。

第四,兴办学校。象山亲自讲经论道,倡导文风。

第五,改变地方陋俗。地方有节庆时,往往用道教斋醮的方式,祈天求福。陆象山以《尚书·洪范》"敛福锡民"为据,用"皇极五福"教导民众。他认为本心的得、意念的善才是幸福的来源。

陆象山将其心学的主张融合于荆门新政,取得了"财丰民和"的效果。因此,南宋文人周必大称象山的成就乃"(心学)躬行之效"(《宋史·陆九渊传》)。而陆象山的"治事以义"的行政原则,也是心学从政的功效来源。

可惜的是,荆门新政施行一年三个月之后,他就永别了人世。朝廷和地方为他办了表彰大会,并立祠堂于县学,春秋两季祭祀。

二、陆象山的学说

(一)学术渊源

陆象山的家学奠定了他务实的治学态度。除此之外,陆象山受孟子、程颢和禅学、道教的影响甚深。

陆象山曾说自己是"读《孟子》而自得"(《象山语录》),"自得"是孟子、程颢教人之法。孟子说:"自得之则居之安,居之安则资之深,资之深则取之左右逢其原。"(《孟子·离娄下》)程颢也说:"天理二字,却是自己体贴出来。"(《二程外书》卷十二)所以,自得是由实践体会而来,它既有实践后的真知,也有会通后的自得自适之乐。

陆象山论学,征引《孟子》语句最多。引用《孟子》最多的是《先得我心之所同然章》《良知良能章》《先觉后觉章》。"先得我心之所同然",即是说圣人不异于众人;"良知良能",则是发挥每个人都有不待学而能,不待虑而得的先天的善;"先觉后觉",是说一个士人必须能匡救世风,兴办教育,立德树人。

北宋末期,由于新旧党争,洛党的学术是被朝廷禁止的。程颐的学生甚至不敢承认程颐是自己的老师。陆家兄弟在程氏兄弟被禁读时,还讲论二程理学。由于程颢的学说与孟子思想近,故受到陆象山的欢迎。二程之中,陆象山主要继承的是程颢的学说。

陆象山继承程颢学术的内容有"天理"说、"自得"说、"识仁"说等。程颢认为,仁是四端之总德(分言之,即仁义礼智;合言之,仁可以代表义礼智),而仁是上下通(形上形下一贯)、内外通(打破人我限制),它具有天人合一、物我合一的特质。陆象山的心学与程颢此说甚近。在工夫论上,程颢主张"学者先须识仁,仁者浑然与万物同体,义礼知信皆仁也。识得此理,以诚敬存之而已,不须防检,不须穷索"(《河南程氏遗书》卷二上),此正与程朱"涵养须用敬,进学则在致知"(《四书或问》卷二)的观点相反,而受到主张"易简工夫终久大"(《鹅湖和教授兄韵》)的陆象山的欢迎。

陆象山与佛教徒有往来,他吸收禅宗"不立文字,直指本心"的教法,提出"某则不识一个字,亦须还我堂堂地做个人"(《象山语录》)。禅宗呵佛骂祖,破除偶像,陆象山则说"六经注我，非我注六经"（《象山语录》）。禅宗的机锋、活在当下、活泼指点等顿悟法门的教法，皆被陆象山运用于教学。

需要指出的是，陆象山确实是儒林人物而非佛门中人。陆象山只是吸收佛教教法的亲切处、机锋处，从而使得他的教法更能打动人心。

（二）学术宗旨

1. 宇宙观：宇宙即吾心，吾心即宇宙

陆象山天分奇高，三四岁时，他便问父亲天地的界限在哪里，这使得他的父亲和兄长大为惊异，遂决心好好栽培他。

陆象山读到古人所云"四方上下曰宇，往来古今曰宙"时，大悟曰："宇宙内事，是己分内事。己分内事，是宇宙内事。"（《象山集·杂说》）四方上下指的是空间，往来古今指的是时间。时空的结合就是宇宙。宇宙是无边际的，因此人的认识也应是无边无际的。此说法源自象山的家庭经验。陆家人口众多，象山早就习惯所有人的事都与自己有关，而要治众人之事，必先知众人之心，要知众人之心，必先知众人所同然之理（即"将心比心"的意思）。

"宇宙"的思考是陆象山思想的起点。但陆象山的"宇宙"不只是古书上时空概念那么简单，它还有其他更深刻的含义。

心在人的身体内，只是方寸之地，十分地小。可是心有思考、想象、综合、分析等能力。心可以上天入地，四处驰骋；无古无今，跨越时空。因此，宇宙有多大多长，心的认识就可以有多大多长。宇宙间的一切事物被人所察知，都是因心的觉察认知的作用；宇宙的事物，就是人（我）分内应努力的事。象山看到了心（心量）的伟大与浩瀚，充分地体会到心（心思）如果只停留在近处、小处（即小范围、小问题）思考，就见不到宇宙之大（浩瀚无穷）。唯有将心（心思）的思考范围扩大到极广极大之境地，才能超越"小我"（自私自利），实现"大我"（民胞物与，天人合一）。所以，心不受障蔽，心的世界就如宇宙般没有穷尽。

陆象山认为，宇宙无限，人却把自己隔在宇宙之外，不去享受大世界的自由与幸福，却只眷恋自己的私利的小地盘，这实在是可惜的事。另外，宇宙所承担的事也就是我所应承担的事。宇宙天天不断地在生生变化，我也应生生不息，自强自立，效法宇宙的伟大睿智。因此，唯有认识到自己生命具有无限可能的潜力，才能懂得宇宙的真谛，并发挥自己生命的最大能量。

2. 心性论：心即理，本心即天理

陆象山认为人心的能量很大，它可以大到和宇宙一般。而宇宙中的一切是有其天然的规律、秩序，又是平衡，和谐的。人只要认识到此和谐的秩序，自然会大公无私，并使社会也会走向美善。

心如何认识天理呢？陆象山说，首先要真信"心外无理""心外无物""心外无事"，因为"理不在事上"，也不在心外。朱子说"在物才是理"，所以朱子的理是在客观的事物上的。人要多读书，积累经验，慢慢地从一个个事物的理中归纳总结，才能认识所有的、最终的理。陆象山对此说法不以为然。他认为理虽在事上，但必须用我的心去认识、去判断它，这个事的理才会显现。也就是说"在物为理"的认识是粗糙的，"心在物为理"的理解才是

精确的。这也就是他主张"心外无物""心外无事""心外无理"的原因。

"心即理"的核心在于对心和理的解释。陆象山用"本心"解释"心",用"天理"说明"理"。陆象山认为心是至明、至灵、至大、至广,并具足一切的理的。一般意义的心会被私欲所障蔽,它不是陆象山所说的心。陆象山所说的本心是指无障蔽、无污染,具足至善之理的初发心、根本心。它使人的规范内在于心,而不是外在社会制定的法律规范。所以,本心是自我本具的心,是珍贵的善性,是"人之所以为人"(人的尊严和价值所在)的根据。它洁净光明,禀自天赋(不假外求),人人自有,人人自能,是人真实而有、真实存在的真心。此"本心"具有能量,依它而行才会自动、自主、自发、自强不息去做正确的事。所以,只要认识到本心,不放失本心,那么所思所行均能合于理(即善)。

陆象山认为,理普遍于宇宙,不由得人私意想象创造。理是规范、准则、依据、理想、目标,它具有永恒性、普遍性、至善性;理是不增不减,不会灭失。"理"上加"天"成为天理,天理就是众理之所以然。天理一方面与物理(按:理原指玉石上的纹理,它是一物之理)相区别,另一方面表现出崇高性、权威性、尊严性、客观性、超越性、自然本有性。

陆象山"心即理"的深义是准则在我心中,不在心外,我心具足一切的理,所以圣贤不是由才气学问而来。在读书上求理,往往不是逐外而不返于内心,就是百读不通,困惑终身,或者困在枝节事物上,只见部分而不见全体。人只有明白地察识光明的本心,并由其作主,不欺骗它,不障蔽它,所作所为就自然会合于天理(真理、善理)。

3. 工夫论:"先立乎其大"与"易简工夫终久大"

陆象山认为心外无物,因此他认为求天理的唯一方法是反求本心、"先立乎其大(大,指本心)"(《与冯传之》)。

孟子说"先立乎其大者,则其小者弗能夺也"(《孟子·告子上》),"大"和"小"在孟子处是指"大体"和"小体"。大体是"仁义礼智"之善性(善心),小体是指口腹之欲、名利之心。一般人往往只看重"小体"的需要,天天竞逐于此。而忘了人还有"生,我所欲也;死,非我所欲也。所欲有大于生者,则舍生取义"的思考。因此,陆象山极重视公私义利之辨。公私义利往往是在一时起念下决定的,却能影响一个人的一生。当私、欲、利一念兴起时,我心自然会知。此时若由本心做主,经过一番义利之辨的天人、公私交战后,选择了正确的"大体"方向,光明的本心就不受障蔽;若选择错误的"小体"方向,光明的本心就会受到伤害,并被障蔽。所以,此处是"壁立万仞",一点欺瞒不得。这种工夫(只由本心做主,毫无他念)是最简单的,也是最困难的。渡过这关,所做之事,所读之书,所说之话,就不会犯错误了;光明普照天地,阴影随之消失。这就是陆象山"先立乎其大"的真实意涵。

"易简工夫终久大",此语源自《周易·系辞传》。《系辞传》曰:"乾以易知,坤以简能。易则易知,简则易行。"意思是乾坤的道理是平白易晓、简单易行的。陆象山心学的特色无他,本心做主而已。有人问象山,你的学问就是如此简单吗?象山说只有此"易简"二字,再无其他要旨。一般人总认为学问要大要多,才能让人佩服,但是象山反其道而行,他要人亲自实践体会,拥有真实感受,经由实践而不断深化。因此,象山的"易简"是要人自己做自己的主人,自问本心是否还在心中。其实这种实践并非易事,它需要持之以恒,习惯成自然。

4.本体论：无极太极之辩

陆象山与朱子在读书方法上是不同的,在本体论上也有差异。"无极而太极"是周敦颐《太极图说》的首句,"无极"与"太极"的关系,一直备受争议。朱子认为无极就是太极,太极、无极本是一事,只是太极是言理的真实性与确实性存在,无极是言理的形而上特质。

陆象山的哥哥陆九韶首先对"无极"二字提出反对意见,同时对张载《西铭》"仁者浑然与万物同体"的仁体说也表示质疑。陆象山承九韶之意,略加调整。他只对《太极图说》有异议,于张载仁体说则搁置不论。

陆象山与朱子就"无极而太极"展开讨论的往复书信就有七封。朱子认为凡有形有象者都是器,其所以为器之理者才是道;陆象山则认为道就是在阴阳的变化中。人事的盈虚消长,向背顺逆,存亡得失,出入行藏,莫非一阴一阳的变化,也就是道的变化,所以《周易·说卦传》说"立天之道曰阴与阳"。朱子回复说,凡有气莫非天,凡有形莫非地;气是形而下者,道是形而上者。在朱子看来,道是先在、外在,气是后在、附在;太极在无物之前、阴阳之外,所以说"太极本无极"。朱子还指出,太极虽在无物之前,未尝不立于有物之后,在阴阳之外,而未尝不行于阴阳之中。依此思路,朱子就将"理先器后"与"理气不杂""物物一太极"融合在一起。

朱陆对道器和形气的不同看法,导致他们对心性的认识出现差异。陆象山认为形(身体)气(情绪、能量、气场)的心是理,朱子则认为心是气(能知觉的气)。在朱子看来,心虽有知觉,却不一定有真知觉(正确知觉),只有性全是理。朱子不喜言心,而喜言性,他主张"心统性情"。所谓"心统性情",意即当心是性时,心是全然的善;当心是情时,心有善有恶。由于情不是全然的善,只有化去情中的不善,使其全归于善,心才是全善。陆象山则认为心只是纯然、圆满、具足的善(心即理),心若有障蔽,那么将蔽障去除就回复到纯善了。

三、陆象山学说的影响

陆象山的存本心、先立乎其大、公私义利之辩的学说和为学方法是容易贴近和把握的,因为人只要立志、无我,就能与事物没有障蔽,人心便与宇宙合一了。朱子后学詹初曾称赞陆象山为天资极高的人,元代吴澄也说陆象山有得于道、壁立万仞。

陆象山善于甄别人的精神和气度,所以他在指出人内心深处隐微的病痛的同时,又会激发人向上奋起的志气,要人"轩昂奋发"(《象山语录》),"大纲提掇来,细细理会去"(《象山语录》),"沛然无碍"(《象山语录》),而不是停滞在卑陋凡下处。象山的学生个个幡然悔悟,自立自强,自做主人,多有卓然自立的气概。陆象山讲学方式与二程的私人朋友之间的讲习不同。他喜欢公开演讲,聚会讨论。象山讲学,听众往往成百上千,这种方式对当时社会讲学论道风气的形成有很大的影响。

从现代心理学的角度来看,陆象山无疑是自控力极佳的人。象山认为只要认知本心,体会本心并确实掌握,不使放失,就是本心当家,自然不会犯错。对于心气浮躁、思绪纷扰、随俗浮沉、缺乏公私义利或清楚认知的人来说,陆象山的学说无疑是一剂治心病的良药。

第三节　王阳明的心学思想

一、阳明心学兴起的背景

明代初期的学者虽多以朱学为主,但已有摆脱文字和笺注烦琐、返向自家身心的提法。当人们未与外物接触时,此时的喜怒哀乐未受到刺激,故没有反应。这就是《中庸》所说的"喜怒哀乐之未发谓之中"的"中"。此"中"的意思是无过无不及,是善,是最理想状态。不过人需要面对和处理周遭的人与事,心情就会有喜欢和不喜欢,情绪就可能会有过与不及的反应。因此有人主张要"绝物累",或以"外物为恶",从而保持内在喜怒哀乐之"中"。但这种"恶外物"的心态是错误的,正确的做法是涵养自己的心,使自己的心不受外物干扰。确切地说,就是正确地处理外在的人和事,让人的喜怒哀乐之情在应付外物时都合于节度、规矩。

明初的吴与弼曾就此问题发表"外物何曾为累"一说,认为未与外物接触时,我的心自不起私心;当与外物接触时,也不应主观地以我的心来判断。而是要遇合外物之实际状况后,人才以最恰当方式处理外物。这就是说要正确反映或回应外物,而不是以"我见"附着于物,不以主观情绪面对外物。

吴与弼的著作名为《日录》,即每天反省自己思想和行为以及内心体认的记录。由此可见,明儒从一开始即注重"心"上工夫。王阳明心学体系的建构受到了吴氏学说的影响。

黄宗羲认为,明代学术至陈白沙始入精微,至王阳明始发挥心学的广大效用。陈白沙(陈献章)是吴与弼的学生,不过陈白沙认为其师没有解决心与理如何合一的问题,也没有说明成圣人的途径。陈氏认为,心是广大,心是理,心是把柄,只要能求见吾心之体,就是得此把柄入手,就没有其他事。意即一切具足,不再外求。陈氏还指出,由于此理关系至大,无内外,无终始,无一处不到,无一息不达,所以人只需认识自己的心体,拿来作把柄,然后才能体知物理、合圣训,应酬日常活动。而要把握此理,必须静坐中养出端倪头绪,方有可商量处。而此"养出"之法,必须是心上不容一物,不容以主观意志作为主导,因为心容一物则有碍、有累于心。虽然陈白沙重心,也主张圣人之心廓然大公,感而遂应,但是他主张的感应是自然的,并未申明如何感应才算恰当。这个问题,就留待王阳明来解决。

与王阳明同时代并中分天下学术的学者名为湛若水。湛若水,广东增城(今广东增城)人,曾向陈白沙问学,是与王阳明辩难的学侣。陈白沙主张在静坐中自悟自得,而于如何感应外物才算恰当并无交代。鉴于此,湛若水主张"随处体认天理"(《明儒学案》卷八),其所谓"随处体认",就不仅仅是静坐时才体认。湛若水认为王阳明的"格物"只是在心上"正念头",没有学问之功,与儒家读书学古之志趣不合。王阳明认为吾心之理即万物之理,湛若水则认为天地万物之理才是吾心之理。

二、阳明心学的内容

(一) 思想与人生阅历之间的关系

王阳明曾说他的"致良知"说是从百死一生中得来的。因此,若不知阳明的人生经历,就不会晓得其学问的可贵与价值所在。

王阳明的学问在没有自立宗旨以前有三变,"初为辞章,次为佛老,最终则心与理一,归宗于儒"(《明儒学案》卷十)。三十七岁龙场悟道后,其学术又有三变,始提知行合一,主静坐收敛,是一个猖者;继说致良知,主事上磨炼,是一狂者;最后天泉证道,认为讲学不可一偏,既要适合上根人,也要为下根人说法,此时他的讲学主张中道。

以上是叙述阳明学问时不可不知的纲领。其生平事迹大致如下。

王守仁(1472—1529),幼名云,字伯安,别号阳明。生于浙江宁波余姚瑞云楼。父亲王华,为明代状元,吏部尚书。

十二岁时,阳明问塾师"什么是天下第一等人""什么是天下第一等事",已可见其立志不同凡人,思考十分深入。

十五岁时,出游居庸三关,学习骑射,以驱逐胡人,可知阳明少时思立功业。

十七岁,结婚当日,至铁柱宫,见道士趺坐地上静坐,遂习养生术,以锻炼体魄。

十八岁,谒见娄谅,认为依娄谅之教诲做去,"圣人必可学而至"。此时,阳明想学做圣人。

二十一岁,在京师,依朱子"格物"的教法,格竹子七日,谓学做圣贤要有天分和缘分,而自己无此天分与缘分。遂改习辞章、养生家言,又习兵法。

三十一岁,习静坐于阳明洞,但无法忘却对祖父母及父母的感情,遂不学道士出家,而回归儒家亲情伦理。

三十四岁,与湛若水共倡圣学。

三十五岁,得罪宦官刘瑾,被贬至贵州龙场驿。其后三年,刘瑾派人沿路加害,这是王阳明一生第一次遭遇患难。

三十七岁,抵达贵州后,以石棺自陪。思考圣人如果和我一样遭遇,他是如何解决眼前的问题呢?有一天晚上,他悟到荣辱可以俱忘,生死也可以不萦绕内心的道理,遂提出"致良知"之说。翌年,主讲贵阳书院,开始论及"知行合一"说。

三十九岁,告诉学者于静坐中要收"放心",不使任何不好的想法占据内心。

四十岁,在京师论朱陆之学。

四十二岁,至滁州,指示学者于静坐中要省察、克制思虑萌动处的人欲。

四十三岁,为避免他的学生只是悬空静坐,不晓世事,于是改变良知的教法为专以"事上磨炼""省察克治"为事。即除了在情绪"未发"时学习静坐,不使纤翳灰尘沾染心灵。此外,还要在已发的情绪处下功夫,到"天理"精明后,心中自然精专无纷杂之念。如此,在面

王阳明

对事情时才能没有任何主观成见，完全依照事物的本然状态，给予最恰当的处理。

四十五至四十七岁，平定江西、湖南、福建、广东四地的匪乱。

四十八岁，宁王宸濠造反，准备从江西打到南京和北京。此时阳明祖母过世，父亲重病在床。他打算回家探视，明武宗不许，命他平乱。阳明只花了四十多天就平定了宸濠之乱。战争虽然打赢了，但以宦官江彬、边将许泰为首的权臣却不断诬指阳明欲与宸濠谋反，见到官兵讨伐才擒获宸濠以脱罪。他们二人如此诬陷阳明，一直持续两年，到明武宗逝世才停止毁谤。王阳明这次的功高不赏，反遭诬陷的凶险实在超过得罪刘瑾，被流放到贵州龙场驿的遭遇。

五十岁，正式提出"致良知"之教，要人相信"良知"是自能知是知非，不论人处在何种凶险的环境，只要依据我心的良知去做，就不会做错。

五十二岁，由于阳明势位日高，学生从游日众，讲学有所创新发明，所以又遭毁谤：一是忌妒他权高位重，二是批评他的学问与官方的朱子学不同，三是依附他的学生太多。阳明对这些毁谤皆不予理会，认为对的事就应坚定地去做。阳明说自己宁愿做狂者，不愿做乡愿。

五十三岁，阳明学生会稽郡守南大吉刊印了阳明弟子平日的听课笔记，又把阳明四十七岁时由门人薛侃刻印的《传习录》再次刻印出来，阳明学遂得以广泛流传。

五十四岁，阳明在《答顾东桥书》中提出"拔本塞源论"，详细论说建立人类理想社会的构想，这是阳明最大的理想。

五十六岁，由于广西田州、思恩一带土匪作乱，朝廷又命阳明征讨。临行前，他在天泉桥召见弟子王畿和钱德洪等人，告诫他们讲学不能只讲一偏，且要顾及听者的资质。这就是所谓的"天泉证道"。由于王阳明对田州、思恩的盗匪采用安抚和启发良知的做法，结果使匪患不费一兵一卒就得以平定。匪乱平定后，阳明又建学校、办教育，让当地人自己管理。阳明在班师回京途中看到广西边界的八寨、断藤峡一带还有不受感化且凶狠异常的盗匪，遂将他们一举歼灭。但是朝廷不但不表彰阳明平乱之功，还认为阳明专擅兵权，阳明又一次因功得过。

五十七岁，阳明在班师途中病死于南安。他的学生周积请问他有何遗言，阳明微笑说："此心光明，亦复何言？"（《王阳明年谱》）意思是，我这一生的言语、行为、心地都像太阳般光明，从没有做过错事，对得起自己、他人、上天，所以我没有什么遗憾和悔恨。

王阳明的人品、学问和事功受到后人的高度评价。黄宗羲说王阳明"可谓'震霆启寐，烈耀破迷'，自孔孟以来，未有若此之深切著明者也。"（《明儒学案·师说》）纪昀说："守仁勋业气节，卓然见诸施行，而为文博大昌达，诗亦秀逸有致，不独事功可称，其文章自足传世也。"（《四库全书总目》）梁启超说："阳明是一位豪杰之士，他的学术像打药针一般令人兴奋，所以能做五百年道学结束，吐很大光芒。"（《中国近三百年学术史》）

（二）阳明心学的宗旨

王阳明无论读书、做事，还是探求人生，都是极认真、极真切。他有一颗跃动的心，从不停止对理想的个人和社会的追求。他不愿按照世俗的规矩委曲求全，也不去讨好他人，去过没有是非观、正义观念的人生。他不仅努力让自己成为圣人，也希望人人都成为圣人。为此目标，他一生经历无数的苦难、冤枉和污蔑，他都无怨无悔，不理一切无谓的纷扰,只依着自己的良知做正确的事情。

1. 心即理:我心圆满具足一切事理

理、天理是在心内还是在事物上,是朱陆两人最大的思想分歧。朱子主张"性即理""心不即理",因此他的"格物致知"是先穷究事事物物之理,再归纳出规律和原则;陆象山却认为心体广大、完备具足,只要善返本心,不使本心受到蒙蔽,那么处理一切事情就会自然得当、无所不善。因此,陆象山主张"心即理""先立大本",既然心是全善、纯善、至高的,那么为学就应向内而不是向外,以免太在意外在的事物而不知观照身心德行的涵养。

陆象山的"心即理"主张是对孟子、程颢学说的继承和发展。王阳明在陆象山的基础上,对心学作了更全面的阐述,可谓心学之集大成者。由于王阳明与陆象山的思想具有一致性,所以后世称之为陆王学派。

王阳明早年发现,古往今来的大多数人读书就是为了名利,可是这样的读书目标有意义吗,快乐吗?读书的目的是考试第一,功名最大,成为人上人。赢取他人的赞美,并沾沾自喜,这样的心其实是病态的、不健康的。王阳明十分反感这样的人生。

王阳明的朋友依照朱子的治学方法去格竹子的生长原理,三天不到就病倒了。王阳明也尝试格竹子,七天之后也病倒了。[①] 王阳明是个现实感极强的人,他好动而又天分极高,希望自己成为道德上的圣人、精神上的领袖。王阳明认为,古往圣贤的教训是教我们成圣成贤,若道德只停留于纸上,不能落实到自己的行为中,那自己宁愿学书法、文章、骑马、射箭、兵法和养生术,这样起码可以习得技能、锻炼身体。王阳明认为朱子教人的目标和方法都错了,他不愿走朱子的路,立志去开拓一条新路。

心不是虚玄抽象的东西,它在人的身体中,支配着人的行为。人行为的得失,命运的好坏,完全是由他的心的抉择影响了他的行为,从而造就人的品性和做人处世的态度。因此心是很重要的。王阳明三十五岁上奏疏,得罪了权宦刘瑾,又花了两年时间躲避锦衣卫的追杀,最后逃到被指定贬谪的龙场驿。阳明的侍从由于水土不服,陆续死去了好几位。阳明心里何尝没有对当权者的愤怒,对个人命运的怨恨,对未来生命长短的恐惧,以及对善有善报的怀疑。这些现实上的纷杂思虑让阳明无法平静。他准备了一口石棺放在身边,表示自己可能随时死去,有棺材在,起码死后有个容身之地,或运棺回家,或就地安葬。只要入了土,往事如云烟,一切苦难都结束了。可是当他进而思考个人的遭遇时,就遇到了一系列的问题。难道以往的英雄豪杰就没有与自己相似的遭遇吗?圣贤们是如何面对人生的遭遇呢?如此一想,阳明不得不提醒自己,调整好自己的心态才是处理厄运的最好办法。于是他的纷扰思虑渐渐化除散去,最后只剩下清明澄澈、光明朗照的心。当拥有这颗清明澄澈、光明朗照的心,一切的负能量都消失了,此时他彻底知道什么是正确的路,什么是眼前该做的事。于是他为生病的仆人煮粥,为随行的人弹奏歌唱,照顾他们的身体,安抚他们的情绪。这表明人由于心受外在环境的影响而看不到光明的方向,然而一旦想通了,整个心都往好的方向走,正的能量也就源源而出,做的事情也就对了。在王阳明看来,心的作用太广大,它是思考的起点,是纷扰的来源,它可以让你充满活力,也可以让你

---

① 王阳明格竹子的方法与现代科学上的实验观察法近似。这里所说的"三天""七天"只是大概的说法,不过无论是三天还是七天,都表示学问需要通过长时间的观察、记录、分析才能获得。

意志颓丧，真是无时无刻不在起作用。心是身之主，而你之所以这样选择，不那样决定，都是你的心决定的。而这一抉择，都是自觉、自悟的，也是自知、自行的。所以，治心才是入道的途径，进而才有道德意识的自觉和提升。心为什么总是会往理的方向去呢？因为理是天赋的，且存于每一个人心中。宇宙如果没有秩序（秩序即理）、规律，宇宙就毁了；人若没有支点，就无法保持平衡，人就迷惘了。而这支点就是无过无不及的中，也就是善。

人愤恨不平、情绪失控就是失中，失中的人是不正常的。当回到中，我们就扫除了一切阴霾，从头开始。王阳明认为，我心不受情绪或外物一点遮蔽，则此心全是天理，无有不善，一切的表现或作为自然也都是善的。此即王阳明"心即理"的精义。

综上所述，阳明的"心即理"之说是他从自己的人生经历中自悟自得的。他所说的"心即理"，是告诉人们心本来就圆满具足至善的理，所以人要努力扫除心中负面情绪，比如功业、利禄、美色等带来的贪恋、堕落、失望等，并使圆满具足至善的心恢复澄澈光明，不再受到蒙蔽，如此，我现在之心就全然是最初的至善心。

2. 知行合一：真知必能行，真行必能知

王阳明的"知行合一"说是在他三十七岁时于贵州龙场驿自悟而得，也是在依朱子求圣贤方法去格庭前竹子失败后的新体会。谈到王阳明知行观中的先后、主从、分合关系，不能不与朱子的知行观作一比较。

王阳明认为心即理，朱子认为心并非即理，性才是理。朱子认为，心虽是一身的主宰，却也统摄天下所有的理。理是散在万事万物之上，但也不外乎心，若只在本心上求理，就会遗漏万事万物之理。因此，后来推崇朱子学的学者有"一事不知，儒者之耻"的说法。不管怎么说，朱子是把心和理先分开来说，再合起来说，其实是把心与理分作两件事。王阳明质疑朱子的说法，他以"孝顺父母"为例，认为孝顺不是只有父母活的时候。当父母亡故，子女对他们的孝顺之理（即孝顺之心）还是存在的。因此，格物不是在事物（父母现存

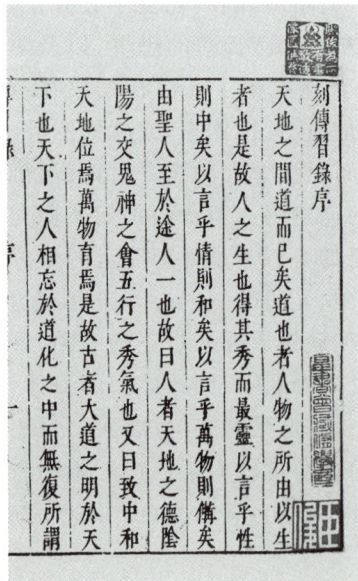
《传习录》书影

时）上求理，而是要把心中本具的天理（即孝父母之理，深入地说，即有了孝父的善心，自然会去讲究如何晨昏定省、冬温夏清，以便于让父母的生活安定舒适）扩充于事物（父母俱存或亡故）上，这样才是致知。这样，致知与格物才是一件事，也才符合"心即理"。

朱子把心与理分开，并认为理是在事事物物上求得，所以要穷事事物物之理，必须先在事事物物上下功夫。求得理（致知）之后，才能依此理去提升道德修养。这分明是把知与行分作两事，也是把知与行分了先后。

王阳明不同意朱子知先行后的观点，他从两方面以证朱子之误。其一，从知行本源来看，知与行皆从心生，它们是心的一体两面，所以知行是合一关系，也是并进关系。因此，要认识知行关系，须先恢复那知行合一的本体。其二，从知行发生过程看，知与行是同时的存在，而非先后的存在。阳明说："知之真切笃实处即是行，行之明觉精察处即是知；知是行之主意，行是知之工夫；知是行之始，行是

知之成。"(《传习录》)在阳明看来,知是行,行也是知,真知就是真行,真行就是真知,知与行只是一件事,不可分作两截看。王阳明此说还有教人为善之心,他说:"一念发动处,便即是行了。"(《传习录》)一般人认为,虽然我只起了念头,而未付诸行动,就不算是行(犯错或犯罪),但是阳明说"动了念头就已是行了"(《传习录》)。因此,阳明要人在念头还未萌生时就除掉它,也要在念头已萌生后去克制它,务必连根拔除,不使恶念存留在心上。这就是阳明"端正念头"的深义。

3. 致良知:扩充良知在事上,使事事物物自当其理

心如何能知善恶是非、具足万理,而不假外求呢?陆象山用"本心"明之,王阳明则用"良知"明之。

"知"有"闻见之知",闻见之知是指通过视觉和听觉得到的知识,这种知识是通过外求而获得的;还有"德行之知",德行之知是不学而能,不虑而得,它是我与生俱有、不待学习而有的。道德的目标是善,所以,良知的"良"意谓善,良知的"知"意谓先天本有。良知完美无缺,具足一切的善,是人先天本有的,不必从后天学习得来。当有了这样的"知",才会同时具有主动的"行",也才与知行合一的观点相合。

王阳明的"致良知"是在他遭遇第二次生命困厄时所体会出来的。当时的阳明替朝廷平宸濠之乱,除山中之寇,并从事社会讲学,教化民众。不过他并未因功高而受赏,却反遭毁谤。王阳明此时才由狷者(有所不为)进到狂者(走自己认为是正确的路)。

王阳明说他自己三番两次受到摧抑,内心浩然之气却不因此消阻、退让,因为他信得过自己的良知。此良知"是便知是,非便知非",清清楚楚,明明白白,没有虚饰,没有逃避;自己只要依着良知做人做事,就时时知是知非,时时无是无非;一般人因为胸中有功名、得失、利害之事,未能心地澄清、脱去不善,所以只能做个"乡愿",不能洒脱,不能善于应对事物,不能处世恰当,反而会掺杂杂念。

由"良知"到"致良知",是先相信良知是纯善的,然后用涵养静坐、省察克治去保住纯善的良知,使其光明不受蒙蔽。此外,还须将此良知扩充到一切人和一切事的处理上,从而是非彰明、正义朗现,这样理想的社会就会自然到来。因此,"致良知"的"致"有实行、扩充、发挥之意。阳明学说中最核心的观念如"心即理""知行合一""致良知"是一贯的,且有浓厚的重道德修养与实践的意味。王阳明学说的这些特点是其个人能成就一番伟业的最重要原因。

4. 事上磨炼与诚意:必有事焉而勿助长

朱子教人格物致知,强调"道问学"。此所谓"道"是动词,指入手途径。"问学",指求圣人之道要重视知识上的学习积累。"道问学"不免偏重文献记载,强调重知轻行、先知后行,进而发展为"有知无行",身心与知识不相涉。

王阳明在龙场驿悟得"心即理"之后,要人在念头上除去人欲之私,恢复天理之纯善、全善。在具体方法上,他教人静坐、澄心息虑。不过时间一长,有些学生只去悬空除私,不能很好地处世。鉴于此,阳明又教人在事上磨炼,从而避免只在"未发生时静存涵养"而不能在有事时"动而省察克治"。在阳明看来,"静坐"与"事上磨炼"相结合才能恰如其分地处理好自我与他人(或事物)的关系,它们如鸟之两翼,缺一不可。

《大学》中,"诚意"在"格物致知"之后。王阳明认为,意是心念之动。诚是良知,是善。

诚意是使心念合于全善，如此就能心无不正。因此阳明又说诚意就是致良知，换言之，诚意是良知的最佳效果。

5. 万物一体之仁：王阳明的理想国

王阳明是个现实感极强的人，他不仅个性活泼狂放，还有拥抱全人类的情怀。儒家向来就讲"内圣外王"，即儒者既要修身养德，做一个有德行的人，又要有事功，能够齐家、治国、平天下。王阳明要求做人须心地光明无私，不仅内在的心性崇高完美，还要把内圣扩展到整个社会，从而将理想国的愿望变成现实。由此可见，阳明提倡的良知之学透显出的是他悲天悯人的情怀。

"万物一体"的"一"是"同"的意思。万物一体，是说万物的来源相通，彼此间有关联。宋儒张载说"民吾同胞，物吾与也"（《西铭》），意即天地间的人和物皆与我同类，是我的同胞兄弟。"仁"是儒家学说的核心。何谓仁？程颢认为仁就是不麻木，当人的身体某处被麻痹，血液就不能畅通，此时便可以说患病处是麻木了，可称之为"不仁"。如果有人对于要坠落井的孺子无动于衷，或对遭受患难的人缺乏同情心，我们可以称这样的人为麻木不仁。因此，仁有流通、关心之义。王阳明说他讲的心学，是要人恢复自己光明纯善的本心，是要大家都去扩展万物一体之心，让仁心流通感化，影响他人，把人间的种种私欲、痛苦彻底消除，社会不再有见利忘义等不善之事。人应该知晓人的价值在德行的纯粹，而不在知识的多寡、地位的高下，因为人的才能不同，兴趣爱好有异。每个人只要从事符合自己天性的事，发挥才能和长处，就不会苛求自己样样都会，也不会为自己的职业、名声、财富不如他人而感到自卑。就像人，身上的各个器官只能各自负责做某一类事，不过由于这些器官在同一个身体上，所以它们都能发挥作用，而且是那么地有序、自然、巧妙、精熟。人的身体器官是如此，人在社会中的表现亦是如此，分工有不同，然各有各的价值。

6. 天泉四句教：教法中道，不落一偏

阳明一生中之教法，经历了"静坐涵养本原""必有事焉省察克治"，既不偏动，也不偏静。阳明教法的德行修养工夫是不论动时还是静时，都是时时存在的。阳明五十六岁出征广西时，在天泉桥召见他的学生讨论"良知教"的本体与工夫问题，并向学生讲授两种教法。

一种是对天资一般的人说的。这种教法要遵循钱德洪所说的"四有"之教，即"无善无恶心之体，有善有恶意之动，知善知恶是良知，为善去恶是格物"（《传习录》）。人在念头萌发处就要实下为善去恶的工夫，等到一切不善的念头克除后，自能体认到超越善恶对待的全善境界是一种什么样的图景。

一种是对天资高的人说的。这种教法依照王龙溪的"四无"之教，即只要体悟到"无善无恶心之体"，并持守不失，那么后面三种工夫就一齐到了。

阳明认为这两种教法不能落于一偏。如果争论何者为高，何者为低，那就失去了教育让所有人为善的初衷。由此可见，阳明的教人之法是不落一偏、合于中道的。

三、阳明心学的影响

王阳明的"良知教"简单明白，易知易行，亲切而有感染力。他认为人人都能成为圣

人，人只要相信自己的良知是尽善尽美的，完全以良知做主，依它做去，自然不会做错事情。他要人克除私欲杂念，相信完善的德行是个人良知的纯粹具足，而不是知识、财富和名利。如果将良知的万物一体之仁发挥出来，就会出现分工合作、彼此尊重互利的理想国。这些话语有着理想主义的色彩，在当时出现了很大的回响，对于扭转明代的庸君、宦官、特务政治无疑是正能量。可惜的是一般人没有王阳明的生活体会，也没有他的领悟力，更没有他的自控力，以致他的学术继承者信心太过、束书不观，又不能解救人民之困厄、匡救时局。因此，东林党的顾宪成、高攀龙提倡"风声雨声读书声，声声入耳；家事国事天下事，事事关心"，用朱学的道问学（多读书）和经世救国的情怀来修正王学的流弊以挽救晚明的政局。可惜，明代当时国已不国，政治早就不清明，因此，学风良窳所起的作用，并不是亡国的决定因素。所以王阳明学术实在不是明亡的主要原因。

虽然如此，王学门徒在阳明死后，经由讲学、集会，宣传阳明的思想，解除经书或圣人的权威性，提倡个体思想的自由。因此，阳明以及其后学唤起了晚明市民意识的觉醒。在明末中西学术交流中，受王学影响的学者如徐光启、李之藻等人以平等包容的心态去吸收天主教的"天学"看法，并汲取西方的天文地理知识。此外，王学讲会的组织、会约和会讲方式也在一定程度上影响了天主教士宣扬教义的方法。

到了清初，当时学术界所谓的"三大家"全是王学学者，他们是孙夏峰、李二曲（李颙）和黄宗羲。前二人是北方学术界的代表，后一位是南方学术界的代表。可见尽管有东林党对王学的批判，然而清初仍有很多人相信王学。明朝既已亡于清朝，要不要出仕清廷，完全在个人的决定。王学的信徒认为，不出仕做官，注定要过贫穷的隐士生活，这正好可以去除功名富贵的人欲，让自己的良知做主，也好使良知清明澄澈。而在学术上，是为研究而研究，不是为政治、钱财做研究，如此获得的学问就是"为己之学"的真学问，而不是"为人之学"装饰门面的假学问。

清廷觉得阳明良知学容易使人对权威产生怀疑，对统治不利；且人们不去读书，就会将更多的时间用来探讨现实社会的合理性问题。基于统治的需要，清廷决定表彰朱学而抑制王学，禁止人们集会讲学和讨论现实社会问题。

王学在明末传入日本，是日本推翻幕府统治，实行明治维新的思想源泉之一。晚清政府政治腐败，丧权辱国，割地赔款。清廷欺骗人们要实行君主立宪，却迟迟不行动，又利用戊戌变法的失败加紧控制知识分子。康有为、梁启超等人遂利用王学在日本维新成功之例，反对清政府，倡导变法维新。维新志士谭嗣同撰《仁学》，书中强调"心力"的作用，与阳明的心学思想息息相通。此外，阳明对《大学》古本中"在亲民"三字的强调，启发了晚清的仁人志士对改造中国之法的认识。这些仁人志士认为，要改变中国的国民性，使垂暮的中国变成少年的中国，唯有走入人民大众中去，用他们听得懂的语言去唤醒他们。

到了五四新文化运动时期，王学的主体意识和破除权威的精神与新文化运动中倡导的自由民主思潮颇为接近。此外，受王学影响而充满灵性的晚明小品文也对五四新文化运动期间的白话文学和文人的生活作风产生了相当大的影响。

阅读书目

1. 陆九渊:《象山集》。
2. 王守仁:《传习录》。
3. 董平:《王阳明的生活世界》,中国人民大学出版社 2009 年版。
4. 钱穆:《阳明学述要》,九州出版社 2010 年版。
5. 吴震:《传习录一百句》,复旦大学出版社 2012 年版。
6. 梁启超等:《心即世界:王阳明传》,红旗出版社 2017 年版。
7. 杨国荣:《王学通论——从王阳明到熊十力》,华东师范大学出版社 2021 年版。

思考题

1. 陆象山的人生经历与他的心学思想之间的关系是什么?
2. 怎样理解王阳明的"知行合一"?
3. 朱熹和王阳明对《大学》的理解有何差异?
4. 王阳明的心学思想对后世有何影响?

第十六章　清代学术思想

　　一般认为，清代学术和思想主要体现在经史考证方面，清学就是考据学。事实上，除了考据学，明清之际的经典辨疑思潮、经世思潮、晚清的今文学思潮，以及伴随整个清代的理学思潮，都是清代学术思想的重要内容。这些学术思想和流派，是清代学术思想诸多面向之体现。清代涌现出了一大批学术思想家，清初的顾炎武、黄宗羲、王夫之、颜元、胡渭、阎若璩，清中期的惠栋、戴震、章学诚、阮元、焦循，晚清的刘逢禄、魏源、龚自珍等，皆是赫赫有名的学术思想家。他们不仅是清代的学术思想家，还在中国思想文化史上具有重要影响。当然，清代的学术思想家远不止以上所列这些，我们于本章所介绍的，主要是清代各个时期颇具代表性的人物。

第一节　清代学术思想概论

　　近代学者中，对于清代学术思想，当以王国维、梁启超、钱穆的说法为代表。

　　王国维将清代学术划分为三个阶段，即清初、乾隆嘉庆时期及道光咸丰以来。他指出每个阶段各有特色：前期学术气象博大，以顾炎武等人讲经国济世之学为代表。这一阶段的学术以经世为根本，以经学史学为表现形式。中期学术气象专精，以戴震、钱大昕等人为代表，讲经史之学。他们以经史为根本，取得的成就也有助于经世。后期学术求新求变，以龚自珍、魏源、康有为等人为代表。当时，清朝内外交困，迫使学者关注现实，改变学术方向，以求治理时局。此时期的学术偏向取法孔孟诸子、两汉经学的救世之心和通经致用精神。清后期的学术往往偏重个人情感的发挥，所阐发的内容与古典经书的本义不一定相符合。因此，王国维将清学分为三阶段，并以大、精、变概括每个阶段的特色，实已指出清代学术思想的格局。（《沈乙庵先生七十寿序》）

　　梁启超在《清代学术概论》和《中国近三百年学术史》两书中指出清代学术的三大特色，分别是"以复古为解放""理学的反动""中国的文艺复兴"。所谓"以复古为解放"，意即清代学术是由宋明理学回到东汉经学，再由东汉经学回到西汉今文公羊学，最后由西汉今文学回到先秦孔孟之学。所谓"理学的反动"，是对程朱陆王学术的抛弃。清人反理学的原因有二：一是清人认为程朱陆王学术的概念用词近于禅、老；二是阳明心学末流多走向"束书不观""狂放自恣"。所谓"中国的文艺复兴"，是说清人反宋学，将人们从纲常伦理中释放出来,犹如西方文艺复兴反对中古神学,中西方反对禁欲和神秘主义的精神是相同的。梁启超归纳出的清代学术的三个特色,在用词上虽然还值得商榷,但与清代的时代思潮是吻合的。此外,梁启超还应用佛教术语"成""住""坏""空",将清代学术分为启蒙(顺治、康熙)、全盛(乾隆、嘉庆)、蜕分(道光、咸丰)、衰落(光绪、宣统)四期。启蒙期主要是反宋明理学,全盛期是建设新思潮,蜕分期是正统派衍生新学派,衰落期是指创新(创,指创建;新,指新学)必先推(推,指推翻)旧(旧,指旧学,即传统学术)。

钱穆不同意梁启超的"清学乃宋学反动说"。他在《中国近三百年学术史》中认为清代学术导源于宋学,不认识宋学就无法了解清代学术。在钱穆看来,宋学不只是宋明理学,还包括早期胡瑗的经义治事并重的苏湖教法,南宋吕祖谦、黄震、王应麟重文献之传的学风,以及陈亮、叶适的永嘉事功学派提倡实功实效的主张;况且理学也讲道德实践,清学中的经世致用精神是对宋学的继承和发展。

总之,清初的顾炎武、王夫之、颜元之所以批评陆王,是因心学末流的学风误国,导致明朝覆灭。清初的学术精神是经世致用。清中期,以戴震为首的徽学继承朱子的考据学的同时,反对政府干预学术,排斥清廷提倡程朱理学,检讨礼教流弊。此时期的章学诚主张"六经皆史",倡导由经学转向史学,由古代转到当代,以切合当前之人事。道光、咸丰时期,一些学者提倡"《春秋》公羊学",用经学的权威来指导当时的社会改革,以期让清廷改变治国的方略。他们在表面上看似守旧,其实极为激进。不过这一批学者的感情重于理智,于考据义理、经世致用的探究不能落实,实为清代学术之歧出。

第二节　清代前期的学术思想

清代初期较著名学者,梁启超说有十六位,分别是承程朱陆王之学的孙夏峰、李颙、陆世仪、张尔岐、张履祥、吕留良;开启清代新学风的顾炎武、黄宗羲、王夫之、颜元和刘献廷,开新学派之始的阎若璩、万斯大、万斯同、胡渭、王锡阐。这里以清初顾炎武、黄宗羲、王夫之、胡渭、阎若璩的学术思想为重点考察对象,以见明末清初学人开创的新的学术思想。

一、顾炎武:行己有耻,博学于文

顾炎武

顾炎武(1613—1682),字宁人,号亭林,南直隶昆山(今江苏昆山)人。明朝灭亡后,变卖家产救国,往来于山东、河北、山西、陕西、河南各省,勘察天下形势。顾氏手不释卷,读书广博,又善于治财,一生不忘故国,倡导经世致用。著有《日知录》《音学五书》《肇域志》《天下郡国利病书》等书。

顾炎武论学宗旨有二,即"行己有耻"与"博学于文。"他在《与友人论学书》说,圣人之道,只在"博学于文""行己有耻"。自一身以至天下国家,都是学习的范围;从子臣弟友到出入往来、辞受取予之间,都是验证人有没有廉耻。如果一个读书人不重视廉耻,那就是"无本之人"（没有根本操守的人）；如果不"好古而多闻"（喜欢古学经典并且广泛吸收各方信息），就是"空虚之学"（即不实在的学问）。"行己有耻"是道德实践，有所不为才能有所为；"博学于文"是读书的态度，意即文章一字不落空，要有根据，要触类旁通，要有创见。这两句话，是说读书人既要真切为人，又要平实读书。

"行己有耻"是针对"俗学"（世俗求学观念）和投降仕清的人说的。顾氏认为，羞耻心对于读书人是十分重要的，如果全国的读书人都没有羞耻观念，那就是国家的羞耻。

何谓"博学于文"？顾炎武认为，学者要潜心于古学，也要对当世之掌故、实录、奏报熟悉，因此举凡国家命运、人民生活等经世之务，他都一一讲求，穷源溯本，讨论其所以然。为此，他写了很多读书札记，最后集结为三十卷的《日知录》。《日知录》分上、中、下三篇。上篇经术，中篇治道，下篇博文，是顾炎武寄托经世思想、移风易俗的书。它的内容分为八类，即经义、史学、官方、吏治、财赋、典礼、舆地、艺文，皆与经世思想相关。在该书中，顾炎武强调著作必先重视原始资料，如同采铜矿于山以制铜；在确实掌握原始资料后，还要有个人的创见，如同采铜矿后还要有炼铜之法。

《音学五书》是顾炎武音韵学的代表作，是清代音韵学的开山之作。顾炎武认为，研究古音一定要有时代地理观念，后人音读与古人本音不同。论据要有本证与旁证，不能只用一二例孤证。此外，对古音古韵研究要能用科学的分析方法，将其划分为部类，以建立古音古韵的真实架构。例如，他采用离析《唐韵》，以谐声系统归纳古韵分部，就是对这种方法的应用。

二、黄宗羲：经史兼治，抨击专制

黄宗羲（1610—1695），字太冲，浙江余姚（今浙江余姚）人。父亲黄尊素是殉难的东林六君子之一。青年时代的黄宗羲满心想着的是为父洗冤报仇。他在锥刺宦官许显纯之后，又忙于筹组军队"世忠营"以抗清。明朝灭亡后，黄宗羲不仕清廷，潜心著述和讲学，培养了许多在经史方面颇有造诣的弟子。

黄宗羲是宋明理学大家刘宗周的学生，属于王阳明学术的再传。他的学术思想成就体现在三个方面：一是创心学三义，二是开启经史性情兼容的研究风气，三是阐发开明的政治思想。

在《明儒学案序》中，黄宗羲对心学三义作了阐发：其一，从来言心学者，无论陆九渊还是王阳明，都是看重本体的证悟，而黄宗羲主张重视工夫甚于本体，因为"心"的动态是万般不同，只有澄清纷杂的万念，才能回归"理一（即心一）"的本体心。由于万殊、本体都是这个心，所以，他认为心无本体，工夫所至即其本体。黄宗羲此说，是为了修正王学末流悬空冥想而追求不正确的本体之流弊。其二，从来讲心学者多着意于追求未发的心体，而黄宗羲则重在探讨念动时已发的万殊。其三，从来讲心学者更重在言四海之圣人皆是同心同理，而黄宗羲则重在言万殊之个人。由于黄宗羲重视万殊，所以他反对学问只出一途。

黄宗羲论学十分重视以统一整合的角度去考察旧有的学术内容，以开创新的学术研

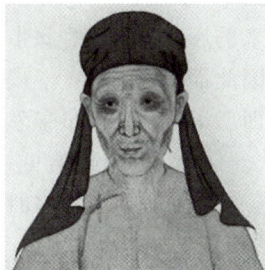

黄宗羲

究方向。在他看来，若读书不多，无以证斯理之变化；多而不求于心，则为俗学。因此，他整合了学必切己的心学，又开启了时代学术的新趋向——广泛阅读，以了解事理的变化。对于文苑（文学家）、儒林（儒学家）、道学（理学家）、事功（讲求功业学者）各自成家、各分途径的做法，黄宗羲表示反对，他认为儒者之学是研究天地间一切事物，故当以经史为根本，事功展现功用，以道德实践治其自身言语行为，以文章宣扬其理念让世人知晓。

在经学上，黄宗羲于《周易》图像之说多有辩难，以此修正理学。在史学上，黄宗羲重视近代切身之历史，如实录、邸报，他还命其学生万斯同专注明代史料之整理。此外，他更重视人物的生平和学术成就的考辨，尤其是对不同学者、学派、学风异同的考察。他的《明儒学案》和《宋元学案》在史书体例上具有开创意义。黄宗羲认为，学者必先穷经，但是也不能拘执于经术，不适于用。因此，欲免迂儒，必兼读史。换言之，他认为经史可以互补，应该兼治。

除了经史之学，黄宗羲还究心于天算学、地理学，由此可见其学问之广博。总之，黄氏学问由古返今，由博学返精约。所以章学诚在论顾、黄二人之学问时，认为顾炎武只是崇尚博雅，黄宗羲则是由博返约、由宗旨统摄博学。

在明代灭亡的大势已定之后，不少学者纷纷检讨明朝灭亡的原因，比如顾炎武的《日知录》对此问题有广泛的谈论。黄宗羲的《明夷待访录》则从政治、经济、教育、军事等方面作了全面的探讨。在《原君》《原臣》篇中，黄宗羲认为"天下为主，君为客"，意思是天下人才是天下的主人，君主只是暂居天子之位的客人。主人才是根本的、重要的，客人只是暂时的、不重要的，因此客人必须尊重主人。大臣应向人民负责，而不是向君主输诚。黄宗羲以民为主、以君为客的学说比近代西方的民主学说还要早。晚清时期，黄宗羲的《明夷待访录》被爱国志士不断翻印，并作为反清的利器，其民主思想因此得到广泛的传播。

在《原法》篇中，黄宗羲说"三代以下无法"，都是"一家之法，而非天下之法"，因此要推翻"一家之法"的"君法"，从而建立天下人的"治法"。在《置相》篇中，黄宗羲批评明太祖以来的废相举措，由此带来的负面效应即君主更加专制，听信近侍，缺乏贤能者的辅佐，政治因此而败坏。在《学校》篇中，黄宗羲说学校的作用不仅是养士，更应该讨论朝廷的决策，即所谓"公其是非于学校"，让朝廷的决策接受舆论的监督。

黄宗羲的政治见解既循本溯源，又验诸客观实际，是有本有源、有体有用之学。其见解深刻而超前，在当时和今天，都是光辉的一页。

三、王夫之：气一元论，性日生日成

王夫之（1619—1692），字而农，号姜斋，湖南衡阳（今湖南衡阳）人，学者尊称其为船山先生。明末，王夫之曾与朋友组织匡社，立志要改革社会。二十五岁时张献忠占领衡阳，俘虏了他的父亲，胁迫他任官。王夫之前往救父，经过周折，父子终幸得脱。他又追随南明桂王，参加反清复明的斗争。三十三岁那年，南明政权覆灭，王夫之誓志隐居，栖伏林谷，直到逝世。明清之际，王夫之还不为人所共知。到了清中叶，同为湖南人的曾国藩刊印其

王夫之

书,世人才渐知王夫之学问的广博深刻。

王夫之是著名的哲学家、文学家、历史评论家和政治家。他曾在《自题墓志铭》中说自己是"抱刘越石之孤愤,希张横渠之正学",又说自己有强烈的"六经责我开生面"的意愿。王夫之是个有民族气节的学者,他上承张载之学,又开辟了学术研究的新局面,在清代学术思想史上有着崇高的地位。

王夫之哲学思想的脉络,大抵是由理气观到格物致知论,再到人性论,最后到历史观与政治观。下面对这些问题逐一评介。

王夫之推崇张载的气一元论,并将其作为自己学说的核心。不过王夫之的气一元论与张载相比,更为广泛和全面,它是结合理气观、道器说、变化观和矛盾论来说的。

理气观是谈天地万物从何而来,又如何发展变化的学问。王夫之认为天地万物的根源是气。他所说的气不只是物质,也不只是空气,更非道家所说的无和佛家所说的空。王夫之所说的气具有虚空性,它不是看得见、摸得着的具体实物;气虽然感觉不到,但它是实在地存在于天地间;气与万物的关系就如水与冰的关系,水凝聚而成冰,冰受热而化成水,万物就是在一聚一散中成形与消散。王夫之认为,作为本体的气是天地万物的本质,它不生也不灭。比如木柴燃烧之后可变成三种形态,即燃烧过程中的水气、烧尽之后的灰烬、未烧尽部分的柴,这都是气的变化。所以,气是永存于天地之间。

王夫之认为,气是变化的,其变化是有规律可循的,此一规律就是理,理不是离气而孤悬存在的。气的变化生成了万事万物,万物是理的种种变化形态。事物的变化,是日新又新,没有停止。因此,王夫之反对理学家看重"一"的本体,而不注重"万殊"的变化。他说不可执"一"而废"百",即不可执着于本体而于各种变化置之不理。王夫之指出,事物变化日新的原因,是气中蕴含"两端"(如动静、阴阳、刚柔、聚散)。两端是同时存在、不分先后的。天地间绝对没有孤阴孤阳的事物和现象,因为必须是"两端"合了之后才能产生变化的。由于两端是对立并存的关系,在"交感"(相互摩擦、激荡)之后,相互依存,相互包含,相互转化,就衍生成种种结果。正是"两端"相互依存、包含、转化,使得气能生机勃勃,变化日新。王夫之主张在动中寻变化之理,反对理学家通过静坐澄思去寻找形上的未发之理。

"格物致知"出自《礼记·大学》,是宋明理学的核心概念。朱子主张知只能在物上寻求,所以他主张"即物穷理",即通过研究事物从而认识理。王阳明认为我心具备万事万物之理,所以主张持守良知。只要良知不丢失,自然就知道事事如何去做。王阳明认为"格物"的"格"为"正"之义,"物"为"事"之义,而意念之所在谓之事。格物就是正其意念之不正以归于正。因此,致知不是在主体之外的具体事物上做研究,而是在主体的意念上下功夫。王夫之认为,没有弓箭就没有射箭之理,没有马和车,就没有驾驭之理,所以必须在具体的物上追寻才能获得理。在他看来,格物致知有两个发展阶段:格物是以感性为主,人们必须通过耳目口舌接触具体事物,才能产生认知;致知是以理性为主,它是用人的心知去分析感官的认知是否正确,或深化感官的认识。格物、致知的关系是彼此依存,一方不能脱离另一方而独立存在。只有格物而没有致知,就会导致人被众多的事物和现象所迷惑,摸不着头绪,看不清真相;只有致知而没有格物,就与外界隔离,陷入空想,以至出现认识上的偏差和错误。不过,无论是格物还是致知,都离不开心的作用,都有学和问在。

王夫之反对王阳明的"知行合一"说，强调行的重要性，他认为"行先知后""行可兼知，知不兼行""知行相资以为用"。王夫之的知的意涵以学问知识为主，与王阳明所说的德行知识不同。不过王夫之主张通过研究才能获取知识，也强调了知对行的主导作用。

王夫之认为，由于事物的发展是日新又新、永不停止的，所以必须在变化中去获得规律的认识；而事物的发展的动因在于自身，并非外在先存在的力量的推动。王夫之的这一认识与他的人性论密切相关。在王夫之看来，性并非人一生下来就圆满具足，犹如种子具有生机，具有长成稻米的可能性，但它不一定就能长成稻米。种子在生长过程中需要大自然的阳光、雨露、空气，还需要人去除草、浇水和看护，它才能从种子长成稻米。王夫之据此类推，认为并非只有先天之性，还有变化的"日生日成"之性。王夫之此说，否定了宋明儒学的先天具足的性论。

理学家认为除去人欲之恶，才能恢复天理之善。王夫之反对此说，他认为恶并非源自欲，欲是人天生就有的；欲还是生机，不但不能禁欲，还要让欲的生机活力生发开来。在王夫之看来，天理、人欲不是如仇人般的对立，而是并行不悖，追求天理的善与成就自己的欲望都存于人的心中，二者并非相反对立之事。

在历史观上，王夫之主张"理势合一论"。首先，他认为历史是进化的，不是复古的。人类历史的发展由野蛮时期进至道德伦理时期，再到文明昌盛时期，各个时期的发展重心各有不同。所以，人们必定是在满足衣食的基本需要后，才会去考虑建构家庭和政治伦理，才会提倡忠孝。接下来才会思考人类文明是怎么产生的问题，如它是神或圣明君主创造的，还是众人创造的呢？王夫之认为，人类的发展史是自然的、必然的，只有从这种趋势中才可以发现历史发展的自然与必然的规律，因此，研究历史不能脱离"势"去言"理"。

王夫之同时认为历史的"理""势"的关系不可分作两截，须"合体而观"，而且"理"和"势"是任何人的主观意志都不能改变的。比如秦始皇统一天下，将分封制变成郡县制，从而实现了权力的集中，它有益于行政效率的提高和国家的安定。在王夫之看来，从战国的各诸侯国到秦朝的统一，不仅符合历史发展的规律，也是大势所趋，因此他赞成秦始皇的郡县制。

顾炎武认为天下不应一人独治，而应由众人分治，所以他反对集权于皇帝一人的郡县制。因为在顾氏看来，天子一人的能力有限，不可能了解天下之事。只有当天子下放治理权给地方，才能使治理更有针对性、时效性和合理性。此外，就现实政治而言，天子是世袭的，圣主明君出现的概率并不高，因此集权于天子，还不如让地方自治。

王夫之与顾炎武的主张看似矛盾，但是就从二者的思想动机来说，却是可以互补的。王夫之、顾炎武都是从天下安定、治理有效、人民获益的角度去思考问题。王夫之重视的是势，认为历史的大势是天下统一，解决的办法就是清除诸侯割据；顾炎武则从政治理想的角度，认为权力集中容易专制，不如让众人分享权力。

王夫之强调历史发展中的"理势合一"，因此他主张"循理""乘势"，即遵循客观规律和充分运用时势。不过，王夫之对于人在历史发展中的能动性和贡献也是颇为重视的，他认为"理"与"势"的背后都有人的作用。人或推动，或促成，或运用历史的趋势和规律，从而完成伟业。

四、颜元：学贵实用，习行为重

颜元(1635—1704)，字易直，又字浑然，直隶博野(今河北博野)人，学者称其为习斋先生。其生父颜昶在颜元四岁时随兵入辽东，就再未归家。十二岁时，母亲改嫁。颜元的童年十分孤苦，他很早就学习耕种、行医、卖药等谋生技能。二十四岁以前，颜元沉迷神仙术，潜心兵法。二十四岁那年，他因慕夏商周三代古制，遂名其书斋曰"思古斋"。此后又学静坐，信奉陆王程朱之学。三十四岁那年，因祖母丧事，效法《朱子家礼》谨守丧仪，差点失去性命，遂对朱子学说产生怀疑。三十五岁以后，颜元正式反对程朱陆王学说，主张"思不如学，学不如习"，改"思古斋"为"习斋"，因此后人尊称他为"习斋先生"。其后与弟子李塨创立颜李学派，主张"习行"。著有《四存编》《朱子语类评》《四书正误》《习斋记余》等书。

颜元重视生活经验的体悟，十分强调实践在认识中的作用，故其学说的宗旨在于"习行"。此一宗旨与其"理气""形性"主张有密切的关系。此外，他重视"习行"，就是强调学习的功效性，这与他反对重读书和静坐的修养方法有关。

颜元认为气是万物的始基，由于气的流行不息，从而形成万事万物，而气生成万物是有规律的，这个规律就是理。他认为气即理之气，理即气之理，天下没有无理的气，也没有无气的理，理与气不能分割，二者本是一体的。颜元主张气是理的基础，以驳程朱的"理主气从"之说，又主张理气一体，以驳程朱的"理先气后"之说。

程朱理学认为有义理之性和气质之性，义理之性是纯善的，气质之性是有善有恶的。颜元认为形是人存在的基础，性依赖形而存在，舍形则无性，同样，舍性亦无形，形、性不可分割。性必须依附气质，故性只是气质之性。既然性是善，气质之性自然不会不善。那么，人的恶是怎么产生的呢？颜元认为是由"习"而产生的，所谓"习"，即后天的环境，因此人变恶与性无关。

在论及认识如何产生以及如何认识时，颜元以眼睛与心为例作了形象说明。他说人虽然有明亮的眼睛，但是如果不用眼睛去分辨黑白，那么就无法发挥眼睛明察事物的功能；人有灵敏聪慧的心，如果不去亲身接触事物，不在动手做事的过程中思考，那么就无法运用心的认知能力。所以认知的前提是亲身接触事物。

在此基础上，颜元对"格物致知"作了新的诠释，他说"格"是动手实做其事。所谓"格物致知"，就是通过实做其事，从而体认事物之理，就如菜的味道必须尝后才知，音乐的魅力必须实际演奏乐器才知。所以，如果只在口上、心上、纸上谈学问，而不躬行实践，那就是无用之学。颜元此说是对朱学的讲读思辨之说和王学的静坐反观内心之说的批判。

颜元提出"习行"观批评宋明理学。他认为破一分程朱，就可以入一分孔孟。颜元认为，程朱是宋学的代表，孔孟是古学的代表，他所做的就是用古学以否定宋学。"古学"是什么呢？颜元说他以尧、舜、周、孔的"实学"为己任。颜元"习行"观的内涵可以从以下几个方面来看。

(1) 就学习的功效说，"实学"是为了"实用"。"学"必须与"用"相结合，才能将学生培养成圣人。培养学生的目标在于培养办朝廷大政和承担险重繁难之事的能力，只有如此，学生将来才能扭转天地，造福苍生。

（2）就学习的检验标准而言，"实学"就在一个"用"字上。此所谓"用"，有实效、实利之义。为此，颜元将董仲舒所言"正其道不谋其利，修其理不急其功"改为"正其谊以谋其利，明其道而计其功"，并认为天下没有不追求实效实利的学习。

（3）对于学习内容的设计必须凸显经世致用，切忌空虚无用。颜元认为，要实现经世致用，学习方面必须做到重视实际技能，以及关心国计民生的大事。他在兴办漳南书院时规定：① 真圣真学要以《左传》"六府三事"与《周官》"乡三物"为据。六府指金、木、水、火、土、谷。三事指正德（端正德行）、利用（要有功效）、厚生（要对人民生活有益）。三物指六德（知、仁、圣、义、中、和六种品德）、六行（孝、友、睦、姻、任、恤六种伦理规范）、六艺（礼、乐、射、御、书、数六种基本能力）。② 学习三要领：必得之于习行，必见之于身世（表现在自身言行和社会改造上），必验之于事功（事情的功效）。③ 习行的目标是富天下（垦荒、均田、兴水利）、强天下（人皆兵，官皆将）、安天下（举人才、正大经、兴礼乐）。④ 从事的方法有三：一是"习"，即不要只在心中醒觉、口中讲说、纸上敷衍，要亲身去不断学习，此即所谓"身习"；二是"专"，不求知识的广博，而要各专一事，且要反复体验、讨论、深化，使其必可施行。一事未熟稔，不可更及他事；三是"减"，即减冗琐，减读书作文，减学业功课。⑤ 学习要与生活相结合。颜元很重视师生互动和课堂之外的学习，他告诉学生学习的方法很多，如散步、划船、弹琴、歌唱，或练舞、举石都是。他使学习成为陶冶性情和交流思想的乐事。

五、胡渭：澄清《易》图，区别儒道

宋明理学所倚重的经典有《易》《书》和《四书》。宋明诸儒与汉唐诸儒对《四书》态度之差异，顾炎武、黄宗羲、王夫之、颜元等人已论及。而《易》图和《古文尚书》的真伪问题，则分别由胡渭和阎若璩来解决。

胡渭（1633—1714），初名渭生，字朏明，号东樵，浙江德清（今浙江德清）人。十五岁时就立志研究古代经典，代表作是二十卷的《禹贡锥指》。该书附图四十七幅，对古今水道决溢改流的路线作了深入的研究。此外，他还撰《易图明辨》《洪范正论》《大学翼真》等书，对经典文本之源流作了考辨。

宋儒疑经惑古，喜以己意解经，以致经典考据之学不兴。清初以来，回归经典文本以求义理的呼声愈来愈大。受清初学风的影响，胡渭的学术趋向单纯与专精，在经典文本的考据方面取得了非凡的成就。

《周易》分《易经》和《易传》两部分。《易传》后出，是解释《易经》的。中国古代的《周易》研究，分象数和义理两大派。象数派很看重《周易》一书中的卦象和爻象，同时对《周易》占筮所涉及的数字也表现出浓厚的兴趣；义理派则偏重发掘《周易》一书中的思想和哲理。象数易学在两个时代最为辉煌，一是汉代，一是宋代。宋代有很多学者在汉代象数易学的基础上，又加进了所谓的"河图洛书"，使《周易》变得更加神奇。胡渭撰《易图明辨》，对宋儒所说的《周易》图书之学作了辨析。该书的内容可从以下六个方面来看：① 宋代以来的图书之学与《周易》本身没有关系，它是道教炼丹之士附会《周易》而成。② 古代传说的河图并非《周易》的"天地生成之数"（一、三、五、七、九为生数，二、四、六、八、十为成数）

或"大衍之数"(指五十五),因为《尚书·洪范》只说金、木、水、火、土是五种不同的物质,与《周易》所言的生成之数并无关联,所以后人以五行附会《周易》的生成数,是不知《周易》与《洪范》是两个系统,二者并不相干。此外,"大衍"是蓍草的数目,与图无关。③ 宋代以来的河图(或称"天地生成图""五行生成图")是出自道士陈抟的附会,根本不是出自古代。④ 道士的修炼、术数两大流派原与《周易》无关。⑤ 即使有河图洛书,也只可能是殷周之际出现的祥瑞之事,绝不会出自远古的伏羲。⑥ 图书术数之学光怪陆离,故弄玄虚,流弊甚大,不可将其看作易学的重点。

胡渭从文本和思想两方面以证明图书之学不可信,解决了图书之学给后人带来的困惑,对于后人认识《周易》一书的本来面貌颇有助益。

六、阎若璩:《尚书》公案,寻本溯源

阎若璩(1636—1704),字百诗,号潜邱,太原(今山西太原)人,侨居江苏淮安府山阳县。他幼年体弱多病,口吃,秉性迟钝,甚至读书至千百遍,字字著意还不能完全理解。不过他仍自强不息,勤勉不怠,潜心钻研,抉精剔髓,成清代考据学发轫之初的代表人物之一。除著有《尚书古文疏证》外,还有《四书释地》《潜邱札记》《困学纪闻注》《孟子生卒年月考》等。

阎若璩花了三十余年的时间才完成《尚书古文疏证》一书。他列举了一百二十八条证据证明晚出《古文尚书》和孔安国《尚书传》(下称《孔传》)是伪书。在阎氏之前,不少学者对晚出《古文尚书》及《孔传》提出了异议。元代的吴澄,明代的梅鷟、归有光、焦竑、郝敬,以及清初的顾炎武、黄宗羲、朱彝尊、姚际恒、胡渭等人相继献疑。而在诸家之中,明代梅鷟的《尚书考异》影响最大。梅鷟证伪的方法是遍搜东晋以前的子部、史部文献,以证明《古文尚书》的抄袭来源,阎若璩认为梅鷟的研究方法很难令人信服。在他看来,证《古文尚书》及《孔传》为伪,必须由根柢而到枝节,才可以使其"文理之疏脱""依傍之分明"而大白于天下。所谓"根柢"是找出真假《古文尚书》的主要线索;所谓"枝节",是举出作伪的证据。"文理之疏脱",是从撰写风格和义理是否顺畅的角度而言;"依傍之分明",是从文本内容的比较角度而言。

《古文尚书》及《孔传》曾有两种本子,一是司马迁、刘向、刘歆、班固、郑玄等人见过的张霸二十四篇本,此书流传于两汉,亡佚于汉末或三国时期。二是东晋梅赜进献的二十四篇本,唐代孔颖达为该书作疏,使其一直流传下来。阎若璩认为,要辨别《古文尚书》的真伪,首先要对这两个本子提出一个假设,即初步证明何者为真,何者为假。这就是阎若璩所说的"根柢"。

一般来说,古书真伪考证的思路如下:一是看文本出现时代的早晚,越早越可信,越晚则越不可信;二是看作者或文本的评论者本人是否具有学术权威性及可信性;三是看文本的推断是否一致和合理;四是看参与讨论的人是否亲见此文本。阎若璩以这些思路去辨析《古文尚书》及《孔传》,得出以下结论:张霸本《古文尚书》流传于两汉;司马迁、班固是有"信史"之誉的史学家;刘向、刘歆是著名的目录学家和图书管理者;而梅赜的学术声望远不如司马迁、班固、刘向、刘歆;孔颖达是唐代人,去古已远。因此梅赜所献《古文尚

书》有拼凑的痕迹,可信度较低。

阎若璩列出多个具体的证据以明梅赜本《古文尚书》为伪。比如为宋明理学"道统心传"的《古文尚书·大禹谟》中的"人心惟危,道心惟微;惟精惟微,允执厥中"十六字,前三句出自《荀子》,因为《荀子》曾引用《道经》"人心之危,道心之微,危微之几",后一句出自《论语》,因为《论语》有"允执厥中"一语。阎若璩还指出,"人心惟危"等十六字较精密,不似《道经》的平实,所以梅赜所献《古文尚书》是伪造后再依托于《尚书》之中。

阎若璩以其博学多闻与精密严谨的考据,大致解决了争论已久的《古文尚书》及《孔传》的真伪问题。他所辨析的"道统心传"等十六字,又触及宋明理学核心义理。因此,阎若璩的《古文尚书疏证》是理学向清代考据学转变的重要著作。

在清初学界,顾炎武、黄宗羲、王夫之、颜元可谓代表人物。他们关心政治和经济,重视教育和学术,提倡移风易俗,所以他们的学术气象博大。到了胡渭、阎若璩那里,义理的探求、经世的关怀开始让位于历史文献的考证,学术的规模开始缩小,争胜炫博渐成风气。前者为通儒,后者为专家,这也是清初实学与清中期朴学的显著差异。

第三节　清代中期的学术思想

清代中期的学术是以考据学为主。当时有官方的《四库全书》的编撰,还有以惠栋家族为代表的吴学,以戴震为代表的皖学,以阮元、焦循为代表的扬州学派扬学,以浙江章学诚为代表的浙学。诸学派成就斐然,各有特色。兹举其要而论之。

一、惠栋:尊经博古,唯汉为是

惠栋(1697—1758),字定宇,号松崖,学者称其为小红豆先生。江苏元和(今江苏苏州)人。早年随父惠士奇至广东提督学政任所,父卒归里,课徒著述,终身不仕。他对经、史、诸子、稗官、野乘等无所不览,尤深于易学。其学以汉儒为宗,以昌明汉学为己任。一生著述甚丰,有《九经古义》《易汉学》《周易述》《明堂大道录》《禘说》《古文尚书考》《后汉书补注》《松崖笔记》《松崖文钞》等传世。惠栋的治经特色可从以下四个方面来看。

(1)古训不可改,读古书必须向汉代经师学习。宋儒喜以己意说经,往往因疑经而改经;或以今音读古音,若觉得不通,就借己意以今字改古字;或疑有缺文,就以己意增补之;或觉得经文有错乱,就以己意调整之。惠栋认为,古训不可改,宋儒不尊重古训,不可取法。此外,宋儒不满汉儒解经过于烦琐,多不从汉儒经注经说。惠栋认为,汉儒不违背师法,故其经注经说不可废。

(2)重视汉儒家法,兼容今古之说。汉武帝表彰经学,古文家遂有五经十四家博士,每一博士下有数百弟子,各家弟子只是跟随某位经师专门研究某部经书,渐渐形成所谓的师法和家法。惠栋重汉学,尊重汉儒一师一经的说经方式。鉴于汉代也是同一个经师治几部经典,所以惠栋在"凡汉皆好,凡汉皆是"的观念下,强调治经也须兼通各家的家法,甚至可以部分地吸收今文经说和谶纬之学。

（3）强调由文字、声韵、训诂以求经书的义理。惠栋认为"五经"多古音古字,只有对古字的形体、读音加以研究,才能得出正确的字义。

（4）注重经说体例,辑佚经文。以《周易》研究为例,惠栋汇集汉代《周易》经说以成《易汉学》;又以荀爽、虞翻经说为主,间采郑玄、宋咸、干宝诸人之解义,以成《周易述》;还归纳汉儒说《易》体例以成《易例》。

在清代学术史上,如果说其祖惠周惕、父惠士奇乃复兴汉学之前导,那么惠栋则是复兴汉学之标志。惠栋复兴汉学之动因,乃是基于其对于经学之认识。他认为孔子所定的"六经"毁于秦火,然由于经师所传,经学在汉代得以重光。由于汉代经师之说、经学方法离经学之本来面貌最近,因此,通过搜集汉代经师之说,辨析汉代经师经字经说之义,则最可能接近孔子所定"五经"的本貌。不过,由于惠栋、泥古、佞汉,使得他的学说专则有之,博通则不足。惠栋的弟子沈彤、余萧客、江声、王鸣盛、钱大昕等在经史学上皆有精深的造诣,以至乾隆中叶以后,惠氏之学大行,惠栋在清代朴学中的重要地位也由此得以确立。

二、戴震:以无私通天下之情,遂天下之欲

戴震(1723—1777),字东原,安徽休宁(今安徽屯溪)人。自幼家贫,乃借书阅读,夜以继日。稍长,质疑朱子《大学章句》,并请问塾师。塾师无法回答,却从此对戴震特别留意,教读许慎《说文解字》三年,戴震尽得《说文》之精意。戴震十六七岁时,已能背诵《十三经注疏》。因家贫,戴震曾随父贩商,十八岁时开始教学生涯。二十岁时认识当时的学问大家江永,向江永学习《礼经》及推步、钟律、音声、文字之学。同时开始著书,又参与河北、山西地方志的修撰。三十多岁时受胡中藻文字狱案牵连,避难于北京、南京、扬州等地。戴震年近四十才考中举人,后来参加会试,六次皆落榜。因为其学问广为人知,所以被破例召入四库全书馆任纂修官,并赐同进士出身,授翰林院学士。

戴震

戴震治学重考据,他对文字、声韵、训诂之学有精深的造诣,并培养了段玉裁、洪榜、王念孙等著名训诂学家。不过戴震对自己的最大期许并非考据,而是开启新的义理学。他的《原善》《孟子字义疏证》等书是他"自得之义理"的著作。这两本书角度新、立意深,是在孔孟儒学和宋明理学之外作出的义理新篇章。

戴震认为读经之目的是求圣人之道与圣人之志,途径则是考据。清初顾炎武认为"经学即理学",并主张读经自考文始,考文自知音始,以至诸子百家莫不然。戴震是顾炎武的追随者,他说:"经之至者,道也。所以明道者,其词也。所以成词者,字也。由字以通其词,由词以通其道,必有渐(顺序)。"(《与是仲明论学书》)由此可见,戴氏的经典诠释的路径是由字(文字)、词(语言)至道(古圣贤心志)。

戴震在语言学上的贡献甚大,比如他的转语说、因声求义说皆颇有创见,且影响深远。汉代扬雄首先提出转语说,后有郭璞、颜师古、方以智继承发扬。受方以智等人的启发,戴震著《转语》二十章,从声转或发音原理上回答形成转语的条件,以矫正声训中的滥转现

象。戴震的转语说开启了清代的词源学研究。东汉许慎受形声多兼会意之说的启发,主张文字的研究除了以形立训外,还要注意因声求义。宋代王圣美、清代黄生等又进一步对文字的音义的关系作了辨析。戴震主张以"声同义别""声义各别"来区分文字的本义与假借义,从而避免误解古训。戴震的因声求义说属于词义学的研究范围。

戴震不仅重视考据,而且重视哲学义理之探讨。他的哲学从反程朱理学开始,到建立自己的新理学为止。晚年的戴震曾自负地认为自己已得孔孟六经义理之真,并肯定己说可取代宋儒之说。在对待程朱理学方面,戴震首先批判的是违背人情的天理人欲说。宋儒认为理是本源,是第一义,具有先天性和至上性,不可违背。宋儒又在"理"字之前加"天"字,遂有天理之说。宋儒认为,理在万物未形成之前就已经存在,同时它又是万物形成后存在于万物的心中。所以,此心具足众理,完善无缺,是性善的根源。天下个别事物各有各的理,然而万事万物有一个共同的天理。这就是所谓的"理一万殊"。宋儒以此解决性善的先天性、本体性、永恒性和普遍性。既然人有先天具足且圆满无缺的性善,那么现实中的恶是从何而来的呢?宋儒认为,恶是从阴气阳气的清浊变化的气中产生;先天的性落实到后天的人,就产生了情欲,而情欲容易放纵,也可能会利己损人,所以欲是恶的。宋儒又在"欲"字前加"人"字,从而将天理与人欲对举。不论是理学的程朱,还是心学的陆王,他们都认为天理与人欲是对立的,减少一分人欲就存得一分天理,只有减少人欲以至无,后天附着在天理上的尘埃才会扫尽,天理才会恢复它的光芒万丈。

戴震不认同宋儒的天理人欲之辩,他从以下几个方面作了说明。

(1)理是分理。他通过对个别事物加以观察,认为理是各个事物存在的道理,也是某一事物区别于其他事物的根据。每一事物都有自己的条理法则,而这些条理、法则只能存在于各个具体的事物之中。唯有在具体事物之中才能找到事物的条理性和法则性,因此,理是分理,也是真理(事理的真实面貌)。

(2)先天的、形而上的天理是不存在的。他据《诗经》所言"有物有则",认为唯有就天地人事求其不易之则才能得理,并不是在事物之外别有一个理。因此,宋儒所说的悬空的天理,实际上并不存在。戴震认为,将理置于事物之上是不对的,因为就天地生成变化的过程说,有气才有理。气是生生者,是变化之源;理则是生生变化之后产生的条理,它是事物变化的流,而非事物变化的源。理是阴阳变化之理,没有运动变化的气,就没有变化的理,犹如圣人之圣,我们不能只说圣而不说圣人,更不能把圣抬高到圣人之上。因此,谈理不能脱离天地阴阳,也不能把理放在天地阴阳之上。

(3)既然理是个别的、生生不息的和变化无穷的,那么追求唯一、根本、共性的理是毫无意义的。将理说成是天意、天命之赋予,以增加其权威性,就会使长者、尊者、贵者以此天理的要求,去压制幼者、卑者、贱者争取天下每个人都该有的权利。戴震批评这样的天理并非真理,反而有如恶法,是所有人身上的枷锁。由于统治者将个人的意见强加在众人的看法之上,所以这样无异于是以理杀人。戴震感伤地说道,人犯法而死,可能还有人怜悯他们,人若违背所谓的天理(比如君权、父权等),就没有人会同情他们,礼教吃人,何等可悲!

(4)肯定人的合理欲望。宋儒的理欲观是"虽视人之饥寒号呼,男女哀怨,以至垂死冀生,无非人欲,空指一绝情欲之感者为天理之本然,存之于心"(戴震《孟子字义疏证》卷下）。而在戴震看来，人要求生存，免于饥寒。男女爱慕，结婚成家，或寡妇再婚，寻求二春，喜生怕死都是合理的欲望。

（5）天下之人相通的情与欲就是理。他提出了"欲，其物；理，其则也"的命题，认为："凡事为皆有于欲，无欲则无为矣。有欲而后有为，有为而归于至当不可易之谓理。无欲无为，又焉有理？"（《孟子字义疏证》卷上）欲不是恶，而是血气生理的自然反应。在心智的主导下，人可使欲望向合乎规范的方向发展，这就是戴震所说的"善"。在戴震看来，有欲而不自私就是仁，"人之有欲也，通天下之欲，仁也"（《原善》卷下）。

（6）戴震更进一步从"自然"与"必然"的角度辨析理欲关系。他认为情欲是每个人都有的，是自然的，而社会伦理规范是所有人相处的"必然"；个人的自然情欲与社会伦理必须协调统一。社会伦理是人的自然情欲的合理完成，因此，"自然"与"必然"并非二事，理与欲也不是水火不容、截然对立的。社会之所以有"恶"的现象，是因为人有"私"和"蔽"。因此，理想的道德伦理是无私的，并且要使人之欲无不遂，人之情无不达。圣人治天下，是要以无私通天下人之情、遂天下人之欲。

从理欲观出发，戴震阐述了他的宇宙论。同张载、王夫之一样，戴震非常重视元气论。他认为道并非空虚的理，而是阴阳五行、气化生生的物质实体。宋儒认为有形而上的超验世界，还有形而下的经验世界，两者有主从、先后、高低之别。戴震认为，这是宋儒对《周易》"形而上者谓之道，形而下者谓之器"的误解。在他看来，形而上是指阴阳尚未成形万物的世界，形而下是指阴阳已成形事物之后的世界。形而上与形而下是物质世界的两个面，都离不开阴阳气化之形。道是指事物的原始物质状态，器是指事物已成形的状态。将形而上与形而下连在一起，才能说明世界的总体发展过程。因此，道与器是一体的、连续的，而不是二分的、隔离的。

戴震反对区分"阴阳"与"所以阴阳"，因为"所以阴阳"是要在"阴阳"之上寻求更高的太极，以此太极作为阴阳产生之源，并以其去主宰阴阳。这个太极就是理的另一种称谓。所谓"太"，是指没有别的东西加乎其上。所谓"极"，是指万物所归结的极致。阴阳是形以前的物质实体，太极则是阴阳五行气化流行总的称谓。

戴震的理欲观、道器论，与他的认识论是密切相关的。首先，戴震对人的认识何以可能的问题作了阐述。在他看来，人和万物皆源自阴阳五行的变化、气的流行。各类事物都有其自然的性质。人的自然之性有血气和心智。有了血气，就有情欲；有了心智，就可以审识、裁断。它们不是源自先天的理，而是源自阴阳的变化、气的流行。其次，戴震对正确的认识是如何形成的问题作了交代。在他看来，外界事物与人的血气相接触，就产生了感觉和认知。耳、目、口是感觉器官，它的听、视、味的能力必待物至而迎受之。因此，味、声、色是在外物而不在我，它必须与我的血气接触，才能辨别察识而做出判断。戴震认为，人的认识能力是逐步提高的，可以从基本认识提升到认识真理的高度。他以火光喻之，火光越大越明亮；见多识广，就会得理多而失理少。戴震认为，社会公众一致同意的就是真理。也就是说，真理的标准掌握在大众的手中。这就是戴震主张"体天下之情""遂天下之欲"的原因所在。

戴震学问广博，于音韵、文字、历算、地理、科技、艺术皆有很深的造诣。他的精深考据为乾嘉不少学人所推崇和效法。戴震卒后，其小学由高邮王念孙、金坛段玉裁传之，其测算之学由曲阜孔广森传之,其典章制度之学由兴化任大椿传之。他的理欲观、道器论、认识论也颇具思辨性,在清代哲学史上占有重要地位。他对程朱理学"存天理、灭人欲"思想的抨击,不仅表达了百姓及各新兴阶层的愿望,还与近代的民主、自由、平等思想相符合,对晚清以来的学术思潮产生了深远影响。章太炎极为推崇戴震,认为清代乾嘉以来学术之源,不过惠、戴二宗。梁启超亦推崇戴震,并称之为"前清学者第一人"。胡适撰《戴东原的哲学》,认为戴震建立起清代学术全盛时期的哲学,还认为戴震的哲学是对宋明理学的根本革命,是中国传统哲学的中兴。

三、章学诚:六经皆史,史大于经

章学诚(1738—1801),字实斋,浙江会稽(今浙江绍兴)人。二十八岁得到大学士朱筠的提拔,尽览其丰富藏书,并与戴震切磋学问。四十一岁中进士,自以迂曲不合时用,不愿为官。在保定、定州、归德等地的书院讲学。曾协助毕沅编修《续资治通鉴》。

章学诚在三十五岁到五十五岁之间,纂修、参修的地方志有《和州志》《永清县志》《大名县志》《亳州志》《湖北通志》等。他结合自己编修方志的经验,写出了《方志辨体》《方志立三书议》《修志十议》等著作。在这些著作中,他对方志学的编纂提出了不少建设性的看法。其所撰《文史通义》《校雠通义》《史籍考》等书,对我国古代史学理论及目录文献学有深远影响。

章学诚主张"六经皆史",此命题的提出,与章氏的哲学思想密切关联。章学诚认为,历史并非圣人所创造。学于众人,斯为圣人。众人的生活面貌才是圣人思想的来源,道是真实地存在于人的现实生活中。他说:"三人居室,而道形焉。"(《原道》上)也就是说,器在道先。所以,他认为"六经"不是载道之书,而是三代圣王治理天下的档案。只不过这些档案经过孔子的整理,成为垂训后世之书。因此,章学诚认为"六经皆器""六经皆史""六经皆迹",离开人事,就别无所谓道;道既然源自人事,那么治国之道就必须切人事;人事不断变化,道也有古今之别;六经只是三代之史,三代以后的事情,三代圣王也不知晓,因此,"六经"所记载的只是历史的一部分;由于当代史要比古代史更切合于当前的人事,所以当代史比古代史更重要。

清代乾嘉考据学家主张"经学即理学""道在六经""六经以外无道",因此,欲明"六经"所蕴含之道,需要通过训诂、考证的方法去获得。章学诚极力反对乾嘉学派的这种主张,他认为经书所记者是史,子部、集部文献之记载的也是史。需要注意的是,章学诚所言"六经皆史",并不是将一切文字记载都看作史。他认为史非史料,也非一般所说的历史,而是有其特殊含义,即先王之政典。先王的政典出自史官之手,而这些史官不能凭个人的主观意见决定史料的去取,因此他们的记载是客观的。

章学诚认为,史学必须"切合人事",因为只有通过人事才能明道。人事纷杂万端,因遭遇的不同而面目迥殊。以王学而言,王阳明表现为事功,刘宗周表现为以节义殉国,黄宗羲则不仕清廷。因此,"六经皆史"就是重视历史的变化,而不是以追求绝对唯一的道为目标。章学诚认为,"六经皆史"的真谛是史重于经,而不是经高于史;通今比好古重要,经世必究心于当代史,唯有如此,儒学的经世传统才能得到继承和发扬。

章学诚生活于乾嘉考证风气盛行、哲学思维相对薄弱的时代，他违逆时代学风，以救治学术流弊、推进理论研究自任。他对不良文风的揭露和抨击，对僵化的考据学的扭转，成为晚清思想解放的动力。他的思想的实践性、批判性和创新性，达到了时代条件下所能达到的高度，是一位当之无愧的杰出思想家。

四、阮元：调和汉宋，兴学刻书

阮元（1764—1849），字伯元，号芸台，仪征（今属江苏扬州）人。乾隆五十四年进士，先后任礼部、兵部、户部、工部侍郎，山东、浙江学政，浙江、江西、河南巡抚及漕运总督、湖广总督、两广总督、云贵总督等职。他是刊刻家、思想家，在经史、数学、天算、舆地、编纂、金石、校勘等方面都有着非常高的造诣，被尊为三朝阁老、九省疆臣、一代文宗。个人著作是《揅经室集》，该书涉及小学、经学、金石、书画以至天文、历算等领域，学术价值很大。

阮元的学术主张，可以从以下五个方面来看。

(1) 反对经训"惟汉为是"，主张"惟求其是"。阮元认为，经典解释是否正确的标准是实事求是，而不是看解释是出自汉人还是出自宋人。这与惠栋"尊汉崇古"的学术取向有很大的不同。

(2) 调和汉学与宋学。在阮元看来，汉学的长处在训诂，短处在只论名物而不论圣道；宋学的长处在义理，短处在不采汉唐经说，而以己意解经。阮元认为，汉学和宋学各有长处和短处，二者若能取长去短，加以调和，就是圣人之道的一体两面。因此他推崇宋学之义理，又重视汉唐经学家的解义。

(3) 主张通过文字、音韵、训诂以求经典原义。阮元在惠栋、戴震的基础上，特别强调"词族音群"的重要性。他认为研究音韵是了解经文本义的关键，由于上古音与造字的时代最近，拟音当以虞夏商周的上古音为依据；在此基础上旁推交通，从而找到微茫之字义。

(4) 主张研究哲学义理，必须借助于语言学。例如，先秦儒家和宋明理学家皆重视"仁"，"仁"字是如何由本义到引申义的呢？阮元认为，"仁"字，《说文》据其字形说是"二人"，因此，必须是在人与人接触后才能展现其孝礼忠恕之事。阮元还对先秦儒家和宋明理学家皆重视的"性"字的本义和引申义作了说明。阮元认为，先有"生"字，才有"性"字。"性"是形声兼会意字，它从心从生。"性"字从心，说明人天生就有血气心智。说人只有心智而没有血气，或只有血气而没有心智，都是错误的。人既然有血气心智之性，那么就有种种德行，如九德、五典、六礼、七情、十义。圣人据此，才有可能作礼乐以节之，修道以教之。

(5) 主张学习西方长处。阮元认为西方的长处在技艺，尤其在数学、历法、仪器等方面。因此，他在《畴人传》所列二百八十人中，西方就有三十七人。

阮元是清代后期扬州学派的代表人物，他的学术思想不仅是清代考据学由高峰走向衰落的标志，同时也是传统学术向近代学术跨越的转折点。

五、焦循：变化日新，通情达变

焦循（1763—1820），字里堂（也作"理堂"），甘泉（今属江苏扬州）人。他出生于易学世家，一生未入仕途，以读书终老。眼界广阔，学问博大，精通儒学、诸子学、天文学。治学严谨，见解高出当时学者。被阮元称赞为"一代通儒"。有《易通释》《易图略》《易章句》《论语通释》《论语补疏》《孟子正义》等作传于世。焦循的学术思想立基于变通进化，他既重智，也知变通、懂性灵，又对清代经学研究的现状以及性、命、情、理等问题多有思考。

焦循的学术要点有三。

(1)"变化日新"的认识论。焦循说人智进化不已，思考也逐渐通达精深，此与多接触各学术领域的知识以及自身所面临的外在世界生活分不开。因此，人应积累知识，辨别是非，通过对变化世界的认识，以及自我的反省，从而实现人的智慧的变化日新。

焦循认为"变"是客观存在的事实，认为孟子和宋明理学强调回归"赤子之心"是错误的。在焦循看来，人类早期的"赤子"就是生活在文明的洪荒时代的灾民，那时候的人缺乏知识，不会生产，蒙昧无知，经过伏羲教人仰观俯察，神农教人种植，人类才进入文明时代。焦循认为，所谓"回归赤子"，就是回归蛮荒，这是一种倒退的历史观。

人类文明的前进是在学习、效法及实践先圣之道、先王之法中不断往前行进的。当文明越来越昌明时，人类更应该好好学习、认真研究先进的文明，要做到"博学而详说""好古以敏求"，不论是知识还是智慧，都必须"有所因"。"因"是"习""行"的根据。有了"因"，还必须掌握它的"变"和"革"，也就是说，要讲权变，不固执。效法古人不是抄袭，而是要改革，进而求变化之中的贯通之道，最后达到熟能生巧、创造新生事物的境界。

(2)"通情达变"的人性说。焦循从人禽之别来谈性情关系。他说禽兽之情不能旁通，人之情可以旁通，也就是说，人情是互通的、互相感触的，所以人可以为善。情可以为善，是性善的原因。情的善表现在能通人我之情。人的才性能认识情的可以为善，将情善发挥到最好的境地。才性能否认识情，则是看人的才与不才，聪明则有才能，愚昧则无才能。

焦循认为人的情可以旁通，所以我们要像圣人一样旁通众人之情、众人之欲。他称此情为"性灵"。经书不只有文字训诂，还有圣人性灵。因此，研究经书必须以我的性灵通达圣人之性灵，才能知圣人学术之要旨。

焦循重视"达变"，要人用"智"去解蔽、去精察知微。在"通情"上，要人将心比心，去除私虑，并反省自己的言行。不论是"通情"，还是"达变"，都是用变化的眼光去看待这个世界。

(3)"反对执一"的学术观。焦循将"异端"与"执一"作了比较，从而阐发了他的学术观。在他看来，"异端"的"端"是趋向，"异端"是指不同的思考方向。异端不仅是必要的、可以参考的，也是属于求变、求是的重要环节。而"执一"则容易偏于一面、固执不化、党同伐异。因此，焦循反对惠栋"凡汉皆是"的观点，主张求变、求通、求是的学问。

焦循所讲的变通的学术观，预示着他所处时代的学者已非考据学所能限制，一个因应时变的新学术方向随着晚清剧烈的社会变动就要兴起了。

第四节　晚清的学术思想

嘉庆、道光、咸丰以来，清廷处于内外交困的境地，内部有白莲教、太平天国起事，外部则有帝国主义的进逼。在此背景下,学者们不得不正视此"三千年未有之变局"。他们开始将书斋的考据学转到议政论政的公羊学和中西学术交流上。

一、刘逢禄:结合世变日亟,发挥公羊议政精神

晚清今文学是由庄存与首倡,到刘逢禄才成气候。其后经魏源、龚自珍、廖平、康有为等人的提倡,今文经学可谓如日中天。

刘逢禄(1776—1829),字申受,一字申甫,号思误居士,武进(今属江苏常州)人。祖父、叔伯或为大学士,或为仕宦显达。外祖父庄存与、舅祖庄述祖都是赫赫有名的学者。刘逢禄受其外祖父的影响,做官时常用《公羊传》的经义解决政治上的疑难之事。他的治学倾向于微言大义之发掘,而不专事训诂章句。主要著作有《春秋公羊经何氏释例》《左氏春秋考证》等。

刘逢禄认为,就《春秋》"兴灭国,继绝世"而言,董仲舒只是"务乎大体",何休的《公羊解诂》才是"条理精密",最得《公羊传》的精义。在刘氏看来,何休能援经论政、经纶世务,与《春秋》拨乱反正、安定时局之用心相合;何休所生活的东汉末年,社会已入乱世,与刘逢禄所在的清末极为相似。鉴于此,刘逢禄以何休的公羊学为基础,来阐发自己的经世致用主张。

刘逢禄治公羊学,其用心可从以下四个方面来看。

(1)**主张孔子作《春秋》不是为周立法,而是为汉立法**。刘逢禄认为,"天地之心"是"无平不陂,无往不复"的,社会动乱是有客观必然性的。当社会开始出现动乱,就会有圣贤提出新的治国理论。时局愈混乱,新理论就愈成熟。圣人的新理论可以让社会从混乱走向有序,并向兴盛方向发展。在刘氏看来,孔子的《春秋》就是新理论,其为汉代预设了治理之道,此即所谓的"为汉立法"。

(2)**提出政治改革是拨乱反正的唯一出路**。刘逢禄认为,春秋时期的秦、楚、吴原来只是偏居一方的小国,周天子失位后,这些小国兴起,并逐渐取代了周。这是"承天之运"。与此类似,清廷最初是很小的,当明朝的社会问题渐渐多起来以后,清朝就代明而起,这也是天意。鉴于此,刘逢禄认为:① 君主失德则失位,就会被取而代之;② 人应当顺从天意,不可愚忠曾仕之旧朝;③ 唯有政治改革才能拨乱反正、振衰起弊;④ 天命所授,不独一姓,天命的转移犹如三代政治体制变革,既是自然的,也是必然的。

(3)**重新构建君臣和君民关系**。刘逢禄强调,天子要修德,要有改革向善的诚意,不可欺骗百姓。此外,他特别强调君臣关系不是奴仆关系,臣是宾客,天子当以宾客之礼待臣,否则臣子就会对天子畏而不敬、疏而难亲。再者,父子兄弟罪不相及,因此株连无数、殃及无辜的文字狱是最不可取的。刘氏还据《公羊传》的灾异说劝导天子要体民之情、爱民之命,若天子真能畏天命、重民命,君民关系就可得到改善,天下就会趋于大治。

(4)**《春秋》的"微言大义"正是议政精神**。刘逢禄认为,"微言"是"议而不辨",即讨论时局而不挞伐,很少采用直接攻击的方式。刘氏此说,是要君主有接纳谏言的雅量,并反省自己施政上的问题,也要臣子懂得进谏的方式。

公羊学还主张"张三世""大一统"。刘逢禄认为,公羊学将春秋时期鲁国的十二公分

为三世的做法是有创见的。在他看来,治国原则是恩有厚薄、义有深浅的。在"所传闻世"时代,见治起于衰乱,故治国方针是"内其国外诸夏";在"所闻世"时代,政治已入平世,故治国方针是"内诸夏而外夷狄";在"所见世"时代,天下已太平,故治国方针是"天下远近,大小若一"。只有如此,才能"于己不为失礼,于国致治有道",这是着眼于未来的"理人伦""序人类"的治乱之法。在刘氏看来,愈是乱世,《春秋》的经世致用功效就愈大。因此,他劝当时的人只要依据《春秋》之教,一定能由据乱世到升平世,最后实现太平世。所谓太平世,就是"大一统"的理想社会。

刘逢禄把公羊学与时代的需要紧密结合起来,阐述了他的通经致用主张。虽然他的主张是依托儒家经典,试图"复三代之治",挽救陷于倾危的朝廷,但在当时的条件下,他的主张无疑是新颖的、颇有时代精神的,启迪和激励了龚自珍和魏源对今文经学的进一步改造和利用。

二、魏源:开眼看世界,通经致用

魏源(1794—1857),原名远达,字默深,邵阳(今湖南邵阳)人。1842 年参与编纂《皇朝经世文编》,又为陶澍筹议漕议、水利等事。1842 年写成《圣武记》,筹划海防之策,推求盛衰之理。随后入林则徐幕,撰《海国图志》,系统介绍西方的历史、地理、政治、经济、军事。魏源主张开眼看世界,"师夷之长技以制夷",又建议成立制造局,兴办民用工业,允许私人设厂,倡导新式练兵之法。

魏源十五岁就开始读王阳明的书,又问学于刘逢禄,并与龚自珍切磋学问,他对朝章国政、古今成败利病及学术流别都知之甚详。他一生治学提倡"以实事程实功",强调"变古愈尽,便民愈甚"。魏源的著作有《古微堂集》《诗古微》《书古微》《春秋繁露注》等十余种。今人辑有《魏源全集》。

魏源的老师姚学壤是一位学问人品俱佳之士,他教魏源治学不能仅是考据,而应关注道德和义理。此外,魏源也受刘逢禄以经术治国的学术价值取向的影响。不过,与刘逢禄不同的是魏源更推崇西汉董仲舒的公羊学。

在经学方面,魏源的代表作有《诗古微》(1829 年作)和《书古微》(1855 年作)。这两部书的共同特点是重经义之发挥,而轻名物制度之考证。比如西汉的今文《诗》学有齐、鲁、韩三家,东汉有毛氏传。齐、鲁、韩三家认为《诗》蕴含微言大义,毛传则更看重《诗》所记名物的训释。魏源认为,研究《诗》,当寻汉代三家《诗》所说的微言大义,而不应究心于经文的校勘和名物制度的考证。

魏源以经术言经世,师古、变古而不泥古,这与他的"道论"密切相关。魏源认为,道就是"生",是把最好的利益给天下人;道又是"变","五帝不袭礼,三王不沿乐"。在县郡之世谈封建,在阡陌之世说井田,皆是迂腐之论。在魏源看来,当事变与势变已发生时,道也应随之而变,这样的道才是圣人之道。他认为《春秋》的不足是详于治内而略于安外,清代外患频仍正是这种不足之体现。鉴于此,魏源主张时下之要务是"详于外患",必须了解海外局势的变化;要"师夷之长技以制夷",不仅要学洋枪、洋炮,还要会外语,懂洋政策。

魏源认为,"六经"皆是义利并重。如《周易》言"舟车致远以通利",《尚书》言八政是

"始食货，终宾师"，《论语》《孟子》皆言足食、足兵、治赋。在魏源看来，自古有不王道的富强，没有不富强的王道，致富才能行王道，井牧、徭役、兵赋都是性命之精微；作为统治者，必须"兴利安民""以美利利天下庶人"，士大夫应该时时以"济民物"存心，关注农桑、政事、吏治、民生疾苦和国计边防，以制国用、靖疆域、解民困，否则不足以称为"道德之士"。

魏源还提出了"独对论"。在他看来，天下事物"无独必有对"，犹如一阴一阳是天之道；不过，在"对"之中必有一主一辅，主与辅各有功用，必须同等对待，比如劳心劳力、尚武修文，文学政事，各有所偏，不必兼得。因此，论人不可求全责备，不能偏执一端，尊德行与道问学，重仁义与尚功利，继承与创新，必须同等对待，各随其资质、偏好，才能最大限度地发挥每个人的潜力。

三、龚自珍：我劝天公重抖擞，不拘一格降人才

龚自珍（1792—1841），字璱人，号定盦，仁和（今浙江杭州）人。清代思想家、诗人和改良主义者。十二岁从外祖父段玉裁学《说文》。二十八岁时，闻刘逢禄说公羊学，喜之。自此以后，龚氏治学亦以公羊学为主，贯穿百家、佛学，究心当世政治和社会改革。曾任内阁中书、宗人府主事和礼部主事等官职。主张革除弊政，抵制外国侵略，并曾全力支持林则徐禁除鸦片。著有《定盦文集》，留存文章三百余篇、诗词近八百首，今人辑为《龚自珍全集》。

龚自珍服膺章学诚提出的"六经皆史""六经皆先王政典""学术将以经世"等主张，并认为"六经"皆周史之宗子，史之外无有语言、文字、人伦品目。在此基础上，龚自珍认为需要重新认定"六经"的性质，并主张宗经也要尊史、学史，要善入善出，以至通晓今古。

龚自珍所处的时代，国内外形势十分不好，人才被弃置不用。他在《己亥杂诗》中写道："九州生气恃风雷，万马齐喑究可哀。我劝天公重抖擞，不拘一格降人才。"龚氏至死也未得清廷重用，但他仍语重心长地说："落红不是无情物，化作春泥更护花。"龚自珍是一位爱国志士，他的学术关注现实，重视实用。面对已成的乱局，龚自珍说："一祖之法无不敝，千夫之议无不靡。与其赠来者以劲改革，孰若自改革？"（《乙丙之际著议第七》）意思是说，祖宗之法是有弊端的，与其让外力来改革，不如自己先起来改革，至少这样还可以保全自身。

"三世说"是公羊学的一种社会历史发展学说，是公羊学历史哲学的核心。这种学说认为人类社会是沿着"据乱世""升平世""太平世"顺次进化的过程。清代今文家刘逢禄等人对"三世说"作了新的阐发，说春秋起衰乱，以进升平，由升平以至太平。龚自珍目睹清朝急剧衰落，社会矛盾深重，危机四伏，因此他试图通过对公羊学的"三世说"进行新的诠释，从而唤醒世人，倡导变革。与其前辈的观点有所不同，龚自珍将公羊的"三世说"与《礼记·礼运》联系起来，认为人类社会的整个历史可以分为三世。就像日有早时、午时、昏时，人类的历史也分治世、衰世、乱世。他大声疾呼衰世已经到来，若不振衰起弊，乱世将会很快到来。龚自珍的"三世说"与晚清社会发展的脉搏合拍，成为鼓吹变革、呼吁救亡图存的思想武器。

龚自珍是中国古代社会向近代社会转折时期的一位有着启蒙色彩的思想家。他清醒

地看到清王朝已经进入"衰世"，是"日之将夕"。他批判清王朝统治者的腐朽，揭露社会的没落趋势，呼唤社会的改革，是中国改良主义的先驱人物。梁启超说："晚清思想之解放，自珍确与有功焉。光绪间所谓新学家者，大率人人皆经过崇拜龚氏之一时期；初读《定盦文集》，若受电然。"（《清代学术概论》）

阅读书目

1. 梁启超：《清代学术概论》，上海古籍出版社 2005 年版。
2. 陆宝千：《清代思想史》，华东师范大学出版社 2009 年版。
3. 梁启超：《中国近三百年学术史》，商务印书馆 2018 年版。
4. 钱穆：《中国近三百年学术史》，商务印书馆 2021 年版。
5. 路新生：《中国近三百年疑古思潮史纲》，复旦大学出版社 2014 年版。

思考题

1. 明末清初为什么会出现经世致用的思潮？
2. 试述乾嘉学派产生的社会文化背景和学术贡献。
3. 戴震说："酷吏以法杀人，后儒以理杀人。"结合戴震的理欲观，谈谈你对他这句话的理解。
4. 举例说明晚清魏源、龚自珍等人是如何通经致用的？

第十七章　中国传统文化的
近现代转型

中国传统文化以其丰富的内涵、独特的面貌和强大的生命力,长期走在世界文化发展的前列,对世界文化的发展作出了重要贡献,在世界文化史上占有重要地位,是全人类共同的财富。在世界近现代化的潮流之下,中国传统文化开始受到外来文化的冲击和洗礼。近代中国的社会现实是中国传统文化近代转型之前提,中国传统文化本身所拥有的丰富内涵和内在活力是其近代转型的活水源头和不竭动力,而西方文化的冲击则是促使中国传统文化近代转型的外部条件。在各种因素和力量相互作用之下,中国传统文化拉开了艰难的近代转型序幕。

第一节　明清之际:中国传统文化
近现代转型的开启阶段

明清之际,西方传教士带着他们的信仰和书籍进入中国,给中国人带来了全新的域外文明。此外,自清廷入关以来,民族矛盾较为尖锐。在社会危机与西学的刺激下,原先颇具稳定性的中国传统文化迎来了转型的契机。

一、西洋宗教和科技知识的传入与国人的反应

明朝中后期,随着欧洲的文艺复兴的开展及近代科学地理知识的发展,欧洲国家开始走上了向世界的扩张之路,古老的中国是他们了解神秘东方的第一选择,而传教士则往往充当了西方扩张者的先驱。因此,很多西方的传教士在明代中后期来到中国传教。西方传教士不断进入中国,给中国的知识界展示了一个全新的文化世界。意大利籍耶稣会传教士利玛窦(1552—1610)向中国人描述地球是圆形而非方形,西班牙籍多明我会传教士高母羡(1546—1592)用汉语撰写的《辩正教真传实录》《乾坤体义》《简平仪说》《表度说》等著作向中国人介绍了天文和地理等各种新知。特别是地球是圆形的理论输入中国后,让一直认为大地是方形的中国知识界感到震撼。晚明时期,越来越多的传教士进入中国。法国籍耶稣会传教士金尼阁(1577—1628)给中国带来了七千部西方书籍,这些书给中国

人展示了一个全新的异域文明。意大利籍耶稣会传教士艾儒略(1582—1649)应中国学者的请求,写成《西学凡》一书,并于天启三年(1623)刊刻。在这本书中,艾儒略对欧洲的文、理、医、法、教、道六科做了介绍,其中理科包括逻辑学、自然哲学、形而上学、数学和伦理学。

受明代中后期西方传教士所带来的科学知识的影响,一批中国士大夫开始对西学产生兴趣。例如晚明士大夫徐光启、李之藻等人本着"一物不知,儒者之耻"的精神,积极向传教士们学习科学知识。徐光启向利玛窦学习欧几里得的几何学,他每日下午到利氏的寓所,请"口传,自以笔受焉。反复辗转,求合本书之意……凡三易稿",后来译成《几何原本》六卷。徐光启又据利玛窦口述笔录《测量法义》,这本书先论制造测量工具,次论测量方法,再设十五个问题,分别阐述测量高深广远的方法。明人方以智(1611—1671)认识到西方科技的高明之处,他曾登门拜访意大利传教士毕方济(1582—1649),同他研究历算奇器和天文学,还曾与德国传教士汤若望(1592—1666)有很深的交情,同他研究西方医学和天文学。

在传教士的影响下,部分中国士大夫在学习西方科技知识的同时,选择了信奉天主教。这方面最典型的代表就是被称作明代"圣教三柱石"的徐光启、李之藻、杨廷筠,他们既是中西科技史上的重要人物,又是中国明代的天主教徒。

徐光启(1562—1633),上海人,万历进士,官至崇祯朝礼部尚书兼文渊阁大学士、内阁次辅。他是晚明时期的官员和儒士中信仰天主教的第一人。万历二十四年(1596),徐光启在广东韶州(今韶关)结识了耶稣会士郭居静(1560—1640),获知天主教教义以及西方的科学知识。万历二十八年(1600)春,徐光启赴北京应试,途经南京时拜会了利玛窦。通过与利玛窦的交谈,徐光启对天主教教义和西方科学知识有了更深层次的认识。万历三十一年(1603),徐光启再次前往南京拜访利玛窦。受利玛窦《天主实义》的影响,徐光启最终选择了接受洗礼,信奉天主教。徐光启师从利玛窦学习西方的天文、历法、数学、测量和水利等科技知识,并致力于科学技术研究,著述甚丰。其在天文历法方面的成就主要集中于《崇祯历书》《测天约说》《大测》《日缠历指》《测量全义》《日躔表》等书的编译工作。其在数学方面的最大贡献是与利玛窦共同翻译了《几何原本》,并撰写了《勾股义》和《测量异同》两书。其在农学方面有《农政全书》《甘薯疏》《农遗杂疏》《农书草稿》《泰西水法》等著作。

李之藻(1565—1630),浙江杭州人,万历进士,曾任南京工部员外郎。李之藻在北京结识了利玛窦,对西方科学知识产生了浓厚的兴趣。万历三十一年(1603),利玛窦的《天主实义》出版,李之藻为此书作序。万历三十六年(1608),李之藻又为利玛窦的《畸人十篇》作序。在利玛窦的影响下,李之藻于万历三十八年(1610)接受洗礼,信奉天主教。李之藻翻译了很多科学论著,比如他与利玛窦合译了西方天文学著作《浑盖通宪图说》,与徐光启、罗雅谷合译了《日躔表》。数学方面,李之藻译有《圆容较义》和《同文算指》(利玛窦口授,李之藻笔录)。逻辑学方面,李之藻与葡萄牙人傅汎际合译了亚里士多德的《名理探》。此外还有译著《经天盖》《简平仪说》《坤舆万国全图》《天文初函》等。李之藻编修了《天学初函》,这是我国第一部西学译著丛书,收集了明末西学译著文献 20 种。

杨廷筠(1557—1627)是李之藻的同乡,二十六岁中进士,曾任知县、监察御史等职。

他最初好佛，敬重僧人，远近佛家寺院都收到过他的施舍。杨廷筠在北京认识了利玛窦，并与传教士郭居静、金尼阁和艾儒略等人有往来。万历三十九年（1611），在参观了李之藻父亲的西式葬礼后，杨廷筠决定改信天主教，成为明朝佛教徒中弃佛而信天主教的第一人。其作品有《代疑编》《代疑续编》《圣水纪言》《天释明辨》等。

需要指出的是，尽管当时传教士带来的书籍和科技知识开阔了部分中国士大夫的视野，使得他们在面对西方科技知识的时候采取了虚心接受的态度，甚至还在信仰层面转向了西方，但是这样的中国士大夫毕竟是少数，他们的影响力远没有达到改变中国传统文化主体地位的地步。实际上，在"华夷之辩"观念的影响下，更多的中国士大夫认为中国在文化、官制和经济等方面都占据优势，在面对传教士们所带来的科技知识和宗教信仰时，中国士大夫有很强的自信心和文化优越感。传教士南怀仁发现中国人总是自大地轻视外国的民族，好像他们都劣于自己，而且中国人自豪地把自己视为所有人中最聪明的。此外，不少朝廷的官员对于异域的文化和知识持排斥态度，而陶醉于他人效仿自己的官僚制度、法律和文化。即便是那些对西方天文历法感兴趣的中国士人和官僚，也主要是抱着实用主义的态度，即利用西方的天文历法，而不让西方人掌管中国的天文历法事业，更不愿意接受西方天文历法优于中国历算的现实。在崇古、守旧和畏惧权威的风气之下，士大夫和官僚们试图将西法纳入中国传统科学技术框架，后世所谓的"中体西用"就是这一努力的继续。因此明代中后期的外来科技和宗教还不足以动摇中国传统文化的主体地位，对中国人的自尊心的冲击是有限的。

在明清之际的中西文化交流史上，还有一件必须提到的大事——中国礼仪之争。

明末以来，耶稣会士在深入研究中国问题之后，对儒学及与之相关的礼仪采取了顺应和宽容的态度。不管是出于对中国文化的理解和尊重，还是出于传教之目的和策略，耶稣会士努力突破东西方文化传统的屏障，在两种文化之间寻找结合点。他们将儒家看成世俗的社会组织或团体，与宗教组织有着根本的区别。对于与儒家相关的礼仪，比如祭祖祀孔等，耶稣会士也给予理解、宽容和适应。在耶稣会士看来，祭祖祀孔虽然有着宗教和迷信的外衣，但是是中国人追思先祖、表达感恩的方式，其中并没有灵魂不灭和祈祷求福之义。既然如此，就不应在传教的过程中对一个以祭祖祀孔为常态的民族横加干涉，因为这样做的后果，很可能使中国人感到愤怒，从而使天主教在中国受到抵制。由于耶稣会士对儒学以及与之相关的礼仪采用了灵活的态度，所以他们的作为得到了部分中国士大夫的积极响应，出现了一批奉教的士大夫。以利玛窦为代表的耶稣会士对中国文化所采取的策略为明清之际来华的传教士汤若望、南怀仁等所继承和发扬光大，从而使得耶稣会士在明末清初中西文化交流中扮演了重要角色。

清初以来，罗马教廷对中国教区进行了重新划分，自艾儒略以来一直由耶稣会掌管的福建教区，变为由各个修会共同掌管。1681 年，法国遣使会阎当主教来华，其于 1684 年被教廷任命为驻福建代表，任福建教区的代牧主教，全面管理福建教务。阎当不认可耶稣会士的传教策略，他于 1693 年 3 月发布教区内严禁中国礼仪的命令。阎当对中国礼仪采取的否定措施使得耶稣会在中国处于不利地位。此外，清初进入中国的多明我会和方济各会在对待中国仪礼上的态度也与耶稣会士相左，他们的主张和活动进一步压缩了耶稣会士的空间。为了扭转不利局面，耶稣会士李西满等人与阎当展开辩论，而辩论的主题主要是中国礼仪是否有偶像崇拜、中国礼仪是否有迷信等。中国礼仪问题的讨论涉及面越来越广,传教士之间、罗马教廷、康熙皇帝都介入了这场讨论,这就是所谓的"中国礼仪之争"。

由于明清之际的欧洲没有专门的汉学研究,所以耶稣会士对中国问题的认识,主要是凭借自己对中国古文献的研究以及对中国社会的观察。而欧洲的神学家和在中国活动的其他修会对中国问题缺乏深入的研究,他们大多只能凭借在欧洲的神学训练和神学知识作为衡量中国问题的标准。清初以来,来华的耶稣会士继续奉行学术传教的路线,不过并非每个耶稣会士对中国文献和文化都有深入的研究,他们中的部分人对于中国文化的认识,也是间接和感性的。为了让耶稣会在与其他修会的论辩中胜出,一些在华的耶稣会士积极与中国奉教士大夫合作,从而更多地获得有关中国礼仪方面的材料。他们设计了一些关于中国礼仪方面的问卷,让那些对中国经学和礼仪有一定造诣的奉教士大夫来回答。今天耶稣会罗马档案馆所藏李九功、夏大常、张星曜等人的不少汉语论著,就是应"中国礼仪之争"中耶稣会士的要求而撰写的。

中国奉教士大夫拥有丰富而专业的经学知识,他们为耶稣会士提供了很多中国传统礼仪方面的材料和信息,从而使耶稣会士在与多明我会、方济各会等修会会士的论辩中拥有更多的材料。这些士大夫有着儒生和天主教徒的双重身份,他们信仰天主教,然而他们所处的大环境却充斥着绝大多数中国人所认同的儒学以及与此相关的道德风尚和生活方式。这些士大夫虽然信奉天主教,但是其思维方式、表达方式和价值观等皆是中国所特有的。在奉教士大夫所处的时代,儒学以及与之相关的礼仪渗透到社会的方方面面,谁不守儒礼,谁就为整个社会所不齿,不要说仕途,即使在一般的社会生活中也寸步难行。正因为如此,清初的奉教士大夫继承明末耶稣会士和奉教士大夫所创的传统,试图通过对中国古典文献的诠释,从而论证儒学、儒礼与天主教并不冲突。明清之际天主教在中国的传播,使得一些地方出现了信奉天主教的家族,而这些家族的二代、三代奉教者,并没有明末李之藻、徐光启、杨廷筠等人那样长期的信仰探索之路。因为这些人从小就受到耶稣会的照顾,所以他们对于天主教有着天然的认同感。当然,在生活大环境的影响下,这些二代、三代奉教者对于中国问题也颇为熟悉,因此他们在处理耶与儒的关系时,还是延续了"以儒补耶"的策略。

虽然罗马教廷最终裁定中国祭礼为迷信并禁止讨论,清政府也采取了严厉的禁教政策,但是"中国礼仪之争"这场涉及面甚广的辩论,对于后世有着十分深远的影响。在这场争论中,熟悉中国经学和儒学的奉教士大夫们对儒学和中国礼仪的性质作了深入的探讨。奉教士大夫对儒学和中国礼仪的研究是在"奉教"的前提下进行的,与当时的经学名家方苞、徐乾学、江永以及稍后的惠栋、秦蕙田等人所奉行的研究方法颇有不同。在奉教士大夫这里,辨析礼仪的最终目的并不是求典籍之原义,而是以材料去印证他们先入为主的观念。不过,他们以比较研究的视野和方法,对于中国儒学和礼仪性质所作的异于一般经学家的研究,对于认识儒学、儒礼的特质,又是颇有启发意义的。当我们以清初"中国礼仪之争"中的奉教士大夫关于祭祖祀孔性质的讨论来反观现代学者关于"儒教"问题的争论时,会发现时光虽然过去了三百余年,但是今人在探讨儒学性质的角度和方法,乃至所征引的文献方面,并没有对"中国礼仪之争"时代的讨论有多大程度的超越。

二、征实之学和经世致用

明代王阳明承南宋陆九渊的心学思想,高扬"致良知""知行合一",将心学发扬光大。王阳明去世以后,心学很快出现了分化,比如聂豹等人强调主静工夫,主张通过"静定工夫"还原"寂然不动"的本体。王艮及泰州学派则突出人人具足良知,"百姓日用即道",主张纵横任我。他们中的不少人束书不观、空言心性,流于狂禅而不自知,经学之荒陋,臻于极致。

明末清初的不少学人将明朝衰败覆亡的原因归结为理学和心学的无根游谈、空疏不实。如陈确说:"凡儒先之言,一以孔孟之学正之。"(《复张考夫书》)以孔孟之说为判断的根据,就是回归原典,在经书中寻得孔孟之真义。在此问题意识下,检讨经书文本的真实性和可靠性问题就被提出来了,清初考据学风由此兴起。王夫之、阎若璩、胡渭、毛奇龄、朱彝尊、姚际恒等一大批学人对包括《诗》《书》《礼》《易》在内的经书做了正本清源的工作。其中,阎若璩的《尚书古文疏证》、胡渭的《易图明辨》、毛奇龄的《古文尚书冤词》、姚际恒的《九经通论》是清初经典辨伪思潮中的代表作。

明末清初的一些学人对理学和心学所倚仗的经典作了彻底的批判,陈确、姚际恒就是其中的代表人物。程朱理学十分重视《大学》,并将其置于"四书"之首。朱子据《大学》文本提出"三纲领""八条目",从而构建起理学的认识论、工夫论和人生论。陆九渊、王阳明对程朱理学加以批判,如王阳明以"知行合一"说以驳程朱的"格物致知"论,以"致良知"说以驳程朱的"正心诚意"论。尽管理学与心学有巨大的分歧,但是两派对于《大学》文本皆格外重视。陈确和姚际恒对《大学》的可信度和地位提出了挑战,如陈确认为《大学》并非圣人之言、孔曾之书,他说:"《大学》首章,非圣经也。其传十章,非贤传也。"(《大学辨》)又说:"嗟乎!五六百年来,大道陆沉,言学之家,分崩离析,孰执其咎乎!语曰'止沸者抽其薪',此探本之论也,姚江之合知行,山阴之言一贯,皆有光复圣道之功,而于《大学》之解,终落落难合。"(《大学辨》)因此,陈氏决意"辨《大学》之决非圣经,为孔、曾雪累世之冤,为后学开荡平之路"(《大学辨》)。姚际恒认为《大学》与禅学义理相同或相通,他说:"前一篇全杂后世禅学,其用字义更有牵强失理处。"(《续礼记集说》卷九十七)姚氏将《大学》的内容与佛学加以比较,如其认为《大学》"明明德"与佛教空寂之说如出一辙。又如《大学》"止于至善",姚际恒曰:"禅家以戒定慧三者为关键,经云因戒生定,因定发慧,因戒生定。知止而后有定也,因定发慧,由定以至静,安而虑也,生与发,即而后义也。"(《续礼记集说》卷九十七)姚氏认为,《大学》"止于至善"与禅宗止观之义相同。陈确、姚际恒既驳程朱,又驳陆王,其要颠覆的是程朱和陆王皆奉《大学》为经典的观念。陈确、姚际恒对《大学》文本的否定,实际上是希望通过批判《大学》,进而瓦解理学与心学之争的理论基础。既然两派所共同认可的《大学》文本没有价值,那么两派以《大学》为资源所建构的思想体系也就靠不住了,两派争议不断的问题也失去了价值。

明末清初,不少学人主张经世致用。所谓经世致用,就是把学术研究和社会现实联系起来,在古代典籍诠释的基础上阐发自己的政治、经济和文化主张。明末清初倡导经世致用的思想家中,最著名的是被称为清初三大儒的黄宗羲、李颙、孙夏峰,以及顾炎武、王夫之、唐甄、魏禧、朱之瑜、陆世仪、方以智、傅山、颜元、李塨、王源、刘献庭、顾祖禹等,他们在学术上或信仰程朱,或信仰陆王,或折中程朱、陆王,或既批判程朱又批判陆王。然而他们皆主张社会改革,并提出了各种匡世济民的社会改革方案。如李颙说:"学人贵识时务……道不虚谈,学贵实效,学而不足以开物成务,康济时艰,真拥衾之妇女耳,亦可羞已!"(《二曲集》卷七)又如顾炎武说:"孔子删述'六经',即伊尹太公救民水火之心。故曰'载诸空言,不如见诸行事'……愚不揣有见于此,凡文之不关于六经之指当世之务者,一切不为。"(《与人书》)"务当世之务",就是密切关注并解决社会现实问题,这种康济时艰的精神,与理学空谈心性迥然有别。

三、批判传统观念

黄宗羲《明夷待访录》一书通过抨击"家天下"的君主专制制度,从而对民主观念作了阐发。《原君》是《明夷待访录》的首篇,在此篇一开始,黄宗羲就阐述了人类设立君主之意在"使天下受其利""使天下释其害",君主不应在百姓头上作威作福,而是要负担起抑私利、兴公利的责任。黄宗羲认为,君主只是天下的公仆而已,"古者以天下为主,君为客,凡君之毕世而经营者,为天下也"。然而后来的君主却"以为天下利害之权益出于我,我以天下之利尽归于己,以天下之害尽归于人",且"使天下之人不敢自私,不敢自利,以我之大私,为天下之大公","为天下之大害者,君而已矣"。鉴于此,黄宗羲主张推倒和废除君主专制制度。他的这些政治思想立论精辟,见识超群,在当时可谓振聋发聩,对后来孙中山等人产生了积极影响。

明清之际,还有不少人对传统的贞洁烈女观作了批判。程颐的"饿死事小,失节事大"影响极大,以至后世不少女子在丈夫死后将守贞节看作头等重要的事。归有光对先前的贞节观作了批判,他说:"女未嫁人,而或为其夫死,又有终身不改适者,非礼也。"(《贞女论》)理学家们所推崇的贞节观,在归有光看来是"非礼"的。毛奇龄是继归有光之后敢于批评世风和传统观念的大家。毛氏认为,室女守贞殉死"既名教戳,复蔑礼典,且又犯三代先王所制禁例,是历求之而无一可者"(《禁室女守志殉死文》),室女的牺牲不但没有价值,而且是不贞不孝、不仁不义。归有光、毛奇龄等人对传统的贞节观的批判,无疑是对理学家们的极大讽刺,对突破既有伦理观念、重新认识传统具有启蒙意义。

明末清初固然出现了新的文化因子,但由于传统根深蒂固,加之清朝建立之后采取了一系列稳固统治的文化政策,以至已有的批判意识和新的文化观念逐渐湮没不彰。虽然有不少先知先觉者的呐喊,但是其规模和力度都远远没有达到足以掀起传统文化转型的浪潮。社会上出现的一些新的思想因子,也是处于一种缺乏能动性的自在状态。因此当时的中国还是承中世纪之余绪继续往后走,直到清代后期,文化转型的呼声和实践才再一次出现。

第二节　19世纪中后期:中国传统文化近现代转型的艰辛探索阶段

鸦片战争后,一部分先进的中国人开始从"天朝上国"的迷梦中惊醒,睁眼看世界,林则徐、魏源等有识之士主张"师夷长技以制夷",学习西方的军事科学技术。此后出现的洋务派在"自强""求富"的口号下主张以"中学为体、西学为用",而以康有为、梁启超为代表的维新派则选择了以托古改制的方式传播改良思想。

一、鸦片战争前后"师夷长技以制夷"

当英美等西方资本主义国家如火如荼地进行工业革命时,清政府却还奉行闭关锁国的海禁政策。清廷多次发布海禁命令,如顺治十二年(1655)下令沿海省份不许片帆入海,违者立置重典。顺治十八年(1661)将江、浙、闽、粤、鲁等省沿海居民分别内迁三十至五十里,设界防守,严禁逾越。康熙五十五年(1716)提出禁海问题,次年便正式实行南洋禁海令。乾隆二十二年(1757)下令关闭江海关、浙海关、闽海关,指定外国商船只能在广州一地通商,对中国商船的出洋贸易也发布了许多禁令。清廷的海禁政策抑制了中西方的海洋贸易,也使国内工商业的发展受到很大阻碍。一些英国商人在中国市场扩张的进程中受阻,遂鼓吹对中国进行武装侵略,试图以此打开中国的市场大门。第一次鸦片战争就在这样的背景下爆发了。中国近代史上一共有两次鸦片战争,第一次是从 1840 年 6 月至 1842 年 8 月,第二次是从 1856 年 10 月至 1860 年 10 月。由于清政府的腐朽及经济、军事的落后,战争以中国的失败和割地赔款而告终。

鸦片战争以前,一些亲历外洋或有机会了解外国事务的人,撰写了一些反映西方国家情况的著作,比如王大海的《海岛逸志》、谢清高的《海录》、萧令裕的《记英吉利》、叶钟进的《英吉利国夷情纪略》、何大庚的《英夷说》等,对西方的地理和社会情况有所介绍。借助这些著作,部分中国人对西方有了初步的认识。不过由于当时很多人并无兴趣主动认识西方社会,所以这些著作并没有引起足够的重视。

鸦片战争以后,清朝的挫败和城下之盟的耻辱,促使一些有远见的人开始改变成见、开眼看世界。比如林则徐在广东禁烟期间,组织了一批外语人才集中搜集外文书刊,编译《四洲志》《澳门新闻纸》《各国律历》《华事夷言录要》《澳门月报》等。受林则徐之托,著名的经学家和思想家魏源在《四洲志》的基础上于 1842 年编成《海国图志》五十卷,后又扩编为百卷。《海国图志》是中国近代史上较早由国人自己编写的介绍世界各国情况的巨著,该书辑录了中国历代史志和私人涉及域外的记载,大量征引明末清初到鸦片战争前后西方人的中文著述,详细介绍了西方各国的气候、物产、交通、贸易、民情、风俗、文化、教育、宗教、历法、科学、技术等情况,拓宽了国人的视野,给封闭已久的中国人以全新的近代世界概念。

此时期,一些西方传教士连续来华,他们在带来《圣经》和宣传教义的辅导材料之外,还出版了很多介绍各国历史、地理、风俗、政教以及科技常识的刊物和著述,这些刊物和著述成为当时中国人了解西方的重要资源。此外,一些传教士还创办学校和医院,其中最著名的学校是英华书院和马礼逊学堂,最有名的医院是广州的博济医院和上海的仁济医院。传教士创办这些学校和医院的目的是促进传教事业的发展,但在客观上也为中国培养了一些有用人才,对西医在中国的传播起到了很大的推动作用。

鸦片战争前后,在西方机器产品的冲击下,中国延续几千年的男耕女织的经济结构在沿海地区开始出现松动，人们的传统观念也逐渐发生变化，中国被动地开始了文化转型的历程。此时期文化的转型可从以下两个方面来看。

（1）**传统华夷观念的变化。** 古代华夏族群居于中原，形成了以华夏礼俗为标准分辨族群的观念，合于华夏礼俗者为华夏、中国人，不合者则为蛮夷、化外之民。长久以来，很多中国人持内中国而外夷狄的观念，认为中国之外无文明教化可言。然而鸦片战争前后，部分有识之士在开眼看世界的过程中，逐步改变了传统的华夷观，对西方文化持接受和包容的态度。

在器物层面，一些人开始关注西方先进的技术。鸦片战争以前，已有西方器物进入中国，不过器物的数量有限，且多被视为"奇技淫巧"。鸦片战争以后，西方的洋枪、洋炮、轮船等对"奇技淫巧"这一观念造成了巨大的冲击。虽然魏源等人还是以"夷"指称西方人，但是在器物方面，他们却主张以夷为师。魏源认为，夷之长技有三，一是战舰，二是火器，三是养兵练兵之法。其认为量天尺、千里镜、龙尾车、风踞、火轮船、火轮舟之类的西洋器物是有益民用者，遂提出"师夷之长技以制夷"的主张。魏源的"师夷长技"之说打破了传统的华夷之辨的文化价值观，开始以平等的眼光看待西方的技术。

在知识层面，一些人发现当时的西方在天文、地理、数学、物理等方面的认识优于中国。姚莹在对比了中西方的文化后，叹息中国的天文算学几成绝学。林则徐的《四洲志》、魏源的《海国图志》、徐继畲的《瀛寰志略》等书籍大量引进西方地理学知识，对国人传统的空间观念产生了巨大的冲击。中国传统的观念是天圆地方，中国居天下之中，周围的国家都是中国的藩属。而魏源的《海国图志》介绍了五大洲之说，并根据此说详细介绍了亚、非、欧、美四大洲的地理状况。林则徐、魏源、徐继畲等人的著作告诉人们，中国以外还有广大的空间，中国并非天下，也并非居天下之中，既非尽善尽美，亦非无所不有。

魏源与《海国图志》书影

在文化方面，一些人开始将世界其他地方的文化加以介绍。比如姚莹将中国的孔子、老子、庄子与释迦牟尼、穆罕默德、耶稣进行对比，认为教虽不同，但对忠、信、好、善的追求却是一致的。

在制度方面，不少人以羡慕的口吻介绍了欧美的资产阶级民主制度，认为这种制度"众可可之，众否否之"，与中国传说中的上古理想社会颇为类似。林则徐的《四洲志》最早介绍了西方的资本主义政治制度，其于英国的议会民主制、美国的共和制等皆有涉及。魏源的《海国图志》、梁廷枏的《海国四说》和徐继畲的《瀛寰志略》也介绍了欧美数十国的政治制度，既涉及总统选举、议会设置，又涉及司法程序、宪法条款。他们以羡慕的语气褒扬西方，如魏源在《海国图志》中称赞美国的政治制度是"一变古今官家之局，而人心翕然"，"其章程垂弈世而无弊"；徐继畲在《瀛寰志略》中也称赞美国的"推举之法，几于天下为公，骎骎乎三代之遗意"。

长期以来，中国人的心目中只有"天下"，而没有"国家"。在鸦片战争以前，绝大部分中国人都是以中国为中心来理解这个世界。甚至在鸦片战争爆发以后，不少王公大臣还在做着天朝上国的迷梦。不过,鸦片战争的惨败经历,使部分人心目中的"天下"被撕开了一个缺口,他们从天朝上国的迷梦中惊醒,开始以新的眼光来审视世界格局和历史发展的大势。传统的"天朝中心""九州八荒""天圆地方"的史地观开始动摇,"五大洲""四大洋"等新的史地观开始形成。在此背景下,传统的华夏中心主义有所突破,近代意义上的国家观念开始形成。

(2)以经学济时用。鸦片战争前后,内忧外患纷至沓来,中国的民族危机、社会危机日益加剧,一些有着忧患意识和历史责任感的知识分子开始探索和寻找中国社会摆脱困境和危机的良策。他们以传统的经学为依托,以匡时救世为己任,对内主张整顿吏治、改革弊政,对外主张"师夷长技以制夷",逐渐形成了一股经世致用的社会思潮。但受传统教育和学术风尚的影响,他们在阐发经世致用思想时借助的仍是今文经学这个旧形式。

在乾嘉考据学方兴未艾之际,经学的阵营中出现了倡导今文学的常州学派。常州学派活跃于清代乾隆、嘉庆年间,以庄存与、庄述祖、宋凤翔、刘逢禄等为代表人物。庄存与的《春秋正辞》以西汉董仲舒、东汉何休的公羊学为基础,继续阐发《春秋》的微言大义。继庄存与、庄述祖、宋凤翔、刘逢禄等人之后,道光年间的龚自珍、魏源等人继续借经言政,剖解社会问题,今文经学日益引起人们的重视,并逐渐走向兴盛。

二、洋务派的"中体西用"

鸦片战争以后,清朝统治者内部逐渐分化成了两个政治派别——顽固派和洋务派。

顽固派前期代表人物是慈禧太后和大学士倭仁。倭仁去世之后,又以徐桐、刚毅等信奉理学者为代表。顽固派主张师古、崇古、复古,以儒家思想作为价值判断的标准,并试图通过恪守儒家文化从而摆脱时代危机。即使西方地理学知识已经流传开来,顽固派仍然相信中国处于世界的中心,清王朝是天朝上国,华夏才有最高的文明,其他国家和民族都是野蛮之邦,外国人都是戎狄蛮夷。

洋务派在中央是以恭亲王奕䜣为代表的满族宗亲贵族官员,在地方是以曾国藩、李鸿章、左宗棠、张之洞为代表的汉族官僚。洋务派认识到,中国要改变积贫积弱的现状,要想在世界上自强自立,必须向西方学习。他们遂以军事工业为突破口,开办工厂,推动工商业的发展。由于军事工业与民用工业密切相关,洋务派将发展的重点由军事工业逐渐转移到民用工业上,他们兴办轮船公司、电报局、纺织厂等,还开办纺织、印刷、轧花、造纸、磨面、碾米等工厂。洋务派还改革传统教育制度,大力培养新式人才。如李鸿章建议在沿海各省设洋学堂,并设格致、测算、舆图、火轮、机器、兵法、炮法、仕学、电气学数门。王韬建议设立肄习舟师馆,以训练自己的驾驶人员。洋务派设立京师同文馆、上海广方言馆、马尾船政学堂等新式学堂,聘用了当时中国著名的科学家如李善兰、华蘅芳、徐寿以及精通算学、机器、天文、法律的知识分子作为教员。

在文化观念上,洋务派与顽固派既有差异,又有相通之处。洋务派在借鉴、汲取西方先进技术,努力更新自身的过程中,提出了认识中西方文化的总原则——"中体西用"。所谓"中体西用",即"中学为体,西学为用"之简称。早在 19 世纪 60 年代,冯桂芬在《校邠庐抗议》中就提出"以中国之伦常名教为原本,辅以诸国富强之术"。此后,洋务派中的很多人都表达过类似的观念,如张之洞于 1898 年在《劝学篇》重申"旧学为体,新学为用",反对政治制度的改革。1895 年 4 月,南溪赘叟在《万国公报》上发表《救时策》一文,首次明确表述了"中学为体,西学为用"的观念。次年,礼部尚书孙家鼐在《议复开办京师大学堂折》中再次提出"自应以中学为主,西学为辅;中学为体,西学为用"。

洋务派的成员主要是位高权重的汉族官僚,他们对于孔孟之道和程朱理学有较深入的认识。如洋务派的先驱曾国藩是清代咸丰、同治时期的理学名臣,他受理学家唐鉴的影响,三十多岁便致力于理学的研究和践行,是程朱理学的信仰者。洋务派的另一代表人物张之洞也受程朱理学的影响甚深,比如他的"中体西用"主张受程朱理学"一本万殊"思想方法的影响极大。在这些受儒家思想影响极深的汉族官僚的观念里,孔孟之道和程朱理学属于圣教,是人们立身行事和治国理政的原则和基础。因此,在面对社会危机和民族危机时,这些汉族官僚仍然将传统文化放在非常重要的位置。在中国传统的"道器"观念中,"道"指抽象的法则或规律,"器"指具体有形的事物。洋务派以传统的"道器"观念作为"中体西用"主张的依据,将中国传统的伦常制度和意识形态归为"道",是"体";将西方的坚船利炮归为"器",是"用"。在洋务派看来,无论"器"多么先进,也只是从属于"体"的事物。因此,从对中国传统文化认同的角度来看,洋务派与顽固派的立场是很接近的。

与顽固派不同的是,洋务派在认同"道"的前提下,对"器"亦给予了充分的重视,他们在宣扬孔孟之道和程朱理学的同时,主张学习西方的先进技术和练兵方法。洋务派并不是亦步亦趋地恪守孔孟之道和程朱理学,比如曾国藩的学术以理学为核心,广泛吸收百家杂学和西学,增强了理学的经世功能,其理学观与传统的程朱理学思想已有不同。又比如张之洞崇奉程朱理学的道德伦理的同时,强调实用主义,与程朱理学的道德理想主义也有差异。洋务派将儒家的纲常名教作为安身立命之本,将西方的坚船利炮和生产技术作为富国强兵的手段,在中国传统文化的近代转型过程中,是一次有意义的尝试和探索。虽然"中体西用"观念并不一定科学,但是在当时的历史条件下对于凝聚人心无疑是有意义的。此外,后来的戊戌变法对西方政治层面的借鉴,五四新文化运动对于西方"民主""科学"观念的推崇,皆是在洋务派的文化观念基础上所作的新探索。

三、维新派的"托古改制"

19 世纪晚期兴起的维新派批判洋务派只学了西方的皮毛,而没能知晓西方富强的原因。维新派认为,中国的改革既不能像顽固派那样拒绝接受西方文化,也不能像洋务派那样只主张学习西方器物以变中国之"用",不主张学习西方制度以变中国之"体"。维新派认为,必须从根本入手,进行制度层面的变革,才能改变中国落后的现状。具体地说,就是要求统治者进行自上向下的政治体制变革,以君主立宪制代替君主专制。1898 年 6 月 11 日至 9 月 21 日,康有为、梁启超、谭嗣同、康广仁、林旭、杨深秀、杨锐、刘光第等维新人士通过光绪帝发动改革政治和发展农、工、商的改良运动。由于改革损害了以慈禧太后为首的守旧派的利益,所以遭到守旧派的强烈抵制。慈禧太后发动政变,囚禁光绪皇帝,杀害维新人士,历时一百零三天的变法以失败而告终。由于这场维新运动发生在戊戌年间,所以又称戊戌变法。戊戌变法既是中国近代史上一次重要的政治改革,又是一次思想启蒙运动。继洋务派之后,维新派对中国传统文化的近代转型作了一次有益的探索。

维新运动的领袖康有为、梁启超、谭嗣同等人都受过传统的教育,对于西学也有较深的认识。比如康有为少年时期的老师康赞修、朱次琦皆崇信宋明理学,在二位老师的影响下,康有为摒弃烦琐的考据,而试图开辟新的治学道路。在学习的过程中,康有为发现理学仅言孔子修己之学,而不明孔子救世之教,所以在二十二岁那年,康有为离开了朱次琦,只身一人前往西樵山白云洞阅读顾炎武的《天下郡国利病书》、顾祖禹的《读史方舆纪要》等经世致用之书。同年,他游历香港,眼界大为开阔。康有为还阅读了《海国图志》《瀛环志略》等书,对西方世界有了基本认识。

维新派认为西方的君主立宪制优于中国的君主专制,因此他们想以君主立宪制代替清朝的君主专制。不过在论证变革的合法性时,维新人士使用了中国传统文化的元素,最有代表性的,就是维新派领袖康有为所撰的《新学伪经考》和《孔子改制考》。

在《新学伪经考》一书中,康有为认为《古文尚书》《毛诗》《周礼》《逸礼》《左传》等古文学经典都是西汉末年刘歆伪造的,都是伪经。古文经学是新莽一朝之学,故称之为"新学"。康有为认为,刘歆造伪古文经,意在"夺孔子之经以与周公,而抑孔子为传","扫孔子改制之圣法,而且为断烂朝报"。古文经湮没了孔子改制的微言大义,只有打倒古文经,重新阐释属于今文学派的今文经,才能找到孔子改制的真义。

在《孔子改制考》一书中,康有为借"素王改制"之说,把孔子描述成托古改制的改革家。比如在该书的《孔子论制法尧舜文王考》部分,康有为认为孔子只是效法尧舜而推行改制,因为"尧舜以行民主之太平,然其恶乎夺而重仁让",禅让制因此而生。康有为非常推崇尧舜的盛德,"尧舜为民主,为太平世,为人道之至,儒者举以为极者也"。康有为进一步阐释说:"《春秋》《诗》皆言君主,惟《尧典》特发民主义,自钦若昊天后,即舍嗣而巽位,或四岳共和,或师锡在下,格文祖而集明堂,辟四门以开议院……故《尧典》为孔子之微言,素王之臣制,莫过于此。"他于此以《尚书·尧典》为据,以证孔子有开议院之设想。此说是为戊戌变法中的选议郎、开议院之主张的合法性提供思想资源。在《孔子改制考》一书中,康有为提出了"通三统""张三世"的主张,认为历史发展有"据乱世""升平世""太平世"三个阶段,而这三个阶段需要不断改革才能进步。在《礼运注》《春秋笔削大义微言考》等书中,康有为也屡次发出变革主张,以此作为维新变法的理论根据。

康有为还以《礼记·礼运》为思想资源,阐发自己的社会理想。比如他在1884年写成的《大同书》中,对学校教育制度提出了如下构想。人本院:已怀孕的妇女进入人本院,接受胎教。育婴院:婴儿在人本院养六个月,断乳后进入育婴院,接受学前教育至五至六岁,任务是"养儿体,乐儿魂,开儿知识"。小学院:学习期限为六至十岁,任务是"以育德为先","以养体为主,而开智次之"。中学院:学习期限为十一至十五岁;"一生之学根本于是",任务除养体、开智外又以育德为重。大学院:学习期限为十六至二十岁,任务"专以开智为主",接受专门教育。康有为所设想的这一按阶段培养人的学校教育制度,涉及德、智、体、美等各个方面,与中国传统的教育制度已有很大的不同。

为戊戌变法献出生命的谭嗣同对君主专制和三纲五常的伦理道德观作了尖锐的抨击。谭嗣同的主要论著是《仁学》,该书融贯儒、释、耶三教及百家杂学,并与当时科学界的"以太说"相混合。谭嗣同提出了以仁为核心的平等民权思想。在他看来,孔子学说的精华是仁,仁的本义是平等自主。人与人之间的关系,无论父子、夫妻还是朋友,都是平等的。父子之间虽有长幼之分,但在天的面前都是平等的。然而君主出现后,人被人为地划分出尊卑贵贱,而且统治者还强调这种差别乃天命所系,不可怀疑和逾越。谭嗣同指出,尊卑贵贱观念违背了孔子仁学的本义,是君、父、夫为了维护其统治地位而编造的谎言;而这之中,要害是"三纲"中的君臣之纲,因为君主借助这种理论视国家为"囊橐中之私产",其结果是中国古代历代王朝对人民的黑暗统治。谭嗣同还强调主权在民,人类社会最初并无君臣关系,人与人之间的地位平等,无贵贱尊卑之分;后来由于社会公共事务增多,民众推举一人为君从事管理,国家由此产生;国君是人民所推举,所以主权在民,人民有权立君,也有权废君。

谭嗣同对中国古代的墨子、孟子、荀子等人的平等观念作了探讨,还对秦末、东汉末的农民战争中提出的平等口号予以支持。此外,谭嗣同对西方近代启蒙思想家的政治思想有所借鉴。比如法国思想家卢梭提出的"社会契约论",认为自然状态中的人所遇到的生存障碍超过个人所能承受的地步,于是每个人都把自身的能力置于"主权者"的指导下。主权者是尽可能包括最多社会成员的、道德的与集体的共同体。共同体中的约定对于每一个成员都是平等的。共同体可称为"国家或政治体",其代表全体人民的共同意志,即"公意"。国家的主权属于人民,不能授予任何个人。人们订立契约,是为了得到约定的自由,得到生命和财产的安全保障。如果国家违反公意,破坏契约,人民有权随时恢复他们的天赋自由,推翻暴君,更换政府。谭嗣同的平等、民主观与卢梭的"社会契约论"如出一辙。

与洋务派不同,维新派主张对中国传统文化进行重新诠释和利用。不管是康有为,还是谭嗣同,他们对于中国传统文化多是引申和发挥。比如从考据的角度来看,康有为对古文经的否定与古文经本身的状况是不符合的,对于公羊学义理的阐发,以及对孔子改制所作的论证,也是经不起历史事实检验的。康有为之所以否定古文经和重塑孔子,是想以孔子作为招牌从而为自己的政治实践提供合法性依据,进而减少变法的阻力。康有为、谭嗣同等人是在中国传统文化氛围中成长起来的,他们倡导维新变法,本身就体现了中国传统知识分子忧国忧民的情怀。不过特定的社会历史环境,以及他们所接触到的新知识也使得他们在从事中国传统文化的诠释时有着强烈的功利和臆想色彩。

第三节　20世纪上半期:中国传统文化近现代转型的深入发展阶段

20世纪初期,一大批海外留学生带回来全新的西方思想,在中国发动了影响极为深远的五四新文化运动。五四新文化运动是中国近代史与现代史的分界点,这个分界不仅是政治上的,还是思想文化上的。此外,一批坚信儒家文化价值的思想家如梁漱溟、熊十力、马一浮、冯友兰、贺麟等人既致力于儒、释、道的新诠释,又主张中西会通,并试图在中国传统文化中发展出民主和科学等现代思想。这一派学人有着共同的学术旨趣和思想倾向,被称为现代新儒家,他们的学术思想体系就是现代新儒学。

一、五四新文化运动

五四新文化运动是 1919 年 5 月 4 日在北京爆发的中国人民反封建、反帝国主义的爱国主义运动。此运动开始于 1915 年的《新青年》创办，1919 年的五四运动是高潮，因此被称为五四新文化运动。这场运动的基本口号是拥护"德先生"（Democracy）和"赛先生"（Science），也就是提倡民主和科学。新文化运动的倡导者以进化论观点和个性解放思想为主要武器，猛烈抨击以孔子为代表的儒家学说，大力提倡新道德、反对旧道德，提倡新文学、反对旧文学。

（一）文学革命

文学革命是五四新文化运动的重要组成部分。1915 年 6 月，李大钊提出"要以其优美之文学，高尚之思潮，助我国民精神之发展"。1915 年 11 月，陈独秀提出"吾国文艺犹在古典主义理想主义时代，今后当趋向写实主义"。1916 年 8 月，李大钊又呼吁中国的新文艺要像欧洲文艺一样，为"自我觉醒之绝叫"，以"惊破"众人之"沉梦"。1917 年 1 月，胡适在《新青年》发表《文学改良刍议》；2 月，他又发表《文学革命论》，正式提出"文学革命"的口号。

文学革命首先涉及的是文学语言的革命。古代的正统文体是文言文，是以先秦口语为基础，视秦汉经典著作作为范式，并随古代社会的主流意识形态不断强化而形成的一种书面文体。由于文言是一种脱离现实生活的语言，且文言很难准确传达近代民主和科学的含义，严重阻碍了近代思想文化的传播。陈独秀指出，文言脱离了生活和大众，是一种"雕琢的阿谀的贵族文学，陈腐的铺张的古典文学，迂晦的艰涩的山林文学"。而相对于文言文，白话文通俗易懂，易于学习。在这样一种时代文化背景下，改变文言的白话文运动势在必行。

胡适在《新青年》上发表的《文学改良刍议》一文，其中有提倡白话文的建议。胡适为发展白话文作了规划，提出了两步走的策略。

（1）努力建设白话文学，即所谓"国语的文学"。胡适通过研究欧洲各国的语言发展史，认为白话文的发展既不是来自政府的命令，也不是来自专家和教科书，而是得益于白话文学。胡适大力提倡白话文学，主张尽可能地采用《水浒传》《儒林外史》《西游记》《红楼梦》等中国优秀文学作品中的白话成分。在他看来，这些优秀作品有不合于今日用的，便用今日的白话来补充，若有不得不用文言的，便用文言来补充。胡适将这种主张概括为"白话的文法，白话的文字，加入文言中可变为白话的文字"。

（2）在繁荣白话文学的基础上，编写白话教科书和字典，即所谓"文学的国语"。胡适还提出更具体的设想，比如用现在的中国话写作，而不用文言写作；学校所用的教科书都使用白话编写；国民学校用白话讲课，不用文言讲

《新青年》杂志

课;高等小学除学习白话外,每周另加一二课时的古文;中学语文课中,古文和白话各占一半;除了古文课本外,其他教科书一律用白话编撰;大学的古文文学列为专门课程,与欧美大学的拉丁文学和希腊文学的地位相同。

胡适吹响了白话运动的号角,此后白话运动蓬勃地开展起来。1917 年 3 月 9 日发表于《申报》的《国语研究会讨论进行》一文报道了全国教育界人士召开了意在解决各地语言不一问题的大会,这次大会提出的措施是制定国语标准、推广白话文教学。1918 年 1 月,《新青年》全部改用白话文。1918 年 5 月,鲁迅在《新青年》上发表了中国第一篇白话文文章《狂人日记》。1918 年年底,李大钊、陈独秀创办白话周刊《每周评论》,北京大学的学生傅斯年、罗家伦等人创办白话月刊《新潮》。五四运动期间,学生们用白话文阐述国家大义,争取社会各阶层的支持,白话文成为学生发动广大群众的重要工具。

文学革命还体现在作品内容的更新。1917 年 1 月,胡适的《文学改良刍议》一文揭露了文言的八大弊端:一是言之无物,文言的文学作品中充斥着才子佳人、盗案黑幕、浮夸淫琐的内容;二是模仿古人,作文章的人必师法先秦两汉、魏晋隋唐,甚至以为六朝以下无文学可言;三是不讲文法,作文章只是固守着"读书千遍,其义自现"的成规;四是无病呻吟,以消极颓废的亡国之哀音为美;五是习用陈词滥调套语,毫无生动活泼的语言;六是滥用典故,以欺世盗名,掩盖自身创造力的低下;七是讲究对仗,限制了创作自由和内容的真切表达,阻碍了文学形式的创新和发展;八是不用俗语俗字白话,因为它不足以取富贵,不足以邀声誉。胡适遂提出了改变文言的八点建议,即须言之有物、不模仿古人、须讲求文法、不作无病之呻吟、务去滥调套语、不用典、不讲对仗、不避俗字俗语。

文学革命还体现在主张文学内容的平民性。胡适在《文学改良刍议》中提出了"言文合一"的"通俗行远之文学",陈独秀在《文学革命论》中提出建设平易、抒情的"国民文学"和明了、通俗的"社会文学"。胡适、陈独秀的主张是平民文学思想的萌芽,但还未形成"平民文学"的明确主张和口号。1919 年 1 月,周作人在《每周评论》上发表《平民文学》一文,正式提出了"平民文学"这一主张和口号。周作人认为,古文多是贵族文学,白话多是平民文学,然而那些以雕章琢句而成的一部分修饰享乐的白话文学仍然是贵族文学,因此,平民文学与贵族文学的区别不在于文体形式,而在于二者所反映的精神内涵;平民文学应以普通的文体记普遍的思想与事实,表现普通人普遍的真挚感情;平民文学是以悲哀或愤怒的感情来反映社会底层不幸者的生活和命运,而不是以居高临下的贵族式的态度去从事"慈善文学"或"游戏文学"。

五四新文化运动中的文学革命对传播新思想、繁荣文学创作、推广国民教育以及发动广大群众参加反帝爱国斗争等,都起到了重要的推动作用。五四时期,鲁迅、周作人、冰心等人用白话文创作的小说、诗歌、散文和剧本表达社会的疾苦和人民的心声,受到进步青年和工农大众的欢迎,大大促进了进步思想的传播。五四时期,投身于反帝爱国民主运动的群众人数远多于以前的历次社会变革,这与文学革命不无关系。文学革命是五四运动拥有空前规模和浩大声势不可或缺的前提,也是加速中国近代化的重要条件之一。

(二)批判儒家礼教

辛亥革命结束了君主专制,建立了中华民国,不过以袁世凯为代表的北洋军阀为了维护自己的统治,在思想领域掀起了一股尊孔复古思潮。袁世凯亲自带领文武百官到孔庙祭孔,还明文规定"国民教育以孔子之道为修身之术"。一时间,"孔教会""崇圣会""孔道会"等团体纷纷出现。作为"保皇派"的代表康有为甚至要定孔教为国教,要求祭孔行跪拜礼。在民主共和思想已深入人心的时代背景下,袁世凯欲借"尊孔"以实现自己当皇帝的美梦,遭到了很多知识分子的猛烈抨击。新文化运动的领袖陈独秀在其所撰《复辟与尊孔》一文中说:"愚之非难孔子之动机,非因孔子之道不适于今世,乃以今之妄人强欲以不适今世之孔道,支配今世之社会国家,将为文明进化之大阻力也,故不能已于一言。"此所谓"妄人",就是指袁世凯、康有为等人。陈独秀反对康有为定孔教为国教,认为中国人本来就不重宗教,所谓的孔教"绝无宗教之实质与仪式,是教化之教,非宗教之教"(《驳康有为致总统总理书》),因此康有为奉孔教为国教是"强欲平地生波,惑民诬孔"(《驳康有为致总统总理书》)。陈独秀指出,儒家起初并非凌驾于诸子之上,"旧教九流,儒居其一耳。阴阳家明历法,法家非人治,名家辨名实,墨家有兼爱节葬非命诸说,制器敢战之风,农家之并耕食力,此皆国粹之优于儒家孔子者也"(《宪法与孔教》)。在陈独秀看来,不但不能以孔教为国教,而且应毁全国已有的孔庙而罢其祀。

批判旧礼教的"道德革命"是五四新文化运动的旗帜之一。陈独秀在揭露旧礼教的"三纲"时说:"尊卑贵贱之所由分,即三纲之说所由起也。""三纲之根本义,阶级制度是也。所谓名教,所谓礼教,皆以拥护此别尊卑、明贵贱之制度者也。"陈独秀认为,所谓"三纲",实质上是以礼教维护不平等社会制度的工具,"尊上抑下、尊长抑幼、尊男抑女"是"三纲"的基本内容和核心精神;"三纲"所体现的社会不平等,还表现在所规定的义务是单向的,即君、父、夫为臣、子、妻之纲,臣、子、妻卑、幼为君、父、夫、尊、长的附属品,臣、子、妻卑、幼没有独立自主的人格,"率天下之男女,为臣、为子、为妻,而不见有一独立自主之人者,三纲之说为之也";"三纲"对于卑者义务的规定,造成中国社会长期以来的君虐臣、父虐子、姑虐媳、夫虐妻、主虐奴、长虐奴等行为,压抑人性,酿成很多悲剧。陈独秀认为,只有推翻"三纲",批判旧礼教,才能摆脱压制,维护独立自主的人格,建立"推己及人的主人道德",从而实现自由和平等。

为了深入地批判礼教,鲁迅、吴虞等人还提出"礼教吃人"的说法。鲁迅在《狂人日记》中说:"凡事总须研究,才会明白。古来时常吃人,我也还记得,可是不甚清楚。我翻开历史一查,这历史没有年代,歪歪斜斜的每页上都写着'仁义道德'几个字。我横竖睡不着,仔细看了半夜,才从字缝里看出字来,满本都写着两个字是'吃人'。""吃人的礼教"由此而来。除《狂人日记》外,鲁迅通过《祝福》《离婚》和《伤逝》等作品中塑造的祥林嫂、爱姑和子君等角色的命运,演绎了礼教对人的压制。在鲁迅《狂人日记》的启发下,吴虞写了《吃人与礼教》一文,以中国历史上的实例,继续揭露"礼教吃人"的本质。他说:"我读《新青年》里鲁迅君的《狂人日记》,不觉得发了许多感想。我们中国人,最妙是一面会吃人,一面又能够讲礼教。吃人与礼教,本来是极相矛盾的事,然而他们在当时历史上,却认为并行不悖的,这真正是奇怪了!"吴虞认为,儒家道统的作用是钳制思想,自从汉代"罢黜百家,独尊儒术"以来,儒学定于一尊,孔子也成为"至圣",思想学术的专制局面由此形成。

鲁　迅

吴虞在《儒家主张阶级制度之害》一文中说:"自孔氏诛少正卯,著'侮圣言'、'非圣无法'之厉禁;孟轲继之,辟杨墨,攻异端,自附于圣人之徒;董仲舒对策,以为诸不在六艺之科、孔子之术者,皆绝其道,勿使并进;韩愈《原道》'人其人,火其书,庐其居'之说昌;于是儒教专制统一,中国学术扫地!"若"儒教不革命,儒学不转轮,吾国遂无新思想、新学说,何以造新国民? 悠悠万事,唯此为大已"。吴虞对礼教和儒家学说的批判,在当时引起巨大的反响。

五四新文化运动是中国近代史上一次空前的思想解放运动,其批判传统,客观上为西方文化的传入创造了条件。新文化运动还提倡"德先生"和"赛先生",高举民主与科学的旗帜,对中国传统思想文化进行了一次猛烈的批判,促进了中国人特别是知识青年的觉醒。陈独秀在《新青年》中指出:"我们现在认定只有这两位先生,可以救治中国政治上、道德上、学术上、思想上一切的黑暗。"不过新文化运动的思想家们希望以西方制度层面的"民主"和技术层面的"科学"代替中国传统的道德、学术和思想,易造成中国传统文化的失落。特别是新文化运动对儒学的批判,使儒学成了众矢之的,以至儒学在相当长一段时间内成了落后的代名词,受到不公正的对待。

二、现代新儒家

1922 年 1 月,吴宓等人主办的《学衡》杂志在上海中华书局出版。该刊的办刊宗旨是"论究学术,阐求真理,昌明国粹,融化新知。以中正之眼光,行批评之职事"。又称"本杂志于国学则立以切实之工夫,为精确之研究,然后整理而条析之,明其源流,着其旨要,以见吾国文化,有可与日月争光之价值"。该杂志的创办,引发了新儒家思辨哲学的兴起。此后,一批坚信儒家文化价值的思想家如梁漱溟、熊十力、马一浮、冯友兰、贺麟等人既致力于儒、释、道的新诠释,又主张中西会通,并试图在中国传统文化中发展出民主和科学等现代思想。这一派学人有着共同的学术旨趣和思想倾向,被称为现代新儒家,他们的学术思想体系就是现代新儒学。方克立说:"现代新儒家是产生于本世纪 20 年代、至今仍有一定生命力的,以接续儒家'道统'、复兴儒学为己任,以服膺宋明理学(特别是儒家心性之学)为主要特征,力图以儒家学说为主体为本位,来吸纳、融合、会通西学,以寻求中国现代化道路的一个学术思想流派,也可以说是一种文化思潮。"[①] 现代新儒家的文化立场和问题意识可从以下两个方面来看。

(一) 中国文化本位主义

梁漱溟对中西方文化皆有深入的研究,其试图以儒家文化为主体,吸收、融合西方思想文化,从而为中国传统文化的现代转型找到一条平稳的道路。

梁漱溟在其《东西文化及其哲学》一书中提出文化发展的三种路向,即西方、中国和印度,"西洋生活是直觉运用理智的","中国生活是理智运用直觉的","印度生活是理智运用现量的"。梁漱溟认为,生活样式的不同是由于"意欲"的不同,"西方文化是以意欲向前要求为其根本精神的""中国文化是以意欲的调和持中为其根本精神的""印度文化是以意欲

---

① 方克立:《关于现代新儒家研究的几个问题》,《方克立文集》,上海辞书出版社 2005 年,第 188 页。

反身向后要求为其根本精神的"。梁漱溟指出,西方文化的发展已经到了历史的尽头,未来是中国文化复兴的时代。梁漱溟强调重估中国文化的价值,并主张复兴儒学,他说:"明白地说,照我意思是要如宋明人那样再创讲学之风,以孔颜的人生为现在的青年解决烦闷的人生问题,一个个替他开出一条路来去走。一个人必须确定了他的人生才得往前走动,多数人也是这样;只有昭苏了中国人的人生态度,才能把生机剥尽死气沉沉的中国人复活过来,从里面发出动作,才是真动。中国不复活则已,中国而复活,只能于此得之,这是唯一无二的路。"(《东西文化及其哲学》)梁漱溟将文化发展分成中国、西方和印度三大路向,对于破除西方中心主义有着积极意义。此外,他强调儒家文化对于世界文化的意义,在西学盛行的时代,为儒家文化赢得了地位。

熊十力认为孔子是"牵一发而动全身"的人物,孔子兼具哲理和实用的双重特点,是中国文化的开创者。熊十力在《原儒》中说:"孔子上承远古群圣之道,下启晚周诸子百家之学,其为中国学术界之正统,正如一本众干,枝叶扶疏,学术所由发展也。"熊十力认为,中国文化的价值和功能远在西方文化之上,全盘西化是愚昧无知的表现。熊十力对儒家经学颇为推崇,他在《读经示要》中说:"余以为经学要归穷理,尽性,知命,方是哲学之极诣。可以代替宗教,而使人生得真实归宿。盖本之正知正解,而不杂迷情。明乎自本自根,而非从外索。是学术,不可说为宗教。是哲学,而迥超西学。非宗教,而可以代替宗教。"

马一浮认为中国文化"至高""特殊"。他在《复性书院讲录》中说:"学者当知'六艺'之教,固是中国至高特殊之文化。唯其可以推行于全人类,放之四海而皆准,所以至高;唯其为现在人类中尚有多数未能了解,百姓日用而不知,所以特殊。"又说:"诸生若于六艺之道,深造有得,真是左右逢源,万物皆备。所谓尽虚空,遍法界,更无有一事一理,能出于六艺之外也。吾敢断言,天地一日不毁,人心一日不灭,则六艺之道炳然常存。世界人类一切文化最后之归宿,必归于六艺。而有资格为此文化之领导者,则中国也。"(《论西来学术亦统于六艺之道》)马一浮对中国传统文化抱有极深的感情,他认为以"六艺"为代表的中国文化可以引领世界文化,人类的一切文化都要以中华文化为终极归宿。

(二) 会通中西

现代新儒家主张返本开新,他们以中国传统文化为本,在比较中国、印度和西方思想文化的基础上,力求发扬传统儒学中的心性论,并顺应科学与民主的新潮流,创立新的儒家思想体系。新儒家的这一学术旨趣对于推动中国传统文化的现代转型具有积极意义。

现代新儒家的代表人物梁漱溟提倡中国文化,不仅与当时的西化派、调和派有根本不同,与保守派深拒西方化也有着很大差异。他对于中西方文化有精深的研究,对于中西方文化的优点和短处有着清醒而深刻的认识。梁漱溟认为,西方文化的主要内容是科学和民主,其基本精神是"意欲"向前,基于"意欲"向前的精神,从而产生了科学与民主两大异彩文化。从科学的角度来看,西方的文化成就于科学之上,而中国的文化成就于艺术之上;在西方,艺术是科学化的,而在中国,科学是艺术化的;西方人喜新厌旧,而事事日新月异;中国人好古,事事几千年不见进步。在对中西方文化深入研究之基础上,梁漱溟融合中西、会通儒释、贯穿古今,对中国传统文化作了重新诠释和创造性转化。

熊十力也是强调中西会通的。他认为中西方文化的特质是不同的,中国文化重修养,所以深究天人性命之道,西方文化重知识,所以穷万物之理。熊十力认为这两种文化可以互补，他说："余以为科学与经学，两相需而不可偏废。经学于宇宙，明其本原，科学于宇宙，析其分殊。两者相互发明，万殊原于一本，一本现为万殊。岂有隔绝不通之理？"（《读经示要》）熊十力还主张以西方文化更新中国文化，他说："自科学发明以来，其方法与结论，使人类智识日益增进，即人类对于生命之价值，亦大有新意义。两学之长不可掩，吾人尽量吸收犹恐不及，孰谓可一切拒之以自安固陋哉！"（《读经示要》）熊十力主张在全面认识中西方文化的基础上实现中西会通，还主张结合中国哲学"归极证会"与西方哲学"精于思辨"的优点，从而构建现代中国哲学。

冯友兰在美国求学期间拜会了在美讲学的印度学者泰戈尔，共同探讨了东西文化的若干问题，并将谈话记录整理成《与印度泰戈尔谈话》一文。此外，冯友兰在杜威等人的指导下，完成了博士论文《人生理想之比较研究》（又名《天人损益论》），并顺利通过答辩，获得哥伦比亚大学哲学博士学位。这些论著皆是会通中西之作，是冯友兰后来建构学术思想体系的先导。从 1939 年起，冯友兰先后出版了《新理学》《新事论》《新事训》《新原人》《新原道》《新知言》。在这六部书中，冯友兰构建了一个完整的"新理学"思想体系。新理学的建构是冯友兰在中西哲学会通交融的基础上实现的，他上承程朱理学，并借鉴西方实证主义思潮的分析方法，从逻辑上构建了以理、气、道体、大全为基本范畴的新形而上学。

作为全盘西化派的对立面出现的现代新儒家，以民族文化（特别是儒学）的复兴为旗帜，兼容并包西方文化的精华，并希望"儒化"或"华化"西方传入中国的思想文化，从而实现中国传统文化的现代化。此外，现代新儒家将西方的实证主义、生命哲学、逻辑学引入中国儒学，从而推动了中国儒学的思辨化和体系化。

阅读书目

1. 王尔敏：《中国近代思想史论》，社会科学文献出版社 2003 年版。
2. 茅海建：《天朝的崩溃：鸦片战争再研究》，生活・读书・新知三联书店 2020 年版。
3. 冯天瑜：《中国文化近代转型管窥》，商务印书馆 2010 年版。
4. 郭廷以：《近代中国史纲》，格致出版社 2020 年版。
5. 郭齐勇、吴根友：《近世哲学的发展与中国哲学的创造转化》，中国社会科学出版社 2014 年版。
6. 郭齐勇：《儒学与现代化的新探讨》，商务印书馆 2015 年版。

思考题

1. 明末清初的顾炎武、黄宗羲、王夫之等人提倡经世致用的原因是什么？
2. 龚自珍政治思想的内容及意义是什么？

3.洋务派与顽固派对待中西方文化的态度有何异同？

4.康有为是如何实现通经致用的？

5.1917年，李大钊在《自然的伦理观与孔子》一文中写道："故余之掊击孔子，非掊击孔子之本身，乃掊击孔子为历代君主所雕塑之偶像的权威也；非掊击孔子，乃掊击专制政治之灵魂也。"谈谈你对李大钊这段话的理解。

教学资源服务指南

扫描下方二维码，关注微信公众号"高教社极简通识"，学生可学习名校通识课，教师可学习教师培训课程、免费申请课件和样书、观看直播回放等。

名校通识课

点击导航栏中的"名校通识"，点击子菜单中的"课程专栏"，即可选择相应课程进行学习。

教师培训

点击导航栏中的"教师培训"，点击子菜单中的"培训课程"，即可选择相应课程进行学习。

教学资源服务指南

课件申请

点击导航栏中的"教学服务"，点击子菜单中的"资源下载"，注册并填写相关信息即可申请课件。

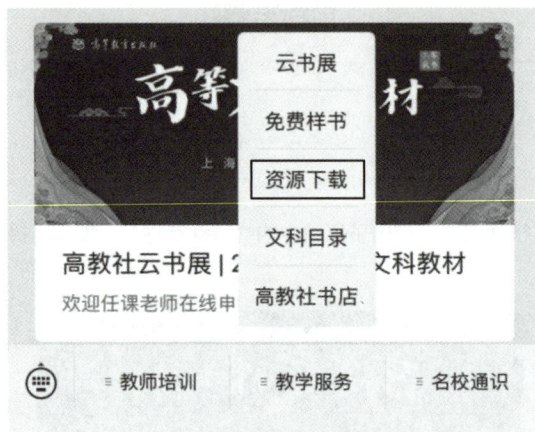

样书申请

点击导航栏中的"教学服务"，点击子菜单中的"免费样书"，填写相关信息即可免费申请样书。

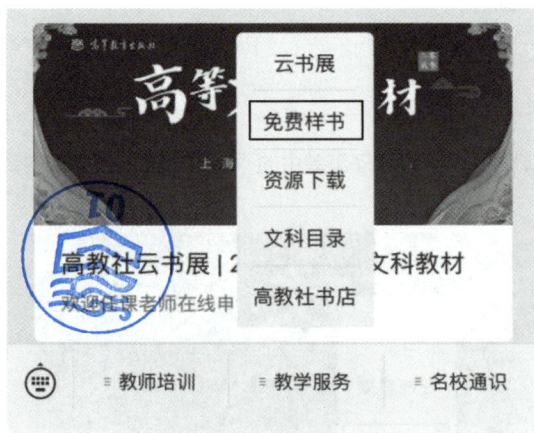